南粤商學
NANYUE BUSINESS INSTITUTION

水藏玺　吴平新　刘志坚◎著

流程优化与再造

Business Process Improve & Re-Engineering

[第三版]

中国经济出版社
CHINA ECONOMIC PUBLISHING HOUSE
北　京

图书在版编目（CIP）数据

流程优化与再造/水藏玺，吴平新，刘志坚 著．3 版．
北京：中国经济出版社，2013.10（2025.6 重印）
ISBN 978-7-5136-2698-9

Ⅰ.①流… Ⅱ.①水… ②吴… ③刘… Ⅲ.①企业管理—生产流程—生产管理 Ⅳ.①F273

中国版本图书馆 CIP 数据核字（2013）第 176775 号

责任编辑　李煜萍
责任审读　贺　静
责任印制　李　伟

出版发行　中国经济出版社
印 刷 者　北京科信印刷有限公司
经 销 者　各地新华书店
开　　本　787mm×1092mm　1/16
印　　张　25.25
字　　数　450 千字
版　　次　2013 年 10 月第 3 版
印　　次　2025 年 6 月第 12 次
书　　号　ISBN 978-7-5136-2698-9/C·426
定　　价　68.00 元

中国经济出版社 **网址** www.economyph.com **社址** 北京市东城区安定门外大街 58 号 **邮编** 100011
本版图书如存在印装质量问题，请与本社销售中心联系调换（联系电话：010-57512564）

三版前言 >>> Preface

流程再造：第三次管理革命

10多年来，我一直在咨询行业工作，其间先后辅导了近百家企业的管理变革，变革内容涉及企业发展战略规划、人力资源管理体系优化、企业文化塑造、营销体系建设、供应链体系优化、核心业务流程再造等，我很庆幸自己能够一直在这个行业工作，并深爱着自己所从事的这份职业。

说实在的，当初选择进入这个行业是因为觉得这个行业锻炼人，而且顾问这份职业值得很多人羡慕，但真正进入之后，才发现这个行业不仅仅是锻炼人，确切地讲，是更折磨人！在这个信息大爆炸、知识更新日新月异、管理技术飞速发展的时代，要想在咨询这个行业立住脚，其实很难。

10多年前，中国企业对很多管理技术和概念还很陌生，当ISO、战略、BSC、KPI、5S、6sigma、BPR、ERP、DRP、MBO、流程、学习型组织等这些词汇在中国企业生根发芽的时候，很多管理者都充满了期待，在过去近20年中有一大批的中国企业脱颖而出，三一重工、万科、万达、华为、青岛啤酒、海尔、海信、格力电器、美的、格兰仕、中兴、阿里巴巴、腾讯……它们都是中国企业的榜样。有人曾经说过，成功的企业=成功的战略×组织能力。这些企业之所以能够快速扩张，成为行业领袖，甚至全球楷模，我想除了其敏锐的市场嗅觉和对发展战略的持之以恒之外，与它们对组织能力的打造和持续优化是分不开的。组织能力的打造是要求企业持续不断地推进管理的规范化，而企业规范化管理又不仅仅只是解决组织分工的问题，更重要的是要解决协作的问题，即流程！

任正非先生在《华为的冬天》一文中提到：规范化管理的要领是工作模板化，什么叫做规范化？就是我们把所有的工作做成标准的模板，就按模板来做。一个新员工，看懂模板，就会按模板来做。而这个模板是前人摸索几十年才摸索出来的，你不必再去摸索。各流程管理部门、合理化管理部门，要善于引导各类已经优化的、已经证实行之有效的工作模板化。清晰流程，重复运行的流程，工作一定要模板化。一项工作达到同样绩效，少用工，又少用时间，这才说明管理进步了。我们认为，抓住主要工作的模板建设，又使相关模板用流程连结起来，才会使信息化管理成为现实。

海尔的张瑞敏先生也曾经颇有感触地说："幸亏海尔做了流程再造，如果不做，海尔的命运可能就和科龙是一样的。"

青岛啤酒把他们做流程再造的经验总结为"道"、"法"、"术"、"器"。"道"是流程管理理念、思想，有指引方向的作用；"法"是制度与规则，是理念的体现，同时又规定了"术"、"器"层次的内容与形式；"术"是流程管理的方法和手段，把制度与规则具体落实到活动中，又规范了"器"的边界与功能；"器"是软件和工具，通过信息技术实现管理目的。

华为把工作模版化、流程化、信息化视为提升员工绩效和企业运营效率的基础性工作；海尔当年在推进流程再造时，虽然在中高层遇到了非常大的阻力，但正是源于张瑞敏先生的坚持，海尔向"领导管人，流程管事"的理想格局迈出了一大步；而青岛啤酒流程管理的"道"、"法"、"术"、"器"也确实为其迈向啤酒帝国打下了坚实的基础。

流程之所以如此重要，是因为传统的职能中心型组织和企业管理模式已经不再能满足3C时代的需求(3C，即 Customer 顾客：如何满足顾客的核心需求？Competition 竞争：企业如何适应残酷竞争，并在竞争中取得胜利？Change 变化：如何响应快速变化，如客户需求的变化、竞争环境的变化、新技术的变化等?)，为了应对3C时代的剧变，越来越多的企业开始关注组织协同、战略协同的问题，正因为如此，流程中心型组织、战略中心型组织应运而生，同时，业务流程再造、商业模式再造、组织再造、人力资本再造等管理思想和管理理论应运而生。

业务流程再造(Business Process Re-engineering，简称 BPR)是20世纪90年代初兴起的一种全新的管理理念和管理方法，被称为继泰勒"科学管理"和全面质量管理(TQC)后的"第三次管理革命"，其基本思想是以顾客满意为中心，对外追求顾客价值主张的最大化满足，对内倡导以人为本。业务流程再造是对企业的业务流程作根本性的重新思考和彻底的重新设计，使企业在成本、质量、服务和速度等方面均得到显著的改善，进而应对3C时代的竞争需求。

早在笔者2008年出版的《企业流程优化与再造实例解读》(第1版)和2011

年出版的《流程优化与再造:实践·实务·实例》(第2版)(注:以上两本书均由中国经济出版社出版)中,我们就提出了企业进行流程优化与再造的基本方法论,具体见下图:

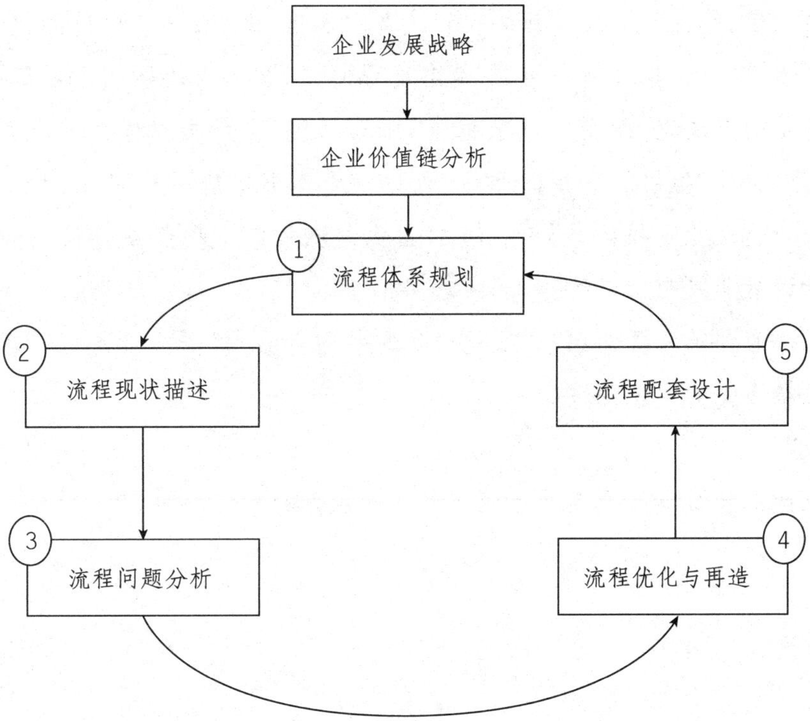

1. 企业的战略选择决定了企业价值链布局,企业在进行流程优化与再造时,首先需要将企业的价值链和核心业务逻辑进行系统分析,从而进行企业流程体系规划(包括业务流程、管理流程和辅助流程,也包括一级流程、二级流程和三级流程),这是企业流程优化与再造的第一步。

2. 流程规划清楚后,企业需要利用多种工具和方法(如流程作业现场调查、文档调查、研讨会、流程主人及流程相关方访谈、问卷调查、现有解决方案的跟踪与调查、典型案例调查与分析、测时等)对流程的现状进行客观描述。

3. 流程现状描述清楚后,企业可以通过"望闻问切"等多种手段进行流程现状分析,发现问题,找到流程优化方向。

4. 结合战略诉求和流程现状对现有流程进行优化(BPI)和再造(BPR)。请记住,流程优化(BPI)和再造(BPR)是完全不同的两种方法,在本书第四章将会详细阐述。

5. 流程配套设计和验证是流程顺利实施的基础和保障，所以企业还需要进行相关流程配套设计，如基于流程进行组织优化（即流程中心型组织的建设及变革）、建立基于流程的KPI体系、建立基于流程的制度和表单体系、建立基于流程的知识管理体系、基于流程进行信息化规划与建设等。

过去几年，笔者几乎每天都能收到读者的来信、来电，一起探讨如何进行流程优化与再造，以及流程落地的问题，笔者发现，前期很多人的疑问主要集中在流程优化与再造的方法论，而现在越来越多的人开始关注企业流程体系规划、流程落地，以及流程中心型组织变革的问题，这也正是本书再版的出发点，在本书中，我们将重点研究企业流程体系规划、流程固化和流程中心型组织建设问题，期望能够对广大读者朋友有所启迪。

第三次管理革命既然已来临，就让我们共同努力，提升企业流程管理能力，应对更加复杂多变的竞争环境。

谨以此书献给致力于提升企业流程管理能力的人们！

水藏玺
2012年12月

再版前言 >>> Preface

离《企业流程优化与再造实例解读》(第一版)的出版(2008年3月)已经有将近三年的时间了。在这三年的时间里,我接到过很多读者朋友的来信、来电,与我探讨关于企业流程优化与再造的困惑;在不断沟通的过程中,我愈感中国企业目前对流程管理的迫切需求。沟通越多,就越发现在这一领域还有很多待研究的课题,同时也就深感自身积累的不足和认识的肤浅。其实,早在2009年初就不断和中国经济出版社的责任编辑李煜萍小姐沟通关于本书的再版问题,正是因为上述原因,再版也是一推再推。

在过去的三年中,发生了很多的事情,空前的世界金融危机,给世界,包括中国,经济发展带来了极大的影响,但随着金融危机阴霾的逐渐退去,世界经济也在逐渐向好。当时提出的关于中国经济走势的种种猜测,其答案也渐渐明晰,特别是中国企业在经受了2008年短暂的调整之后,发展势头依然强劲。

很多中国企业也正是在经历了这场金融危机的洗礼之后才发现微利时代真正到来,依靠粗放式管理将越来越困难,企业需要规范的管理和完善的流程体系才能保证可持续发展,所以近几年,越来越多的企业开始关注流程管理。

笔者在百度上搜索了一下:

关于"流程",找到相关网页约100000000篇。

关于"流程管理",找到相关网页约12200000篇。

关于"流程优化",找到相关网页约32000000篇。

关于"流程再造",找到相关网页约6030000篇。

以上数据足以说明,流程管理已经成为中国企业构建核心竞争力和提升企业管理能力的重要手段和工具之一。

正因为认识到了流程管理的重要性,国内很多企业开始一窝蜂地进行所谓的流程优化和再造;然而,我们发现,中国企业在导入先进管理理念和管理工具时往往会走入一个误区,那就是期望机械地通过一些管理方法和工具去解决复杂的管理问题，而且这种现象已经形成风气。比如前几年流行6 Sigma，大家就一窝蜂地推6 Sigma；后来有了BSC，KPI，大家又扎堆去搞BSC，KPI；但到最后，企业往往发现在国外很好的一些管理工具和方法，在中国企业并不适用。什么原因？只要稍加分析，我们就不难发现其中的奥秘。

任何管理工具和方法都来源于管理知识和管理理论，而管理工具和方法在使用的过程中需要具备必要的"土壤"，同时，在应用过程中需要不断进行实践，并在实践的基础上又上升为管理理论和知识。在这种不断的循环过程中，管理科学才会不断地发展和进步。那么中国企业的问题在哪里呢？就在于我们只在乎管理工具的简单应用，而忽略了管理环境的建设和不断的实践总结。

正是基于此，在本书再版时，我期望增加流程管理实践的章节，总结中国企业在推进流程优化与再造过程中成功与失败的经验教训，同时结合众多中国企业推动流程优化的实际感受，帮助企业树立正确的流程管理理念，在推进流程管理的过程中少走弯路。

本书共分为三篇19章：第一篇为流程管理实践篇，旨在告诉读者流程管理和实施的最佳实践及经验总结；第二篇为流程管理实务篇，告诉读者流程优化与再造的具体操作步骤和方法；第三篇为流程管理实例篇，旨在通过流程优化与再造的具体案例，帮助读者更好地理解流程优化与管理。

在本书再版的过程中，得到了很多读者朋友的意见和建议，中国经济出版社的李煜萍小姐也倾注了大量的心血，在此深表谢意！

水藏玺
2010年11月

初版前言 >>> Preface

随着中国市场经济的不断发展和对外开放的不断深入，越来越多的中国企业参与到了激烈的国际市场竞争中。在竞争的过程中，不少企业由小到大，由无到有，由弱到强，取得了巨大的成就和进步，但与此同时，也为成长的烦恼所伴随。如何在不断成长和发展的过程中，既像大象一样拥有雄厚的竞争实力和基础，又保持猎豹一样的机敏，已经成为国内企业苦苦探索并期盼解决的问题。

对于今天的企业而言，拥有低成本的产品、高科技的技术，或者知名的品牌等竞争优势，已经无法确保企业的强势地位持续。在快速发展的社会环境及突飞猛进的行业发展中，企业之间的竞争模式已经由“大鱼吃小鱼”演变成“快鱼吃慢鱼”。如何提高自身的运作效率、降低内耗，与外部建立良好的互动关系，已经成为影响企业未来发展的关键因素。

流程优化与再造正是在这样一种背景和需求下应运而生。作为一种管理思想和工具，它强调通过对企业内部运作环节及运作模式的改变和优化，提高企业与外部环境的接触界面质量，从而增强企业的运作效率、降低内耗，增强企业的对外竞争能力。自流程优化与再造理论在20世纪90年代后期传入中国之后，国内许多企业纷纷引进该管理工具，希望能使企业获得新的成长动力；但据统计，诸多国内企业的流程项目的实施效果却并不理想，究其原因，既有企业自身实施的问题，也有我们对流程管理的认识问题。

正因为如此，我们觉得将流程管理这门管理理论学好、用好，才更具有现实意义。目前市面上有关流程管理的书籍林林总总，大致可分为三类：

第一类是各高等院出版的流程管理书籍，它主要侧重于讲解流程管理的原理，其不足在于过于理论化，可操作性较弱。

第二类是讲解有关ERP，CRM等信息系统的流程书籍，它侧重于对信息管理系统的设计与管理，专业性较强，但与传统的管理理论（战略管理、组织管理等）之间联系较少，不便于广大企业内部的管理人员掌握。

第三类是各种引进的外文流程管理书籍，这类书籍内容翔实、观点独特，但由于与国内目前企业的实际状况结合不紧密，存在“水土不服”的问题。

为此我们觉得需要写作一本有关中国本土企业的流程管理书籍——既要具有理论性，能够与传统的经典管理理论以及信息化管理理论相联系，同时又要有可操作性，能够指导企业的流程管理实践与操作，帮助企业正确认识并掌握流程管理工具，解答企业在流程管理认识上的疑惑；而这，也正是本书的最大特色。

笔者自从事管理咨询工作以来，一直期待有机会有一天能将自己在行业中所积累的经验、对企业的观察，以及自己的心得体会与大家分享，因此在这本书中所举案例、观点均来自长期的咨询实践，具有较强的可读性和可操作性，适合企业的中高层管理者、流程管理人员以及咨询公司的管理顾问阅读，是一本流程管理方面的实用好书。

本书在编写过程中，参考和引用了国内外学者的大量著作，因限于篇幅，未能一一注明，在此向著作者深表谢意！

在写作本书的过程中，尽管笔者很想全面、准确、科学地描述流程管理，但由于知识、能力、认识以及时间精力的限制，书中遗憾仍然难免，希望广大读者能够谅解并予以批评指正。如果读者有什么疑惑或不同的观点，可以直接来信与我联系，期待着与大家交流。我的电话：13713696644，电子邮箱：sacaxa@163.com。

水藏玺
2008年2月

目 录 >>> CONTENTS

第一章 为什么是流程？—— 企业已经跨入“再造”时代 …… 1

第一节 从规范化到流程 …… 2

一、规范化盛行的时代 …… 2

二、流程崭露头角 …… 4

三、流程时代已经来临 …… 5

四、再造企业经营系统 …… 10

第二节 为什么是流程 …… 12

一、什么是流程 …… 13

二、流程管理的核心目的 …… 17

三、流程的三种类型 …… 19

四、流程的三个层次 …… 21

五、流程特征分析 …… 24

第三节 企业流程管理实践 …… 26

一、学习华为好榜样 …… 29

二、海尔流程管理的“人单合一” …… 32

三、华孚色纺的“三流合一” …… 34

四、青岛啤酒流程管理的“道”、“法”、“术”、“器” …… 35

五、中国企业流程管理实践 …… 36

六、流程优化与再造五步法 …… 39

第二章 谋定而后动—— 企业流程规划 …… 41

第一节 战略、流程和组织 …… 42

一、战略决定流程 …… 42

二、流程决定组织 …… 43

三、战略、流程与组织的关系 …… 44

第二节　企业核心价值链分析 …… 47
一、企业价值链分析 …… 47
二、企业核心业务逻辑分析 …… 55
三、加法,还是减法? …… 69
第三节　企业流程规划 …… 69
一、企业流程规划方法 …… 69
二、核心业务流程规划 …… 109
三、核心管理流程规划 …… 110
四、辅助类流程规划 …… 112
五、不同行业企业核心流程规划 …… 112

第三章　望闻问切——企业流程描述与问题分析 …… 122
第一节　流程语言与流程描述 …… 123
一、流程语言 …… 123
二、常见流程图 …… 126
三、流程现状描述 …… 130
四、基于 ARIS 的流程描述 …… 131
五、流程刻度 …… 134
第二节　为流程管理把脉 …… 135
一、流程问题分析方法大全 …… 135
二、望闻问切,为流程管理把脉 …… 145
三、流程问题分析实践 …… 147

第四章　循序渐进,还是浴火重生?——流程优化与再造 …… 158
第一节　流程优化技巧 …… 159
一、流程优化与木桶原理 …… 159
二、流程优化原则 …… 160
三、流程优化技巧 …… 162
四、流程优化衡量 …… 187
第二节　企业核心业务流程优化 …… 188

一、整合营销(IM)业务流程优化 …… 188
二、集成产品研发(IPD)业务流程优化 …… 199
三、集成供应链(ISC)业务流程优化 …… 220
第三节 企业核心管理流程优化 …… 232
一、集团管控10大流程优化 …… 232
二、战略管理5大流程优化 …… 242
三、财务管理10大流程优化 …… 259
四、人力资源管理10大流程优化 …… 272
第四节 流程再造 …… 287
一、流程再造与指头理论 …… 287
二、流程再造矛盾分析 …… 288
三、流程再造原则 …… 289
四、流程再造核心步骤 …… 292
五、常见流程再造模式 …… 296
六、流程再造技巧 …… 298
第五节 企业流程优化与再造实例解读 …… 301
一、某企业运营计划管理流程再造实例解读 …… 301
二、某企业财务预算管理流程优化实例解读 …… 317

第五章 孤掌难鸣—— 流程配套设计 …… 329
第一节 流程图有何用 …… 330
一、为什么需要流程配套设计 …… 330
二、流程配套设计核心内容 …… 331
三、流程配套设计验证 …… 333
第二节 流程配套设计 …… 334
一、流程中心型组织变革 …… 334
二、基于流程的制度设计 …… 335
三、基于流程的表单设计 …… 336
四、基于流程的绩效体系建设 …… 336
五、基于流程的分权体系设计 …… 337

六、基于流程的知识管理 …… 341
七、基于流程的信息化规划 …… 341
八、流程管理流程 …… 342

第六章 “削足适履”—— 流程实施技巧 …… 349
第一节 客观认识流程变革 …… 350
一、流程变革曲线 …… 352
二、流程变革众生相 …… 353
三、流程变革对员工的影响 …… 354
四、流程变革对组织的影响 …… 356
五、流程变革对绩效的影响 …… 357
六、流程实施平台建设 …… 357
第二节 运用信息化手段固化流程 …… 360
一、ERP与流程固化 …… 361
二、CRM与流程固化 …… 364
三、SCM与流程固化 …… 365
第三节 基于协同平台的流程管理 …… 366
一、协同管理平台概述 …… 367
二、基于协同平台的流程管理 …… 370

第七章 “广深高速”—— 流程管理的最高境界 …… 380
一、流程管理的广度 …… 381
二、流程管理的深度 …… 383
三、流程管理的高度 …… 384
四、流程管理的速度 …… 384

参考文献 …… 386

致谢 …… 388

第一章 为什么是流程？

—— 企业已经跨入“再造”时代

1990 年，迈克尔 · 哈默在《哈佛商业评论》上发表了一篇题为《再造：不是自动化，而是重新开始》的文章，率先提出企业再造的思想。1993 年，在他与詹姆斯 · 钱皮的著作《再造企业：经营革命宣言》一书中提到：为了取得经营业绩的戏剧性提高，企业应该再造经营——运用现代信息技术的力量重新设计每项业务的核心流程。从此，企业经营进入了“再造”时代。

所谓“企业再造”，简单地说就是以业务流程为中心，重新设计企业的经营、管理及运作方式，在新的企业经营环境下，改造原来的业务流程，从而使企业能够适应未来的生存发展要求。

第一节 从规范化到流程

与迈尔克·哈默提出再造理论同时代的中国企业还处于计划经济时代的末期,市场经济体系还未完全建立起来,虽然很多中国企业开始意识到并尝试融入世界经济大家庭,参与国际竞争,但从流程管理意识和流程管理体系的建设方面依然比较滞后。

中国企业接触流程管理思想基本上是从20世纪90年代引进ISO19001:1994质量管理体系开始的,中国企业在导入ISO19001:1994的过程中才真正意识到程序(流程)对于企业管理的重要性。但真正被中国企业普遍认同的流程管理雏形,基本上是在20世纪90年代后期形成的,那时候,很多企业提出了规范化管理。规范化强调制度化、程序化、标准化,下面就让我们从规范化管理开始,共同回顾中国企业流程管理历程。

一、规范化盛行的时代

规范化管理强调企业管理体系的构建必须围绕制度化、程序化和标准化来进行,制度化保证所有事情有法可依,程序化保证所有事情有章可循,标准化保证所有事情有标可对。其实,规范化管理在中国企业中的兴起和发展是有它特殊的历史使命的,随着市场经济体系的逐步完善和2001年中国正式加入WTO,中国企业原来基于计划经济时代的管理体系已经不能适应企业竞争和发展的需要,企业急需一套行之有效的管理体系,由此规范化管理应运而生。

规范化管理经过10多年的发展,已经成为中国企业比较公认的改善管理水平的方法,有人把规范化管理的基本思想总结为:

(1)规范化管理的"八零"目标:决策制定零失误、产品质量零次品、目标客户零遗憾、经营管理零库存、资源管理零浪费、组织结构零中间层、商务合作伙伴零抱怨、竞争对手零指责。

(2)规范化管理的"四一"标准:企业的每一个岗位、每一个活动、每一份资产、每一个时刻,都处于受控之中。

(3)规范化管理的"十化"要求:决策程序化、考核定量化、组织系统化、权责明晰化、奖惩有据化、目标计划化、业务流程化、措施具体化、行为标准化、过程控制化。

国内著名的规范化管理专家周坤先生将企业的规范化管理归结为六大系统：发展战略规划系统、流程设计系统、组织管理系统、部门职能及岗位描述系统、规章制度管理系统、管理决策及控制系统。①

【案例1-1】 SH管桩企业规范化管理体系

SH管桩是一家集研发、设计、生产、销售及服务为一体的现代化大型预应力高强度混凝土管桩生产和集团化运作的企业，总部设在广东省中山市，在江西、黑龙江、山东、辽宁、江苏、福建、湖南、湖北、山西等地设有18个生产基地。

SH管桩的快速发展，与其多年来坚持构建的规范化管理体系密切相关，为了践行“SH管桩、华夏脊梁”的企业使命，实现“让世界上更多的人享受到SH管桩的安全与实惠”的伟大愿景以及“沿海北上，沿江西进；依托内陆，拓展海外；稳定主业，打通上下产业链”的战略梦想，SH管桩董事长带领他的管理团队在多年的经营实践中，总结出了符合SH管桩实际的规范化管理体系：践行“十六化”管理理念、打造“六驱型”企业经营模型、追求“七化”境界、狠抓“两委”建设。

1. SH管桩“十六化”管理理念：企管源文化、共赢人本化、使命战略化、愿景目标化、组织结构化、竞争要素化、体制竞力化、机制杠杆化、创新技能化、简政自律化、市场差异化、效能价值化、效益靠“七化”、全员市场化、求实诚信化、文化产品化。

2. SH管桩“六驱型”企业经营模型：“双控”组织驱动型；市场需求-创造驱动型；文化、价值与品牌驱动型；帮教、督导与问责式管理驱动型；商业模式创新驱动型；共赢机制驱动型。

3. SH管桩追求的“七化”境界：客户化、标准化、流程化、信息化、人性化、精细化、卓越化。

4. SH管桩“两委”建设：市场委（以市场为起点，主抓核心业务流程建设，保证企业开源）、能效委（以成本控制为核心，主抓核心管理流程建设，保证企业节流）。

可以看得出来，规范化管理的核心思想就是通过将公司的发展战略规划与管

---

① 周坤. 突破发展瓶颈：企业规范化管理实务[M]. 北京：北京大学出版社，2005：77.

理体系的建设有机结合，从而帮助企业在战略的指引下，从“人治”迈向“法治”。

其实，现在大家所讲的规范化管理还只是企业对管理的一种追求，尚未形成一套完善的理论体系，不同的人对规范化管理的理解不同，其主张的规范化管理体系便不同，但纵观企业比较认同的一些规范化管理思想，它们基本上都具有以下几个明显的特征：

（1）强调战略实现：几乎所有的企业都开始意识到战略对于企业的重要性，缺乏战略的企业犹如大海中随波逐流的孤舟，随时都有沉没的危险，而任何一家企业的经营都不可能脱离大的经济环境独立存在，所以企业的规范化管理也必须围绕企业战略的高效实现来构建。

（2）强调系统运作：强调企业运作的整体性和系统性，因为一家企业就如一部汽车，每个部门和岗位都是这部车上不可或缺的零部件，如果所有部门和岗位不能系统运作，高效协同，那么企业这部汽车就不可能“跑”起来。

（3）强调流程管理：流程是企业开展任何业务活动或者管理活动的游戏规则，缺乏流程指引，每个员工都会按照自己的理解和经验去开展工作，部门之间、岗位之间就会因为工作方法的不同、对工作目标认识的差异导致协同困难。

（4）强调以人为本：以人为本的管理思想正被越来越多的企业所认可，因为“人”作为企业最重要的资源，如何发挥每个人的主动性显得越来越重要。所以很多企业开始让每一个员工都参与到公司的战略制定，管理决策和流程、制度的建设当中来，以保证其理解、认同和支持，同时，企业所有管理体系的建设也都考虑“人”的感受。

（5）强调制度健全：规范化管理的首要职能就是强调企业的管理要从“人治”向“法治”转变，无以规矩，不成方圆，制度就是保障。

（6）强调基础建设：企业规范化管理是建立在一定管理基础之上的，要想管理规范化，企业必须在组织分工、员工激励、绩效管理、信息管理、文化氛围、决策机制等这些基础管理上做出提升和改善。

二、流程崭露头角

流程管理真正在中国企业兴起，基本上是从 21 世纪初很多企业引进 ERP 系统开始的，因为在此之前企业管理强调制度化、程序化和标准化，而且那时候的企业管理与信息系统基本上没有关系，直到企业引进 ERP 系统才发现，要想实现

ERP 系统的正常运行，企业内部的核心业务流程先必须梳理清楚，因为 ERP 系统只是对线下核心业务流程的信息化集成，由此在国内掀起了第一次流程管理高潮。

ERP 的应用，对于企业而言不仅仅是引入一套现代化的管理软件，通过软件使企业的日常经营管理活动自动化，更重要的是它对企业传统的管理模式将进行根本性的变革，使其更加合理化、科学化、流程化。可以毫不夸张地说，企业应用 ERP 后效益的提高，一方面来自 ERP 软件本身，另一方面得益于业务流程重组。实际上，ERP 软件功能的实现要求企业必须进行全面系统的业务流程重组，同时，ERP 应用也改变了企业传统的管理模式，它将企业的管理活动按照其功能分为财务、人力资源管理、绩效管理、计划、采购、生产等模块，这种模块化的管理要求企业对原有的管理方法进行重新组织和安排，以保证 ERP 模块的正常运作。

事实上，有人认为，企业实行 BPR 是应用 ERP 和推进信息化建设的基础，对推动企业管理现代化将起到积极的作用。有证据表明，在 ERP 导入之前进行业务重组或优化，将大大提高 ERP 系统的实施效果。

根据我们的经验，企业在导入 ERP 系统的时候应该按照以下思路进行：

(1)先规划，后导入。企业在正式导入 ERP 之前，需要对自己的流程体系进行全面细致的规划和分析，同时根据企业自己的战略定位和业务发展需要，明晰企业相关流程。

(2)先 BPR，后 ERP。为了保证企业 ERP 系统的适应性，企业还需要对目前流程运作状况进行分析，并进行适当的优化和再造，保证流程体系的科学性。

由此可见，随着 ERP 热在中国企业的兴起，流程管理也在企业管理中崭露头角，发挥其重要的作用。

三、流程时代已经来临

ERP 的兴起让中国企业感受到了流程的作用及价值，但 ERP 只是从信息流、物流和资金流的角度对企业的核心业务流程进行管控，对于管理流程很难进行规范和控制的，这就导致很多企业实施 ERP 系统之后马上就发现，ERP 系统的价值并没有发挥出来，企业日常运作和 ERP 系统脱节，很难协同。

为什么会造成这种状况？我们认为原因有二：其一，早期中国企业实施的 ERP 系统都是标准版本，不是根据企业的实际业务特征进行的个性化开发出来的，企业在实施的过程中会脱离实际地去迎合系统；其二，企业的流程管理基础薄弱，中国企业的管理从计划经济时代的管理模式向市场经济转变的过程中，很多企业一味强调制度和标准的重要性，而忽略了部门之间、业务之间相互协同的流程体系建设，结果造成部门之间、岗位之间协同意识淡薄，流程管理思想和体系没有建立起来。

我们认为，中国企业真正意识到并开始关注流程管理也就是近 5 年的事情。2008 年开始的美国次贷危机，再到欧债危机，乃至全球经济危机，导致很多企业利润急剧下滑和经营困难，这就迫使企业要去重新思考如何经营企业，企业的利润来源在哪里，因为原来粗放的管理和掠夺式的经营模式已经很难让企业生存下去。这期间，在学术界和企业管理界有很多种声音，产业结构调整与升级、产业转移、调整出口方向、拉动内需、商业模式创新、企业战略调整等这些关键词都名噪一时。我想，从宏观上来看这些举措都没有错，但对于特定的一家企业而言，要做到确实还是很难的，企业要想在恶劣的竞争环境中生存与发展，我们认为以下 3 点至关重要：

1. 战略决定企业做“正确的事情”

战略对于企业而言，至关重要，因为战略错了，一切努力都将付之东流。

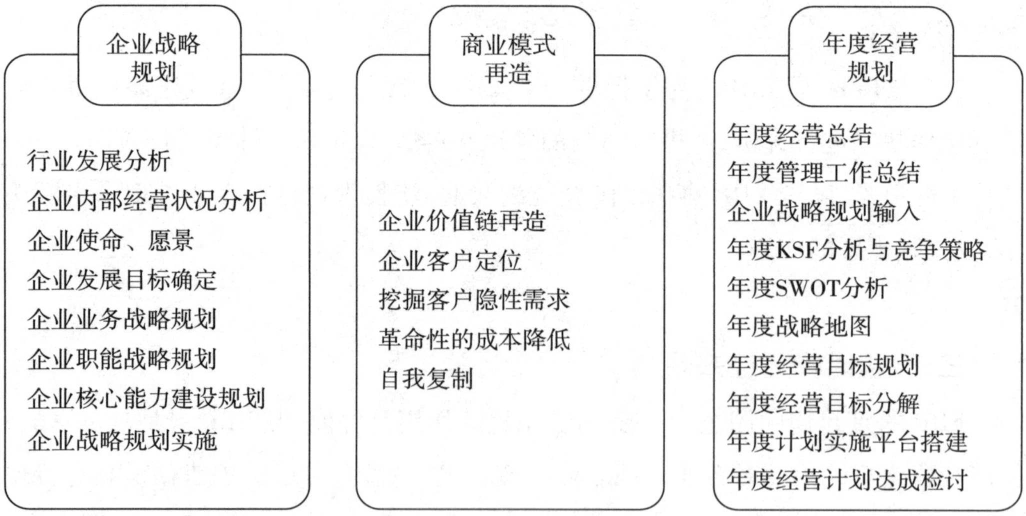

图 1 –1　战略决定企业“做正确的事情”

企业如何才能做“正确的事情”呢？战略规划、商业模式、年度经营计划管理可以帮助企业找到答案！

第一，进行企业战略规划。

有人说，战略是大企业的事情，小企业不需要战略。我不认同这样的观点，只要是企业就需要进行定位和选择，因为对于一家企业而言，不可能什么事情都做，而这种选择和放弃本身就是企业的战略决定的。

那么企业究竟该如何规划自己的发展战略呢？如图1-1，企业战略规划一共包括以下几个方面：

(1)行业发展前景分析。企业通过对经营环境及行业竞争态势的系统分析，确定企业的机会与威胁。

(2)企业内部经营状况分析。企业通过对自身经营及管理状况的系统分析，确定自己的核心优势与劣势。

(3)确定企业使命与愿景。在明确竞争环境与自身状况的基础上，确定企业的使命与发展愿景。

(4)确定企业发展目标。在既定的使命与愿景之下，按照企业发展的不同阶段，确定企业的发展目标。

(5)企业业务战略规划。根据企业自身的优势、劣势，以及机会与威胁，选择和确定企业的产品战略、客户战略、市场战略及产业战略。

(6)企业职能战略规划。从市场营销、产品研发、生产制造、财务投资、人力资源等多个维度对企业职能战略进行系统规划。

(7)企业核心能力构建规划。根据业务战略及职能战略发展需要，规划并构建企业的核心能力，培育竞争优势。

(8)企业战略实施评价与管理。定期对企业发展战略实施状况进行检讨和分析，及时纠偏，保证按照既定的战略选择和定位执行。

第二，从战略出发，企业还需要对自己的商业模式不断进行完善和创新。商业模式的创新可以通过企业对自身价值链的重新组合和优化实现，也可以通过对企业自身的运营模式、服务模式甚至经营模式的改变来实现。

第三，年度经营计划管理。企业年度经营计划既是对中长期发展战略规划的细化和承接，同时又是企业对特定的财务年度总体经营和关键工作的规划。

所以说，企业的发展战略确定了方向和目标，商业模式可以帮助企业找到提升经营能力的捷径，而年度经营计划则为企业中长期发展战略的顺利实现提供保障和积累。

2. 流程保证企业“正确地做事”

企业确定了“正确的事情”之后，还需要有健全的流程体系加以执行和保障，这就是我们通常所说的流程保证企业“正确地做事”。关于企业流程体系的建设，读者朋友可以参考图 1－2。

图 1－2　流程保证企业“正确地做事”

流程体系的建设包括企业战略及价值链分析、企业流程规划、业务流程优化与再造、管理流程优化与再造、辅助流程优化与再造、流程配套设计、流程变革及实施、流程落地及固化、企业信息化建设规划、企业信息化建设等，关于流程体系的建设在本书的其他章节将会详细阐述，在此不再赘述。

企业流程体系健全后，还需要进行组织及业务体系的优化与再造，组织体系再造包括集团管控模式设计、集权及分权体系规划、企业组织模式选择、企业一级组织再造、企业二级组织设计、部门使命与职能规划、部门职能分解、岗位说明书体系、岗位任职资格体系建设等。

业务流程体系再造包括品牌建设与管理、渠道规划与管理、销售体系再造、产品线规划及管理、研发项目管理体系再造、财务管理体系优化、投融资管理、企业上市、生产制造体系再造、供应链体系再造等。

3. 人力资源保证企业用“正确的人”

企业的任何一项职能，所要做的任何一件事情，归根结底都需要员工来实现，企业在用人的时候，我们不能奢望所有的人都像“唐骏”一样优秀，我们认为，只要选择并用好“正确的人”就可以了。也就是我们通常所说的，将合适的人放在合适的位置，发挥其应有的价值。

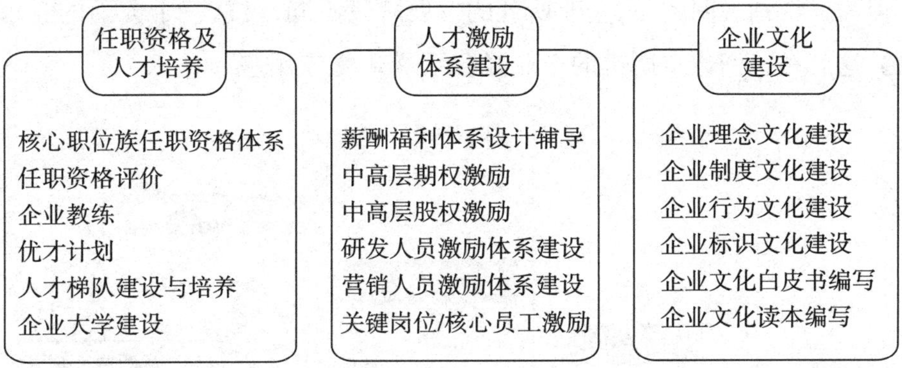

图1－3　人力资源保证企业“用正确的人”

要选择并用好“正确的人”，企业的人力资源管理体系必须从以下3个方面进行系统规划和提升：

(1)任职资格确定“门槛”，人才培养机制保证人才适岗。任职资格体系让企业清晰地界定什么样的人是企业需要的，什么样的人是企业不需要的，把企业需要的人“选进来”，把企业不需要的人“选出去”，这是人力资源管理的第一项职能。同时，企业还需要通过对任职资格的评价，找出差距，并通过优才计划、企业教练、企业大学等多种方式提升员工的能力，保证“人岗匹配”，这是企业人力资源管理的第二项职能。

(2)员工激励体系让员工富有激情。把优秀的员工激励到位，让他们富有激情地工作，这是企业人力资源管理的另外一个重点，因为能力再高的人，如果缺乏工作的动力和激情，也是做不好工作的。

(3)文化建设让员工成为真正的“企业人”。文化建设的根本目的在于让员工高度认同企业的使命与价值理念，让员工与企业“一条心”，这是企业人力资源管理工作需要长期积累和坚持的环节。

通过上面的分析，我们可以看到，经营一家企业其实也并不难，做好三件事情就可以了：战略决定做“正确的事情”，流程决定“正确地做事”，人力资源让企业“用正确的人”。其实，战略是方向，人力资源是基础，流程才是企业运营的核心。随着企业对管理认识的逐渐提升，越来越多的企业开始意识到流程管理的重要性。

流程时代已经来临！

四、再造企业经营系统

通过前面的介绍，我们清晰地掌握了战略、流程、人力资源对于企业经营的重要性，但需要特别说明的是，企业所处的发展阶段不同，对这三个方面的需求也是不同的，这就是我们通常所讲的企业经营系统升级与再造。

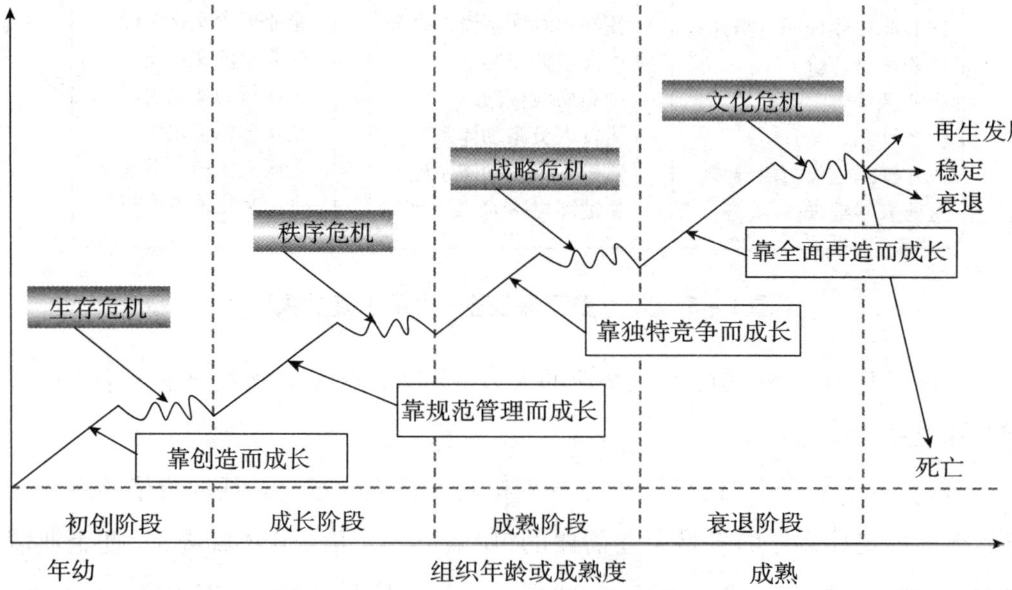

图 1－4　企业发展阶段与经营重点分析

如图 1－4 所示，企业在发展的不同阶段，就像一个人处于不同的年龄段一样，其历史使命和经营重点是不同的。人的一生必须经历求学、成家、立业等一系列人生阶段，当然企业也不例外，从小到大，必须经历初创、成长、成熟和衰退等不同阶段，不同阶段企业的经营重点是不同的，管理的侧重点也存在非常大的差异。

初创阶段的企业最需要解决的是生存的问题，这时候的企业往往会依靠某种市场机遇，抑或某种特殊的商业模式获得成长与发展，同时，这时候的企业一般规模都比较小，业务模式也相对简单，对管理体系的依赖并不强。

但随着企业进入了快速成长期，企业规模不断壮大，组织分工越来越细，此时的企业如果还是延续初创期粗放的管理模式，很有可能会遭遇灭顶之灾，提前进入衰退期甚至夭折，因此建立和健全企业内部的管理秩序（如流程体系、组织职位体系、利益分配体系、员工激励、梯队建设、目标绩效体系等）就成为这一发展阶段企业管理工作的核心。

企业进入成熟期后，资产达到相当规模并保持相对稳定，业务模式趋于成熟，同时，经过多年的发展，企业也积累了比较丰富的管理经验，此时独特的企业文化也初露端倪。但这时候的企业往往会表现出组织结构臃肿、运营效率低下、盈利能力下降、员工士气低落、企业发展乏力、战略导向模糊等一系列问题。所有这些现象都预示着企业将面临极大的挑战和考验，此时的企业管理更需要规范化、流程化、扁平化、分权化和系统化。

随着企业的发展步入衰退期，企业的发展战略、市场营销、生产运作、供应链、财务管理、成本控制、人力资源等方面都可能出现了问题，这就迫使企业对管理的各方面进行全面审视。值得注意的是，这时候最需要检讨的是企业的发展战略和商业模式，企业需要通过对宏观环境、行业竞争及发展态势、自身经营状况、资源配置状况进行客观审视，重新确定企业发展的愿景、定位以及总体发展战略、业务战略和职能战略。

正是由于企业不同发展阶段对管理的需求有所差异，所以我们认为，企业的经营系统也必须根据不同阶段所需要突破的瓶颈来升级和再造。（如图 1－5）

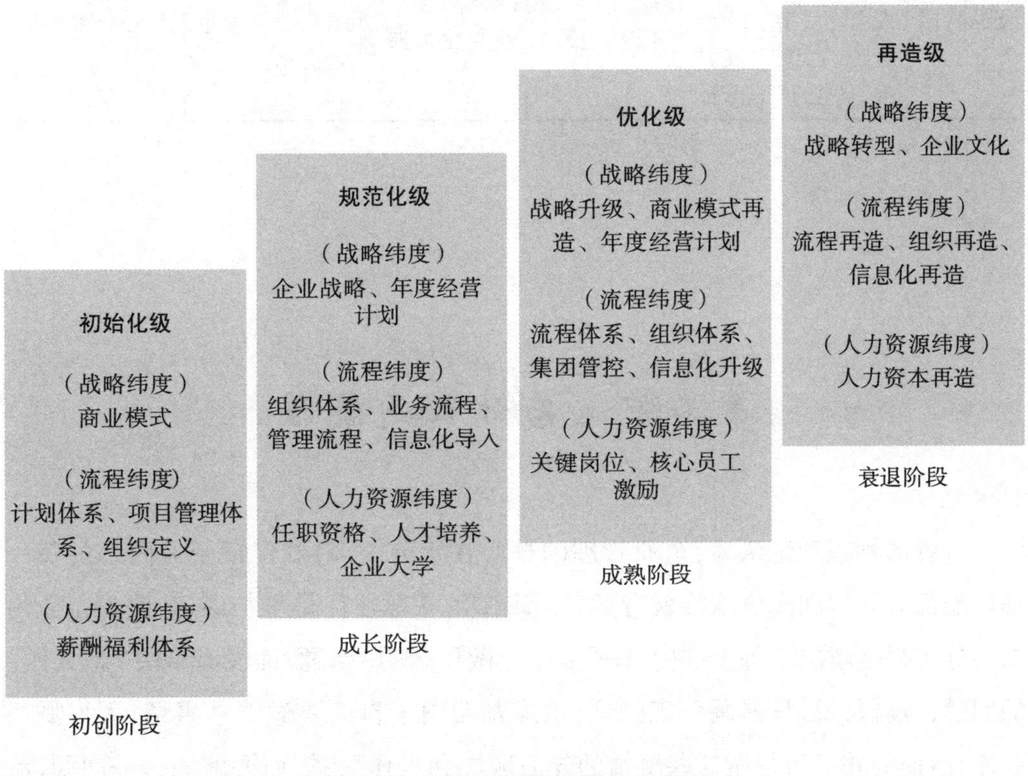

图 1－5　企业经营系统升级理论

表 1－1　不同发展阶段对经营系统的需求分析

企业发展阶段	企业特征	成长策略	管理体系建设重点		
			战略管理	组织管理	人力资源管理
初创阶段	刚起步、规模小、团队凝聚力强、创业激情高涨、业务模式简单	靠创造和机会获得成长	商业模式定义	计划体系、项目管理体系、组织定义	薪酬福利体系
成长阶段	业务快速发展、组织快速扩张、内部秩序混乱	靠内部管理获得成长	企业战略规划、年度经营计划	组织体系、业务流程、管理流程、信息化导入	任职资格、人才培养、企业大学
成熟阶段	业务扩张减缓、运营效率低下、盈利能力下降、员工士气低落、战略导向模糊	靠独特竞争获得成长	战略升级、商业模式再造、年度经营计划	流程体系优化、组织体系优化、集团管控、信息化升级	关键岗位管理、核心员工激励
衰退阶段	战略迷失、增长乏力甚至停滞不前、人浮于事、组织臃肿、官僚主义严重、员工士气低下	靠全面再造获得成长	战略转型、企业文化再造	流程再造、组织再造、信息化再造	人力资本再造

第二节　为什么是流程

传统的管理理论认为，企业管理的核心在于分工，只要保证企业内部的每一项职能都有部门和岗位承接就行了。但现实的状况往往是事与愿违，因为企业内部的分工只是解决了每个部门、每个岗位“做什么的”问题，而没有解决“怎么做”的问题，也就是说，只强调分工的话，大家都明白了自己要做哪些事情、承担哪些职能，但他们并不清楚做这些事情的先后顺序和工作关系，而要解决这一问题，流程才是关键。

图1－6　分工与协作

如图1－6所示，企业内部的分工有两种：横向分工和纵向分工。横向分工是将企业根据价值链布局需要做的所有工作按照专业化分工的原则进行分解，最终形成公司的一级部门；纵向分工则是将每个部门所承接的职能按照组织、计划、执行、协助配合、审核或审批、分析改进等节点进行分解，最终形成部门内部的岗位体系。

企业内部的协作也有两种：跨部门的协作和跨岗位的协作。

企业在进行分工的时候一定要把握好两个原则：横向到边、纵向到底；同样，协作也需要把握好两个原则：目标导向，结果导向。

一、什么是流程

根据我们的工作经验和对流程的理解，我们对流程定义如下：

所谓流程，就是指一系列的、连续的、有规律的活动，而这些活动以特定的方式进行，并导致特定结果的产生。

在对流程定义的理解过程中，我们要注意：

——流程是“一系列的、连续的、有规律的活动”。正因为这样，这些“活动”是有先后顺序或并列关系的，同时这种先后或并列关系是连续和有规律的。

——流程是“以特定的方式进行”。在流程运作的过程中，不同公司、不同发展阶段其“活动”之间的运作方式是不同的。

——流程将“导致特定结果的产生”。流程的最终目的在于创造价值，也就是增值，这种增值可能是效率提升、成本降低、销售增加、利润增长、质量提高，也可能是客户满意、员工满意，这与每个流程的目的（绩效目标）有关。

同时，一个完整的流程必须包含以下6个环节：

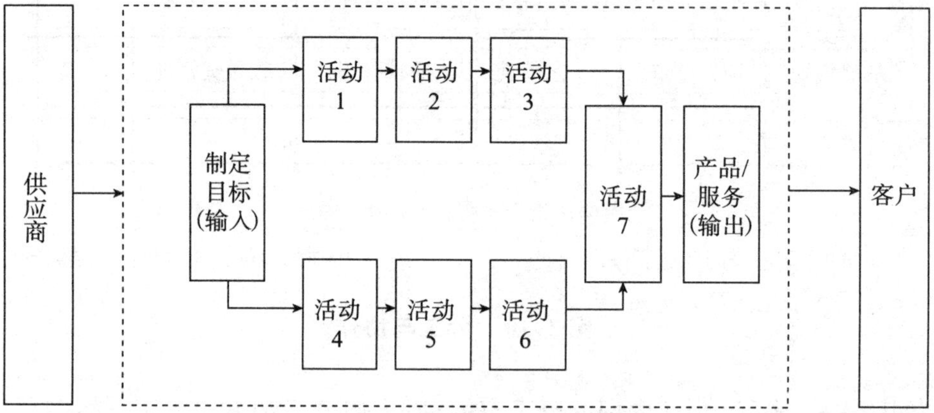

图1－7　流程构成6要素

1. 输入

输入就是指流程运作初期所涉及的基本要素。这些要素是流程运作过程中不可或缺的组成部分，一般而言，在流程运作过程中它们将被有效地消耗、利用、转化，并最终对流程产出产生影响。常见的流程输入有：资料、物料、顾客需求、资源、设备、说明、标准、计划、信息、资金等。

【案例1－2】 作为培训管理流程，它的输入端可能包括相关部门的培训需求信息、人力资源部的年度培训计划安排、公司培训管理制度、员工素质状况分析报告，等等，这些输入都会在培训管理过程活动中得到有效运用，并对公司的整体培训管理水平提升产生重大影响。

2. 供应商

供应商就是指为流程活动提供相关物料、信息或其他资源的个体或部门。在日常的流程运作中，供应商可以有一个，也可以有多个。我们在进行流程设计时，一般只需要列出关键供应商即可。供应商作为流程组成的基本要素之一，所提供的物料、信息或资源对流程运作将产生重要影响。

常见的产品研发过程中，市场部门作为一线部门，需要将产品市场变化情况、客户反馈信息、竞争对手防范措施等相关信息及时地向研发部门进行反馈和交流，以便研发部门所研发的产品更贴近于市场和客户需求。在这个流程中，如果市场部门作为提供商所提供的相关信息不及时或者不准确，很有可能会对后期的产品研发项目产生重要影响，丧失产品未来的市场竞争能力。

3. 流程过程

过程就是指为了满足客户需求所必须进行的相关作业活动的集合。这些活动对流程输出来讲，是核心的、关键的、不可缺失的、有增值效果的。从流程优化的思路来讲，过程才能为组织创造价值，因此必须尽量减少一切不必要的非增值环节，提高流程的质量和效率，使流程路径最短，效率最高。

在一个完整的流程中，包含着多项活动，一般而言过程活动是有着严格的前后顺序和逻辑关系的。上一个活动的产出就是下一个活动的输入，这些活动对应着不同的职能部门。因此，在进行流程优化时，我们必须明确相关部门在这些流程活动中所要扮演的角色和承担的责任。

同时，根据流程的划分层次不同，过程活动也呈现出层级化的趋势。往往在高一级流程中的某一个过程活动，我们就可以细化成为一个完整的低一级流程。当然，在进行具体流程设计时，我们还是应该根据流程的具体设计要求和目的，进行适当的过程设计，尽量避免陷入不必要的细化讨论设计或者过于空泛的宏观设计。

4. 流程执行者

流程执行者就是指具体的流程过程活动的实施者，它既包括个体，也包括部门。在一个流程中，可能只有一个执行者，也可能包括多个执行者。流程执行者的识别，与各个部门在流程中所扮演的角色和流程本身的层级划分有着重要关系。

比如年度财务预算制订流程，这个流程中涉及公司财务部（制订具体年度预算方案）、公司领导（审核年度预算方案）、公司下属各业务单位（参与相关预算方案设计），这些部门作为流程的执行者，根据其承担的职责不同，扮演着不同的角色。

对于跨部门的公司一级流程，它的执行者可能涉及公司所有相关部门，如果我们将流程中的某个环节细化成下一阶流程，它可能就是某个部门的内部运作流程，它的执行者可能仅仅涉及部门内部的相关岗位。因此，流程执行者的识别也与流程本身的层级划分有着直接关系。

5. 输出

输出就是指流程的最终产出结果。它可分为硬件和软件两部分，硬件主要指生产制造过程中所生成的各种产品，软件就是相关的信息或者服务。流程的输出是否合格，最终需要由客户进行判断，看产出是否与客户需求吻合。

在同一个流程中，可能有几种不同的产出，对应着不同的客户需求，这些客户之间的需求可能会存在一定程度上的矛盾或者冲突。为此，设计流程时应以满足该流程的主要客户的关键需求为主，这样设计出的流程才能达到我们所期望的效果。

举一个例子，比如企业内部的培训管理流程，它的客户可能有员工、部门和公司三部分，它们之间的需求是存在一定程度的差别的。员工希望通过培训开阔眼界、提高自身综合素质，部门希望通过培训提高员工实际工作技能、使其更好地适应现有工作需要，而公司则希望通过培训使员工具有可支撑未来长远发展的综合技能、适应公司的未来战略发展和业务调整的需要。显然，这三者之间的需求导向并不是完全一致的。在这种情况下，我们设计流程就应以首先满足公司的培训需求为主。

6. 客户

客户就是流程输出结果的最终消费者。对于企业流程来说，客户既可以是外部市场客户，也可以包括内部组织客户。在设计相关流程时，必须首先要明确流程的客户是谁，仔细把握客户的最终需求，这样设计出的流程才有意义。而要做到这一点其实有时并不是太容易，需要我们进行认真的甄别和思考，才能得出正确的结论。

在进行流程设计之前，不妨不断地提出相关问题，以用来识别流程的相关客户和客户需求：

谁来关心该流程的最终输出结果和效果？

该流程会对哪些部门的运作造成影响？

流程设计的最终目的是什么？

流程的内部客户是谁、外部客户是谁？

流程的主要客户是谁、次要客户是谁？

【案例1-3】 为了使读者能够更好地理解流程的6个环节，我们举例说明：

表1-2 流程要素分析

流程名称	物料采购流程	员工招聘流程	生产管理流程
输入	物料需求计划、仓储信息	招聘计划、岗位编制	生产计划、销售计划
供应商	原材料供应商	人才市场、校园等	计划部门
流程过程	询价、报价、采购	发布招聘信息、笔试、面试	领料、生产、入库、发货
流程执行者	采购部、计划部、财务部、品质部	人力资源部、用人部门、公司高层	生产管理部、工程部、品质部、计划部、仓储部、物流部
输出	合格的物料	合格的员工	及时、合格的产品
客户	生产部门	用人部门	销售部门

二、流程管理的核心目的

流程的概念搞清楚了，我们还要回答另外一个问题，那就是企业做流程管理的核心目的究竟是什么？

是增值！

企业进行流程管理的核心目的就是通过流程周而复始的高效循环，使企业不断提升价值。打个比方，企业采购了1000万元的原材料，通过企业内部的生产制造、销售等环节，最终以2000万元卖出，那么多出来的这1000万元就是企业通过研发管理流程、生产管理流程、销售管理流程等流程“增值”的结果。

【案例1-4】 我曾经接到一位新疆读者的电话，她告诉我，她是一家医院的化验室主任，她所在的部门归口这样一个流程——病理化验流程，流程的主要步骤包括：

(1)接到化验需求和样品；

(2)按照化验标准进行病理化验;

(3)填写《化验单》;

(4)将《化验单》送至需求部门。

她问我:这个流程的增值方式是什么?

这个流程的增值方式有两个:其一提升化验效率,其二提高化验准确率。

【案例1-5】 2008年,我们曾经受湖北一家企业的委托,对该公司的制造系统流程进行了全面的优化。该公司是一家配套企业,专门为一家汽车制造集团加工发动机零部件。

当时的情况是,这家公司从接到订单、组织采购、生产到第一批交货需要将近60天的时间,我们的目标是将整个加工周期缩短20%。

为了达成这一目标,我们首先对该公司从接到订单、采购到生产的整个环节的所有工作进行列举,一共列举了826个具体的动作,然后把这826个动作按照流程优化的一些方法进行分解,并且找到每个动作的先后顺序和承接关系,同时对非增值的动作进行压缩和合并;另外我们也对该公司的制造系统的组织结构和产线分布进行了调整和优化。

最终的结果是,我们将原来的826个动作缩减到540个,原来制造系统的部门从12个减少到8个,整个产品的交期从60天缩短到45天,交期缩短15天。

我们粗略地为这家企业算一笔账:

1. 从12个部门减少为8个部门,共减少部门经理4人、部门专员10人。当时该公司的部门经理年薪为12万,部门专员的年薪平均为6万,就这一项为该公司节约108万。

2. 公司的交货周期缩短15天,资金周转从原来的6.08次/年(365天/60天)提升为8.11次/年(365天/45天)。该公司年产值4.5亿,原来需要周转资金7401万元(4.5亿/6.08次),而调整后周转资金为5548万元(4.5亿/8.11次),每年减少周转资金1853万,假设年资金使用成本为10%,则这一项为企业创造185.3万的效益。

当然,这只是我们的粗略计算,很明显第1点节约的108万可以理解为企业通过降低成本增加的效益,而第2点节约的74.22万元则是通过提升流程效率为企业创造的效益。

值得注意的是，对于流程的“增值”我们不能简单地理解为赚了多少钱。流程不同，其增值模式也会有很大的差异，这种“增值”，可能是效率提升、成本降低、销售增加、利润增加、质量提高，也有可能是顾客满意、员工满意，总之，这与每个流程的目的（绩效目标）及客户需求相关。

【案例1-6】 不同流程的增值方式分析

表1-3 不同流程增值方式分析

序号	流程名称	流程增值方式
1	采购计划管理流程	供应及时、减少库存
2	销售货款管理流程	减少呆坏账，及时回款
3	不合格品管理流程	提升产品品质
4	年度经营计划管理流程	年度经营计划达成
5	财务分析管理流程	及时发现经营问题，降低经营风险
6	销售订单管理流程	保证销售订单快速实现
7	生产计划管理流程	提升生产计划达成率，保证产品及时供应
8	促销管理流程	增加销量
9	招聘管理流程	降低岗位空缺率
10	培训管理流程	提升员工工作技能，提高岗位适岗率
11	生产成本管理流程	降低/控制生产成本
12	销售管理流程	提升销量
13	合格供应商管理流程	保证物料供应质量

简而言之，流程的“增值”方式是由流程的目的决定的，流程的增值是期望通过流程的输入、供应商、流程过程、流程执行者、输出、流程客户等6要素的高效运作，让流程的输出比输入更好。

三、流程的三种类型

在企业中，流程有很多，为了读者能够充分理解不同流程的特征和区别，我们把流程分为管理流程、辅助流程和业务流程（又称订单实现流程），如图1-8所示。

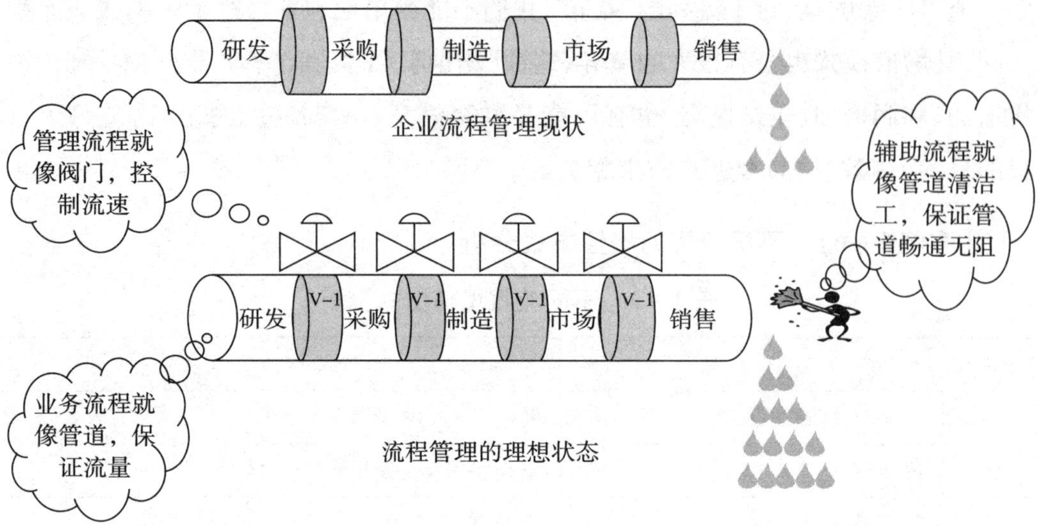

图1-8 流程种类划分

1. 业务流程

业务流程(又称订单实现流程)主要是直接参与企业经营运作的相关流程,涉及企业“产—供—销”三个基本环节。通过业务运作流程,企业就可以为客户直接创造价值,最终也保证了企业自身经营目标的实现。常见的业务流程主要有:产品规划流程、新产品研发流程、销售订单管理流程、原材料采购流程、原材料储运管理流程、生产制造管理流程、产成品发货运输流程、货款回笼管理流程等。

2. 管理流程

管理流程主要是企业实施开展各种管理活动的相关流程,它并不直接为企业经营目标负责,而是通过管理活动对企业业务开展进行监督、控制、协调、服务,间接为企业创造价值。常见的管理流程主要有:战略管理流程、人力资源管理流程、财务分析管理流程、财务核算流程、财务预算编制及调整流程、供应商评价流程、合格供应商管理流程、项目管理流程、客户满意度管理流程、客诉受理流程、销售信用管理流程等。

3. 辅助流程

辅助流程主要是为企业的管理活动和业务活动提供各种后勤保障服务的流程。这些流程与管理流程一样,并不直接为企业创造价值,而是通过为企业创造良好的服务平台和保障服务,间接地实现价值增值。常见的辅助类流程主要有:车辆服务流程、办公用品管理流程、设备保修流程、客户服务流程、土建工程施工管理流程、行政后勤服务流程等。

那么管理流程、业务流程和辅助流程究竟是什么关系呢？

打个比方，我们把企业从接到订单到组织采购、生产制造、发货、满足订单要求的这个过程比作是一根粗细不匀的管子，要想从管子中流出更多的水，我们的办法有三种：

（1）将管子的直径变大；

（2）将粗细不匀的管子的直径全部换成一致的，同时在必要的节点安装水阀，调节水压，以免胀破水管；

（3）将管子的各个焊接点管好，以免中途漏水，同时定期还需要对水管进行疏通和清理。

其实上面的三种办法恰恰就是业务流程、管理流程和辅助类流程在企业中扮演的角色：企业通过业务流程尽可能接到更多的订单，并在最短时间，以最佳的交期和品质满足顾客需求；而同时企业又需要建立一系列关于品质、工艺、交期、成本的控制点，减少企业经营风险，提高运作效率，这就是管理流程在企业中扮演的角色；辅助流程则扮演管道清理的角色，为业务流程的快速实现提供必要的服务。

四、流程的三个层次

另外，在企业内部，流程是有非常严密的层次性的，通常我们将企业内部的流程分为公司级流程（跨部门流程）、部门级流程（跨岗位流程）以及岗位级流程（岗位操作规程）。三者之间具有严格的逻辑关系，上一级流程中的某个过程环节往往就可以细化成下一级完整流程，如图 1－9 所示。

1. 公司级流程

公司级流程（跨部门流程）：跨部门流程往往是对公司整体经营运作具有重要影响的、相对比较宏观的重要流程，这些流程需要经常进行跨部门的协调运作才能最终完成流程的相关输出。比如：市场调研管理流程（需要市场部、销售部、技术部参与）、企业发展战略管理流程（需要公司高层、战略管理部、企业各职能管理部门参与）、供应商管理流程（需要 SQE、采购部、技术部、财务部等参与）、销售合同管理流程（需要销售部、销售管理部、生产计划部、财务部等参与）等，这些流程

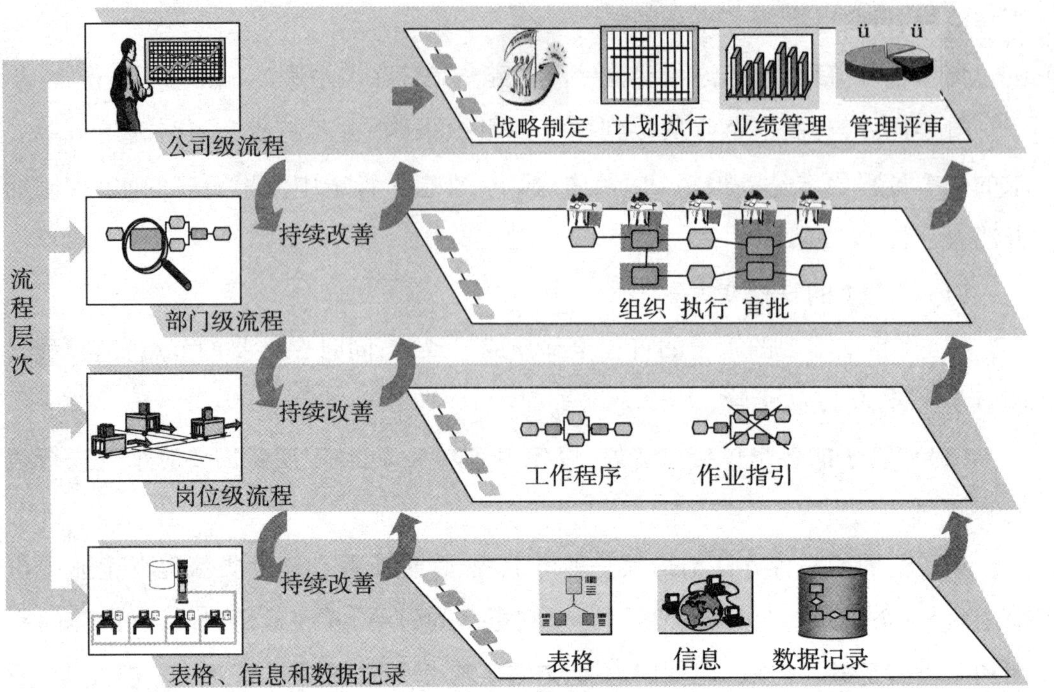

图1－9　流程层级划分

的完成都是需要两个或几个部门之间的协调配合才能完成的。公司级流程是企业流程管理的重点和关键。

2. 部门级流程

部门级流程(跨岗位流程):跨岗位流程侧重于部门内部不同岗位之间的配合,通过相关岗位的协调完成部门的工作目标和工作任务,比如财务核算流程(需要财务部门销售会计、成本会计、税务会计、出纳等多个岗位的参与)、招聘组织流程(需要人力资源部门招聘专员、招聘经理、人力资源经理等多个岗位的参与)。

3. 岗位级流程

岗位级流程(岗位操作规范):岗位操作规范就是指本岗位的具体作业程序和作业规范,比如机械工厂里装配工的工序工艺操作卡就是一个典型的例子。

同样的问题,流程既然有三个层次,那么它们之间又是什么关系呢?我们也打个比方:公司级流程就像一座城市供水的总管道,它要实现整个城市总供水量的规划和控制;而部门级流程是通往各个社区的分管道;岗位级流程则是通往各个住户的支线管道。

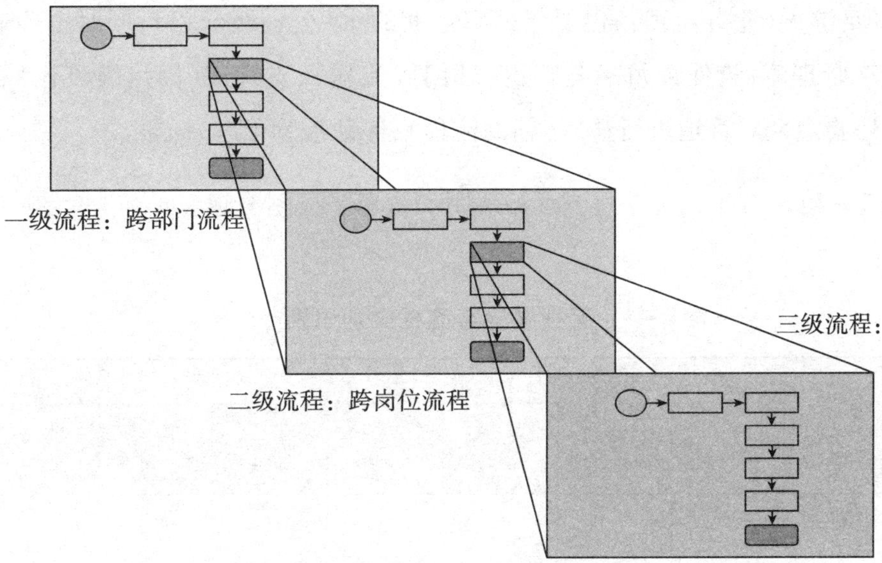

图 1－10　一级流程、二级流程、三级流程的关系

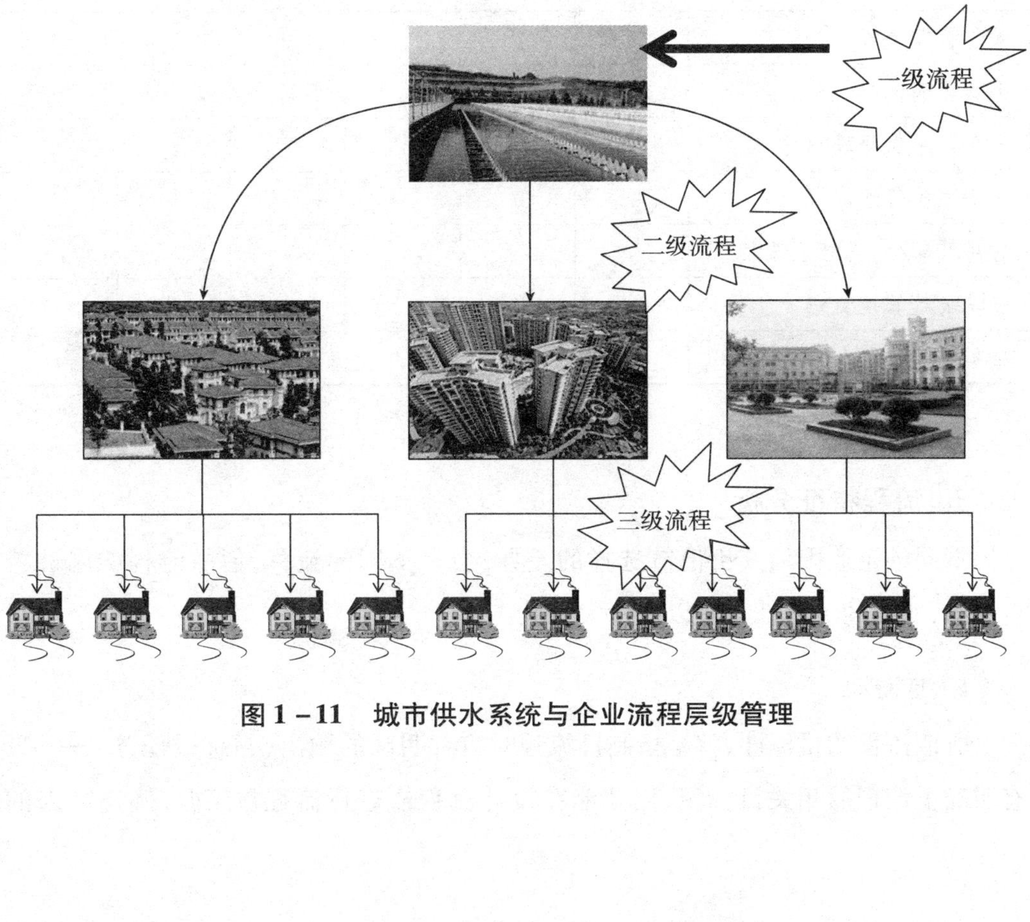

图 1－11　城市供水系统与企业流程层级管理

综合流程类型和流程层次，要想保证整个城市的供水正常，我们首先要保证总管道直径足够大（业务流程），也要保证有足够的水（公司级流程），同时也要通过合理调节（管理流程）保证每条分管道（部门级流程）、支管道（岗位级流程）有水。另外，还要定期对管道进行清理（辅助流程），保证水管干净、畅通。

【案例1-7】 为了让大家对流程的类别和流程层级划分理解更加透彻，我们举例说明：

表1-4 流程层级与流程类别识别

流程名称	流程层级			流程类别		
	公司级流程	部门级流程	岗位级流程	业务流程	管理流程	辅助流程
年度经营计划制定/实施/调整流程	V				V	
××设备操作流程			V			V
财务分析流程	V				V	
员工招聘与甄选流程	V				V	
采购管理流程		V		V		
生产管理流程		V		V		
不合格原料处理程序	V				V	
设备维护管理流程		V				V
成品入库/发货管理流程	V			V		
应收账款管理流程		V			V	
小车服务流程			V			V

五、流程特征分析

不同的企业因为其价值链选择的差异，会有不同的流程，但从流程的属性特点上讲，所有的流程都具有以下六大特性：

1. 目标性

所谓流程的目标性，就是指制订流程时应有明确的输出（目标或任务）——只有明确了流程的相关目标，我们才能在设计流程或进行流程重组时，确定未来的服务对象和优化方向，做到有的放矢；否则，将会在错误的道路上越走越远。

2. 普遍性

所谓普遍性，就是指企业的任何经营活动均是由流程构成的。一家企业代表着一种特定的价值创造模式和效率，在表层是以经营活动所产生的产品或者服务的方式呈现在客户的面前，而在其背后进行深层支撑的则是一系列流程，包括价值的创造、传递和增值过程。

因此可以讲，企业的经营活动实际是流程的组合体，而通过流程管理，我们可以将隐藏在企业背后的价值创造方式进行优化、提高和完善。

3. 整体性

所谓整体性，就是指不同的流程之间应有比较统一的理念或者思想作为指导和支撑。企业内部的流程可以分层分类划分为多种形式，每个流程之间只有建立其比较统一的指导思想，形成共同的目标指向，才能达到我们所期望的目的，否则就可能相互矛盾、冲突或者内耗。指导思想的来源可以是根据企业的战略发展目标进行细化分解得来，也可以根据企业的实际经营状况进行提炼。

4. 动态性

所谓动态性，就是指流程在企业内部运行的过程中，会受到相关因素的影响，流程负责人应及时进行调整、优化甚至是重新设计。这些变化因素包括企业发展战略的变化、组织职能的调整、企业信息化技术的提升、组织内部业绩评估要求的变化、外部市场行情的重大变化、流程操作者技能的提升等方面。企业流程管理是一个持续不断进行完善的过程，只有更好，没有最好。

5. 层次性

层次性就是指流程可以按照不同的组织层级进行划分。我们前面讲过，流程可以分为跨部门流程、跨岗位流程和岗位级流程就是这个意思。另外，流程的层次性还说明，上一级流程是下一级流程的指引，而下一级流程又是对上一级流程的细化和支撑。

6. 结构性

所谓结构性，就是指根据不同流程的实际执行情况，可分为串联、并联或反馈等多种方式。不同的流程结构，会对流程的运作效率和运作质量产生重大影响。

一般来讲,串联结构有助于对流程节点活动和信息的控制;并联结构有助于流程节点活动的协同,提高运行效率;而反馈结构则有助于系统部分环节的改善和调整。在进行流程优化设计时,往往需要在了解流程现状的基础上,对流程的部分结构进行调整和优化设计,以达到流程改良的目的。

第三节 企业流程管理实践

既然流程管理对于企业规范管理、提升运营效率都有非常重要的作用,那么企业究竟该如何推行流程管理。在这一点上,任正非先生有一句经典的话:在管理改进和学习西方先进管理方面,华为的方针是"削足适履",对系统先僵化,后优化,再固化。我想,这句话对于绝大多数企业而言都是适用的,因为华为的实践证明,要想让流程真正能够落地,并发挥价值,借鉴西方以及国内企业推行流程管理的最佳实践是一条捷径。

根据我们多年的实践经验,我们把企业推行流程管理的经验总结为:

第一,保证流程的相关责任人充分知晓。有本书叫《知道,做到》,这本书的核心观点是"知道,就一定要做到;做到,就一定要有结果"。"知道"是"做到"的前提,"做到"是"知道"的结果,没有"知道"就不可能"做到"。企业流程体系优化后,全面培训,保证所有员工充分知晓和理解是保证流程能够落地的基础。

第二,高管以身作则。员工充分学习流程只是保证流程落地的第一步,流程的落地如果离开了高管的以身作则也必将成为"空中楼阁"。我们经常讲一句话:在公司,流程的最大破坏者往往不是员工,而是高管。上梁不正下梁歪,高管不遵循流程、不按流程办事、随意破坏流程,最终的结果是所有员工都会对流程视若无睹。

第三,全员参与。流程的实施离不开全体员工的参与,因为每个员工都是流程节点的承接人,都是流程节点实施的监督者,流程的良好运行需要流程的每个环节都要做好,如果出现某个或某几个环节没有按流程执行,整个流程就会跑偏,就像火车在轨道交接的地方，如果搬道工没有及时调整轨道，就会改变火车行进的轨迹。

第四，系统优化。流程的优化是一个系统工程，在流程实施的过程中，我们往往会出现觉得某个节点有问题就马上进行调整和优化的举动，殊不知这样的调整和优化不但不会帮助整个流程提升效率，相反会带来更多的问题。因为一个有效的流程应长期稳定运行，不能因为有一点问题就常去改动它，改动的成本往往会抵消改进的效益。

第五，建立流程责任制。对流程实施的效果和流程绩效定期评价也是可以保证流程落地的重要举措。

以上是我们对企业流程管理经验的宏观总结。下面我们再细化地看看，中国企业在推进流程管理的过程中有哪些具体可行的方法可以借鉴。

（1）流程管理比职能管理更重要，组织结构设计首先考虑流程实现，其次考虑部门规范运作；职能管理更多强调的是组织分工的问题，而流程管理则需要规范的是组织协作的问题，企业只有既做好分工，又做好协作，才能高效运作。

（2）流程管理面向公司发展战略，职能管理面向部门内部日常管理；流程的存在是因为战略的需要，流程的畅顺与否直接决定企业的战略能否实现。

（3）流程管理比职能管理更容易提高工作效率、减少部门之间的扯皮推诿。我们发现，越是强调职能管理的企业，最终的结果是“部门墙”越来越厚，部门“本位主义”也越来越严重，而强调流程管理的企业，其运作效率明显高于强调职能管理的企业。

（4）全面导入和建立以改善流程绩效 KPIp（KPI of Process）和战略实现 KPIs（KPI of Strategy）的绩效管理体系；全面绩效管理是任何一家企业都必须建立的，但在建立目标绩效管理体系的过程中，企业除了关注基于职能的 KPIo（KPI of Organizing）之外，更多的是需要关注基于流程的 KPIp（KPI of Process）和基于战略的 KPIs（KPI of Strategy）。

（5）通过完善公司流程体系和流程配套体系，实现公司制度体系的“瘦身”。很多企业认为，企业规范化管理就是建立制度体系，结果发现制度越来越多，多到很多制度一年到头都没有人去看一眼，所以，我们讲企业的制度不是越多越好，而是越少越好。

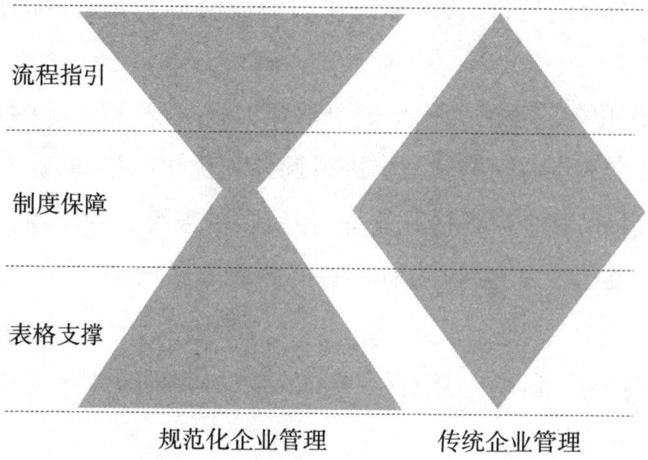

图 1－12　企业规范化管理的差异

通过图 1－12，我们可以看到传统企业管理与规范化企业管理的本质区别：传统企业管理强调以“制度”管理人，而规范化企业管理则强调以“流程”管理事情。

（6）传统企业以职能管理为主，现代企业以业务流程管理为主。很多公司总是强调职能管理的重要性，而忽略了流程管理的必要性，导致企业运作效率低下。

（7）传统企业流程为组织而定，现代企业组织为流程而定。一个企业究竟是先有组织，还是先有流程，这个问题看起来和先有鸡，还是先有蛋的问题是一样的，实则不然，根据现代企业管理理论，企业一定是先有流程体系，才能根据流程去设计组织体系。

（8）传统企业体现专业化分工的思想，现代企业强调业务流程整体最优的思想。职能管理的本质是分工的专业化，因为职能管理思想认为，分工就应该将专业相近或专业相同的职能放在一起，便于管理，而往往忽略不同专业、不同职能之间的协作，结果导致各自为政。

（9）传统企业员工被局限于每个部门的职能当中，现代企业充分发挥每个人在整个企业流程中的作用。在传统管理的思想中，一个员工首先是部门的一份子，然后才会参与相关流程的环节；而流程管理的思想是，任何一个员工，他首先是某个或某几个流程的关键环节，然后才根据组织分工的原则，归属某个职能管理范围和部门。

一、学习华为好榜样

大家都知道，华为是在国内较早关注并实施流程管理的企业之一，华为通过对流程的不断优化，取得了巨大的成功，成为国内企业学习的榜样。下面我们一起来看看华为的流程管理是如何做的。

《华为基本法》规定：

推行业务流程重整的目的是，更敏捷地响应顾客需求，扩大例行管理，减少例外管理，提高效率，堵塞漏洞。

业务流程重整的基本思路是，将推行ISO9001标准与业务流程重整和管理信息系统建设相结合，为公司所有经营领域的关键业务确立有效且简捷的程序和作业标准；围绕基本业务流程，理顺各种辅助业务流程的关系；在此基础上，对公司各部门和各种职位的职责准确定位，不断缩小审批数量，不断优化和缩短流程，系统地改进公司的各项管理，并使管理体系具有可移植性。

流程管理是按业务流程标准，在纵向直线和职能管理系统授权下的一种横向的例行管理，是以目标和顾客为导向的责任人推动式管理。处于业务流程中各个岗位上的责任人，无论职位高低，行使流程规定的职权，承担流程规定的责任，遵守流程的制约规则，以下道工序为用户，确保流程运作的优质高效。

建立和健全面向流程的统计和考核指标体系，是落实最终成果责任和强化流程管理的关键。顾客满意度是建立业务流程各环节考核指标体系的核心。

提高流程管理的程序化、自动化和信息集成化水平，不断适应市场变化和公司事业拓展的要求，对原有业务流程体系进行简化和完善，是我们的长期任务。

任正非先生在《华为的冬天》一文中提到：规范化管理的要领是工作模板化。什么叫做规范化？就是我们把所有的标准工作做成标准的模板，就按模板来做。一个新员工，看懂模板，就会按模板来做。而这个模板是前人摸索几十年才摸索出来的，你不必再去摸索。各流程管理部门、合理化管理部门，要善于引导各类已经优化的、已经证实行之有效的工作模板化。清晰流程，重复运行的流程，工作一定要模板化。一项工作达到同样绩效，少用工，又少用时间，这才说明管理进步了。我们认为，抓住主要的模板建设，又使相关模板用流程连接起来，才会使信息化管理成为现实。

这就是任正非先生对华为流程管理经验的高度概括和总结，在任正非先生看来，流程管理的核心在于工作模板化，模板化需要规范的流程去实现，同时又需要成熟的 IT 系统去支撑。

下面，我们一起来分享华为流程管理的经验：

（一）精简冗余

2009 年，任正非先生向华为的全体员工发出指示：让一线直接来决策！任正非先生认为，去除流程中的冗余环节，让工作流程的各个环节得到精简，是优化工作程序、提高工作效率的第一步。

1. 发现和去除缺少价值的环节

如果流程中各个环节结束后未能如愿以偿地创造出预期的价值，那么，流程的执行也就失去了意义，执行流程只会平白地消耗资源；此时，只有删除那些冗余的流程，才能将有限的资源投入其他流程中去，在总体上缩短流程周期。

华为一名中层管理者说："我现在最大的爱好之一，就是分析工作流程的网络图，每一次能去掉一个多余的环节，就少了一个工作延误的可能，这意味着大量时间的节省。这两年来，我去掉的各种冗余工作环节达 70 个，粗略评估一下，省下的时间达 3000 多个小时，也就是 120 多天啊！"

2. 剔除流程中的多余环节

充分、良好的内部控制才能保证流程输出结果的质量。不过，需要注意的是，最理想的状态并非控制越多越好，而是保证流程中"杂草不生，禾苗旺盛"。反过来，我们可以利用流程进行内部控制分析——确定一个控制目标后，根据内部控制目标来确定关键的内部控制程序，再分析这些关键的控制程序，确定是否存在重复之处，是否存在优化的可能。一环扣一环地分析下来，冗余和重复的环节也就无处藏身了。

（二）合并同类项

除冗的另一种方法是合并同类项。庄子云："丘山积卑而为高，江河合并而为大。"合并的作用不仅在于化零为整，更在于能叠加优势、消除劣势。

在华为，如果当前的工作环节皆不能被取消，那么，管理者就会换个思路——将各个环节适当加以合并怎么样？合并是将两个或两个以上的事务或环节合为一个。例如，工序或工作任务的合并、工具的合并等。很多情况下，各个环节之间的生产能力不平衡，有的人手短缺，有的则人浮于事，忙闲不匀，将这些环节加以调整和合并，往往能去劣存优，取得立竿见影的效果。

1. 合并上下环节

将一项任务的多个环节分别交给几位执行者，可以大大加快企业内部物流和信息流的速度。但是从上一个环节到下一个环节的交接过程也可能是一次发生错误的机会。所以，为避免出现交接时的失误，可将多个环节的工作任务交由一位执行者负责。

华为通常指定一位员工负责一个产品或服务的全过程——从下订单到发货或从服务开始至结束。这些员工在服务组织中称为“项目专员”或“项目经理”，是客户与企业的单一接触点。

2. 合并任务相似的环节

常言道，熟能生巧。任务相同或相似的环节并轨，由一位执行者来完成，能最大限度地减少人力和时间方面的浪费。

同时，由于具有整合复杂环节的功能，信息技术可以成为一个流程加速的强大工具；如果用于基础扎实的流程，信息技术能够大大增强它的能力。以数据采集、数据传送为例，华为采用机器代替部分人力数据采集工作，降低了人为差错率；而自动化的数据传送，避免了对已经存在于一个系统里的数据的重复录入，省掉数据不匹配带来的麻烦。

（三）合理排序

任正非要求：“员工参加管理，不断地优化从事工作的流程与工作质量……改革一切不合理的流程。”

那么，如何改进才能调整不合理的环节，保证流程的合理，达到化繁为简的目的呢？

1. 衡量各个环节安排的合理度

华为通过“何人、何处、何时”三个问题，来确认流程中各个环节的安排是否合理；一经发现不合理之处，立即推倒重来，以使各个环节保持最佳的顺序，保证工作环节的有序性。

——何人：该环节由谁操作？操作技能是否娴熟？该环节是否为该员工最擅

长的？是否存在岗位与员工能力不匹配的现象？如果让熟悉第一环节工作的员工从第二环节调回，可以节省多少时间？

——何处：各环节的操作场所之间距离远近如何？是否便于工作交接？如果将某环节的操作场所加以调换，是否可以使工作交接时间变短？调整设备仪器的摆放位置后，操作者使用起来是否更方便、时间更短？

——何时：从第一环节开始至最后一个环节结束的时间，包括在各个环节之间的移动时间，加工时间及由于机器故障、部件无法得到等问题引起的延迟时间分别是多少？时间安排是否过于紧凑，使员工紧张、疲劳？或过于宽松，难以在交期前完成任务？

2. 理清逻辑顺序

工作流程中可能只有几个环节，也可能有数百个作业环节。如果对各个环节排序不当，不合逻辑，将造成工作秩序的极大混乱，无形中延长了作业时间。

环节安排顺序是否符合逻辑、是否清晰，我们可以从以下两个方面加以评价。

——是否等待：一个环节完成后，作业者是否需要等待其他环节结束，才能共同进入下一个环节？

——是否混乱：一个环节的开展过程中，是否需要下一个环节完成结果的辅助。一旦出现等待或混乱的状态，必须予以调整。

二、海尔流程管理的"人单合一"

海尔自1998年提出流程再造以来，积累了非常丰富的流程管理经验。张瑞敏曾经说过：流程再造不是请客吃饭，而是一场革命。这对企业而言是一件非常非常困难的事情，但即便这么困难，海尔还是要做下去，虽然自身动手术非常痛苦，也比不动手术安乐死要好得多。

1. 实施市场链

市场链是指以海尔文化和OEC管理为基础，以订单信息流为中心，带动物流和资金流的运行，实施"三个零"（零库存、零距离、零营运成本）目标的业务流程再造。通过市场链同步流程的速度和SST（索酬、索赔、跳闸）的强度，以市场链工资激励员工把用户的需求作为自己的价值取向，创新并完成有价值的订单，构筑核心竞争力，不断挖掘需求，创造市场。

2. 拆掉两堵墙

为了实现张瑞敏提出的“三个方向转移”（市场方向转移，从国内市场向国际市场转移；产业方向转移，从制造业向服务业转移；管理方向转移，从直线职能式管理向业务流程再造的市场链转移），海尔提出了要“拆掉两堵墙”，即企业与企业之间的墙、企业内部各个职能部门之间的墙。

拆掉企业与企业之间的墙让海尔变成一个开放的企业，拆掉部门与部门之间的墙使各个部门不再以我为中心，而是以市场及客户需求为中心。其实海尔当时推行流程再造，一是推倒了企业内外部的两堵墙，把割裂的流程重新连接起来，形成以订单为核心的市场链流程；二是通过流程的简化和优化，提升企业运营效率，输入客户需求，快速输出客户满意，从而提升海尔的活力和市场竞争力。

3. 正确地做事与做正确的事

海尔在推行流程再造的过程中，先后经历了 3 个阶段：

第一阶段：内部资源整合，搭建市场链框架。通过内部组织体系、员工流程管理意识的改变，打破原来职能式管理的模式，以市场和客户需求为核心，搭建基本的市场链框架体系。

第二阶段：获取有价值的订单。在已经搭建的市场链框架基础上一只手抓住客户的需求，另一只手抓住可以最大化满足客户需求的全球供应链体系。

第三阶段：整合人力资源。使每个人成为创新的主体，让每位员工都直接面对市场。用海尔公司的一句话：让每个人都成为一个 SBU。

张瑞敏对海尔流程再造的目标下过这样一个定义：满足两部分人的需求，即对外满足用户的个性化需求，对内满足员工体现自身价值的需求。通过行动，使员工真正从传统经济时代转到新经济时代，即从需要有人告诉他“如何正确地做事”，转到自己“应当做正确的事”上来。

4. 人单合一

海尔把流程管理的最高境界总结为：人单合一，速决速胜。“人单合一”的关键在于人，它要求每个人都要有自己的订单，都要为订单负责，而每一个订单都要有人负责。“人单合一”要求员工要有老板意识，要有自主创新的意识。张瑞敏认为，人的素质高低决定了订单质量的高低，“人单合一”是全流程的，流程中的每一个人都要创造出自己市场上的第一。

三、华孚色纺的“三流合一”

华孚色纺在短短十余年的时间里，在董事长孙伟挺的带领下，以一个后来者的角色颠覆了传统色纺行业的产业流程，成为行业冠军，用孙伟挺先生的一句话来总结，华孚成功的秘诀在于：快速反应。

1. 快速反应

华孚在进行内部流程优化时都是以快速反应为基准。华孚认为，快速反应有两个关系，一个是快速响应，即供应商满足客户需求进行同业速度竞争的主动行为，华孚称之为“硬速度”；另外一个是反应快速，即客户要求改变而供应商做出响应的被动行为，华孚称之为“软速度”。前者随需而生，依靠资源实力为基础，后者随需而变，依靠反应能力做支撑。

在华孚的第二个“十年战略纲要”中，对快速反应描述如下：

（1）打样及时准确，先封样不需要批色；

（2）询期及时准确，很少有反弹，即使反弹也很少改变；

（3）报价及时准确，很少二次还价；

（4）交期及时准确，很少误期，即使误期，时间也要控制在3天之内；

（5）跟单及时准确，订单评审确认、沟通回复、送货单回收审核、对账单及销售发票填制及时准确；

（6）配送及时准确，能够满足客户的个性化需求；

（7）投诉服务及时准确，小额投诉电话沟通处理，大额投诉第一时间现场处理，解客户之急，让客户满意；

（8）质量补救及时准确，同一客户同一质量问题3个月内不允许重复出现。

2. 分类服务

为了落实快速反应战略，华孚提出了分类服务的策略。分类服务就是根据客户的价值进行分类。华孚提出：作为一个供应商，必须有权力选择客户，而不是来的都是客；必须从中识别出企业真正的20%目标客户，然后针对这20%的目标客户提供个性化的服务。

华孚将客户的需求分为三类，一类是必要的需求，一类是充分需求，另外一类是不必要需求。华孚在进行流程体系及组织优化的时候，一直强调：要将主要的资源和精力投入满足客户必要的需求上去；对客户的充分需求，要有选择地去商量;对于客户不必要的需求要尽可能地取消。

同时华孚将客户的核心必要需求定义为两个:第一,一流的品牌需要最优质的质量,质量是客户的最基本需求;第二,交期,全球经济一体化之后,订单总往末端压,客户不放库存,把库存责任全部压到供应商,导致交期越来越紧。

3. 三流合一

华孚认为,真正运营要实现信息流、物流、资金流“三流合一”,一家企业的运营水平如何就要看其“三流”是否协同,速度如何!

四、青岛啤酒流程管理的“道”、“法”、“术”、“器”

青岛啤酒在企业流程管理方面,一方面注重在公司内部建立流程管理思想,同时在流程管理理念、方法和手段上都有很大的创新。有人把青岛啤酒的流程管理概括为“道”、“法”、“术”、“器”。“道”是流程管理理念、思想,有指引方向的作用;“法”是制度与规则,是理念的体现,同时又规定了“术”、“器”层次的内容与形式;“术”是流程管理的方法和手段,把制度与规则具体落实到活动中,又规范了“器”的边界与功能;“器”是软件和工具,通过技术实现管理目的。

1. 青啤流程管理之“道”

青啤流程管理理念有两个来源:一是企业目标,为了“创世界驰名品牌、建国际一流企业”,青啤在战略指导下实施组织变革,而流程管理则是组织变革的核心内容之一;二是先进流程管理的理念,核心内容是“以顾客为导向”、“面向行动”等。

青啤流程管理的理念不是某个人或少数人的理念,而是全体参与者共同认同的理念。为了实现这一点,青啤流程管理项目组进行了多次“面向行动”的流程管理培训,通过在公司范围普及了流程管理的理念方法和工具,使所有员工认识到了流程管理与自身工作的关系及重要性,为项目整体的有序推进建立了良好的基础。

通过项目过程中的知识转移,使员工逐渐形成“以客户为导向”的流程理念,用流程的视角分析和解决问题。不再局限于部门和岗位的职责,而从整体端到端流程的视角分析整个价值链的优化提升。

2. 青啤流程管理之“法”

仅有理念是不成的,理念要转化成行为准则,其必要的中间环节就是制度与规范。青啤在流程管理制度与规范方面做了许多工作：

建立了流程树维护制度，明晰了流程树维护需求的收集机制和流程树的维护过程，并确定了责任主体及相关职责；按照体系管理的要求，规范了流程制度文件体系，明确了管理手册、程序文件、操作规范的层次关系和建立/维护过程，并根据文件重要程度的不同，制定了相关的审批权限，保证了制度文件的质量控制；建立了管理审计制度，确定了联合审计、独立审计、专项审计三种审计形式，明确了各流程审计的时间频率和审计标准，并规定了审计过程和审计后整改的相关要求，促进流程体系的持续优化。

3. 青啤流程管理之“术”

如何做好流程管理项目，青啤采取的方法是聘请专业咨询公司和青啤流程管理部门组成联合项目组，进行整体的项目推进。

利用外部咨询机构和流程管理部门通过共同合作以及项目中的多次研讨，共同形成以下项目成果：

(1)建立了流程框架。

(2)梳理了优化核心流程。

(3)建立了流程持续优化机制。

(4)梳理了各职能运作时钟和高层会议体系，固化运营节拍。

(5)明确了后续行动计划。

4. 青啤流程管理之“器”

这主要体现在计算机信息系统上。青啤使用的信息系统主要包括：

ERP 系统：在各营销公司及供应链业务领域使用的 Oracle ERP 系统；

CRM 系统：在青岛营销使用，系统功能主要包括经销商管理、终端管理、促销管理、费用管理、计划管理等；

KMS 系统：在股份公司总部、制造中心及多家生产工厂、营销中心总部使用，并将在各区域营销公司全面推行，包括工作流、知识管理等多种协同办公功能。

五、中国企业流程管理实践

通过前面的分析我们可以看得出来，不管是华为、海尔、华孚，还是青岛啤酒，这些企业在实施流程再造的过程中，虽然每家企业的价值链不同、产品有异，但也有很多共同之处，我们简单归结如下：

1. 明确目标及投入，保证生产与经营人员的参与

（1）设立精确目标及里程碑：精确、具体的目标及里程碑可以被用作实施过程中的参照点，保证项目的大方向及进程。

（2）主要领导亲自抓：作为一个系统的根本性的改革，一把手的亲自参与必不可少。

（3）投入最优秀人员：精通管理和业务的专家是流程的“所有者”，他们能够准确地定义和优化相关的管理和业务流程，他们也应是以后主要相关部门的负责人。

（4）所有相关部门参与：所有与流程相关的部门的负责人都应该参与到项目之中。这样可以保证项目获得所需要的资源，同时，也有利于在组织内部传播变革的思想。

2. 缜密的实施策略

（1）考虑使用“试点—改进—推广”方法：业务流程重组不可能一步到位，要通过“试点—改进—推广”的多次循环，不断发现问题和作出改进。

（2）仔细选择试点部门（领域）：应该选择能够从业务流程重组中获益最大的部门/领域作为第一波的实施部门。

（3）避免采用过分理想化的方案：过分理想化的方案其实施难度往往超过一般的想象。要敢于挑战专家提出的需求和特点要求，因为许多问题往往可以通过其他方式解决。

（4）慎重评价实施方法：业务流程重组实施之前应慎重评价实施方法，并详细计划实施的进程。

（5）缜密筹划实施进程：业务流程重组的实施会随时间的推进在不同部门渐次展开。应安排合理的实施进程以实现实施效果的最优化，并确保员工在本部门实施业务流程重组时已具备了必要的知识和技能。

（6）集中精力，力求早期显现成果：业务流程重组早期显现成果有利于增强组织内部对项目的信心，消除阻力，同时获得进一步实施所需的支持。要抓住重点，以解决突出问题为切入口，不要面面俱到，分散精力。

3. 有效的项目组织及管理

(1)实施配套的组织变革:变革管理是业务流程重组项目管理的核心要素。实施 BPR 会改变组织中人们思考和行动的方式,因此应当作配套的组织变革。

(2)其他企业/部门紧密协作:企业中往往同时存在多个项目,此外,实施业务流程重组项目往往需要外部力量的参与。因此,项目之间、企业内外协调、合作至关重要。

(3)密切跟踪项目进展:实施期是项目实施过程中常见的问题。仔细制订计划、而后严格按计划执行是保证项目如期完成的关键。

(4)注意基础数据的准备:基础数据的重要性和困难往往被估计不足,事实上,这会极大地影响业务流程重组的进展,因此应及早进行这方面的准备。

(5)鼓励员工广泛参与:员工是业务流程的最终执行者,员工的参与有助于及早适应和改进系统。实践表明,1/3 以上员工不同程度的参与才有可能达到最佳效果。

5. 主动的变革管理

(1)寻找合适的高层支持者:项目最高负责人可以扮演"项目大使"的角色,这有助于项目获取资源、减少阻力,并保证在外部机构离开后项目仍能推进。项目的成败应与其个人目标直接挂钩。

(2)营造紧迫感:在组织内部营造紧迫感是实施组织变革的重要技巧之一,它有助于提高员工的关注和参与程度。

(3)充分激励项目成员:要使参与项目变得富有吸引力,使项目成员相信参加项目可以为公司创造更大价值,而不是冒更大的个人风险。项目组不应该是安置"问题员工"地方。

(4)与利益相关者持续沟通:变革意味着不确定、风险、不安和恐惧。任何利益相关者都可能形成对项目的支持或阻力,持续的沟通是消除不安和阻力的最佳手段之一。

(5)保持冷静:项目成员在项目实施过程中通常会经历一个典型的"兴奋—沮丧—兴奋"的"S 型"过程。正确管理项目成员的期望值有助于减小这种情绪的波动。

六、流程优化与再造五步法

根据我们的经验,我们将企业流程优化与再造分为企业流程规划、流程现状描述、流程问题分析、流程优化或流程再造、流程配套设计等步骤。

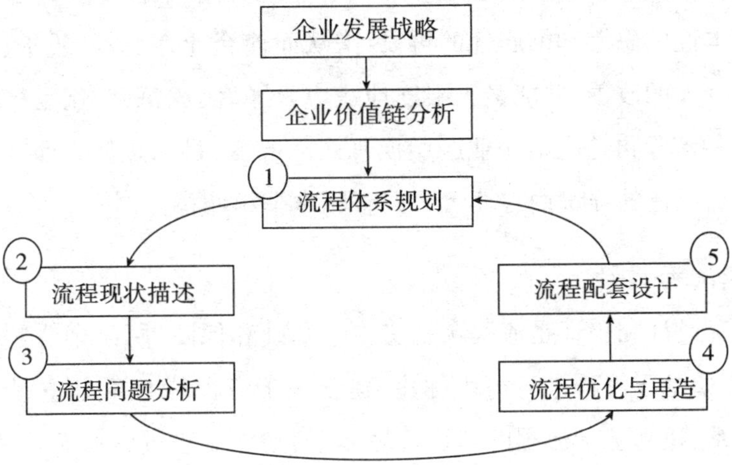

图 1-13 流程优化与再造 5 步法

1. 企业价值链分析及流程体系规划

企业的战略选择决定了企业价值链,在进行流程优化与再造时,首先需要将企业的价值链和核心业务逻辑进行系统分析,从而进行企业流程体系规划(包括业务流程、管理流程和辅助流程,也包括一级流程、二级流程和三级流程),关于企业价值链分析及流程体系的规划将在本书第二章进行详细阐述。

2. 流程现状描述

企业需要利用多种工具和方法(如流程作业现场调查、文档调查、研讨会、流程主人及流程相关方访谈、问卷调查、现有解决方案的跟踪与调查、典型案例调查与分析、测时等)对流程的现状进行客观描述,流程现状描述的具体方法及操作技巧将在本书第三章第一节进行详细阐述。

3. 流程问题分析

流程现状描述清楚后,通过“望闻问切”等多种手段进行流程现状分析,发现问题,找到流程优化方向。关于这部分内容,读者也可参考本书第三章第二节。

4. 流程优化与再造

流程优化(BPI)和流程再造(BPR)是两个完全不同的概念。流程优化是在现有流程的基础上进行局部的调整和优化。业务流程再造概念最早是由美国管理学家迈克尔·哈默于1990年提出,他认为:“企业业务流程重组就是对企业的业务流程作根本性的思考和彻底性的再设计,从而使企业在成本、质量、服务和速度等方面获得巨大的改善,并能最大限度地适应以顾客、竞争、变化为特征的现代企业环境。”这种流程再造是对企业脱胎换骨式的改变,目标是使企业获得重生。关于流程优化与再造的详细内容读者可以查阅本书第四章。

5. 流程配套设计

流程配套设计和验证是流程顺利实施的基础和保障,所以企业还需要进行流程配套设计,如基于流程进行组织优化、建立基于流程的KPI、建立基于流程的制度和表单体系、建立基于流程的知识管理体系、基于流程进行信息化建设等,关于这部分内容本书将在第五章进行详细阐述。

第二章 谋定而后动

—— 企业流程规划

根据企业的实际运营需要，准确地对现有流程运作体系进行定义和识别是我们进行流程优化管理的第一步工作。常见的分析工具包括价值链分析法、绩效重要性矩阵、学习五角星、成本收益矩阵、流程优化矩阵等。

第一节 战略、流程和组织

在企业中，战略决定企业做正确的事，组织决定企业正确地做事，而流程则可以帮助企业高效、低成本、低风险地做事，这就是我们通常所讲的企业管理“三驾马车”，战略、组织、流程缺一不可。

一、战略决定流程

战略主要回答企业是什么、企业能做什么、不能做什么、做到何种程度、怎么具体达到目标等基本的命题。战略决定做什么，流程研究怎么做。从这个意义上讲，战略与流程是目标和手段之间的关系。

下面，我们再分别从战略对流程的三个决定性作用看看战略是如何影响和控制流程的：

1. 战略决定了流程的客户

流程是企业从输入原料、资金、信息到输出能满足客户需求的产品和服务的过程，流程的首要目的是提供满足客户需求的服务和产品，因此进行流程管理首先应了解客户的需求和标准是什么，而明确客户需求的第一步是了解我们流程的客户是谁。

许多企业进行流程管理，对自身的客户是谁大都有认识，但是否真的十分清楚呢？要了解自身的客户是谁，需要进行企业战略分析和研究。通过对企业内外部环境的研究分析，在明确自身资源的基础上，了解企业未来到底能为哪些客户提供产品/服务，提供哪些方面的产品/服务，未来服务达到什么样的目标和要求，这些无疑是十分重要的。也就是说，通过战略的分析研究，明确企业自身发展目标，进而明确企业的流程运作目标——客户需求，才能了解流程管理的重点和方向。

2. 战略决定了流程的价值增值方式

美国哈佛大学教授迈克尔·波特曾经讲过，作为一般企业的基本战略主要有三种：低成本战略、差异化战略和专业化战略，这三种基本战略决定了企业对其有限资源的不同配置方式,亦决定了企业的相关价值增值模式。由上述三种基本战略我们还可以根据企业的实际情况,再进行衍生,形成具有企业自身特点的竞争战略和职能战略,而这些战略的具体实施,正是通过企业的流程运作得到贯彻的。

因此可以讲,战略决定了企业的价值增值方式,而流程则是企业价值创造的动态表现形式。

3. 战略决定了流程的期望输出效果

企业在不同的时期,根据战略的不同管控要求,会有不同的侧重点。有些强调控制、有些强调快速反应、有些强调成本压缩,不一而足。即使是同一个管理业务流程,在不同的战略决定下,也会有不同的期望效果。在这种情况下,流程首先要提升的不是流程本身的运作质量,而是要确保对流程的相关业务侧重点的满足。

通过上面的分析,我们可以清楚地看到,一旦企业的战略确定,企业的流程必将随着战略进行调整,毛泽东主席曾经说过:政治路线确定后,干部是关键因素。我把这句话改一下:企业战略确定后,流程是关键因素。因为流程高效与否,直接决定企业战略能否实现。

二、流程决定组织

组织结构是为企业流程顺利实现而服务的,流程实现则是为公司发展战略的实现来服务的,从这个意义上讲,流程决定着企业的组织架构,做同样产品的企业,因为内部运作流程不同,企业组织结构就可能有很大差异。

关于这一点,我想大家很好理解,但在现实企业管理中,我们发现管理者经常犯一个低级错误,那就是当企业战略或年度经营计划确定后,管理者先急着去画公司的组织架构,而往往忽略了流程规划和优化,这就是造成很多国内企业低效的根本原因。

这样做的结果是,从表面上看,每个部门、每个岗位的分工都是清楚的,大家分工明确、各司其职,但最终的结果往往事与愿违。

在企业中,我们经常会谈到分工与协作的问题,通过上图我们可以看到,企业内部的分工可以分为横向分工和纵向分工两种,横向分工是指将企业为了满足战略管理需要做的全部事情按照专业化分工的原则进行归类，最终形成若干各部门，所以我们经常讲企业横向分工产生了部门；但企业仅仅有横向分工是不够的，企业还需要将部门的职能按照PDCA和管理的五大职能等工具进行分解，最终保证部门的每件事情都有相应的岗位承接，这也就是我们通常所讲的纵向分工产生了岗位。在组织分工方面，我想请大家记住一个基本的原则，那就是“横向到边，纵向到底”。

讲清楚了分工的问题，我们再来看看企业内部各部门、各岗位是如何协作配合的。我们首先看看部门之间的协作。在企业内部我们发现很多事情都是需要多个部门共同完成的，比如产品规划工作，就需要产品规划部、市场部、销售部、项目部、相关技术部门参与。而要解决部门之间协作问题的最好办法就是流程，我们把横跨多个部门的流程就称为公司级流程（跨部门流程）。我们再来看看岗位之间的协作，即使在同一部门想要完成一件事情也会经常需要多个岗位的共同参与，比如员工招聘工作，就需要组织管理专员提供岗位编制及缺编情况，绩效专员需要提供可能会因为绩效原因提拔或辞退的员工，招聘专员编制招聘计划，人力资源经理需要负责计划的审批及人力资源部层面的面试等。我们把这种岗位之间协作的流程称为部门级流程（二级流程）。同样，在组织协作（流程管理）方面，我也想请大家记住一个基本的原则，那就是“流程导向、结果导向”。

三、战略、流程与组织的关系

通过前面的分析，我们可以得到，战略是企业经营运作的根本和方向，企业的相关流程运作、组织设计都受其影响和调整。而组织则是战略实施和流程运作的基本平台，搭建其相应的组织机构后，我们才有落脚点进行相关战略和流程优化的贯彻落实。流程则是战略实施和组织运作的具体载体和方式，它按照战略运作的要求，在不同的组织平台之间进行穿插运行，从而实现企业的价值增值过程。

打一个形象的比喻，假如我们将企业看作一个人体，那么战略好比人体的大脑，它决定着我们做什么；组织是人体内部的各个器官，它们在人体内部起着不同的作用，实现特定的功能；流程则是遍布全身的血管和神经，它们通过连接不同的器官，将各个器官之间所产生的输出物质进行有效循环，维持人体系统的正常运行。

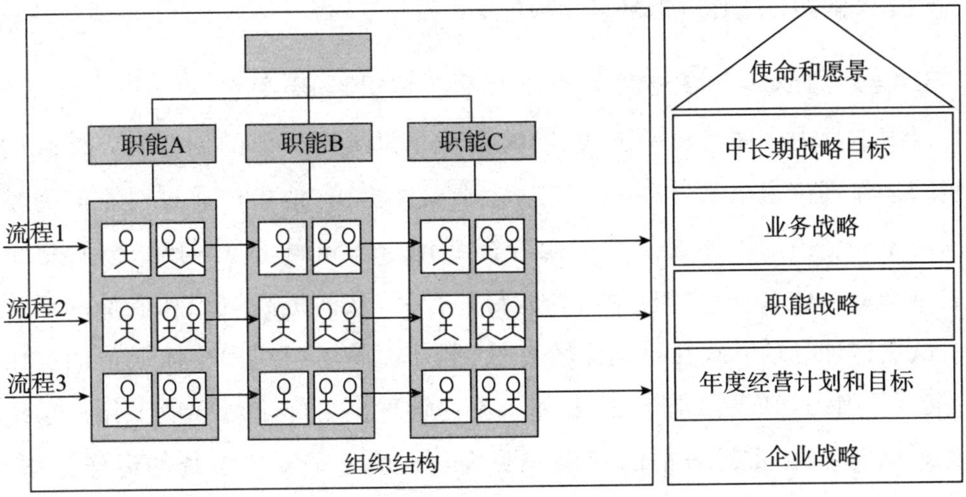

图 2 –1　战略、流程和组织的关系

在理解战略、组织和流程关系时，应注意以下几点说明：

1. 战略对组织和流程的决定作用是动态的，而非静态的

许多企业的战略管理可以说是“规划规划，墙上挂挂”，没有适时根据企业内外部环境和资源状况的变化进行调整。因此常常是今年做了一下战略规划，明年、后年就束之高阁了。企业的组织和流程调整要么是长久没有变化，与市场变化和竞争需要脱节，要么是变化过于频繁，缺乏一定的指导性、稳定性和目的性。显然，这两种情形与战略管控的要求都是有差距的。

2. 流程管理增加了组织的柔性运作和环境适应能力

传统的职能分工管理其假设前提是通过专业化部门运作，提高部门运作效率。它的外部组织环境相对比较稳定，客户需求比较单一，其管理的要义是在固定框架模式下，进行更好的运作和协调。但是现有的组织运作环境与传统的组织运作环境相比发生了巨大的变化。客户个性化需求色彩越来越突出，市场竞争越来越激烈，产品/服务的独特竞争优势难以持久，传统职能管理所表现的弊端也越来越突出：部门本位主义严重、感受不到市场压力、协调成本过高、部门之间扯皮现象严重，责任不清，等等。环境的变化对组织运作提出了新的管理要求：直面客户、应对市场、传递压力，其组织管理更侧重于客户价值主张的实现。这些要求集中反映在流程上，希望通过流程化管理传递压力、流通价值、系统化解决客户需求、增强对外部变化的反应。因此，流程化管理改变了我们传统的组织运作方式，

增加了组织的柔性运作和对环境适应能力。

3. 传统组织运作在流程管理中得到了提升和解放

组织本身由个体人员所组成，同时自身也是组织价值的创造者。传统的经典组织运作理论最早是由美国管理学家泰勒所提出，他希望通过对不同类型的组织乃至组织内部个体人员的职能进行细化分解和固化，让每个部门、每个组织成员知道做什么，通过加强培训、监督和控制，从而提高组织和成员的运作效率。虽然这种管理方式在早期比较有效，但却扼杀了组织和个体成员的自由个性，束缚了组织和成员的能动性发挥。流程管理则着眼于对某项工作的系统优化和效率提升，侧重对事情的规范和明确。它改善了整体系统的运作效率，更重要的是为组织和成员保留了一定的成长空间，使组织和成员能够在流程运作中找到自身的价值。因此，可以说传统的组织运作在流程管理中得到了提升和解放。

总体来讲，战略是组织和流程运作的根本，它决定了企业的价值目标，直接影响和决定了组织、流程的最终实现目的。

组织作为战略实现和流程实施的平台，在外部环境的冲击和影响下，从以前的职能固化管理转变得越发富有活力和柔性。从组织管理的角度看，它针对的是企业内部的每个成员，它明确了企业内部成员的岗位职责、角色和任务，构成了企业的内部垂直管理线路，通过责任体系将企业最高经营者与普通员工联系在一起。

流程管理则针对的是企业的价值产出过程，是企业内部水平方向的管理线路，所包括的范围从企业发现客户需求，到研发和生产制造，再到销售和服务，并通过客户满意最终实现价值创造。它突出反映了一种动态关系，更注重于目标，直接面对客户；更注重于整体运作，打破了部门壁垒；更注重于系统的价值实现和效率提升，而不是依法行事。

组织结构与流程运作构成了企业内部的垂直管理线路和水平管理线路。其中垂直管理线路明确了组织成员的分工，水平管理线路明确了组织成员的协作，通过既分工又协作的管理方式，就构成了企业经营与管理模式，这种横向与纵向的结合，有助于企业充分利用相关资源，实现企业战略目标。

第二节 企业核心价值链分析

企业核心流程规划的起点是对企业的价值链的系统分析，结合企业商业模式选择最佳的价值链组合，最终帮助企业实现流程最优化、收益最大化。

一、企业价值链分析

美国管理学教授迈克尔·波特提出了价值链理论[①]，他认为企业内部的所有相关活动都可以分为两大类：基本活动（价值创造活动）与辅助活动（支持价值创造活动），如图2－2所示。

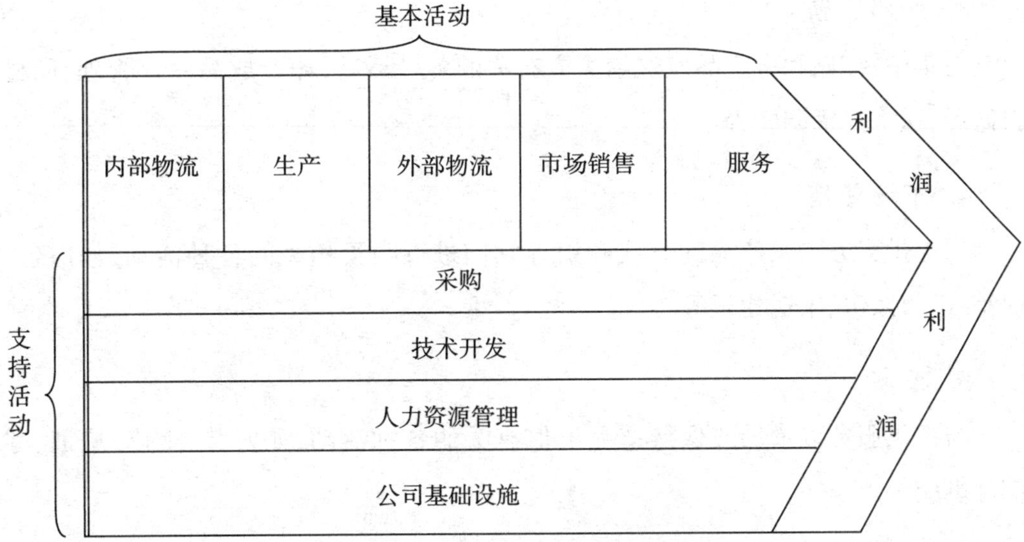

图2－2 企业价值链模型

迈克尔·波特认为，企业内外价值增加的活动可以分为基本活动和支持性活动，不同的企业参与的价值活动中，并不是每个环节都创造价值，实际上只有某些特定的价值活动才真正创造价值，这些真正创造价值的经营活动，就是价值链上的"战略环节"。企业要保持的竞争优势，实际上就是在价值链某些特定的战略环节上的优势。运用价值链的分析方法来确定核心竞争力，就是要求企业密切关注

① 〔美〕迈克尔·波特．竞争优势［M］．北京：华夏出版社，2009：37．

组织的资源状态，要求企业特别关注和培养在价值链的关键环节上获得重要的核心竞争力，以形成和巩固企业在行业内的竞争优势。

（一）企业的基本活动

1. 内部后勤

与接收、存储和分配相关联的各种活动，如原材料搬运、仓储、库存控制、车辆调度和向供应商退货。

2. 生产

与将投入转化为最终产品形式相关的各种活动，如机械加工、包装、组装、设备维护、检测等。

3. 外部后勤

与集中、存储和将产品发送给买方有关的各种活动，如产成品库存管理、原材料搬运、送货车辆调度等。

4. 市场营销

与提供买方购买产品的方式和引导它们进行购买相关的各种活动，如广告、促销、销售队伍、渠道建设等。

5. 服务

与提供服务以增加或保持产品价值有关的各种活动，如安装、维修、培训、零部件供应等。

（二）企业的支持活动

1. 采购

指购买用于企业价值链各种投入的活动，采购既包括企业生产原料的采购，也包括与支持性活动相关的购买行为，如研发设备的购买、新技术购买等。

2. 技术开发

每项价值活动都包含着技术成分，无论是技术诀窍、程序，还是在工艺设备中所体现出来的技术。

3. 人力资源管理

包括各种涉及所有类型人员的招聘、雇佣、培训、开发和报酬等各种活动。人力资源管理不仅对基本和支持性活动起到辅助作用,而且支撑着整个价值链。

4. 公司基础设施

企业基础设施支撑了企业的价值链条。

波特认为,企业要想获得最大化的收益,可以思考从以下4个方向进行创新:

(1)是否可以在降低成本的同时维持价值(收入)不变;

(2)是否可以在提高价值的同时保持成本不变;

(3)是否可以在降低工序投入的同时保持成本收入不变;

(4)更为重要的是,企业能否可以同时实现1、2、3条。

当然,每家企业的战略不同,商业模式不同,价值链选择也会存在差异,企业的可以选择产—供—销“通吃”,也可以选择其中的一两项做精、做强。

通常来讲,企业的核心价值主要围绕采购(供应商开发、采购价格、采购交期与服务、采购、物流、仓储等)、生产(生产计划、制程、成品仓储、物流与交付等)、销售(销售定价、销售策略、订单处理、市场推广、促销、客户服务、客户关系、咨询服务、批发经营、终端零售等)进行。但由于企业的核心目的在于追求经济效益最大化,所以企业在核心价值链选择的时候只需要根据自己的核心能力抓住最有价值的关键点就可以了。

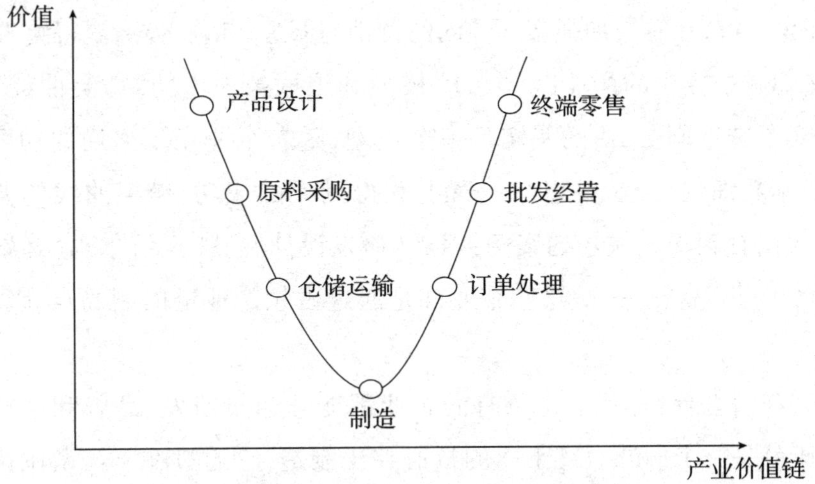

图2-3 产业链“6+1”模型

如图 2－3，用郎咸平先生提出的产业链“6＋1”模型我们可以看到，在一个完整的产业链当中，最有价值的不是制造，不是仓储运输，也不是订单处理，而是产品设计、原料采购、批发经营和终端销售。

无独有偶，我们通过宏基集团创办人施振荣先生于 1992 年提出的“微笑曲线”（图 2－4）也可以看到，微笑嘴型是一条曲线，两端朝上，在产业链中，附加值更多体现在两端——设计和销售，处于中间环节的制造，其附加值最低。

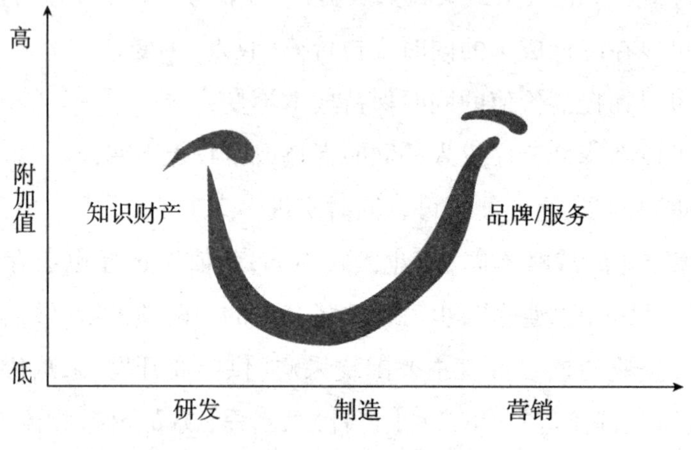

图 2－4　宏基微笑曲线

微笑曲线中间是制造；左边是研发，属于全球性的竞争；右边是营销，主要是当地性的竞争。当前制造产生的利润低，全球制造也已供过于求，但是研发与营销的附加价值高，因此产业未来应朝微笑曲线的两端发展，也就是在左边加强研发创造知识产权，在右边加强客户导向的营销与服务，抓住客户，赢得终端。

虽然郎咸平先生的产业链“6＋1”模型和施振荣先生的“微笑曲线”叫法不同，但事实上殊途同归，讲的其实是一个道理，随着企业竞争格局的加剧和世界产业分工不断细化，企业要想在经营上获得巨大的成功，微笑曲线的两头应该是首选，我们看到很多成功的案例：耐克（研发设计、品牌）、沃尔玛（终端零售）、苹果（研发设计、品牌）……这些企业都是通过占领产业链的制高点获得了巨大的成就。

当然，我们也看到，并不是所有的企业都能够通过研发、品牌和销售获得成功，富士康就是一个例外。富士康的核心在于制造，它通过在全国范围内大规模建厂，分包苹果的 Iphone 和 Ipad 制造业务同样获得了成功。

可见，企业价值链模型决定了企业的核心业务选择和流程增值方式，企业流程规划的起点是从核心价值链分析开始的。下面我们通过一组案例一起来分析不同类型的企业,看看其价值链模型有何差异。

【案例2-1】 福州某地产企业核心价值链分析

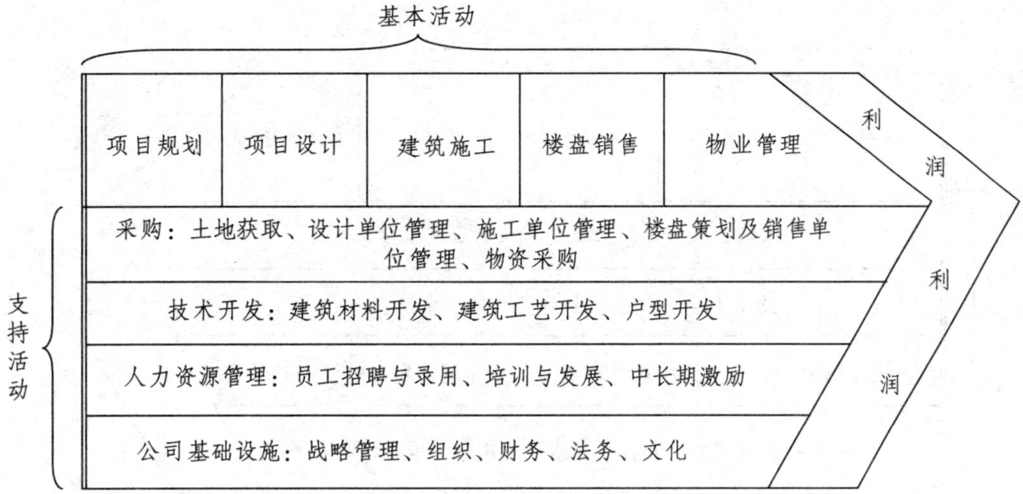

图2-5 某地产企业价值链分析

通过图2-5可以看到,该地产企业的基本活动主要有:

1. 项目规划:包括市场调研、项目策划及评估等。

2. 项目设计:包括项目设计及评审、工程申办与报批(报建)等。

3. 建筑施工:包括工程计划与进度管理、招投标管理、合同管理、工程调度、工程测量管理、现场管理与文明施工、施工安全管理、工程竣工及移交、工程预(决)算管理等。

4. 楼盘策划与销售:包括营销策划、销售管理、办证服务、按揭服务、入伙管理等。

5. 物业管理:包括物业产品规划、物业服务等。

同时,该地产企业的支持活动有:

1. 采购:包括土地获取、分包商管理(设计单位、施工单位、营销策划单位)、相关物资采购及物资供应商管理。

2. 技术开发:包括建筑新材料、新工艺开发、产品开发与升级管理、户型开发等。

3. 人力资源管理:包括员工招聘与录用、培训与发展、中长期激励等。

4. 公司基础设施管理：包括战略管理、组织管理、财务管理、法务事务、企业文化建设等。

【案例2-2】 深圳某快递企业的核心价值链分析

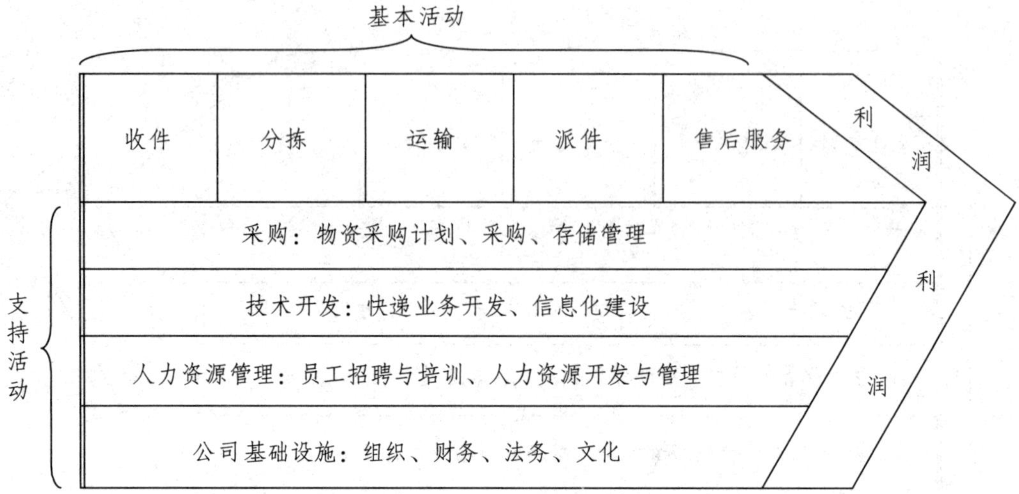

图2-6 某快递企业价值链分析

通过图2-6可以看得出来，该快递企业的基本活动主要包括：

1. 收件：包括预约取件、收件准备、接收取件信息、验视快件、面单填写和快件包装等方面。

2. 分拣：包括快件入仓、分拨、出仓、留仓件处理及快件操作信息上传等方面。

3. 运输：运输是占快递成本最高的环节，也是快递作业活动中最重要的作业活动。因为速度是快递企业的第一生命，而快件的快慢取决于运输。快递企业获得快递业务后，首先应该为快件选择合理的运输方式，规划运输路径，然后综合利用自有运输网络和商业航班网络，为快件安排航线航班、预订舱位。同时，快递企业应该具备高效紧密的地面运输的能力，充分提高干线和支线物流班车的使用效率，最大限度地发挥物流中心、运输设备的利用率，从而降低快件单位成本。

4. 派件：派件作为快递服务流程中的最后环节，是快递企业服务质量的重要体现。

5. 售后服务：售后服务是快递企业快递服务的延续，是保持或提高消费者可察觉收益的活动。它主要包括以下几个方面：衡量客户满意度，对客户满意度进行追踪调查和评估，是持续改善服务的关键；规划好营销后服务系统，主要是建立客户资料库，以便做到对客户了如指掌，不定期进行意见反馈，为客户提供个性化服务；快件的跟踪查询服务；接受并妥善解决各种快递服务投诉等。

同时，该快递企业的支持活动包括：

1. 采购：快递企业的采购在所有支持活动中并不是关键，主要包括包装及辅助材料采购、办公用品采购、物流设施采购、物流分包商选择与管理等。

2. 技术开发：物流企业的技术开发主要包括快递业务开发、快递服务产品开发、管理信息系统的开发等。

3. 人力资源管理：快递企业是一个人力资源高度密集型的企业，员工数量需求巨大，这对物流企业的人力资源管理提出了极大的挑战，这就需要物流企业在人力资源计划、岗位人员配置、人员招聘、人员培训、绩效考核、薪酬制度等方面做出特色。

4. 公司基础设施：因为物流公司会涉及多地经营，所以应对公司的基础设施，如组织设置、权限分配、机构管理、财务管理、法务事务、企业文化建设、风险管控等方面重点加强。

【案例2－3】 深圳某装饰企业核心价值链分析

深圳某装饰公司是一家专门定位于中高档家庭装饰的企业，总部设在深圳，在深圳、东莞、中山、佛山、广州等城市设有分公司，每家分公司下设若干个分部，主要负责业务拓展、装饰设计、项目实施等工作，同时在深圳还设有两家生产工厂（家具和配套装饰材料），下图2－7是我们对该装饰企业核心价值链分析的结果。

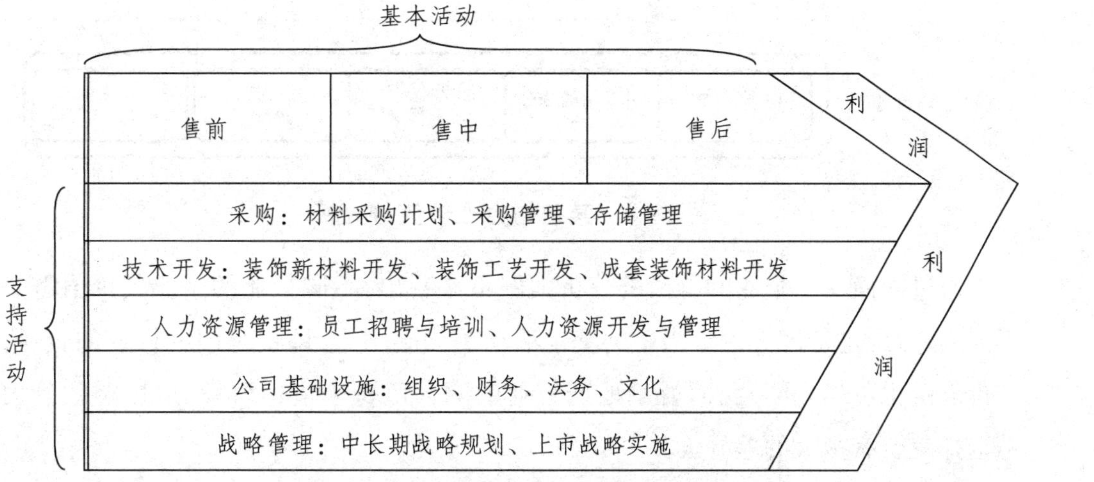

图2－7 某装饰企业价值链分析

其中，基本活动包括：

1. 售前包括协议签订、平面图设计、施工图设计、施工预算、退单管理等。

2. 售中包括施工派单、开工手续办理、工程开工、工程现场增减、基础项目施工与验收、水电项目施工与验收、放水防潮项目施工与验收、泥水项目施工与验收、木工项目施工与验收、乳胶漆打底项目施工与验收、家俬漆面项目施工与验收、白蚁防治项目及施工、地面及前面装饰项目施工与验收、安装项目施工与验收、施工材料申领与验收、完工结算、工程进度款申请、项目决算等。

3. 售后包括售后回访、售后维修跟进等。

【案例2-4】 深圳某色纺企业核心价值链分析

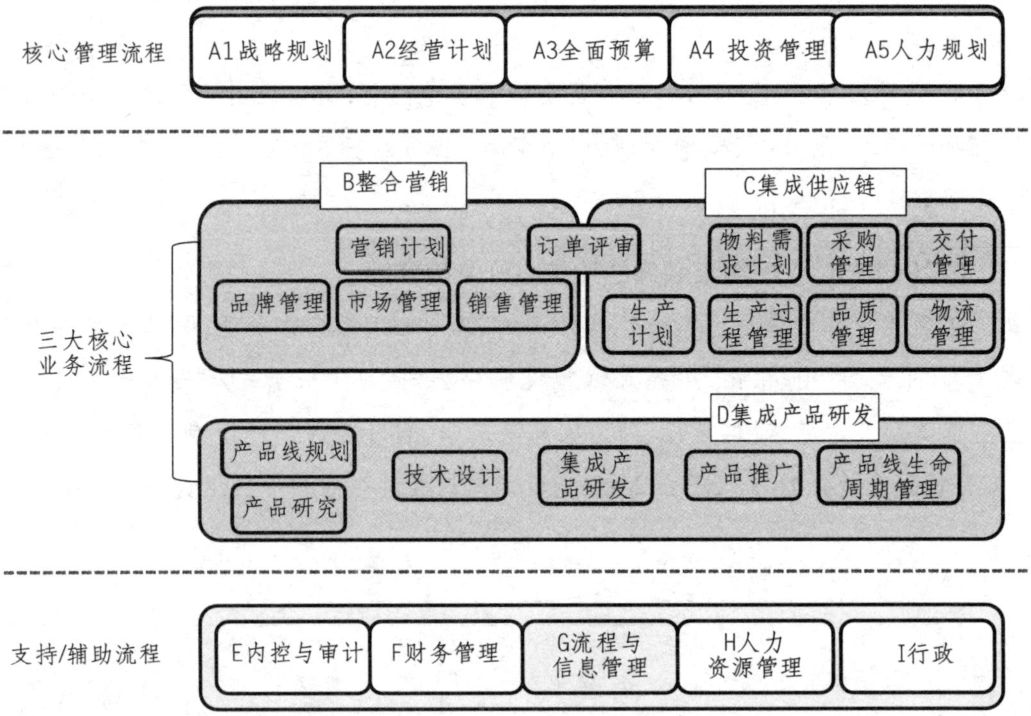

图2-8 某色纺企业价值链分析

通过前面4个企业的价值链分析案例不难看出，不同行业的企业其价值链是不同的，特别是价值链模型当中的基本活动差异会很大，即便是同一行业的企业，其价值链也不尽相同，我们就拿地产行业的两大巨头来讲，万科和碧桂园的价值链选择就会有很大的差异。

二、企业核心业务逻辑分析

核心业务逻辑分析是在对企业价值链分析的基础上，针对企业价值链中所涉及的每一项活动进行细化分析，分析每项活动对于的企业价值贡献，以便帮助企业识别增值与非增值业务单元，为企业重新规划流程体系，为流程体系的系统优化与再造提供依据。

企业核心业务逻辑分析可按照以下几个步骤展开：

1. 根据企业价值链模型对每项核心活动进行分解

如我们可以将快递公司的收件业务分为预约取件、收件准备、接收取件信息、验视快件、面单填写和快件包装等；也可以将装饰公司的售中业务分解为施工派单、开工手续办理、工程开工、工程现场增减、基础项目施工与验收、水电项目施工与验收、放水防潮项目施工与验收、泥水项目施工与验收、木工项目施工与验收、乳胶漆打底项目施工与验收、家俬漆面项目施工与验收、白蚁防治项目及施工、地面及前面装饰项目施工与验收、安装项目施工与验收、施工材料申领与验收、完工结算、工程进度款申请、项目决算等。

【案例 2－5】　KF 核心业务活动识别与分解

KF 是一家国内知名的色纺企业，该公司在全国拥有 2 个研发中心、50 多家生产企业，根据我们对该企业的核心价值链分析，该企业的核心业务包括品牌运作与市场营销、集成产品研发和集成供应链 3 大部分。

下面是我们对该公司品牌运作与市场营销、集成产品研发和集成供应链 3 大核心业务目前开展的各项活动进行的分解：

表 2－1　KF 集成研发业务活动现状

集成研发	主要活动识别
产品规划 （4 项业务活动）	产品中长期规划、年度新产品开发计划、年度色咭规划、年度研发预算
产品需求分析 （8 项业务活动）	市场信息研究和分析（替代品、竞品等）、新材料/新工艺/新技术研究和分析、纤维技术专项研究和分析、市场色彩信息研究和分析、专色设计和验证、色咭标准制作和发布（色咭样板、说明书等）、客户新产品需求分析、新产品立项评估

续表

集成研发	主要活动识别
产品开发 (9 项业务活动)	项目立项(独立立项、联合立项)、项目过程管理(样品设计、产品小试与评审、产品中试与评审)、开发品质验证、开发成本检讨分析与改进、可生产性评价、产品大试评审、产品大试与后处理、项目结案评审、新产品技术转移(工艺、物料、标准等)
新产品推广 (3 项业务活动)	新产品推广评审、新产品推广技术方案、新产品评价与总结
研发管理 (4 项业务活动)	研发预算编制与管理、研发预算执行分析与改善、新产品技术资料管理(工艺文件、品质标准、BOM、产品界定表更新、专利资料、样纱管理等)、技术文件存档与分发

表 2-2　KF 整合营销业务活动现状

整合营销	主要活动识别
营销规划 (11 项业务活动)	业务战略(产业、产品、市场、客户)及定位、年度营销规划、年度终端开发计划、年度市场推广计划、年度销售计划、年度销售政策、区域销售计划、产品销售计划、客户销售计划、品牌战略及定位、年度品牌推广计划
策划与推广 (16 项业务活动)	终端开发策划方案、市场拓展及调研策划与实施、调研分析报告撰写及分发、市场活动策划(主题规划、产品方案、设计方案)、市场活动组织与实施(物料准备、现场布置、媒体宣传报道)、市场活动效果评估、市场活动档案管理、销售区域分析与执行(区域分析、区域调研、区域产品方案)、常规产品销售计划、新产品销售计划、新产品推广、品牌推广策划方案、VIS 规范管理、品牌推广活动实施、品牌活动效果评估与品牌形象监控、品牌档案管理
客户与订单开发 (11 项业务活动)	终端开发(产品开发、客户开发)、终端开发订单落单管理、新客户开发、客户价值分析、客户提升计划(客户价值开发、潜力客户开发)、月度销售预测与计划、客户订单评审(订单自审、订单互审、订单变更管理、报价与价格管理、新产品打样订单评审)、客户订单转单管理、销售合同签订与管理、销售货款管理、销售台账管理
客户管理与服务 (9 项业务活动)	客户等级评价、大客户项目管理、价值客户项目管理、B/C 类客户关系维护、客户信息管理、客户满意度调查与管理、客户投诉管理、客户交接管理、客户档案维护与管理

表 2－3　KF 集成供应链业务活动现状

集成供应链	主要活动识别
供应链计划 (13 项业务活动)	年度经营计划(产销售购耗)、月度销售计划与订单、月度生产计划及临时生产计划、交割库管理、供应市场趋势分析、战略采购计划、季度采购计划、物料采购性价比管理、新材料认证与试用、一级配棉、外协加工计划、物料需求计划、采购实施计划
物料采购 (9 项业务活动)	采购物料目录管理、供应商管理、供应商标准建立、供应商开发与选择、供应商评价(交期、品质、服务、价格等)、合格供应商名录管理、采购执行(现货采购、期货采购、招标采购、采购价格管理、采购合同管理)、来料品质检验、物料入库管理
生产实施 (12 项业务活动)	生产承包管理、生产订单下达、生产厂(染厂、纺厂、捻线厂)排单、二级配棉、生产领料、分级室管理、生产厂(染厂、纺厂、捻线厂)生产组织、生产过程品质控制、外协加工管理、成品品质检验、产品入库、生产统计
交货管理 (8 项业务活动)	发货计划、内部调拨指令(备货/补货)、订单发货指令、物流配送、异常物流、物流服务质量监督、区域仓库入库、客户收货
设备管理 (9 项业务活动)	设备采购计划、设备选型评审、设备调拨、设备采购、设备安装调试、设备交接、设备技术改造、设备维护保养、设备报废及账务处理

2. 结合每项业务活动的绩效表现，利用访谈、问卷调查、现场观察等手段对每项活动进行分析，明确关键活动及增值活动，并识别需要加强、削弱、增加或删除的业务活动

【案例 2－6】　接【案例 2－5】，下面是我们对 KF 公司集成研发、整合营销和集成供应链 3 大核心业务主要业务活动现状分析的结果：

表 2－4　KF 核心业务(集成研发)业务活动分析

集成研发	现有业务活动数	存在的问题	业务活动优化建议	优化后业务活动数
产品规划	4 项	基于产品为王的公司战略支撑，产品线规划、监控、全生命周期管理都亟待强化和规范	增加“产品线规划”	5 项

续表

集成研发	现有业务活动数	存在的问题	业务活动优化建议	优化后业务活动数
产品需求分析	8 项	对产品需求变化研究不深入，集成产品研发更多的是技术或工程师导向，与市场脱节严重	(1)增加"新产品立项收益评估"； (2)强化"色彩市场趋势研究"、"产品市场信息收集与分析"、"新材料/新工艺研究与分析"	9 项
产品开发	9 项	(1)新产品的立项评审有些流于形式，未来需要强化技术评审和收益评审预估； (2)研发项目过程管理成熟度不高； (3)新产品的质量成熟度还不够高，量产后问题遗留比较多； (4)新产品的可生产性不足，影响生产效率成本控制	(1)增加"项目可生产性评审"和"成本分析检讨"； (2)强化"项目质量评审、产品项目团队组建"	13 项
新产品推广	3 项	新产品推广与市场中心的协同需要强化(新产品推广方案)	增加"新产品推广信息收集与反馈"、"项目收益评估分析"、"项目评价总结"、"产品生命周期管理"	7 项
研发管理	4 项	新产品名称管理混乱，导致企业内部产品线及产品结构极其复杂	强化"新品名申请、审批"	10 项
合计	28 项			44 项

表 2－5　KF 核心业务(整合营销)业务活动分析

整合营销	现有业务活动数	存在的问题	业务活动优化建议	优化后业务活动数
营销规划	11 项	基于整合营销思想，公司在市场、销售和品牌之间的整合协同能力有待进一步提升	(1)强化"年度整合营销计划"，强调品牌、市场和销售之间的整合； (2)增加"年度市场拓展计划"	9 项

续表

整合营销	现有业务活动数	存在的问题	业务活动优化建议	优化后业务活动数
策划与推广	16 项	(1)市场研究与集成产品研发、新产品推广协作需强化； (2)销售预测准确率不高，对供应链运营效率影响很大； (3)整合营销各类信息、数据缺乏统一管理，内部信息共享和开发利用不足	(1)强化“终端开发策划”、“市场调研策划和实施”、“品牌推广活动策划”； (2)将“市场活动档案”和“品牌活动档案”统一整合到“营销信息数据库”	16 项
客户与订单开发	11 项	终端开发人员评价、激励管理需要进一步规范	(1)强化“终端开发”和“月度销售预测和计划”； (2)将“销售台账”统一纳入“营销信息数据库”	9 项
客户管理与服务	9 项	各营销工作需要在继承原来优秀经验的基础上，进一步深挖潜力，更加深入化和细致化	(1)强化“大客户项目管理”和“价值客户项目管理”规范化； (2)将“客户档案”统一纳入“营销信息数据库”	9 项
合计	47 项			43 项

表 2-6　KF 核心业务(集成供应链)业务活动分析

集成供应链	现有业务活动数	存在的问题	业务活动优化建议	优化后业务活动数
供应链计划	13 项	原料市场趋势把握不准，对公司采购成本和产品竞争力冲击很大	重点强化以下业务活动：“年度经营计划统筹”、“原料市场趋势分析”、“物料性价比管理”、“物料需求计划”	11 项
物料采购	9 项	(1)物料存量结构不尽合理，存货周转率偏低； (2)供应商交货稳定性和交付能力提升不够，原料的质量稳定性需持续提升； (3)物料性价比管理，没有形成体系	重点强化以下业务活动：“商品目录管理”、“采购价格管理(决策效率)”、“原料品质异常处理”、“招标管理”	7 项

续表

集成供应链	现有业务活动数	存在的问题	业务活动优化建议	优化后业务活动数
生产实施	12 项	(1)生产成本和制造费用控制偏弱,没有发挥规模效用; (2)产品质量的可控性不强,质量保证体系(品质技术和品质管理)有效性需要提升; (3)工厂生产的布局没有形成与产品线匹配,单体专业能力不强	重点强化以下业务活动:"生产过程品质控制"、"生产成本核算与控制"、"成品品质异常处理"、"分级室管理"	18 项
交货管理	8 项	逆向物流控制体系不健全。	重点强化"异常物流管理"。	9 项
设备管理	9 项	设备管理在新项目协同能力不足,影响新项目的开工运行	重点强化"设备选型评审"、"设备的技改、检修管理"	9 项
合计	51 项			54 项

3. 根据对现有核心业务的系统分析,企业还需要对这些核心业务活动的逻辑关系进行分析,以便确定这些业务活动存在的必要性及先后顺序

【案例 2-7】 接【案例 2-6】,下面是我们为 KF 公司系统规划的整合营销、集成产品研发和集成供应链 3 大核心业务逻辑关系图:

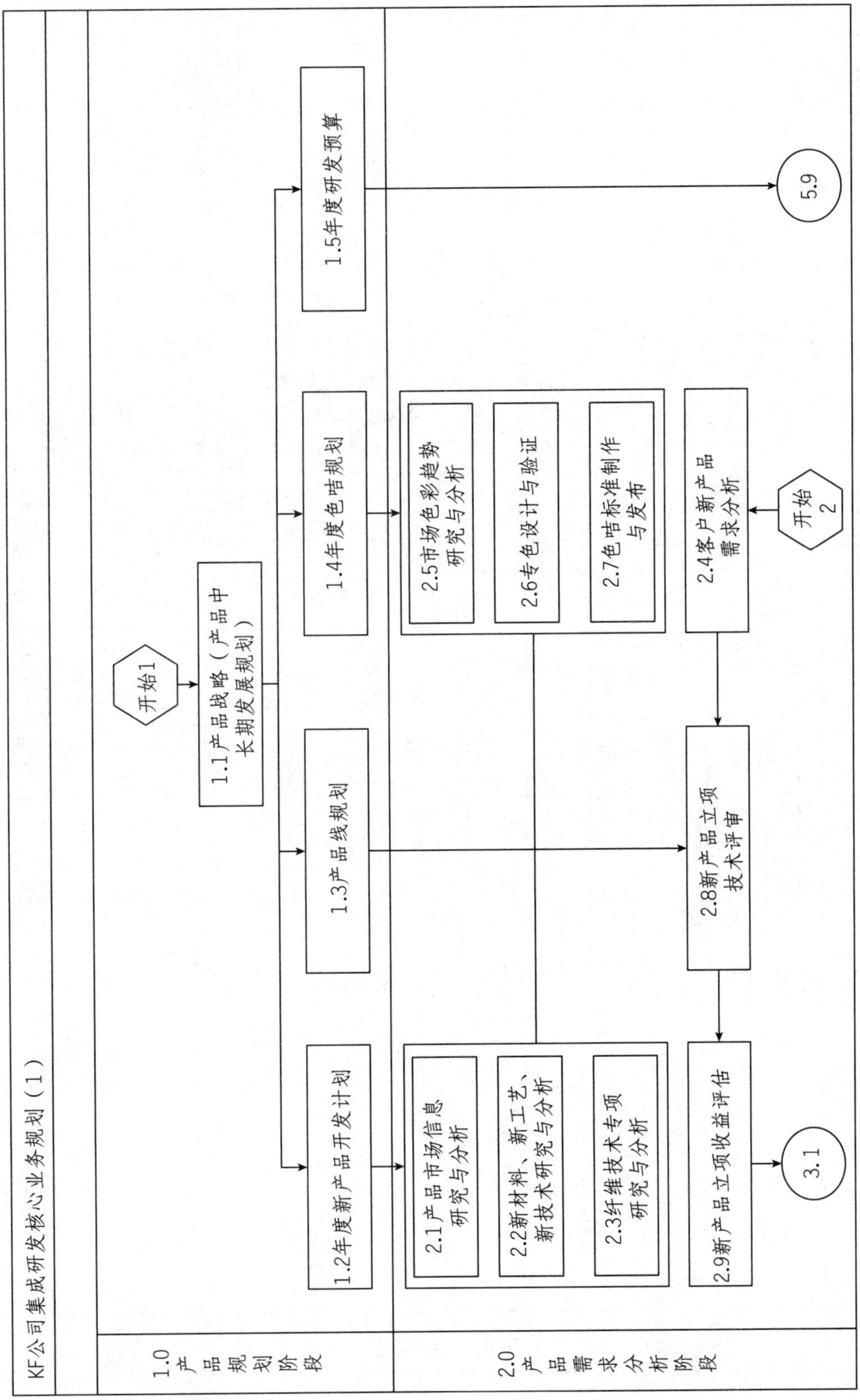

图2－9 KF公司集成研发核心业务规划(1)

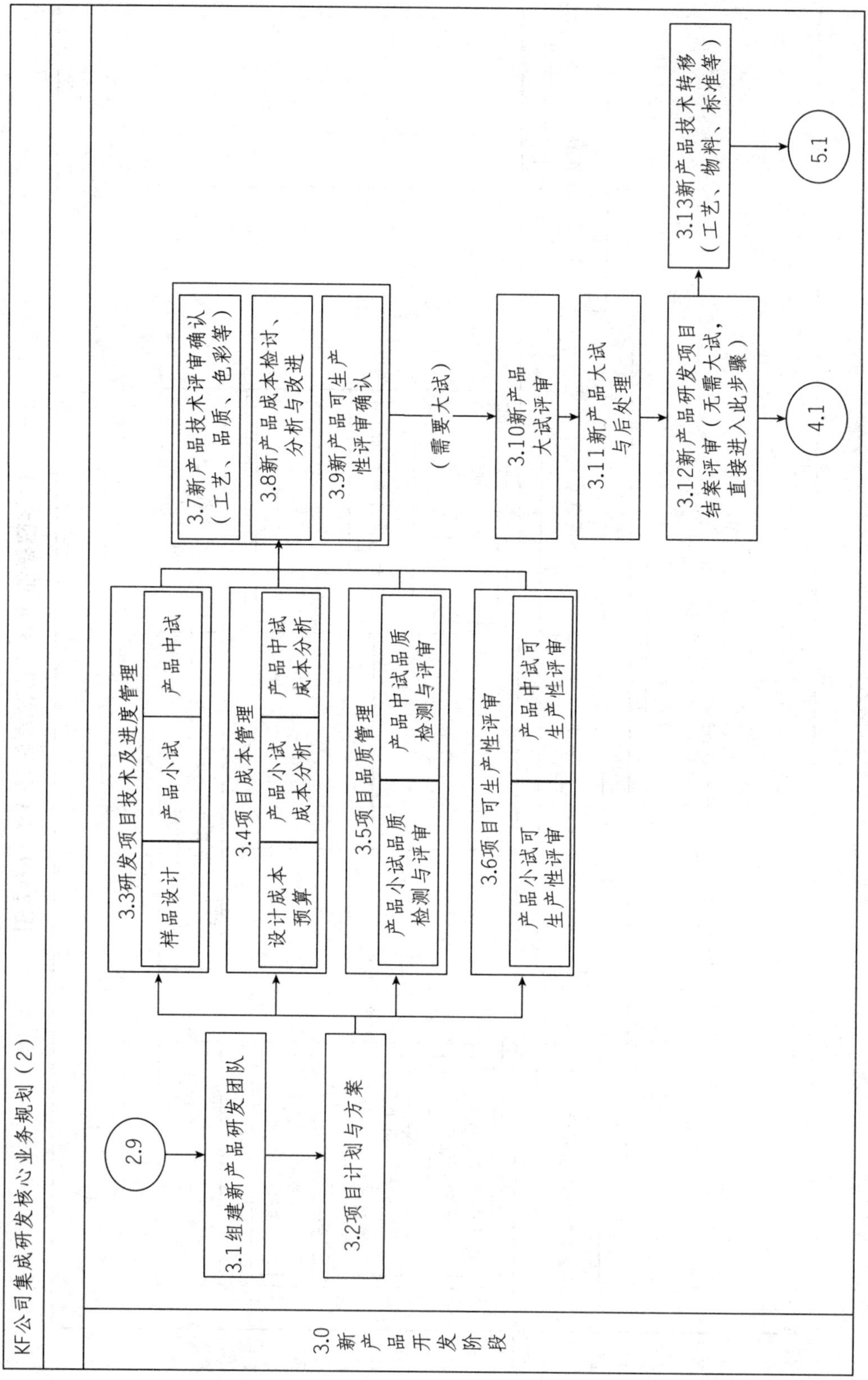

图2-10 KF公司集成研发核心业务规划（2）

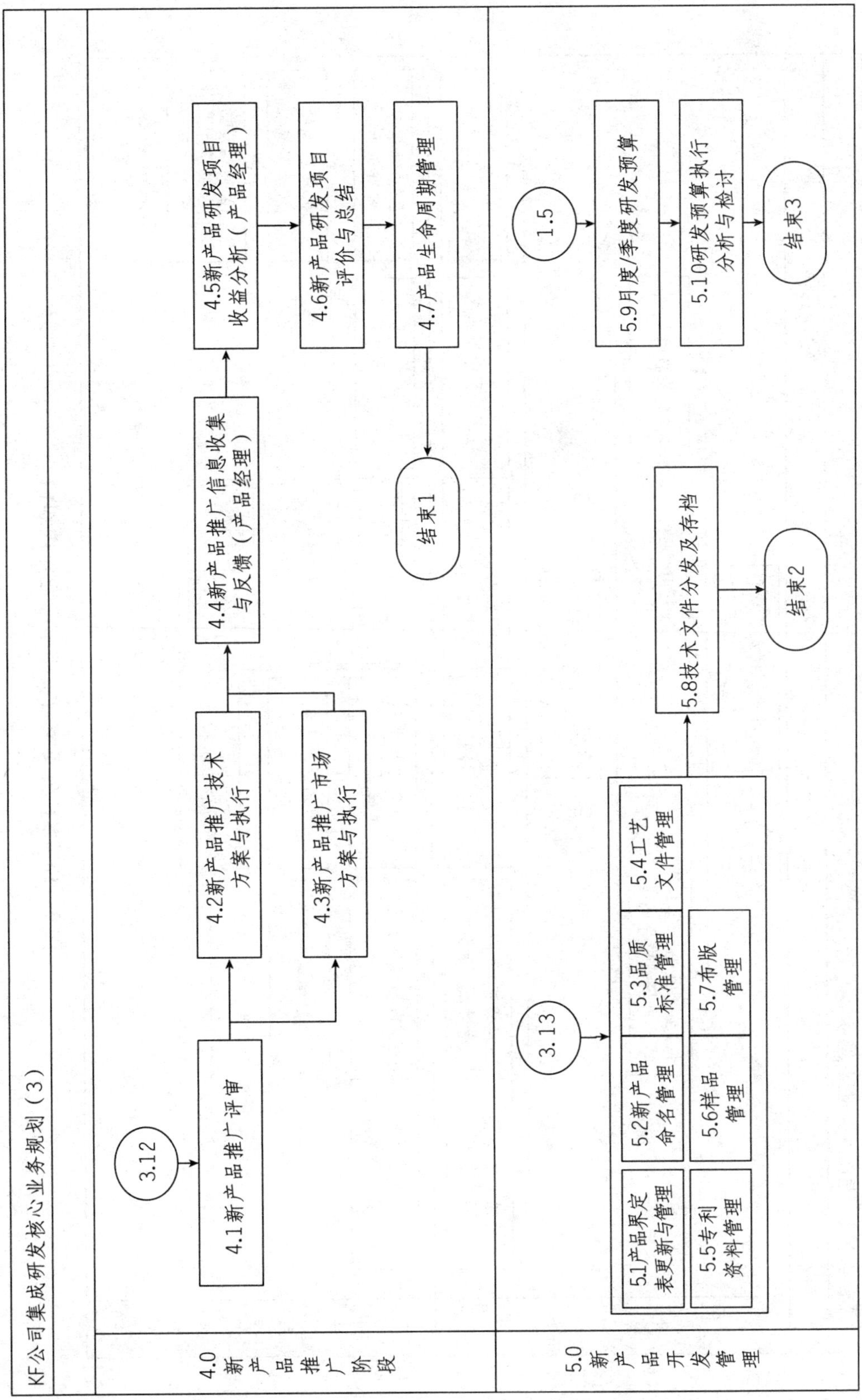

图2－11　KF公司集成研发核心业务规划（3）

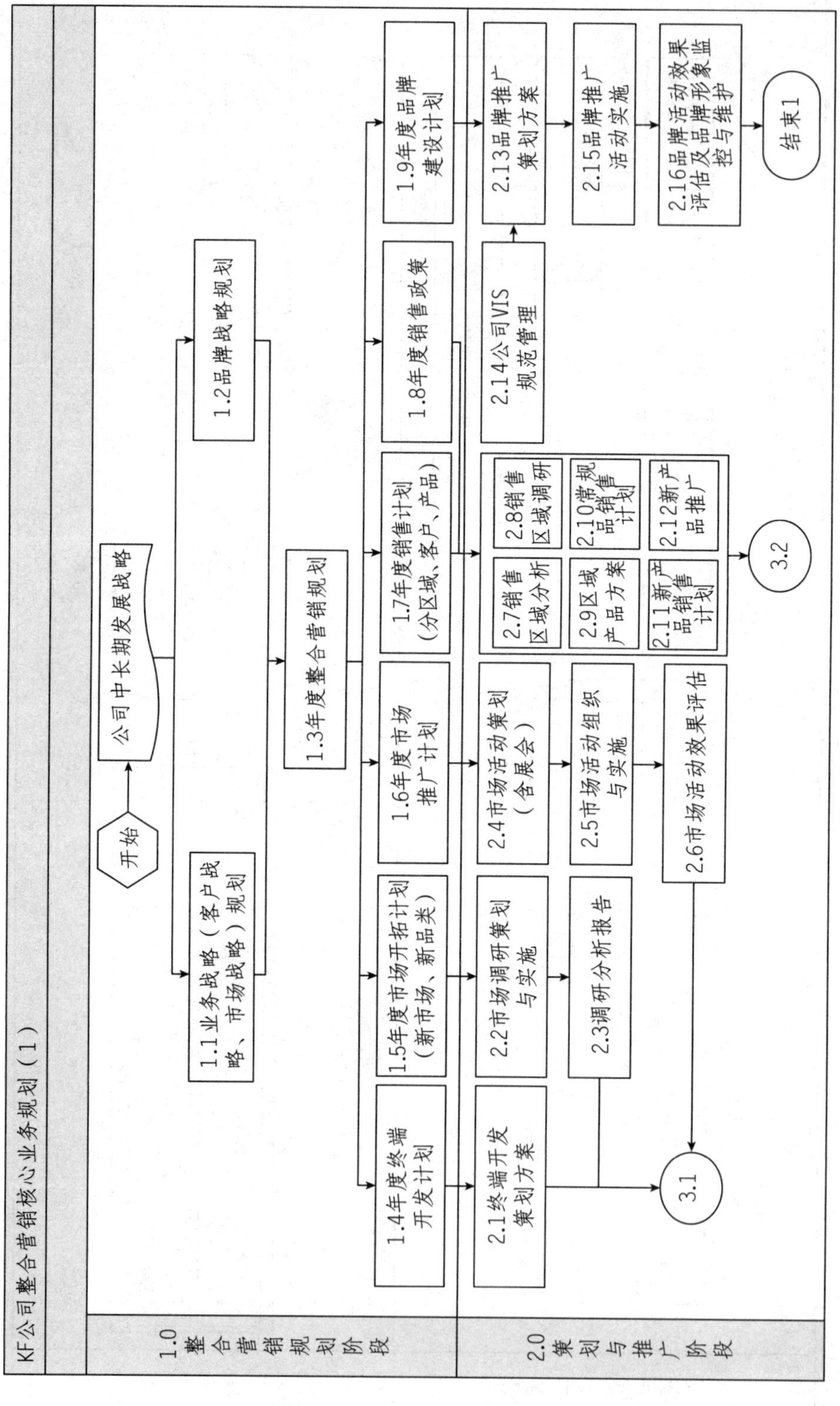

图2－12　KF公司整合营销核心业务规划（1）

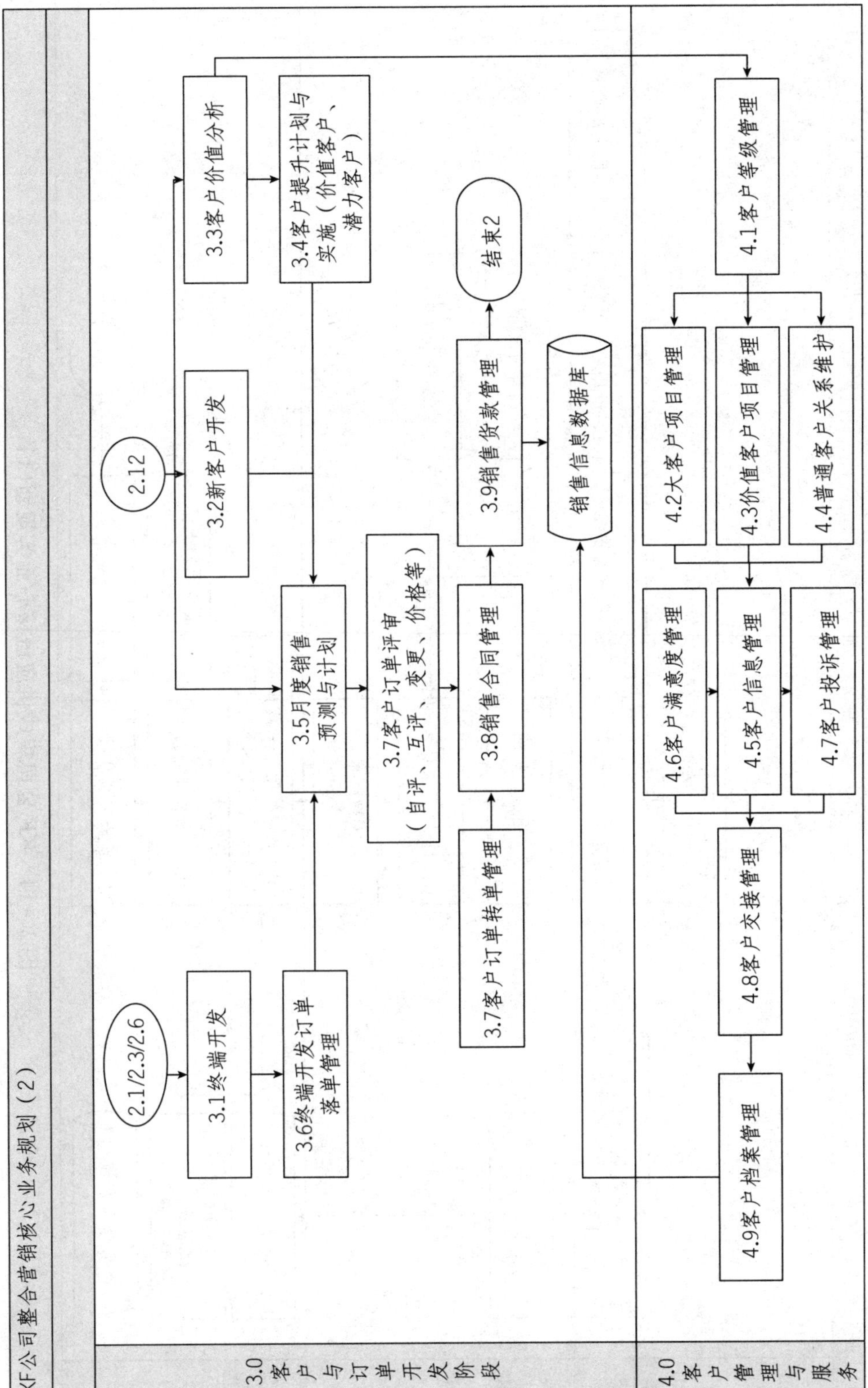

图2－13 KF公司整合营销核心业务规划（2）

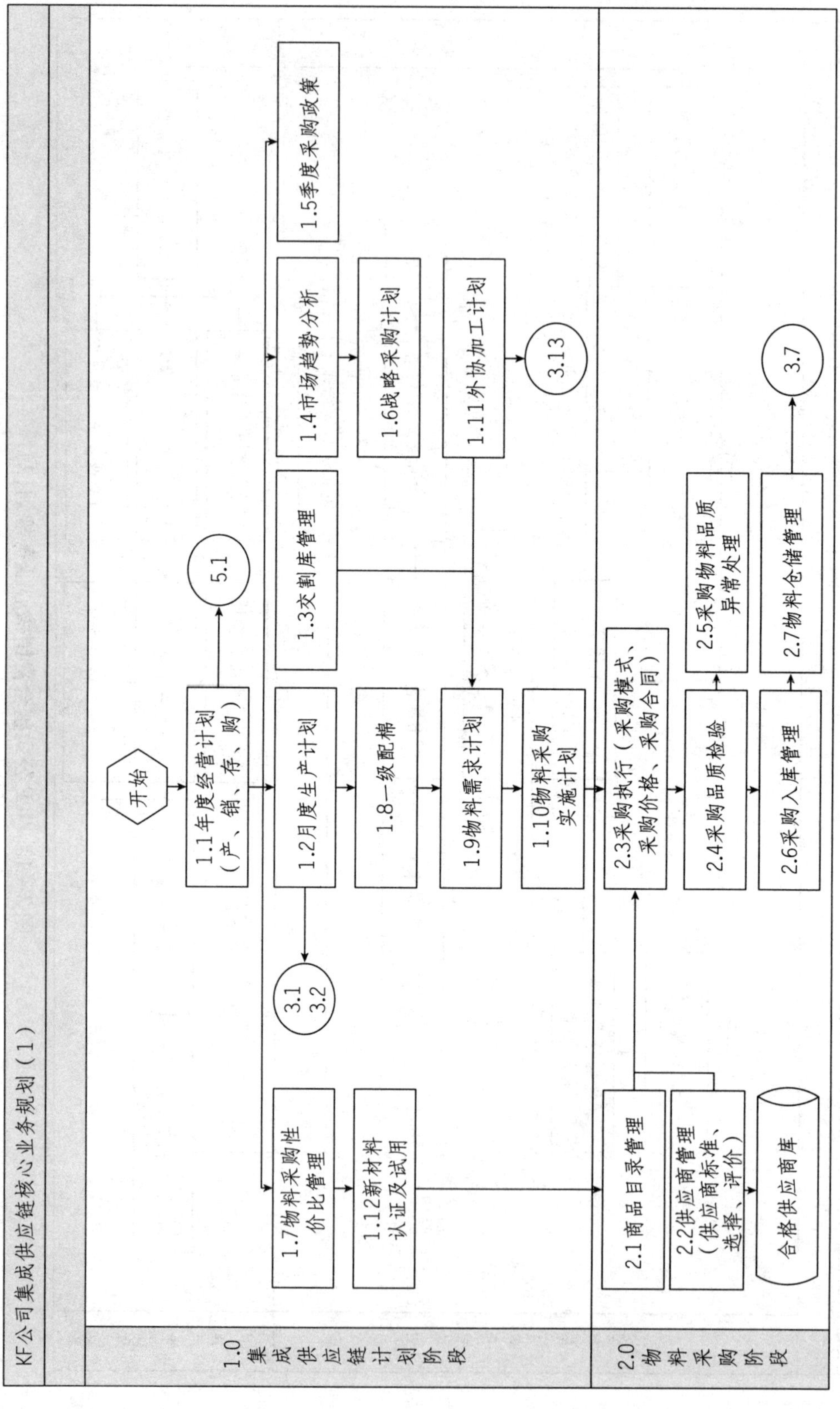

图2-14 KF公司集成供应链核心业务规划(1)

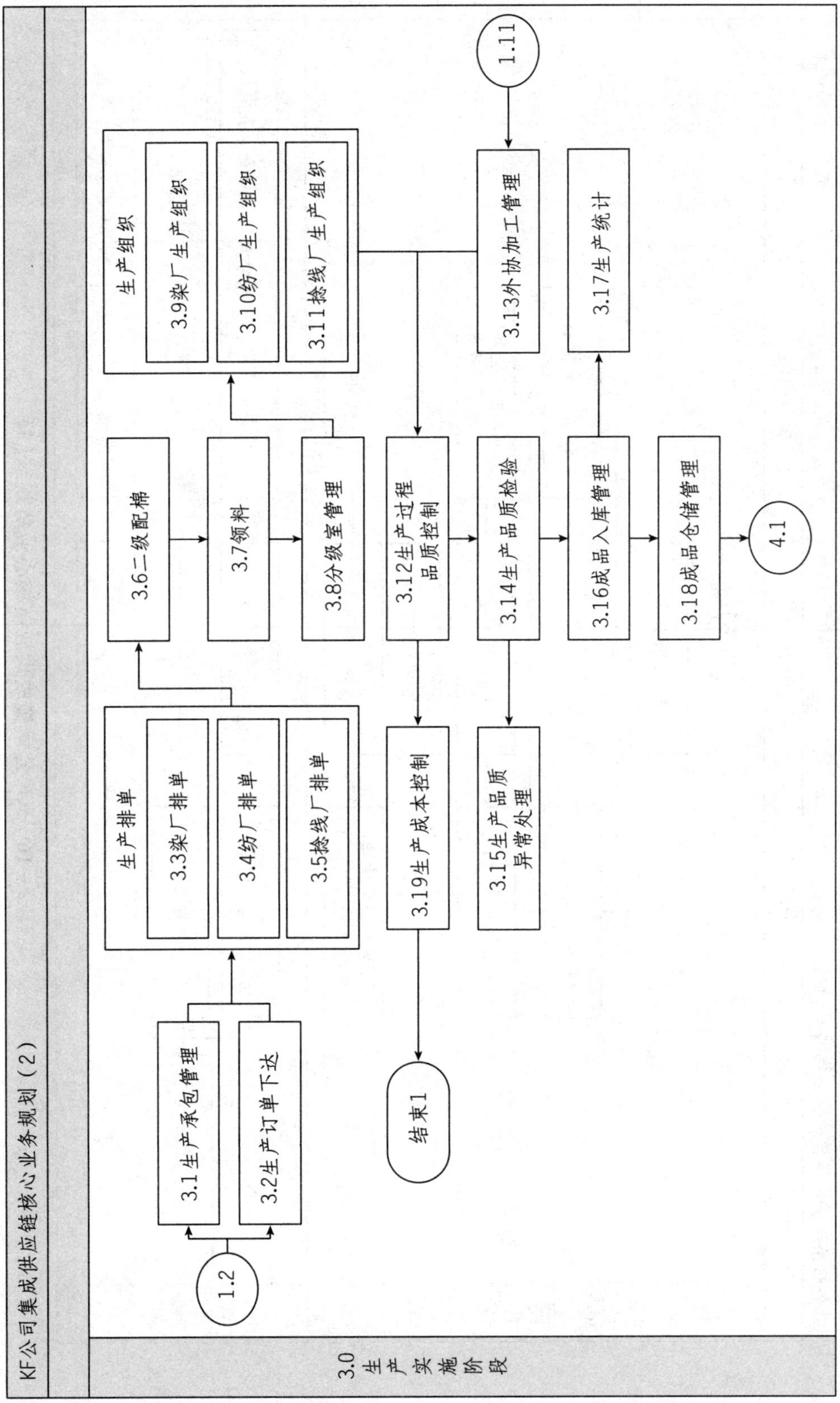

图2-15　KF公司集成供应链核心业务规划(2)

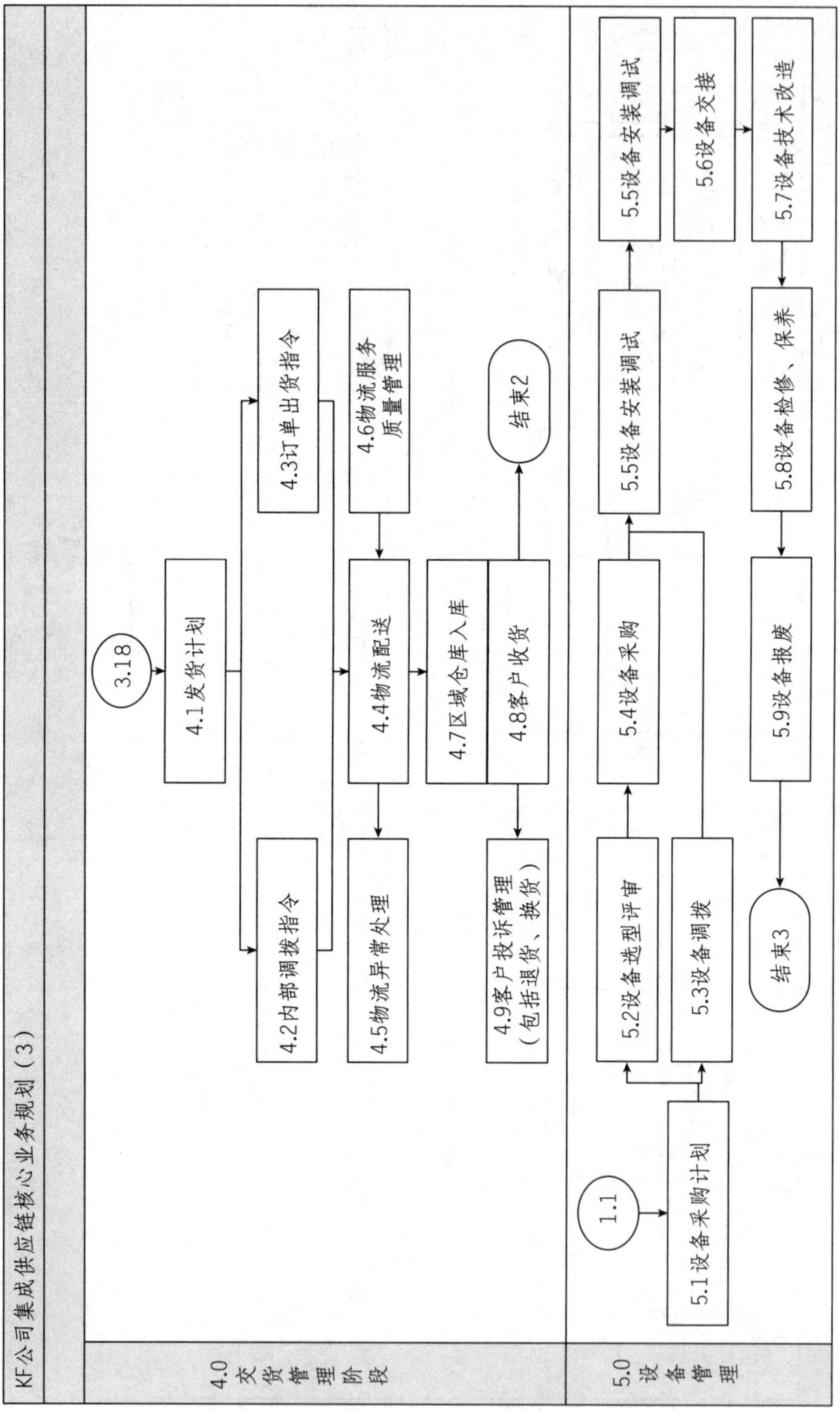

图2-16 KF公司集成供应链核心业务规划(3)

通过前面案例2-4、2-5、2-6的全面展示，我们可以看到一家企业如果没有对所有业务进行细致的规划和分解，很可能就会顾此失彼，或者厚此薄彼，导致企业的各项业务犹如一条粗细不匀的管子，很难保证流出最多的水。

三、加法，还是减法？

在这里，很多读者朋友经常会问这样一个问题，那就是一家企业的核心业务活动究竟是多好，还是少好？这也是我们在帮助企业进行流程优化的过程中经常遇到的问题。

很多管理者会认为，为了把工作做得更加细致，需要在管理和业务环节上增加很多的控制点。然而这样一来，工作会越来越复杂，工作量也会越来越大，一个部门会裂变出若干个岗位，甚至会分解成若干个部门，企业的组织会越来越庞杂，流程也会越来越长，相应的，企业的运作效率也就会越来越低。

需要特别说明的，企业内部的管理和业务工作并不是越多越好，根据业务的需要恰到好处地设计才是最理想的。

第三节　企业流程规划

根据本章第二节中提到的企业核心业务分析，我们可以将企业内部的核心业务逻辑进行系统分析，在分析的基础上，企业还需要对相关联业务用流程贯穿起来，形成横向的业务链，这就是本章要阐述的企业流程规划。

一、企业流程规划方法

凡事预则立，不预则废。流程规划作为企业流程管理的第一环节，是非常重要的！

对企业流程进行科学、有效的规划，客观评价出现有流程状况、员工素质、运行环境,可以为企业即将开展的流程优化活动打下坚实的基础,避免工作开展时失去改进的方向以及目标。同时,由于流程管理是以企业的经营整体为主要对象的,通过建立系统的流程体系,可以让企业学会系统思维,而不只是着眼于局部的最优化管理。

企业流程规划主要有以下几种方法:价值链分析法、绩效重要性矩阵、学习五角星、成本收益矩阵以及流程优化矩阵。它们各自所着眼的流程优化管理角度不尽相同,需要我们根据流程优化的目的进行科学、合理的使用。

1. 价值链分析法

价值链分析法是一种常见的企业流程规划的方法,根据迈克尔·波特的价值链模型, American Productivity and Quality Center(简称:APQC)将企业内部的流程共分为12类:

图2-17 APQC核心流程规划

(1)发展愿景与战略;

(2)设计与开发产品及服务;

(3)产品与服务的营销;

(4)产品与服务的交付；

(5)客户服务管理；

(6)发展与管理人力资本；

(7)信息技术与知识管理；

(8)管理财务资源；

(9)物业的获得、建设与管理；

(10)健康、安全、环境管理；

(11)管理外部公共关系；

(12)对改善与变革进行管理。

不管采取什么分类方式,应用价值链理论进行企业流程体系的建立是我们进行流程优化的首要基础工作,只有将企业内部的整体流程体系建立并梳理清楚,我们才能够确定流程优化的范围,并根据企业的实际运营需要和管理状况,对相关流程进行优化和重组。

【相关知识链接】 APQC 流程分类框架[①]

1.1.1 评估外部环境

1.1.1.1 分析和理解竞争格局

1.1.1.2 识别经济趋势

1.1.1.3 识别政治和监管问题

1.1.1.4 评估技术创新

1.1.1.5 理解人口因素

1.1.1.6 识别社会和文化变更

1.1.1.7 理解生态相关因素

1.1.2 调查市场并识别客户需求

1.1.2.1 开展定性或定量分析

1.1.2.2 采集和评估客户需求

1.1.3 选择要进入的市场

① 资料来源:http://www.apqc.org.

1.1.4 开展内部分析

1.1.4.1 分析组织特性

1.1.4.2 描述现有流程基线

1.1.4.3 对系统和技术进行分析

1.1.4.4 分析财务定位

1.1.4.5 识别企业核心竞争力

1.1.5 建立企业愿景

1.1.5.1 使利益相关人对战略愿景达成一致

1.2.1 制定整体使命描述

1.2.2 评估战略备选方案

1.2.3 对并购/剥离战略进行设计和管理

1.2.4 制定全公司的品牌战略

1.2.5 制定知识管理战略

1.2.5.1 识别所有关键职能领域的知识管理需求

1.2.5.2 设计一个在核心职能领域进行知识管理的业务实例

1.2.5.3 识别出公司和业务单元在知识管理方面的不同职责

1.2.6 组织架构设计、安排组织单元之间的关系

1.2.7 设计并设定组织目标

1.2.8 阐明业务单元战略

1.3.1 设计起步战略

1.3.2 评估起步战略

1.3.3 选择起步战略

1.3.4 确定高阶战略

2.1.1 调研客户和市场需求

2.1.2 设计开发成本和质量目标

2.1.3 规划产品生命周期并界定其中各期时间长度目标

2.1.4 调研领先的技术、构件和研发需求

2.2.1 将客户需求转变为产品和(或)服务需求
2.2.2 产生新产品/服务创意
2.2.3 根据新品研发战略评估已有产品
2.2.4 识别已有产品/服务的改进点和扩展点
2.2.5 定义产品/服务功能
2.2.6 淘汰过时的产品/服务
2.2.7 对产品/服务的效能测量指标进行识别和改进

2.3.1 将资源配置到产品/服务项目
2.3.2 布置高级资源的功能和技术评估
2.3.3 产品和服务的详细设计
2.3.4 将详细设计文档化
2.3.5 构件原型
2.3.6 清除质量/可靠性问题
2.3.7 开展内部质量/服务检验并对灵活性进行评估
2.3.8 识别出需要提升的绩效指标
2.3.9 与供应商和协议生产企业开展协同设计

2.4.1 布置详细的市场研究
2.4.2 开展客户实验和访谈
2.4.3 产品/服务特性和功能定稿
2.4.4 技术要求定稿
2.4.5 识别出对于生产/交付流程的改进要求

2.5.1 对原型的生产与(或)交付流程进行设计和检验
2.5.2 设计和获取必要的原料和设备
2.5.3 实际对流程或方法论进行应用和检验
2.5.4 对产品生产和服务交付提供支持

2.6.1 监控生产运行

2.6.2 识别出产品/服务的设计和参数配置变更

2.6.3 为“现有产品/服务改进流程”采集反馈信息

2.6.4 对产品/服务的交付流程测量指标进行识别

3.1.1 理解产品需求并预测客户购买行为

3.1.2 识别市场细分和目标客户

3.1.3 定义报价和定位

3.1.4 对渠道战略进行定义和管理

3.2.1 制定客户管理战略

3.2.2 设定客户管理目标

3.2.3 开展销售预测

3.2.4 确定销售总体预算

3.2.5 确定客户管理测量标准

3.2.6 整理、分析和评估客户管理结果

3.3.1 广告设计和管理

3.3.1.1 制定广告目标和战略

3.3.1.2 定义目标客户

3.3.1.3 甄选第三方广告机构

3.3.1.4 开展广告活动

3.3.2 沟通管理

3.3.2.1 制订媒体预算

3.3.2.2 制订媒体计划

3.3.2.3 执行媒体计划

3.3.3 渠道管理和商业活动管理

3.3.4 定价设计和管理

3.3.4.1 开展分产品预测、设定价格

3.3.4.2 执行定价计划

3.3.4.3 评估定价效果

3.3.4.4 必要的定价改进

3.3.5 促销活动设计和管理

3.3.5.1 制定出能够"直达客户"的促销概念

3.3.5.2 进行"直达客户"的活动计划

3.3.5.3 实验和执行"直达客户"的促销活动

3.3.5.4 整理、分析及评估"直达客户"的促销效果评价标准

3.3.5.5 改进"直达客户" 的促销效果评价标准

3.3.5.6 制定出能够"转达客户"的促销概念

3.3.5.7 进行"转达客户"的活动设计

3.3.5.8 实验和执行"转达客户"的促销活动

3.3.5.9 整理、改进及评估"转达客户"的促销效果评价标准

3.3.5.10 改进"转达客户"的促销效果评价标准

3.3.6 包装策略的制定和管理

3.3.6.1 制定包装策略

3.3.6.2 试验包装策略

3.3.6.3 执行包装策略

3.3.6.4 改进包装

3.5.1 对大客户进行识别和管理

3.5.1.1 指定大客户计划

3.5.1.2 识别优先级高的客户

3.5.1.3 确定预算

3.5.1.4 制订销售及大客户计划

3.5.1.5 客户电话呼叫工作的排程

3.5.1.6 销售计划达成共识后执行

3.5.1.7 整理、分析及评估销售结果

3.6.1 接受并验证销售订单

3.6.2 采集和维护客户信息

3.6.3 明确库存可用量

3.6.4 确定物流和运输安排

3.6.5 将订单录入系统

3.6.6 对缺货通知单和产品升级通知进行处理

3.6.7 处理订单查询(涉及订单接受后的订单执行情况)

4.1.1 产品/服务的要货需求管理

4.1.1.1 制定基线预测

4.1.1.2 与客户形成协同计划

4.1.1.3 达成公认预测

4.1.1.4 分配可承诺量

4.1.2 生成物料计划

4.1.2.1 生成物料能力计划

4.1.2.2 与供应商和协议生产商协同计划

4.1.2.3 识别关键物料和供应商能力

4.1.3 生产排程

4.1.3.1 生成生产厂级的计划

4.1.3.2 半成品库存的管理

4.1.3.3 与供应商协同

4.1.3.4 生成详细排程并执行

4.2.1 制定采购战略

4.2.1.1 制订采购计划

4.2.1.2 阐明采购要求

4.2.1.3 将需求与供应商能力进行匹配

4.2.1.4 分析公司的采购支出档案

4.2.1.5 寻找效率和价值提升的机会

4.2.2 选择供应商、制定/维护合同

4.2.2.1 识别供应商

4.2.2.2 供应商认证和检验

4.2.2.3 合同谈判

4.2.2.4 合同管理

4.2.3 订购物料和服务

4.2.3.1 请购和复核

4.2.3.2 请购批准

4.2.3.3 对供应商询价并跟踪报价

4.2.3.4 生成/传送采购订单

4.2.3.5 推进采购订单进程、对相关问询做出令人满意的回复

4.2.3.6 到货接收记录

4.2.3.7 例外情况调查和处理

4.2.4 供应商评价和发展

4.2.4.1 供应商信息监控和管理

4.2.4.2 对采购支出情况以及供应商绩效表现进行整理与分析

4.2.4.3 对库存及生产流程提供支持

4.3.1 生产排程

4.3.2 产品生产

4.3.3 设备维护排程和执行

4.4.1 确认个体客户的特定服务要求

4.4.2 对满足服务所需的资源进行识别

4.4.3 为特定客户提供服务

4.4.4 保证服务质量

4.5.1 制定物流策略

4.5.1.1 将客户服务需求转化为物流需求

4.5.1.2 对物流网络进行设计

4.5.1.3 就外包需求进行沟通

4.5.1.4 特定服务交付政策并加以维护

4.5.1.5 对运输排程和成本进行优化

4.5.1.6 定义关键绩效指标

4.5.2 对进场物流做出计划

4.5.2.1 对进场物料接收做出计划

4.5.2.2 对进场物流进行管理

4.5.2.3 对进场交付的绩效进行监控

4.5.2.4 退货管理

4.5.3 仓储运作

4.5.3.1 对库存调拨进行跟踪

4.5.3.2 对进场物品进行接收、检验和存储

4.5.3.3 对产品可获得性进行跟踪

4.5.3.4 挑货、包装和交运

4.5.3.5 对库存准确度进行跟踪

4.5.3.6 对第三方物流的储量和运输表现进行跟踪

4.5.4 出场物流运输安排

4.5.4.1 对出场产品进行计划、运输和交货

4.5.4.2 对承运商的交货表现进行跟踪

4.5.4.3 运输车辆管理

4.5.4.4 对承运商发票和单据进行处理和审核

4.5.5 退货管理：逆向物流管理

4.5.5.1 退货认理

4.5.5.2 执行逆向物流

4.5.5.3 执行抢修和财货抢救

4.5.5.4 对售后保证和索赔进行管理和处理

5.3.1 执行客户支持

5.3.2 获取售后反馈

5.3.3 对客户问询做出响应

5.3.3.1 对信息问询做出响应

5.3.3.2 对计费问询做出响应

5.3.3.3 对服务问询做出响应

5.3.4 对客户抱怨进行管理

5.3.5 采集客户反馈并做出评估

5.3.5.1 开展定量/定性评估

5.3.6 测量客户满意度

5.3.6.1 监测对产品和服务的满意度

5.3.6.2 监测对抱怨解决的满意度

5.3.6.3 监测对沟通的满意度

5.3.6.4 判定客户忠诚度及终生价值

6.1.1 HR 战略的制定、整合与传递

6.1.1.1 识别组织对 HR 的战略性需求

6.1.1.2 识别组织对 HR 的战术性需求

6.1.1.3 定义 HR 和业务部门的角色和职责

6.1.1.4 确定人力资源成本

6.1.2 制订并实施人力资源计划

6.1.2.1 制订员工总人数计划

6.1.2.2 制订补贴计划

6.1.2.3 制订继任计划

6.1.2.4 制订员工多样性计划

6.1.2.5 开发其他 HR 项目

6.1.2.6 制定 HR 政策

6.1.2.7 执行 HR 政策

6.1.2.8 设计员工收益

6.1.3 对计划进行监控和更新

6.1.3.1 对目标的实现程度进行测量

6.1.3.2 测量出对业务战略的贡献

6.1.3.3 与利益相关者沟通计划、传递更新内容

6.1.3.4 明晰 HR 部门带来的增值

6.1.3.5 回顾和修订 HR 计划

6.2.1 生成员工招募要求

6.2.1.1 生成员工需求

6.2.1.2 制定岗位描述

6.2.1.3 发布招募需求

6.2.1.4 对内部及外部的岗位发布网站进行管理

6.2.1.5 更新招募需求

6.2.1.6 对招聘经理进行通知

6.2.1.7 管理招聘日期

6.2.2 招募候选人

6.2.2.1 确定招募办法

6.2.2.2 开展招聘活动

6.2.2.3 对候选人提供者进行管理

6.2.3 筛选候选人

6.2.3.1 识别和开发候选人选择工具

6.2.3.2 面试候选人

6.2.3.3 考评候选人

6.2.3.4 聘用和拒绝候选人

6.2.4 候选人背景调查的管理

6.2.4.1 保证候选人的背景信息的健全

6.2.4.2 开展背景调查

6.2.4.3 推荐或不推荐候选人

6.2.5 新聘用人员及返聘人员的管理

6.2.5.1 制定 OFFER

6.2.5.2 OFFER 谈判

6.2.5.3 雇用候选人

6.2.6 候选人跟踪

6.2.6.1 在系统中创建该候选人的记录

6.2.6.2 数据管理及跟踪

6.2.6.3 未被聘用人员的信息存档和保留

6.3.1 员工定向管理

6.3.1.1 开发员工入职程序并加以维护

6.3.1.2 向经理介绍新员工

6.3.1.3 工作场所介绍

6.3.2 对员工绩效进行管理

6.3.2.1 对绩效目标进行定义

6.3.2.1.1 设计绩效管理的架构和程序

6.3.2.1.2 从组织目标中提取个人和团队的目标

6.3.2.1.3 从岗位描述和任职要求文件中明晰个人发展目标

6.3.2.1.4 就补贴的构成和原则进行沟通

6.3.2.2 对员工绩效进行回顾评价和管理

6.3.2.2.1 给员工指定教练和导师,并给员工提供指导

6.3.2.2.2 回顾员工的目标

6.3.2.2.3 根据目标来测评绩效

6.3.2.2.4 开展评估

6.3.2.3 对绩效管理本身进行评估和回顾

6.3.2.3.1 对效果进行评估

6.3.2.3.2 对目标进行回顾

6.3.2.3.3 明晰培训相关要求作为培训计划的素材

6.3.3 对员工关系进行管理

6.3.3.1 健康和安全管理

6.3.3.2 人事雇佣关系管理

6.3.3.3 对劳资双方就工资等问题谈判的流程进行管理

6.3.3.4 对帮助进行人事关系管理的合作伙伴的管理

6.3.4 对员工发展的管理

6.3.4.1 制定能力发展管理机制

6.3.4.1.1 定义组织和个人绩效对能力的要求

6.3.4.1.2 识别出目前技能存在的差距

6.3.4.1.3 制订计划以弥补差距

6.3.4.1.4 定义工作产出、产出标准并保持产出和标准的协调一致

6.3.4.2 制订员工职业发展规划

6.3.4.3 对员工技能的发展进行管理

6.3.5 培养和培训员工

6.3.5.1 协调员工和组织的发展需求,保证一致性

6.3.5.2 培养职能部门及流程所需的能力

6.3.5.3 通过对所需和可得技能的分析来明确培训要求

6.3.5.4 对员工和管理层的培训项目进行开发、执行和管理

6.3.5.4.1 执行后对培训和培训项目的再完善

6.3.5.4.2 评估培训效果

6.3.6 对员工的潜能进行管理

6.4.1 对奖金、表扬和激励项目进行设计和管理

6.4.1.1 设计薪酬架构和薪酬支付计划

6.4.1.2 制订津贴和奖金计划

6.4.1.3 对津贴和奖金的竞争力进行分析

6.4.1.4 工资管理并实施至员工

6.4.1.5 奖励和激励员工

6.4.2 津贴的管理和执行

6.4.2.1 员工津贴项目设计

6.4.2.1.1 退休计划

6.4.2.1.2 保险计划

6.4.2.1.3 医疗计划

6.4.2.1.4 储蓄计划

6.4.2.2 对津贴的申领登记进行管理

6.4.2.3 对权利诉求的处理

6.4.2.4 保证津贴的调和一致

6.4.3 员工援助和保留的管理

6.4.3.1 开展一些专项项目以帮助员工达成工作与生活的平衡

6.4.3.2 对家庭支持系统进行开发

6.4.3.3 对保留和激励指标回顾

6.4.3.4 对薪酬计划进行回顾

6.4.4 薪酬管理手册的管理

6.5.1 晋升和降级流程的管理

6.5.2 免职管理

6.5.3 退休管理

6.5.4 请假管理

6.5.5 为被解雇的员工提供求职帮助的设计和实施

6.5.6 个人定岗的管理

6.5.7 员工换岗和工作安排的管理

6.5.8 减员和退休的管理

6.5.9 移民国外的管理

6.5.10 员工换岗流程的管理

6.6.1 汇报流程的管理

6.6.2 员工查询流程的管理

6.6.3 员工信息的管理和维护

6.6.4 内容管理

6.6.5 HR 信息系统的管理

6.6.7 工作时间和考勤的管理

6.6.8 员工沟通的管理

6.6.8.1 制订员工沟通计划

6.6.8.2 对员工建议进行采集和管理

6.6.8.3 员工抱怨管理

6.6.8.4 员工沟通

7.1.1 理解业务部门和用户对信息和知识的需求

7.1.2 对服务水平进行定义和管理

7.1.3 制定信息管理和知识管理的战略

7.1.4 从业务战略提取信息系统需求

7.1.5 定义企业信息系统架构

7.1.6 对信息技术和方法论做出规划和预测

7.1.6.1 开展研究

7.1.6.2 对各类 IT 产出信息进行跟踪管理

7.1.7 建立企业数据标准

7.1.8 建立信息系统质量标准和控制

7.1.9 建立信息系统安全标准和控制方法

7.1.10 对 IT 产出/能力进行营销

7.1.11 制订和跟踪 IT 计划

7.1.12 项目管理

7.1.13 IT 供应商管理管理

7.1.14 IT 客户满意度管理

7.2.1 设计、开发和应用企业信息系统

7.2.1.1 对具体需求进行评估并判定其可行性

7.2.1.2 设计信息系统架构

7.2.1.3 信息系统的详细设计

7.2.1.4 购买和开发信息系统

7.2.1.5 测试、评估和实施企业支持系统

7.2.1.6 信息系统的参数配置管理

7.2.2 信息和内容的管理

7.2.2.1 对企业信息架构的设计和维护

7.2.2.2 信息所有者的指定和维护

7.2.2.3 对信息分类进行设计和维护

7.2.2.4 为每一种信息类型指定安全级别并进行维护

7.2.2.5 对信息管理的标准、政策和程序进行设计和维护

7.2.2.6 业务记录和文档的管理

7.2.3 实现系统安全和控制

7.2.3.1 建立系统安全策略和安全级别

7.2.3.2 测试、评估和实施系统安全和控制

7.3.1 集中式信息技术资产的管理

7.3.2 集中式运营服务的提供

7.3.3 分布式信息技术资产的管理

7.3.4 信息技术网络运营的管理

7.3.5 确保业务连续性

7.3.6 信息技术基础设施的安全和控制的测试、评估和实施

7.3.7 进行计量与计费

7.3.8 IT 库存和资产的管理

7.3.9 提供运营支持

7.4.1 可获得性管理

7.4.2 设备管理

7.4.3 备份与恢复管理

7.4.4 绩效与能力管理

7.4.5 事件管理

7.4.6 问题管理

7.5.1 调查知识工人、项目团队和实践社团的特殊需求

7.5.2 评估和选择协同技术

7.5.3 评估目录和专家定位系统

7.5.4 定义和安排角色以支持协同工作和内容

7.6.1 对变革做出计划

7.6.2 变革时间表的管理

7.6.3 实施变革

8.1.1 开展规划、预算及预测

8.1.1.1 预算政策和程序的制定与维护

8.1.1.2 定期预算和计划的部署

8.1.1.3 定期预测的部署

8.1.2 成本会计和成本控制的开展

8.1.2.1 库存会计的开展

8.1.2.2 销售成本分析

8.1.2.3 生产成本管理

8.1.2.4 差异分析

8.1.2.5 出具获利能力分析报表

8.1.3 成本管理的开展

8.1.3.1 识别关键成本因子

8.1.3.2 对成本因子进行测评

8.1.3.3 识别关键活动

8.1.3.4 资产安置和利用的管理

8.1.4 财务表现的评估和管理

8.1.4.1 客户和产品维度的获利能力评估

8.1.4.2 新产品评估

8.1.4.3 生命周期成本核算

8.1.4.4 客户和产品组合的优化

8.1.4.5 跟踪新客户和产品战略的财务表现

8.1.4.6 部署基于活动的表现评测

8.1.4.7 持续成本改进管理

8.2.1 客户信用管理
8.2.1.1 制定信用政策
8.2.1.2 新客户信用的分析和审批
8.2.1.3 对现有客户的回顾
8.2.1.4 出具信用及收款报表
8.2.2 给客户开票
8.2.2.1 维护客户和产品主记录
8.2.2.2 生成客户计费信息
8.2.2.3 将计费信息传递至客户
8.2.2.4 应收登账
8.2.2.5 对客户关于计费的查询作出响应
8.2.3 应收处理
8.2.3.1 制定应收政策
8.2.3.2 客户付款接收及入银行账户
8.2.3.3 现金汇款处理
8.2.3.4 准备应收报表
8.2.3.5 将应收活动过至总账
8.2.4 收款管理和处理
8.2.4.1 针对拖欠户制定政策
8.2.4.2 分析拖欠户的财务能力
8.2.4.3 与拖欠户联系与谈判
8.2.4.4 内部讨论解决办法
8.2.4.5 调整或销账处理
8.2.5 账务调整及扣除额的管理和处理
8.2.5.1 制定账务调整的政策与程序
8.2.5.2 调整分析
8.2.5.3 与客户联系及谈判
8.2.5.4 内部讨论解决办法

8.2.5.5 准备冲账发票

8.2.5.6 相关的账目登账处理

8.3.1 政策和程序的管理

8.3.1.1 就服务水平协议进行协商

8.3.1.2 制定财务政策

8.3.1.3 设立审批额度并执行

8.3.1.4 构建常见的财务系统

8.3.2 开展总账会计

8.3.2.1 维护科目表

8.3.2.2 登账处理

8.3.2.3 分摊处理

8.3.2.4 期末调整的处理

8.3.2.5 公司间交易的处理

8.3.2.6 总账科目平衡

8.3.2.7 合并报表

8.3.2.8 试算平衡

8.3.2.9 管理调整

8.3.3 固定资产会计

8.3.3.1 制定固定资产会计政策和程序

8.3.3.2 对固定资产的主要数据文件进行维护

8.3.3.3 固定资产增加或报废处理和记录

8.3.3.4 固定资产调整、改造、重估、转移的处理

8.3.3.5 固定资产维护和修理费用的处理记录

8.3.3.6 折旧计算和记录

8.3.3.7 固定资产账调账

8.3.3.8 固定资产(包括实物库存)跟踪

8.3.3.9 为税务、法务和常规报表事宜提供固定资产数据

8.3.4 提供财务报表

8.3.4.1 准备业务单元财务报告

8.3.4.2 准备合并财务报表
8.3.4.3 出具业务单元报表,审核管理报表
8.3.4.4 出具合并报表,审核成本管理报表
8.3.4.5 准备提交给董事会的财务报告
8.3.4.6 生成季度、年度的财务文件及提交给股东的财务报告
8.3.4.7 生成常规报表

8.4.1 开展资产规划和投资项目审批
8.4.1.1 制定资产投资政策和程序
8.4.1.2 制定资产支出计划和预算并审批
8.4.1.3 投资项目和固定资产购买的审批
8.4.1.4 审批进程中投资理由的说明
8.4.2 投资项目的财务管理
8.4.2.1 投资项目立项
8.4.2.2 投资相关往来财务记录
8.4.2.3 投资项目与预算花费的监控和跟踪
8.4.2.4 项目的关闭及资本化
8.4.2.5 已完成投资项目的财务回报测评

8.5.1 工时报告
8.5.1.1 制定政策和程序
8.5.1.2 采集和记录员工工时信息
8.5.1.3 带薪假、不带薪假的分析和报告
8.5.1.4 常规加班时间和其他时段的监察
8.5.1.5 员工利用率分析和报告
8.5.2 工资支付的管理
8.5.2.1 将工时录入工资发放系统
8.5.2.2 员工收入信息的维护和管理
8.5.2.3 应扣减项的维护和管理
8.5.2.4 监察员工税务状态变化

8.5.2.5 工资发放

8.5.2.6 手签支票发放

8.5.2.7 期末调整处理

8.5.2.8 对员工关于工资发放的查询作出响应

8.5.3 税务管理

8.5.3.1 应缴纳税额的计算与缴付

8.5.3.2 生成和发放员工年度税务报告

8.5.3.3 常规工资缴税表的归档

8.6.1 应付处理

8.6.1.1 将付款申请单和采购订单供应商主文档进行审核

8.6.1.2 电子商务维护和管理

8.6.1.3 发票复核并将信息录入应付管理计算机系统

8.6.1.4 付款审批

8.6.1.5 财务利息和反转处理

8.6.1.6 税务处理

8.6.1.7 例外事件的调查和处理

8.6.1.8 办理付款

8.6.1.9 对关于应付的查询作出响应

8.6.1.10 保留财务记录

8.6.1.11 财务记录调整

8.6.2 退费处理

8.6.2.1 制定退费政策和审批限额并加以沟通

8.6.2.2 相关税务数据采集报告

8.6.2.3 退费和预付的审批

8.6.2.4 退费和预付的办理

8.6.2.5 业主往来账户管理

8.7.1 制定理财计划、政策和程序

8.7.2 现金管理

8.7.2.1 短期现金计划
8.7.2.2 现金平衡管理
8.7.2.3 现金等值品管理
8.7.2.4 现金收入管理
8.7.2.5 准备现金预测
8.7.2.6 信用监控
8.7.2.7 现金流出监控
8.7.2.8 现金状态报告
8.7.3 银行账户整合理顺
8.7.4 财务风险管理

8.8.1 建立严密的内控流程,包括职责隔离等
8.8.2 与内外部的审计师会晤讨论他们对内控的评估
8.8.3 对信息系统和电子商务上的内部控制进行评估
8.8.4 创建一个员工可以通由其汇报可疑的信任缺陷的流程
8.8.5 创建一个对抱怨进行调查的正式流程
8.8.6 提出补救建议
8.8.7 对审计结果进行汇报

8.9.1 制订税务策略和计划
8.9.2 税务处理
8.9.2.1 执行税务计划/策略
8.9.2.2 准备申报
8.9.2.3 准备国外税务事宜处理
8.9.2.4 延交税计算
8.9.2.5 税务记账
8.9.2.6 税务法规遵循性监控
8.9.3 对关于税务的问询作出响应
8.9.4 国际基金及并购的管理
8.9.4.1 国际汇率监控

8.9.4.2 交易管理

8.9.4.3 期货流通

8.9.4.4 结果报告

9.1.1 制定物业战略

9.1.2 地点规划

9.1.3 物业能力计划

9.1.3.1 对物业能力进行设计

9.1.3.2 对预算进行分析

9.1.3.3 选择物业

9.1.3.4 条款谈判

9.1.3.5 对建设过程的管理

9.1.3.6 老物业的处置

9.1.4 工作场所和工作用品的提供

9.1.5 工作场所和工作用品的获得

9.1.5.1 对工作场所和工作用品的配置、排列、功能进行变更

9.2.1 人员和用品转移

9.2.1.1 人员的转移

9.2.1.2 物料和工具的转移

9.2.2 工作场所和工作用品的维修

9.2.3 为工作场所和工作用品提供保养维护

9.2.4 安全管理

9.3.1 设备处置

9.3.2 工作场所的处置

10.1.1 评估产品、服务、运营对环境的影响
10.1.2 开展健康、安全和环境审计

10.2.2 识别法规规定和利益相关人的需求
10.2.2 评估未来的风险和机会
10.2.3 制定政策
10.2.4 对环境健康和安全事件进行记录和管理

10.3.1 与利益相关人的沟通和提供支持

10.4.1 对环境、健康和安全的成本收益进行管理
10.4.2 对环境、健康和安全的指标进行测评和报告
10.4.2.1 实施应急处理
10.4.2.2 实施污染预防
10.4.3 向员工提供环境健康和安全方面的支持

10.5.1 一致性监控
10.5.2 开展一致性审核
10.5.3 遵守法规相关人的要求

10.6.1 制订补救计划
10.6.2 联系专家并交换意见
10.6.3 识别并贡献所需的资源
10.6.4 调查法律问题
10.6.5 调查危害原因
10.6.6 修订或制定政策

11.1.1 对债权人关系进行计划、建设和管理

11.1.2 对分析师关系进行计划、建设和管理

11.1.3 与股东沟通

11.2.1 管理和政府之间的行业关系

11.2.2 管理与类政府实体的关系

11.2.3 管理与贸易/行业组织的关系

11.2.4 对游说疏通活动的管理

11.3.1 结果汇报

11.3.2 提交审计

11.4.1 制定道德观政策

11.4.2 公司治理政策的管理

11.4.3 策划并开展预防性法务工作

11.4.4 确保和法律道德规定的一致

11.4.5 外部律师的管理

11.4.5.1 对问题进行评估并明晰工作需求

11.4.5.2 选用外部律师

11.4.5.3 接收策略及预算

11.4.5.4 接收工作成果、对工作过程进行管理和监控

11.4.5.5 付费处理

11.4.5.6 跟踪法务活动、成效表现

11.4.6 知识产权保护

11.4.6.1 版权与专利管理

11.4.6.2 知识产权权利和限制的维护

11.4.6.3 许可证条款的管理

11.4.6.4 买卖特权的管理

11.4.7 争议和诉讼的解决

11.4.8 提供法律建议与咨询

11.4.9 谈判并签署文件/合同

11.5.1 全球级客户关系管理
11.5.2 贸易及行业组织关系管理
11.5.3 全球战略级供应商关系管理
11.5.4 社区关系管理
11.5.5 媒体关系管理
11.5.6 推进政治的稳定性
11.5.7 生成新闻稿

12.1.1 构建企业测评系统模型
12.1.2 对流程的绩效进行测评
12.1.3 对产品和服务质量进行测评
12.1.4 对质量成本进行测评
12.1.5 对成本进行测评
12.1.6 对周期时间进行测评
12.1.7 对生产率进行测评
12.1.8 测评对客户的影响
12.1.9 对质量成本进行测评

12.2.1 基于外部标准开展评估
12.2.2 基于内部标准开展评估

12.3.1 对现有的知识管理实现方法进行评估
12.3.2 识别出差距和需求
12.3.3 对现有的知识管理实现方法进行改进
12.3.4 开发新的知识管理实现方法

12.4.1 建立标杆标准的能力

12.4.2 开展流程的标杆瞄准

12.4.3 开展与竞争对手的标杆瞄准

12.4.4 开展差距分析以明晰变革的必要性和所需的变革程度

12.4.5 确立变革的需求

12.4.6 实施改进活动

12.5.1 对变革做出计划

12.5.1.1 选择一个稳健的流程改进方法论

12.5.1.2 对变革准备度进行评估

12.5.1.3 明晰利益相关人

12.5.1.4 识别拥护者并使拥护者参与进来

12.5.1.5 成立设计小组

12.5.1.6 定义范围

12.5.1.7 理解当前的状态

12.5.1.8 定义未来状态

12.5.1.9 开展风险分析

12.5.1.10 对文化因素进行评估

12.5.1.11 确定变革管理的责任主体

12.5.1.12 识别出变革的障碍

12.5.1.13 明晰变革的使能因素

12.5.1.14 识别资源及开发的方法

12.5.2 对变革进行设计

12.5.2.1 对该变革与其他举措的关联进行评估

12.5.2.2 制订变革管理计划

2. 绩效重要性矩阵

根据不同流程对企业的重要性程度以及流程本身绩效水平的高低，我们可以对相关流程进行识别，并采取不同的管理方式，从而提高企业流程的管理水平。

具体来讲，我们可以采取如下步骤进行流程规划：

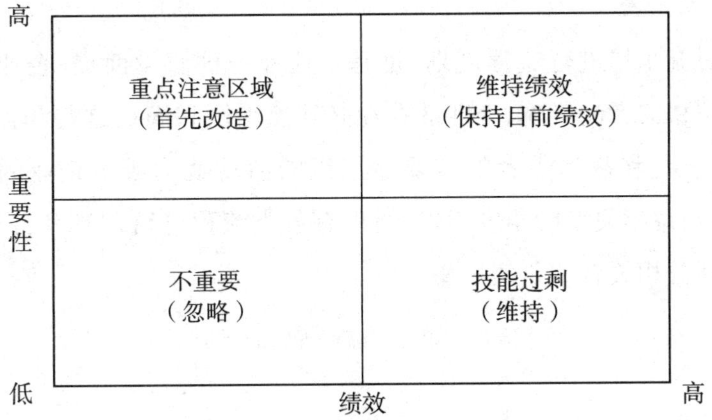

图 2－18　绩效重要性矩阵

第一步：首先根据企业内部经营运作特点，按照价值链分析法将企业内部的流程运作体系进行梳理，建立并明确企业的整体流程运作体系。

第二步：按照绩效重要性矩阵要求，将影响流程重要性和绩效表现的相关因素进行识别，并按照 5 分制进行打分评价(5 分为最高，依次降低)。举个例子，我们将流程绩效表现分解成为及时性、准确性、低成本和易监控四个因子，而将流程重要性分解为产出价值、与战略相关度、客户关注度三个因子，就可以对流程实施评价。

表 2－7　流程绩效重要性矩阵分析表

	绩效表现				重要性		
	及时性	准确性	低成本	易监控	产出价值	战略关联度	客户关注度
流程 1							
流程 2							
流程 3							
流程 4							

第三步：根据打分评价最终结果，将相关流程绘制于上述矩阵图中，即可对不同流程采取不同的管理方式。

绩效表现差、重要性程度高的流程，是我们所要关注的重点。因为这类流程往往会影响到公司的整体运营效率，是企业运作中最为突出的短板；而那些绩效表现差、重要性程度低的流程往往不是我们所管理的重点性目标，对企业的运营效率提升影响比较有限，我们可以将其忽略。

3. 学习五角星

采用学习五角星进行流程规划，是基于这样一种假设前提：企业生产运营会受到各类利益相关者的影响，企业的存在必须要平衡和满足这些利益相关者的需要，为了满足这些利益相关者的需要而组织的活动就构成了企业的各类流程活动。因此，从利益相关者的角度出发，对现有各类流程进行识别和分析，可以更为有效地满足利益相关者的价值期望。

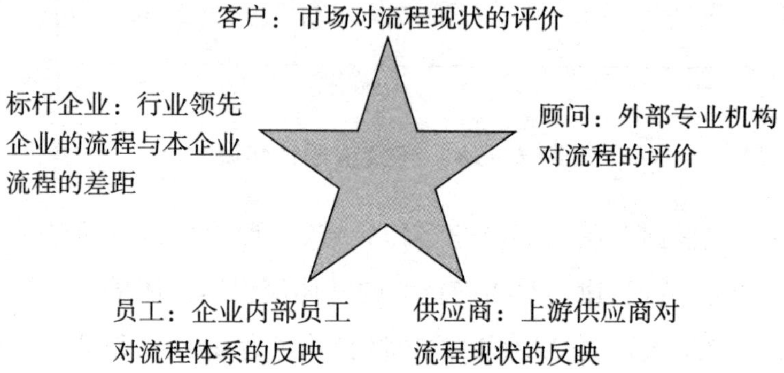

图 2－19　学习五角星

学习五角星中包括五类利益相关者的需求，分别是客户、标杆企业、员工、供应商和外部顾问。通过利益相关者对现有流程运作状况的评价，我们可以发现相关的问题流程，进而进行有效的分析和改进。

一般来说，供应商和客户经常直接与企业打交道，因此他们的评价多与企业所接触的相关界面流程有关，有助于企业外部相关流程的改进分析。某些特别挑剔的顾客所提出的观点往往正是流程进行全新设计时所考虑的目标。

标杆企业相关流程的分析评价则要结合企业自身的实际运营情况，选择与自身情况相接近的流程进行分析。通过指出标杆管理所能达到的水平，可以使企业可改进的领域显现出来。当福特公司了解到马自达公司的收款部仅有 5 个人时，福特公司的管理层深受刺激，对其原有的收款管理方式进行反思，最终下定决心实施流程改造。

顾问作为专业人士，能够从专业管理的外部角度对企业流程现状提出专业化的指导意见，具有较强的科学性和合理性。流程管理的实施工作一定要由可承受变化的企业员工来完成，因此顾问所提出的意见往往更具有现实性。

员工作为企业内部流程的执行者，对流程的运作情况最为熟悉和了解，也能提出针对性的改进意见。

上述学习五角星方法是我们开展流程分析、发现问题流程的重要诊断工具和方法。

4. 成本收益矩阵

成本收益矩阵主要是针对流程的花费成本与产出价值之间的关系进行分析评价,通过发现绩优流程,提高公司对现有流程的价值管控能力,增加流程的增值空间。

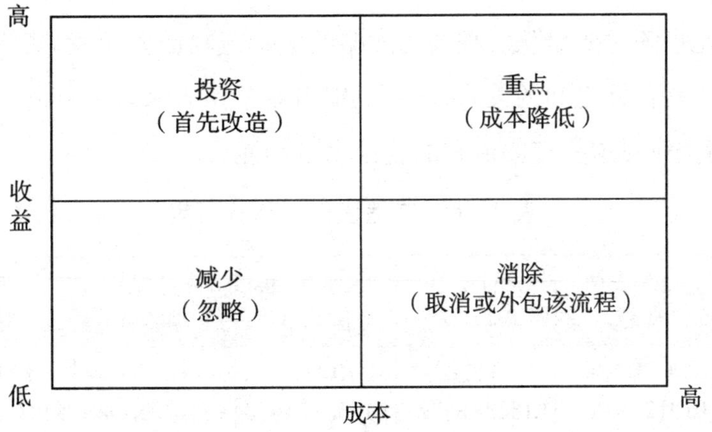

图 2-20 成本收益矩阵

我们将流程按照收益与成本的相对关系分为 4 类:

(1)收益高、成本低的运作流程是我们优先进行流程优化和重组的对象,应重点对其进行投资和建设。比如对于高科技企业来讲,产品研发活动花费的成本低而产出价值大,其流程活动应是公司考虑的重点。

(2)收益高、成本高的流程,是公司流程运作体系中不可缺失的重要组成部分,应着重降低其运营成本,以增加企业的增值空间。对于许多企业来讲,职能部门的管理活动就是最为突出的例子:它们对企业来讲是履行监控和管理职能的必要体现,但如果成本耗费过高,由于这些活动成本最终都将由消费者买单,将不利于提升企业的产品价格竞争能力。

(3)收益低、成本高的流程对于企业来讲,耗费了企业过多的人力、物力、财力,其流程的实际表现与企业的期望存在着较大的差距,我们可考虑取消或者外包。比如美国著名的体育用品商耐克公司,如果由它自己进行生产制造,显然并不划算，因此它将低价值的生产制造环节都外包给中国、越南等国的许多企业，利用这些国家的廉价劳动力实行 OEM 生产，省去了大量的管理费用，而耐克只进行必要的质量监控，将最核心的产品研发环节和市场营销环节掌握在自己手中，从中赚取了大量的利润。

(4)收益低、成本低的流程环节我们可以逐渐减少，并最终将其忽略掉。这类流程由于往往对企业并不能起到较大的支撑和管理作用，其存在的必要性也大打折扣，可以考虑将其取消。

5. 流程优化矩阵

流程优化矩阵主要是从实现公司战略的关键成功因素出发，观察相关的运作流程与公司战略目标之间的关联，从而识别出对公司未来发展起着关键作用的核心流程，提高企业对这些核心流程的管控水平和能力。

表 2－8　流程优化矩阵分析表

关键成功因素	关键成功因素 1	关键成功因素 2	关键成功因素 3	关键成功因素 4	关键成功因素 5	总分
KPI	KPI11/KPI12/KPI13	KPI21/KPI22/KPI23	KPI31/KPI32/KPI33	KPI41/KPI42/KPI43	KPI51/KPI52/KPI53	
流程 1	2	1	0	0	0	3
流程 2	0	1	2	1	0	4
流程 3	2	2	1	1	1	7
流程 4	0	0	2	1	1	4
流程 5	2	2	1	0	0	5
流程 6	0	0	1	1	2	4

具体运用步骤如下：

第一步：根据价值链分析工具，将企业内部的流程整体框架进行梳理，建立完整、清晰的流程体系。

第二步：召集公司相关高层管理人员，从实现公司战略目标的角度出发，得出相关的关键成功因素（KSF），并提炼至少三个相关的关键业绩指标（KPI）。

第三步：将识别出的公司相关分级流程与公司关键成功因素的 KPI 指标分别进行两两配比，观察这些流程对 KPI 指标的实现有效性和保障性，并据此由公司高层人员进行相关性打分评价(以2分代表关联程度最高,依次类推)。

第四步:将各个流程的关联性打分结果进行汇总,得分高的流程即为公司的核心流程,也就是我们所要重点关注的流程。

从操作方式上看,绩效重要性矩阵、成本收益矩阵和流程优先矩阵都比较类似,但它们对流程所考虑的侧重点却不尽相同,我们在运用以上这些工具时,应结合对流程优化的目的进行合理使用,这是要必须要注意的。

对以上这些工具方法进行总结分析,我们可以发现它们基本体现了以下四种工作导向。未来我们在进行流程规划时,也可以参照下面的思路进行思考和分析。

表2-9 流程规划思路分析表

思考导向	含　义	对应工具
策略导向	在公司既定的策略下,应先改造哪个流程,对达成策略目标最为有利?	流程优化矩阵
顾客导向	对顾客而言,哪些流程是最重要的?	学习五角星
问题导向	现有运作流程中,哪个流程的问题最大,对企业运作造成最大困扰?	绩效重要性矩阵
收益导向	哪些流程最容易见效且成功?哪些流程可以证明是行之有效的?	成本收益矩阵

【案例2-8】 接【案例2-7】,下面是我们根据核心业务逻辑分析结果,为KF公司规划的流程清单:

表 2－10　KF 公司集成研发核心业务流程规划表

一级流程清单	二级流程清单	对应业务活动编号	流程主人	流程相关部门	流程输入	流程输出
D1：产品线规划和管理流程		1－1/1－2/1－3/1－5/4－6	产品开发中心	公司领导、营销系统、产品设计中心、经营管理中心	产品中长期规划	年度产品线规划图
D2：产品开发流程		2－1/2－2/2－8/2－9/3－1 至 3－13	产品开发中心	营销系统、品质中心、产品设计中心、经营管理中心、财务系统、生产大区、生产工厂	产品需求调研、产品线规划	新产品项目评价和总结
	D21：产品市场信息研究和分析流程	2－1	产品开发中心	营销系统、采购与物流系统、生产大区、生产工厂	产品市场信息收集计划	产品市场信息需求趋势分析报告
	D22：产品立项评估流程	2－8/2－9	产品项目部	公司领导、营销系统、产品设计中心、开发中心、经营管理中心	年度产品开发计划、年度产品线规划图	技术和收益评估分析
	D23：项目生产性评审流程	3－6/3－9	产品项目部	产品设计中心、生产大区、生产工厂、品质中心	新产品小试	项目可生产性评审确认报告
	D24：项目成本管理流程	3－4/3－8	产品项目部	采购中心、财务系统、产品设计中心	新产品项目预估成本	新产品成本检讨分析和总结
	D25：项目质量评审流程	3－5/3－7	品质中心	产品设计中心、生产大区、生产工厂、产品项目部	项目质量标准	质量评审确认报告
	D26：产品结案评审流程	3－12	产品项目部	产品设计中心、生产大区、生产工厂、产品项目部	项目各类评审报告	项目评审报告

续表

一级流程清单	二级流程清单	对应业务活动编号	流程主人	流程相关部门	流程输入	流程输出
	D27：新产品技术转移管理流程	3－13	产品设计中心	开发中心、采购中心、品质中心	新产品项目结案评审	新产品技术资料系统维护和知识档案
	D28：新产品推广流程	4－1 至 4－6	产品项目部	公司领导、营销系统、产品设计中心	新产品推广评审	新产品收益分析、评价和总结
	D29：新材料/新工艺/新技术研究和导入流程	2－2/2－3	产品开发中心	采购中心、营销系统、生产大区	研究计划	导入立项评审
D3：设计变更管理流程		同产品开发流程	产品开发中心	营销系统、品质中心、经营管理中心、财务系统、生产大区、生产工厂	设计变更申请	设计变更总结分析
D4：专色设计流程		1－4/1－5/2－5/2－6/2－7	产品设计中心	营销系统、经营管理中心、开发中心	专色年度规划	色咭标准制作和发布
	D41：市场色彩趋势研究和分析流程	2－5	产品设计中心	外部顾问、开发中心、营销系统	市场色彩信趋势调研计划	市场色彩趋势分析报告
	D42：色咭制作与发放流程	2－7	产品服务部	产品设计中心、销售大区、市场中心	色咭标准制作和发布	色咭发放
	D43：新替原料引进流程	2－2/2－3	采购中心	研发生产系统	新替原料开发	原料进入商品目录

表 2-11 KF 公司整合营销核心业务流程规划表

一级流程清单	二级流程清单	对应业务活动编号	流程主人	流程相关部门	流程输入	流程输出
B1：营销预测与计划流程		1-3/1-4/1-5/1-6/1-7/1-8/1-9	营销管理中心	市场中心、销售大区、终端开发部、产品研发中心、经营管理中心、品牌传讯部	年度整合营销计划	月度预测与销售计划
	B11：销售承包管理流程	1-10	营销管理中心	销售大区、财务系统、公司领导	销售承包方案	评价和结果应用
B2：客户开发和管理流程		1-7/3-1/3-2/3-3/3-4/4-1	营销管理中心	销售大区、市场中心、财务系统	年度客户规划	客户满意度分析
	B21：价值客户评价流程	3-3/4-1	营销管理中心	销售大区、财务系统、公司领导	价值客户标准	评价结果应用
	B22：终端开发管理流程	3-1	营销管理中心	终端开发部、市场中心、销售大区	终端开发计划	终端开发总结分析
B3：客户订单管理流程		3-7/3-8	经营管理中心	销售大区、采购与物流系统	客户询单/PO	客户订单转单
	B31：新产品报价流程	3-7	经营管理中心	财务中心、产品设计中心	报价申请	价格审批
	B32：订单变更流程	3-7	经营管理中心	营销管理中心	订单变更需求/申请	订单变更审批
	B33：打样管理流程	3-7	营销管理中心	各销售大区	打样申请	样品提交

续表

一级流程清单	二级流程清单	对应业务活动编号	流程主人	流程相关部门	流程输入	流程输出
B4：客户服务流程		4－2/4－3/4－4/4－5/4－6/4－7/4－8/4－9	产品服务部	销售大区、品质中心、物流中心、经营管理中心	客户服务年度计划	客户服务总结分析
	B41：价值客户项目管理流程	4－3	营销管理中心	各销售大区	客户需求	客户服务记录
	B42：大客户项目管理流程	4－2	营销管理中心	各销售大区	客户需求	客户服务记录
	B43：客户投诉/退货处理流程	4－7	营销管理中心	各销售大区	受理投诉	投诉得到妥善处理
	B44：客户满意度管理流程	4－5	营销管理中心	各销售大区	客户满意度调查方案	客户满意度结果发布
B5：市场推广流程		1－6/2－2/2－3/2－4/2－5/2－6	市场中心	销售大区、营销管理中心	市场推广计划	市场活动效果评估
	B51：市场活动管理流程	2－4/2－5/2－6	市场中心负责人	品牌传讯部	市场活动选题	活动效果评估
B6：市场拓展流程		2－1 到 2－6	市场中心	营销管理中心	市场拓展计划	市场拓展总结
B7：品牌管理流程		1－9/2－13/2－15/2－16	品牌策划部	市场中心、销售大区	品牌战略	品牌监测与分析
	B71：品牌推广活动管理流程	2－13/2－15/2－16	品牌策划部	市场中心、销售大区	品牌活动选题	活动效果评估

表 2－12　KF 公司集成供应链核心业务流程规划表

一级流程清单	二级流程清单	对应业务活动编号	流程主人	流程相关部门	流程输入	流程输出
C1：生产计划流程		1－2	经营管理中心	生产大区、生产工厂、品质中心、物流中心	销售预测计划	生产计划下发
	C11：外协加工流程	1－11/3－12	经营管理中心	采购中心	外协加工计划	外协加工产品入库
C2：物料需求计划流程		1－9	经营管理中心	采购与物流系统	生产计划/物料市场趋势分析	物料需求计划下达
	C21：原料市场调研流程	1－4	采购中心	公司领导	信息收集	市场调研报告
	C22：性价比管理流程	1－7	经营管理中心	采购中心、品质中心、公司领导	原料市场研究	性价比评审结论
	C23：一级配棉流程	1－8	经营管理中心	研发与生产管理中心、公司领导	销售预测	一级配棉方案
	C24：呆滞料处理流程	2－7	经营管理中心	采购中心、品质中心、财务中心	呆滞料提报	呆滞料完成处理和账务处理
C3：采购流程		1－10/2－1/2－2/2－3/2－4/2－5/2－6	采购与物流管理部	品质中心、采购中心、财务中心、经营管理中心	物料需求计划	采购物料入库
	C31：供应商选择与引进流程	2－2	采购与物流管理部	采购中心、品质中心、审计中心、财务中心	供应商标准建立	合格供应商进入供应商库
	C32：供应商评价与考核流程	2－2	采购与物流管理部	采购中心、品质中心、审计中心、财务中心	供应商考评申请	考评结果应用

续表

一级流程清单	二级流程清单	对应业务活动编号	流程主人	流程相关部门	流程输入	流程输出
	C33：采购招标执行流程	2－3	采购中心	品质中心、审计中心、财务中心、公司领导	招标采购需求	招标合同签订
	C34：电子盘采购执行流程	2－3	采购中心	品质中心、审计中心、财务中心、公司领导	期货采购申请	物料到货
	C35：现货采购执行流程	2－3	采购中心	品质中心、审计中心、财务中心、公司领导	现货采购申请	物料到货
	C36：采购价格管理流程	2－3	采购与物流管理部	财务中心、公司领导	采购价格申请	采购价格审批
	C37：进口报关报检流程	2－3	采购中心	进出口公司	进口申请	通关
C4：原料检验控制流程		2－4	品质中心	采购中心、物流中心、经营管理中心、生产大区、生产工厂	原料检验申请	原料检验报告
	C41：原料品质异常判定处理流程	2－5	品质中心	品质中心、采购中心	品质检验报告	异常物料处理
C5：生产过程控制流程		3－1/3－2/3－3/3－4/3－5/3－6/3－7/3－8/3－9/3－10/3－11/3－12/3－16	研发与生产管理中心	经营管理中心、品质中心、物流中心、生产大区、生产工厂	生产计划/客户订单	成品入库
	C51：生产承包管理流程	3－1	研发与生产管理中心	生产大区、生产工厂	生产计划	生产承包方案考评方案
	C52：按单领退料流程	3－7/3－8	生产工厂	研发与生产管理中心	领料申请	领退料台账

续表

一级流程清单	二级流程清单	对应业务活动编号	流程主人	流程相关部门	流程输入	流程输出
	C53：生产异常反馈处理流程	3－6/3－7/3－8/3－9/3－10/3－11/3－12	研发与生产管理中心	生产大区、生产工厂、品质中心、采购中心	异常反馈申请	处理措施跟进
	C54：成品入库管理流程	3－16	物流中心	生产工厂	入库申请	入库
C6：成品检验控制流程		3－14	品质中心	经营管理中心、生产大区、生产工厂	成品送检申请	成品检验分析
	C61：成品品质异常判定处理流程	3－15	品质中心	经营管理中心、生产大区、生产工厂	成品不合格报告	不合格品处理
C7：设备生命周期管理流程		5－1/5－2/5－3/5－4/5－5/5－6/5－7/5－8/5－9	纱线中心/染色中心	生产大区、生产工厂、采购中心	设备需求和管理规划	设备报废和账务处理
	C71：设备选型评审流程	5－2	纱线中心/染色中心	生产工厂、品质中心	设备采购需求	设备选型确定/跟踪分析
	C72：设备技术改造项目管理流程	5－7	纱线中心/染色中心	生产工厂、品质中心	技改项目立项	项目通过验收
	C73：设备调拨流程	5－3/5－4/5－5	财务中心	研发与生产管理中心	调拨申请	设备接收
	C74：设备检修流程	5－8	纱线中心/染色中心	研发生产系统	设备检修计划	设备检修台账
	C75：设备维修流程	5－8	纱线中心/染色中心	研发生产系统	设备报修申请	设备维修分析
C8：出货交付流程		4－1/4－2/4－3/4－4/4－5/4－6/4－7/4－8	经营管理中心	品质中心、物流中心、生产大区	成品入库/出货计划指令	客户签收
	C81：出口报关商检流程	4－4	物流中心	进出口公司、营销系统	出口申请	通关

二、核心业务流程规划

1. 核心业务流程特点分析

前面我们讲过，按照流程的功能特点进行划分，可以分为核心业务流程、核心管理流程和核心辅助流程。其中，核心业务流程是企业为了实现经营目标，按照客户需求，为市场生产、制造并提供产品/服务的活动，说白了就是直接为企业创造价值的活动。

从企业自身来看，其经营活动是以价值创造为核心，价值创造贯穿了企业业务运作的各个环节，形成了企业内部业务活动的一体化。它们之间是相互关联并相互影响的。如果某个业务活动运作不畅，将会导致企业整体业务运作体系遭受巨大影响。

从企业实现自身价值的路径看，企业从发现顾客需求到满足顾客需求基本上是一个循环，可以让企业所创造的价值最终在市场上通过交换得到体现，因此，企业的核心业务流程可以看作是以发现顾客需求为起点、以满足顾客需求为重点的企业经营活动的横向一体化进程，简单地讲，也就是我们常说的产—供—销体系，基本上所有企业都具有相同的或者相类似的横向业务运作流程。比如说所有的制造型企业都具有材料供应、产品开发、生产运行、成品储运、市场营销和售后服务环节，而服务型企业都由材料供应、产品开发、服务提供、市场营销和售后服务等基本环节构成，不同的是少了生产环节。

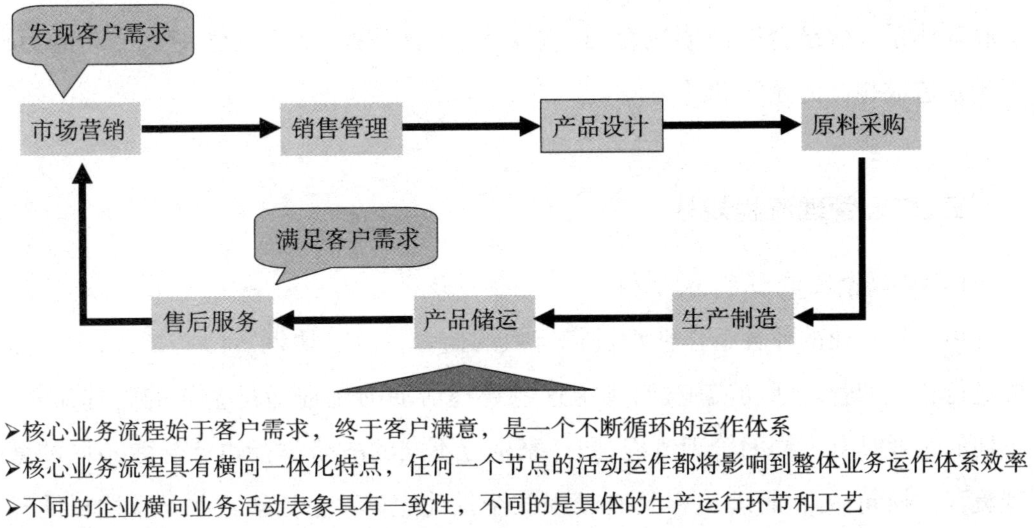

图 2－21 业务流程特点

2. 核心业务流程规划说明

进行核心业务流程划分，必须要注意把握企业的核心价值链要素、满足企业的经营管理需要、照顾客户需求以及遵循配套管理体系要求。

（1）把握企业的核心价值链要素，是指企业在进行核心业务流程设计时必须要分清楚哪些是直接创造价值的业务活动、哪些是为创造价值提供辅助支持服务的管理活动和辅助活动。企业的业务活动具有横向连贯性，在设计相关业务流程体系时，应注重整体的完整，不可缺失相关重要的业务运作环节。

（2）满足企业的经营管理需要，是指对于相关核心业务的设计，我们应识别出哪些是急需改进的、哪些是有待改进的、哪些是继续维持的、哪些是可以忽略的。这些方法前面已经详细介绍过，这里就不再赘述。以满足企业的经营管理需要为出发点，将业务流程进行有效的分类，我们才能够提高业务流程管理的针对性和有效性。

（3）照顾客户需求，是指企业生存和发展的基础是发现和满足客户需求，企业内部必须建立起以市场为导向、以客户需求为目标的业务流程运作体系以及业务流程管理模式。

（4）遵循配套管理体系要求，是指企业在进行业务流程设计时，需要同时考虑和照顾配套管理体系的要求，比如 ISO9000 管理体系、企业内部职权划分要求，等等。流程管理仅仅是企业管理的一个分支，它主要是从如何提高系统效率和整体运作能力的角度去解决问题，但在进行相关流程设计时，我们还应注意与其他配套管理体系有效结合以便形成合力，这样才能系统提高企业的管理水平和能力，而不是造成相互的矛盾和冲突。

三、核心管理流程规划

1. 核心管理流程特点分析

为了对企业的业务运作活动进行有效的监督、控制、协调、计划、指挥，我们需要进行相应的管理活动实施，而实施这些管理活动的流程即是企业的管理流程。不同的企业具有不同的管理流程，同一家企业不同的战略举措也会导致不同的管理流程。换句话讲，管理流程具有较强的个性化色彩，它代表了企业经过长期积累、有效整合的管理技能、管理机制、管理手段和管理方式，是企业核心竞争能力的主要体现。

当然我们还应该看到,管理技术在一定程度上仍具有共通性。通过参考借鉴标杆单位的优秀管理流程做法,并结合自身的实际情况和管控要求,进行有针对性的设计服务,才是正确的解决方法。

与业务流程不同,管理流程主要是对某一具体业务运作环节实施管理和监督,它并不具有横向一体化的色彩。某一管理流程运作的好坏并不会对其他管理流程的运作造成直接的影响和障碍,这一点与业务流程是不相同的。

2. 核心管理流程规划说明

职能部门掌握着公司的相应资源,对下属业务单位进行监督管理,形成了不同的管理活动。资源本身代表着企业对生产经营活动的投入,从这个道理上讲,我们按照资源的分类,就可以对相应的管理流程进行不同的划分。

一般来讲,我们将企业内部的资源分为以下几类:

表 2-13　企业核心管理流程分类

资源类别	含义说明	典型管理流程
人力资源	能够推动公司业务发展的具有智力劳动和体力劳动的人员的集合	薪酬管理流程、绩效管理流程、培训管理流程、人力资源规划流程、招聘管理流程
财务资源	指公司所掌握的相关资金、资产、现金等综合财务资源	预算管理流程、投资管理流程、固定资产管理流程、内部审计流程、财务核算管理流程
信息资源	指公司内部存在的,通过综合开发利用能够对企业经营产生良好效益和影响的信息总和	网络建设管理流程、网站维护管理流程、信息化系统管理流程
市场资源	指公司所掌握的相关市场信息、品牌形象、营销渠道、客户信息等资源	品牌管理流程、市场信息管理流程、经销商管理流程、顾客管理流程
供应链资源	指公司所掌握的相关供应商信息、物料信息、市场供应状况等对公司采购仓储起促进和提升作用的相应资源	供应商管理流程、原料采购检验流程、招标采购管理流程
技术资源	指公司内部的相关技术成果、技术标准、技术方案等经转化可为企业技术发展提供保障的资源	专利管理流程、技改项目管理流程、技术保密管理流程
管理资源	指公司内部所掌握的相关管理技能、管理技术、管理经验的集合	战略规划流程、战略调整调整、制度建设流程

需要说明的是，对于上述资源的划分，并没有一个统一的标准。由于许多企业的管理活动寓服务于其中，因此随着公司管理重点的调整和变化，管理流程和辅助流程之间也是可以相互转换的。

四、辅助类流程规划

1. 核心辅助流程特点分析

辅助类流程主要是指公司的相关辅助工作业务和管理工作正常开展的工作之间的传递和转移的过程。管理类流程是针对某一具体业务环节进行管理和监督，具有较强的导向性和针对性。而辅助类流程则不具有上述的特点，它所服务的对象并不针对企业价值链的某一特定环节，同时辅助类流程之间也不具有必然的逻辑关系，它可以是单独、孤立存在的。

2. 核心辅助流程规划说明

进行核心辅助流程的划分，并没有特定的方法和技术。一般来讲，主要是从为企业提供的各种后勤保障服务的角度入手进行划分。常见的企业后勤保障服务包括办公用品服务、用车管理服务、食堂保障服务，等等。由于辅助流程并不直接创造价值，而只是消耗成本，同时对价值创造的提升作用也没有管理流程那么明显和直接，因此并不是我们关注的重点。

五、不同行业企业核心流程规划

为了让读者朋友能够充分理解企业核心流程规划的基本思路、全面认知企业核心流程，下面我们选取了几个典型行业核心流程规划案例供大家参考。

【案例2-9】 某房地产企业核心业务流程规划(图2-22)

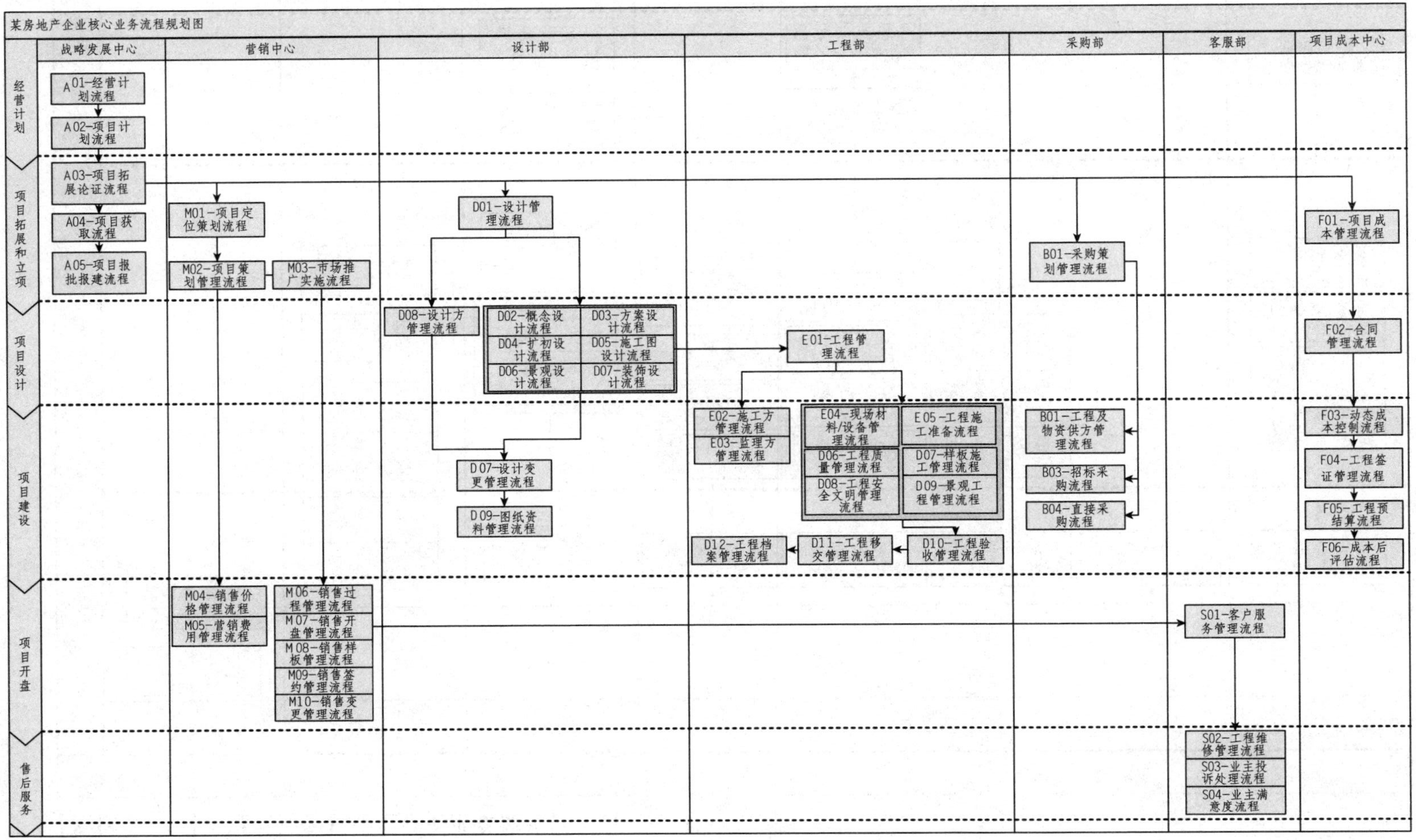

【案例2-10】 某物业管理企业核心业务流程规划（图2-23）

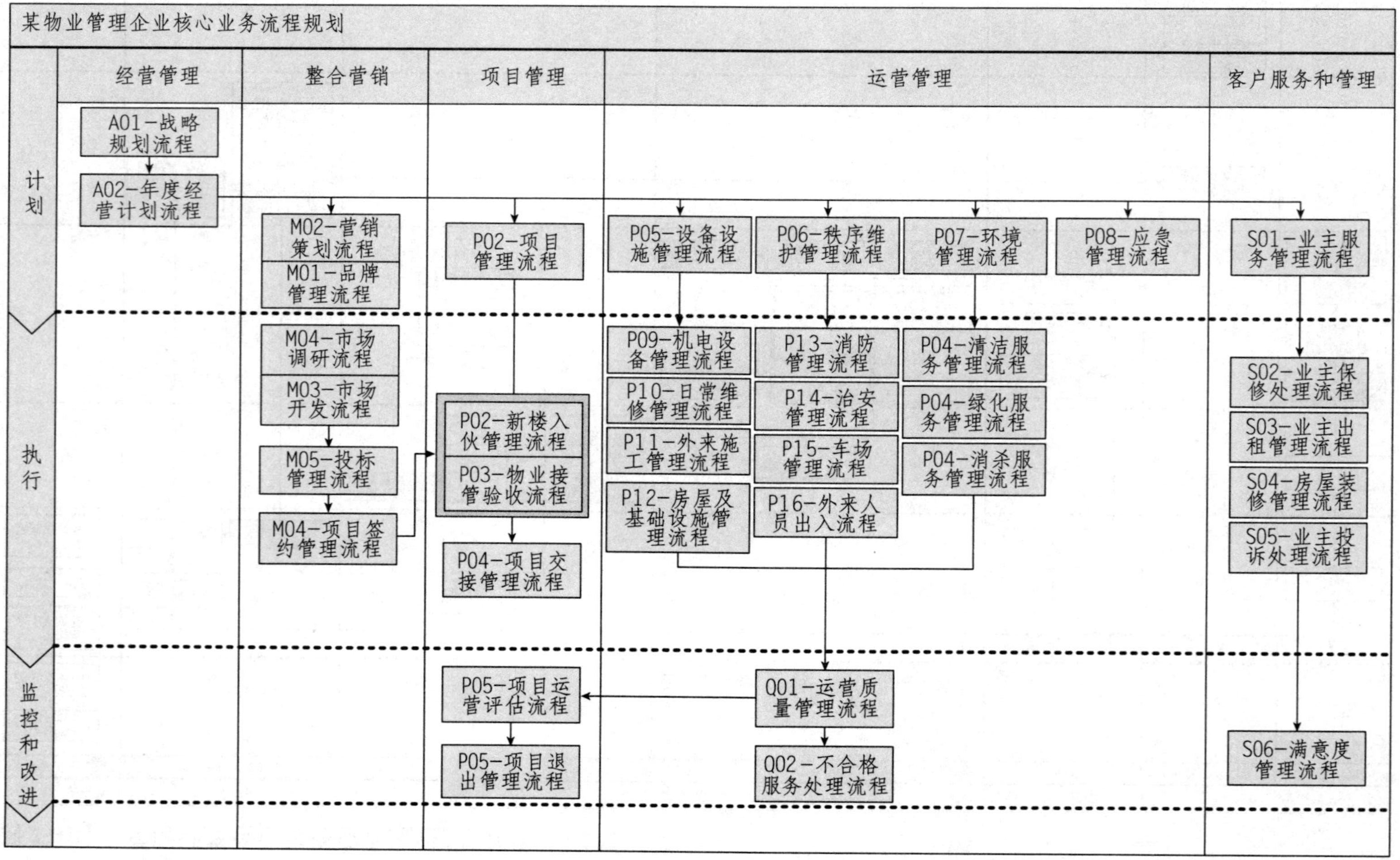

【案例2-11】 某食品加工企业核心业务流程规划（图2-24）

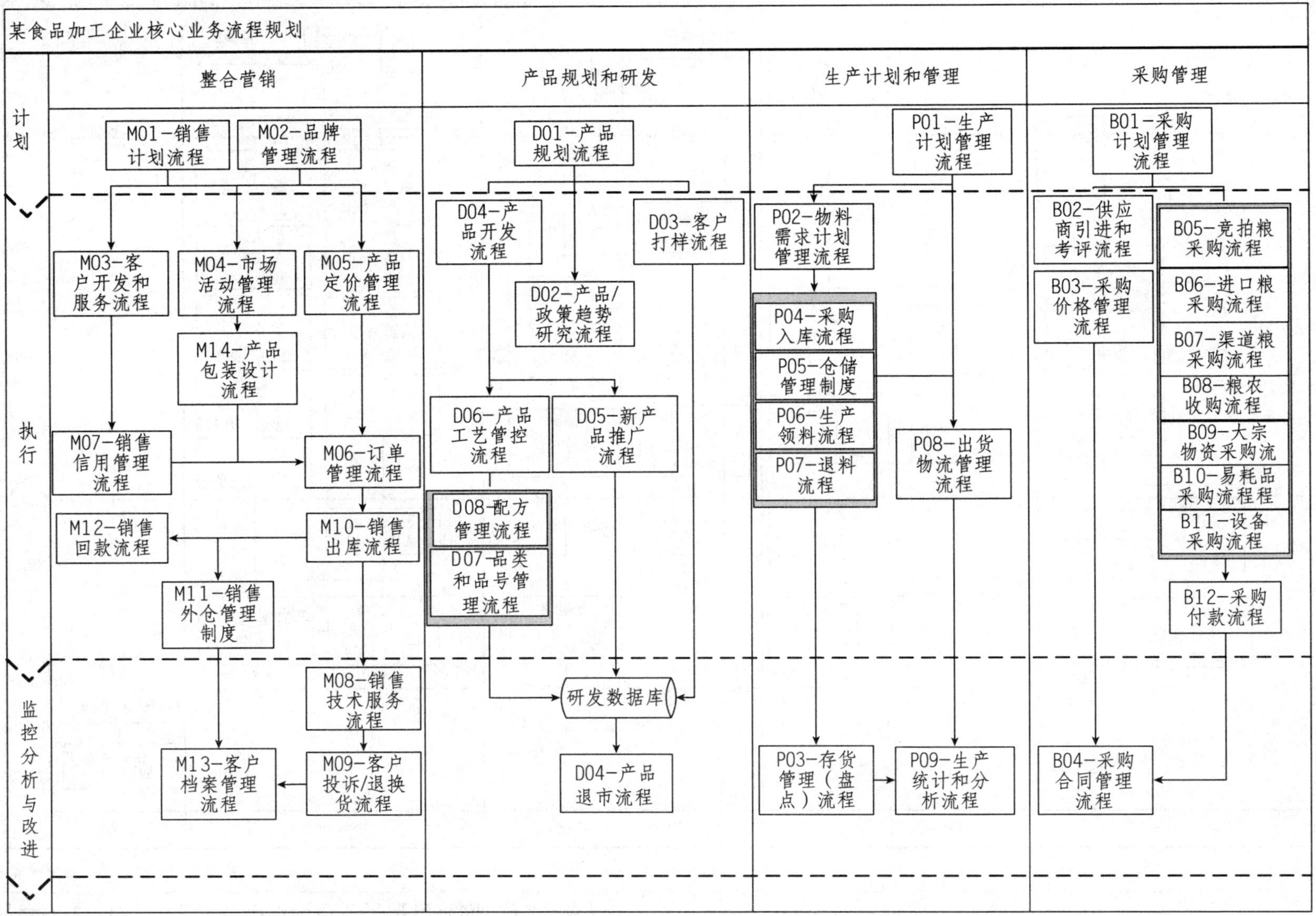

【案例2-12】 某纺织企业核心业务流程规划（图2-25）

某色纺集团核心业务流程规划

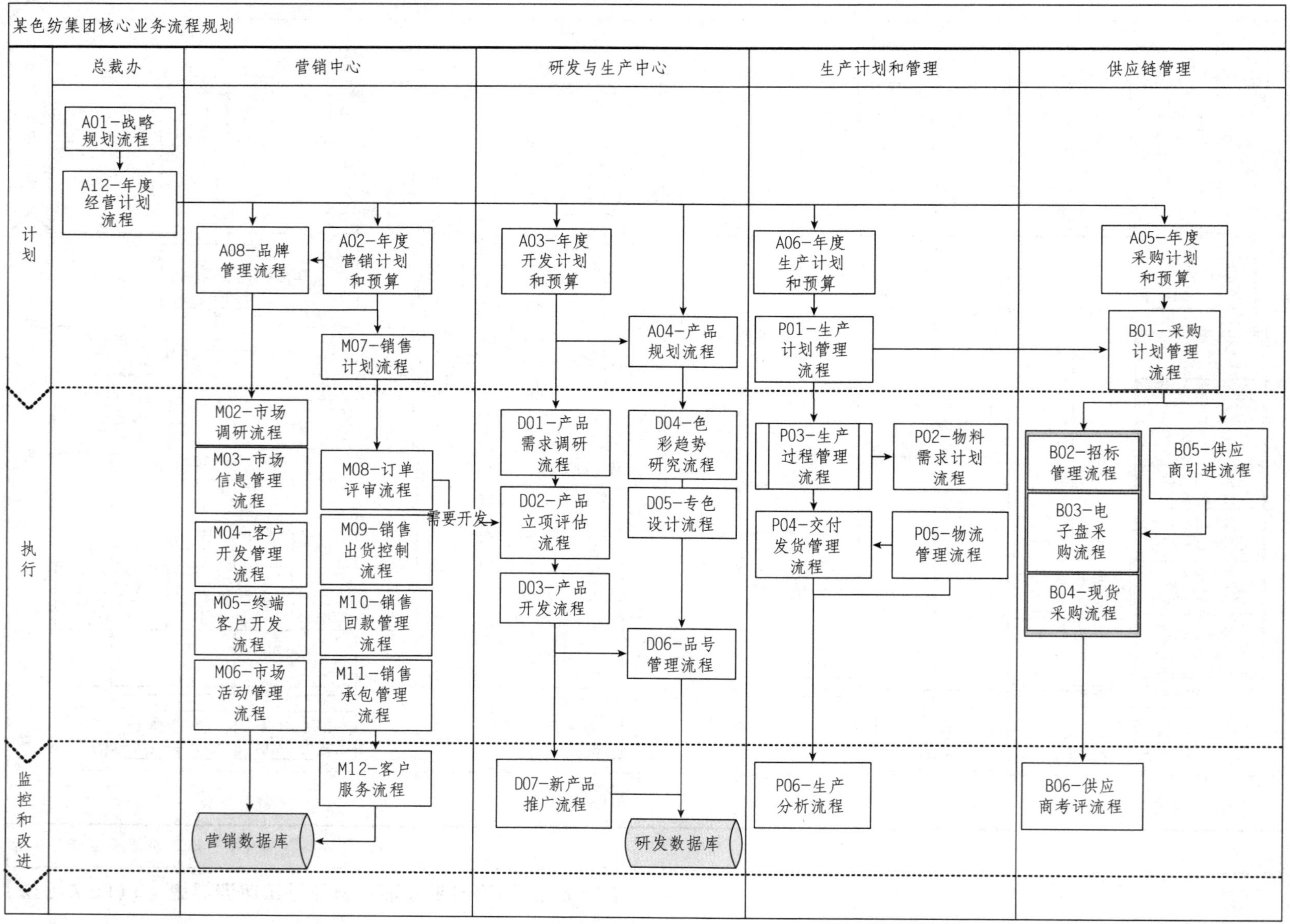

【案例 2－13】 某化肥生产企业流程规划

表 2－14 某化肥生产企业流程规划总表

流程名称	总经理	公司办	人力资源部	法务部	财务管理部	审计监察部	市场部	客户服务部	销售部	技术发展部	质量管理部	生产管理部	设备动力部	生产分厂	采购部	物流部
战略规划流程	★	◆	◆		◆		◆		◆	◆		◆			◆	
战略实施与调整流程	★	◆	◆		◆		◆		◆	◆		◆			◆	
投资决策流程	★				◆	◆										
工作计划管理流程		★	◆	◆	◆	◆	◆	◆	◆	◆	◆	◆	◆	◆	◆	◆
会议管理流程		★	◆	◆	◆	◆	◆	◆	◆	◆	◆	◆	◆	◆	◆	◆
流程/制度管理流程		◆	★	◆	◆	◆	◆	◆	◆	◆	◆	◆	◆	◆	◆	◆
企业文化建设流程			★				◆	◆								
信息系统管理流程		★	◆	◆	◆	◆	◆	◆	◆	◆	◆	◆	◆	◆	◆	◆
组织管理流程		◆	★	◆	◆	◆	◆	◆	◆	◆	◆	◆	◆	◆	◆	◆
内部审计流程		◆	◆	◆	◆	★	◆	◆	◆	◆	◆	◆	◆	◆	◆	◆
办公用品管理流程		◆	★	◆	◆	◆	◆	◆	◆	◆	◆	◆	◆	◆	◆	◆
办公类固定资产管理流程			★		◆											
行政出车管理流程		◆	◆	◆	◆	◆	◆	◆	◆	◆	◆	◆	◆	◆	◆	★
人力资源规划流程		◆	★	◆	◆	◆	◆	◆	◆	◆	◆	◆	◆	◆	◆	◆
招聘计划管理流程		◆	★	◆	◆	◆	◆	◆	◆	◆	◆	◆	◆	◆	◆	◆
内部招聘流程		◆	★	◆	◆	◆	◆	◆	◆	◆	◆	◆	◆	◆	◆	◆
外部招聘流程		◆	★	◆	◆	◆	◆	◆	◆	◆	◆	◆	◆	◆	◆	◆
工作分析流程		◆	★	◆	◆	◆	◆	◆	◆	◆	◆	◆	◆	◆	◆	◆
员工异动流程		◆	★	◆	◆	◆	◆	◆	◆	◆	◆	◆	◆	◆	◆	◆
劳动合同管理流程			★	◆												
培训计划制订流程		◆	★	◆	◆	◆	◆	◆	◆	◆	◆	◆	◆	◆	◆	◆
入职培训流程		◆	★	◆	◆	◆	◆	◆	◆	◆	◆	◆	◆	◆	◆	◆
在职培训流程		◆	★	◆	◆	◆	◆	◆	◆	◆	◆	◆	◆	◆	◆	◆

续表

流程名称	总经理	公司办	人力资源部	法务部	财务管理部	审计监察部	市场部	客户服务部	销售部	技术发展部	质量管理部	生产管理部	设备动力部	生产分厂	采购部	物流部
经营目标制定及分解流程		◆	★	◆	◆	◆	◆	◆	◆	◆	◆	◆	◆	◆	◆	◆
绩效指标词典建立流程		◆	★	◆	◆	◆	◆	◆	◆	◆	◆	◆	◆	◆	◆	◆
部门绩效考评流程		◆	★	◆	◆	◆	◆	◆	◆	◆	◆	◆	◆	◆	◆	◆
部长(厂长)绩效考评流程			★													
干部述职管理流程		◆	★	◆	◆	◆	◆	◆	◆	◆	◆	◆	◆	◆	◆	◆
年度薪酬预算流程			★		◆											
职能部门员工薪酬核算流程			★		◆											
生产分厂员工薪酬核算流程			◆		◆							◆		★		
薪酬层级异动管理流程		◆	★	◆	◆	◆	◆	◆	◆	◆	◆	◆	◆	◆	◆	◆
年度财务预算管理流程		◆	◆	◆	★	◆	◆	◆	◆	◆	◆	◆	◆	◆	◆	◆
预算执行与调整流程		◆	◆	◆	★	◆	◆	◆	◆	◆	◆	◆	◆	◆	◆	◆
年度税务筹划流程					★											
产品成本核算流程					★					◆	◆	◆	◆	◆		
财务费用核算流程					★											
营业收入核算流程					★		◆	◆	◆							
管理费用核算流程		◆	◆	◆	★	◆	◆	◆	◆	◆	◆	◆	◆	◆	◆	◆
固定资产管理流程					★								◆			◆
年度资金计划流程			◆		★				◆						◆	
费用报销管理流程		◆	◆	◆	★	◆	◆	◆	◆	◆	◆	◆	◆	◆	◆	◆
资金管理流程					★											
财务投资管理流程					★											
财务分析管理流程		◆	◆	◆	★	◆	◆	◆	◆	◆	◆	◆	◆	◆	◆	◆

续表

流程名称	总经理	公司办	人力资源部	法务部	财务管理部	审计监察部	市场部	客户服务部	销售部	技术发展部	质量管理部	生产管理部	设备动力部	生产分厂	采购部	物流部
生产计划管理流程									◆			★		◆	◆	
生产进度控制流程												★		◆		
生产例会管理流程										◆	◆	★	◆	◆	◆	
成品/半成品检验流程										◆	★			◆		
质量异常处理流程										◆	★	◆	◆	◆		
产品质量分析流程										◆	★	◆	◆	◆		
生产安全管理流程		★									◆	◆	◆	◆		◆
生产设备日常维护流程												★	◆	◆		
生产设备大修管理流程												◆	★	◆		
设备选型/更新/报废流程					◆					◆		◆	★	◆		
TPM 管理流程												★		◆		
生产成本控制流程					◆							◆		★		
新产品研发规划流程							◆			★	◆	◆	◆			
新产品立项/研发/评审流程					◆		◆			★	◆	◆	◆		◆	
新产品试制管理流程										★		◆		◆		
技术引进管理流程										★		◆	◆	◆		
产品工艺管理流程										★	◆	◆	◆	◆		
技术规范管理流程										★	◆	◆	◆	◆		
技术改造管理流程										★	◆	◆	◆	◆		
技改工程实施流程										★	◆	◆	◆	◆		
土建项目管理流程										★						
采购计划管理流程												◆			★	◆
生产物资采购/入库流程					◆						◆	◆			★	
零星物资采购/入库流程					◆								◆		★	

续表

流程名称	总经理	公司办	人力资源部	法务部	财务管理部	审计监察部	市场部	客户服务部	销售部	技术发展部	质量管理部	生产管理部	设备动力部	生产分厂	采购部	物流部
原辅料检验流程											★				◆	
采购价格管理流程					◆										★	
货款支付流程					◆										★	
原辅料领用流程					★							◆		◆		
库存盘点流程					★							◆			◆	
供应商评价流程					◆					◆	◆	◆		◆	★	
合格供应商管理流程					◆					◆	◆	◆		◆	★	
供应商档案管理流程															★	
品牌规划流程							★	◆	◆							
品牌宣传流程							★	◆	◆							
产品包装设计流程				◆			◆	★	◆							
市场调研流程							★	◆	◆							
营销渠道管理流程							◆	◆	★							
常规销售合同评审流程				◆					★							
特殊销售合同评审流程				◆					★	◆	◆	◆		◆		
销售产品定价流程					◆		★	◆	◆							
销售计划管理流程									★			◆		◆		
订单跟踪及处理流程									★			◆		◆		
销售产品发货管理流程									★					◆		◆
顾客信用管理流程				◆	◆				★							
顾客满意度管理流程								★	◆							
顾客投诉处理流程								★	◆							
应收账款管理流程					◆				★							
呆坏账管理流程				★	◆				◆							

备注:“★”表示流程归口部分(流程主人);“◆”表示流程相关部门。

【案例2－14】 某电子企业核心业务流程规划

第一部分:研发类核心业务流程清单

1. 产品规划流程
2. 研发项目管理流程
3. ID设计与验证流程
4. UI设计与验证流程
5. 硬件设计与验证流程
6. 结构设计与验证流程
7. 软件开发与验证流程

第二部分:供应链类核心业务流程清单

1. 供应商开发及评估流程
2. 合格供应商管理流程
3. 生产计划管理流程
4. 物料需求计划管理流程
5. 物料采购管理流程
6. 物料检验及入库流程
7. 生产过程控制流程
8. 成品入库及发货流程

第三部分:营销类核心业务流程清单

1. 新产品试销管理流程
2. 新品上市管理流程
3. 市场推广活动管理流程
4. 市场物料管理流程
5. 销售订单管理流程
6. 销售价格管理流程
7. 销售货款管理流程
8. 产品生命周期管理流程

第三章 望闻问切

—— 企业流程描述与问题分析

中医在看病的时候，主张“四诊法”，即望诊、闻诊、问诊和切诊，简称为望闻问切。

战国时期著名医家扁鹊就精于此道，他晋见蔡桓侯时，通过望诊判断出桓侯有病，但是病情尚浅，病位还只是在体表肌理的部位。他劝蔡桓侯接受治疗，如不治则病情将会加深。桓侯因自我感觉良好，拒绝治疗。不久，扁鹊再度晋见桓侯时，指出其病情已加重，病位已进展到血脉，再次劝说其接受治疗，以免病情更加发展。桓侯仍然拒绝治疗，而且心中不悦，认为扁鹊在炫耀自己，并以此牟利。当扁鹊第三次晋见他时，认为病情已恶化，病位进入内部肠胃，如不及时治疗，终将难治，桓侯仍不予理睬。最后一次，扁鹊通过望诊，判断桓侯病情危重，已进入骨髓深处，病入膏肓，无法救治。果然不出所料，齐桓侯不久即发病，终于不治而死。

我们把企业流程问题分析的基本方法也总结为“望”、“闻”、“问”、“切”四类：

1. “望”：通过流程绩效分析发现流程存在的问题；

2. “闻”：通过流程文档调查、流程管理成熟度分析等手段发现流程存在的问题；

3. “问”：通过访谈、问卷调查等方法发现流程存在的问题；

4. “切”：通过测时法、标杆法、现场模拟、实际参与等方式发现流程存在的问题。

第一节 流程语言与流程描述

准确、客观地对流程现状进行描述是我们进行流程优化与设计的基础。在进行流程现状描述时,应首先掌握如何运用各种流程绘制的符号进行现状描述。

对于企业内部运作的流程,根据设计的需要,我们可以用三种方式进行流程描述。它们分别是框图、工作流图和泳道图,不同的表达方式适用于不同的流程描述目的。

另外,进行流程现状了解和描述具有其必要性和合理性。通过了解流程现状描述,我们可以固化经验、使工作例行化和模板化、建立持续优化的基础,发现客户真实需求以及识别与其他管理系统之间的配合关系。

一、流程语言

猫有猫路,鼠有鼠道。流程描述也不例外。企业在做流程描述时,需要使用流程语言(流程符号),这些符号代表着特殊的含义,通过这些流程符号的先后排列顺序说明流程步骤之间的逻辑关系。

图 3-1 为我们展示了常见的流程符号。

运用图中相关符号进行流程描述时,我们应注意以下事项:

(1)注意相关流程步骤的先后顺序,避免逻辑关系错误。

(2)流程步骤描述不宜文字太多,如需详细说明,可以放在流程说明中另外阐述。

(3)运用决策点符号对流程流向进行判断时,在其前面都应有相应的流程步骤作为前期活动。在做出判断的情况下,一般右方连接“是”的情况,下方连接“否”的情况;另外,每个判断后至少会存在两种结果:“Y”或者“N”。在有些流程中,通过判断后会存在超过 2 个以上的结果,比如说,检验人员对来料检验后可能会存在合格或不合格两种结果,对不合格的物料会有三种处理方式,特采、退货和降级使用。

(4)每个流程都有完整的起点和终点。对于某些可循环运作的流程,需要分

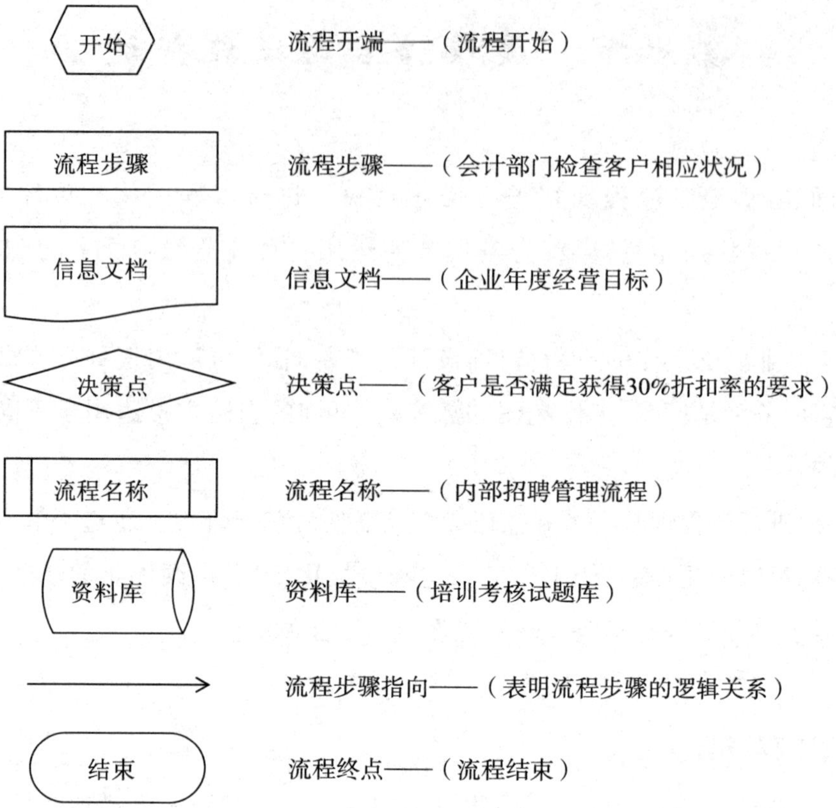

图3－1　常见流程符号

清相关的截止区间。

(5)每个流程都可能有多个起点,也有可能存在多个终点。

(6)对流程设计中所需运用的相关文档资料,应尽量明确和清晰。

【案例3－1】 为了能够让读者朋友对流程符号有一个比较清晰的认知,举例如下:

如图3－2所示,在该流程中,在3种情况下都可以启动流程,分别是:人力资源部每年3月份按照上年度员工绩效表现提出员工异动方案,员工个人提前一个月提出离职,部门负责人根据员工绩效表现提出员工异动申请。

同时,在本流程中一共有4个判断,分别是步骤5、步骤6、步骤7和步骤10。另外,还有5个表单和文件,分别是步骤1(绩效评估结果表)、步骤2(年度员工异动方案)、步骤3(员工调动或辞退申请表)、步骤4(离职审批单)和步骤9(工作交接单)。

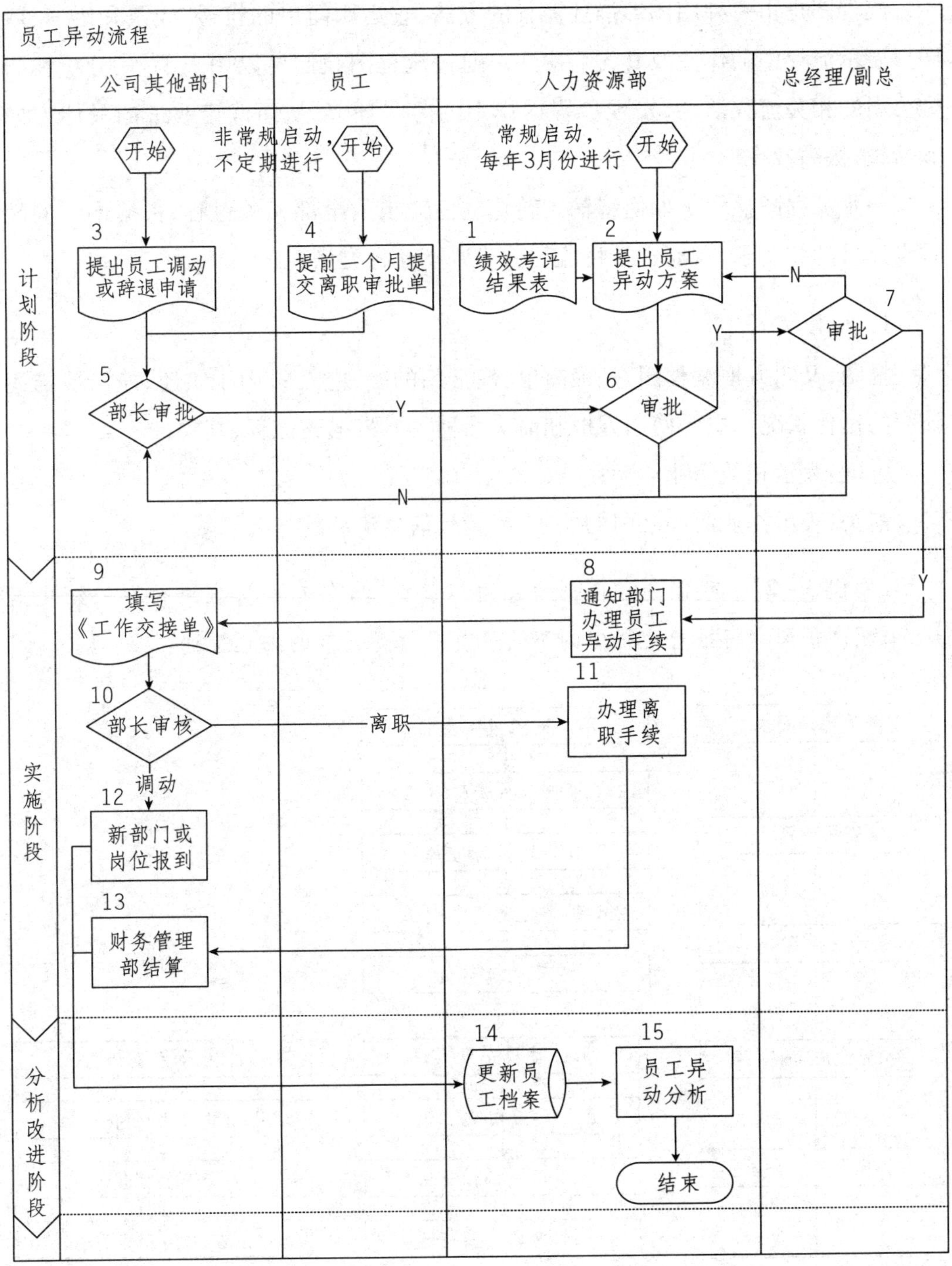

图3－2　某公司员工异动流程

二、常见流程图

流程图是指一种用图形描述流程的方法，它运用简单的符号、线条和语言，以图形展示流程中的作业及其先后次序。通过流程图我们可以用来了解、分析和研究公司的相关流程活动，发现流程运作中的薄弱环节，从而确定改进的具体方向和措施，提高效率。

一张流程图显示了如何将输入转化成为输出的全部相关过程，根据不同的流程设计目的和要求，我们常常将流程分为以下几种类型：

1. 框图

框图，又叫方框流程图，是最简单、最常用的一种方法，用于快速、简洁地描述流程的运作状况。主要使用方框和箭头两种符号来描述流程，其中：

方框：表示相关作业活动；

箭头：表示作业活动之间的关系，或者是信息流动的方向。

【案例3-2】 我们通过使用框图可以将大型、复杂的流程进行逐级细化描述，下面这张图就将招聘流程中的不同环节进行了逐级的细化描述：

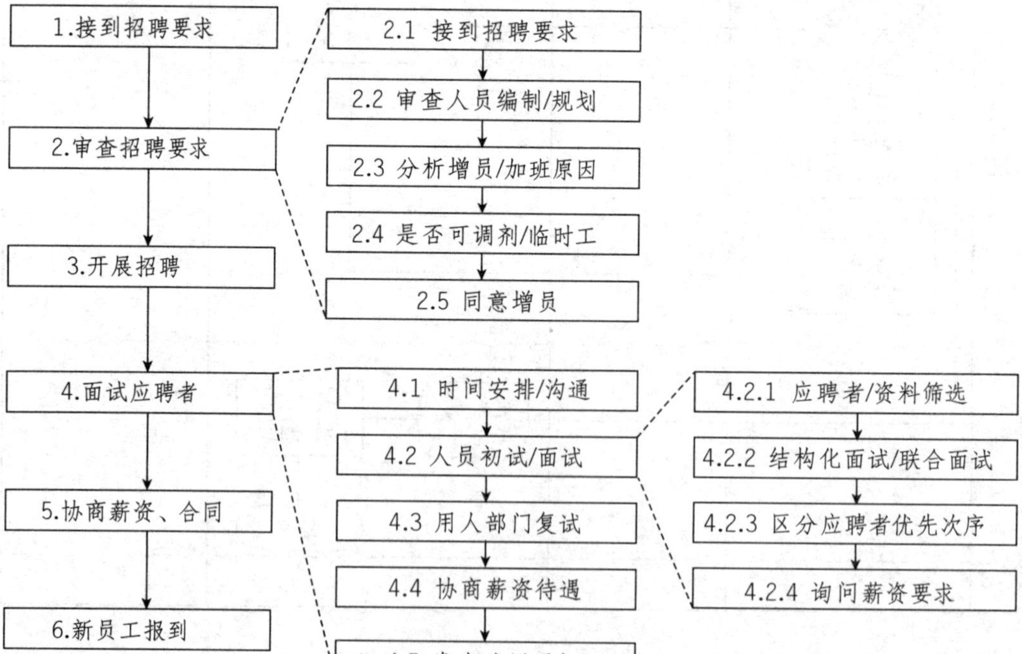

图3-3 员工招聘流程（框图）

图3－3是一个员工招聘流程，如果粗略地描述呢，这个流程可以分为六步，即：接到招聘要求、审查招聘要求、开展招聘、面试应聘者、协商薪资与合同、新员工报到。

另外，根据需要，还可以对每个步骤进行细化，如上图，我们可以将第二步（审查招聘要求）细化为：接到招聘要求、审查人员编制和规划、分析增员或加班原因、判断是否可调节或使用临时工、同意增员等步骤。

可以看得出来，利用框图表示流程，步骤会非常清晰，而且容易理解。

2. 工作流程图

工作流程图就是利用基本流程语言对某项工作的逻辑关系进行描述，用工作流程图描述流程所使用的流程语言可参考图3－1，同样，为了能够让读者能够有一个直观的理解，举例说明。

【案例3－3】 我们通过工作流程图可以将某个流程的基本步骤及过程进行清晰的描述，下图3－4就是按照工作流程图描述的某公司采购流程。

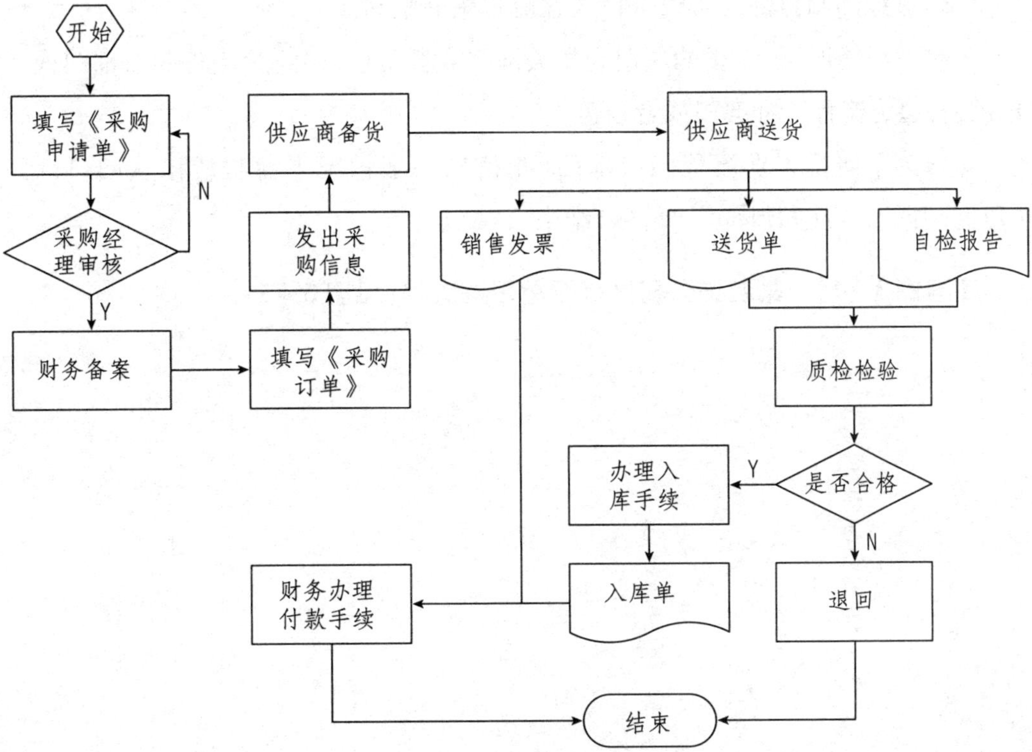

图3－4 某公司采购流程图

3. 职能流程图

职能流程图,又称为泳道图,由于绘制时需要对每个部门在流程中所承担的角色和职能用相互隔离的区域进行设计和说明,就像游泳池里的独立泳道一样,因此而得名。运用泳道图可以更为有效地对跨部门职能运作进行分析,是目前比较理想的流程图绘制方式。

我们对流程图绘制的要求是简洁、清晰,不应过于复杂和烦琐。在用泳道图进行流程绘制时,除了需要将流程步骤在图表中设计出来以外,为了将相关的步骤更为详尽地进行说明,还需要对每个流程步骤进行编号,并在流程图附页进行说明。在后面的案例分析中大家可以详细看到上述这些要求是如何进行操作的。

在用职能流程图进行流程描述时,应该注意:

(1)每两条泳道隔开的部分为一个独立职能(或者角色),对于一级流程而言是部门,而对于二级部门而言则是岗位或者角色。

(2)流程步骤不宜太多,每个流程控制在15个步骤为宜,特殊情况可以控制在20~25步。

(3)流程的归口部门可以考虑放在流程图的中间。

(4)一般情况下,流程的左边为相关部门或者角色,中间为流程归口部门或者角色,右边为流程审批部门或者角色。

(5)为了便于识别流程归口部门(角色),一般情况下流程应该从归口部门(角色)开始,也在归口部门(角色)结束。

【案例3-4】 某装饰公司区域派单跟进流程(见图3-5)

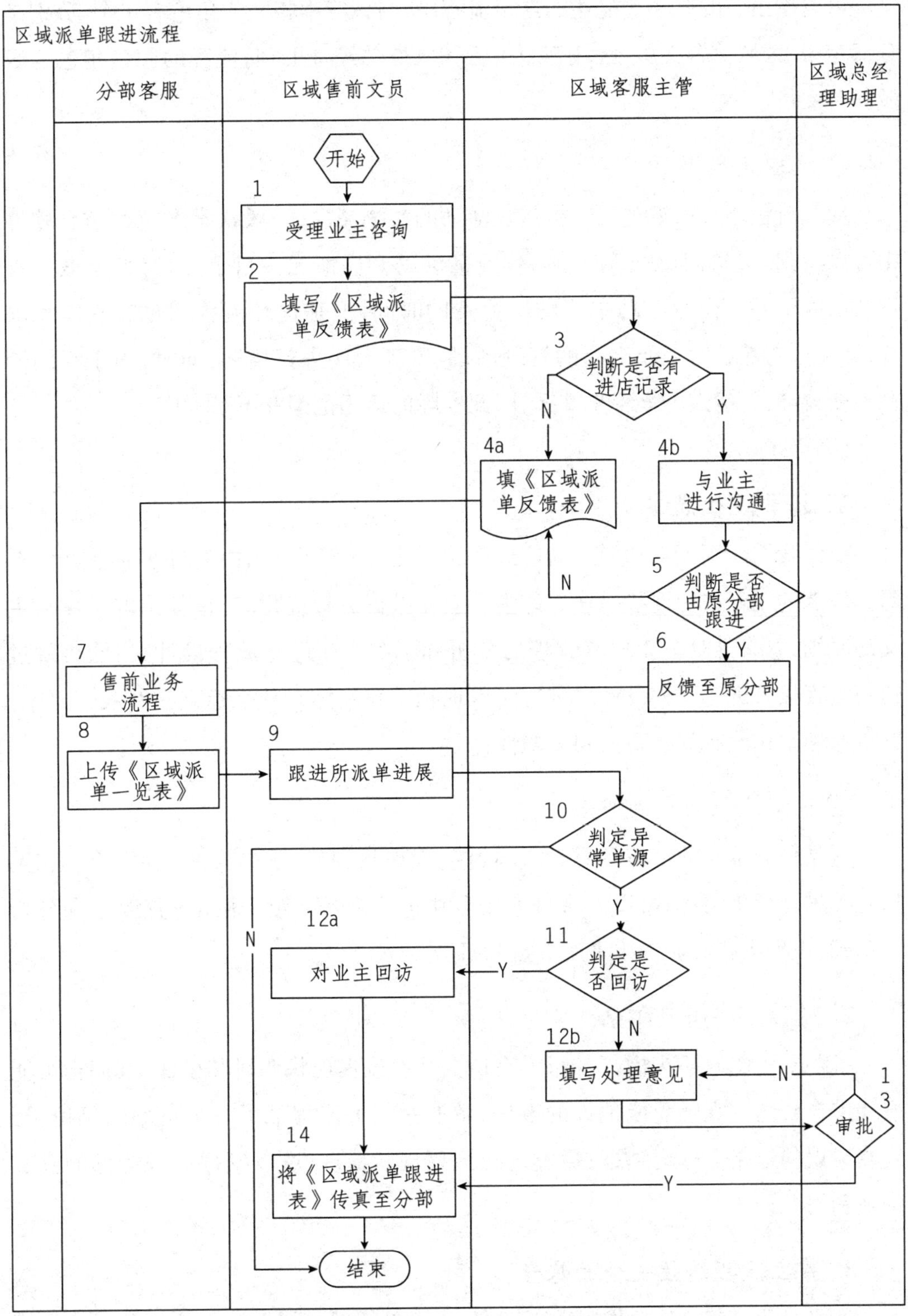

图 3-5　某装饰公司区域派单跟进流程

可以看出，在图3－5描述的这个流程中，与该流程相关的角色有4个，分别是分部客服、区域前台文员、区域客服主管和区域总经理助理，流程的归口角色为区域前台文员。

4. 地理流程图

地理流程图常用来进行分析作业活动的实物流向，一般常常在流程仿真软件中可以看到。它的表现比较直观，作业活动的开展情况一目了然，有助于减少工作产出或资源在作业活动中流动所浪费的时间，但是这种流程图也有它的局限性，即无法有效针对企业内部的管理活动、管理程序进行描述，同时，由于它的绘制难度较高，一般人不太容易掌握，因此实际的运用范围并不是太广泛。

三、流程现状描述

前面我们介绍了4种用来描述流程的方法，但实际上国内的许多企业并没有对其内部的流程进行现状描述。许多企业在进行流程优化时，往往采取了拿来主义的原则，忽略了对企业现有流程的分析和了解。在进行流程设计时，能否跳过这一步直接就进行流程设计？进行流程现状了解具体有什么意义？在我们看来，开展这项工作确有其必要性和重要性：

1. 识别流程的改进节点

这是最为重要的价值和意义。通过流程现状调研、掌握真实资料、收集相关信息并进行分析，我们可以发现现有流程中的不合理之处，建立流程改进和分析的基础，识别出相关流程改进的节点和机会。

2. 关注事实而非印象

“眼见为实，耳听为虚。”如果没有认真开展流程现状调研和摸底，我们很可能会凭借自身的主观感受或他人的看法，贸然对相关流程下了一个草率的结论，最终在错误的道路上越走越远；通过进行流程现状梳理，可以发现流程运作的真实绩效和情况。

3. 建立流程绩效改进的基点

许多企业对其流程运作感觉不满意，认为效率低，质量差，但流程到底差在哪些方面？哪些需要改进？哪些需要提升？在这些问题进一步的细化后，大家才发现无从回答,原因就在于我们没有对流程现状进行衡量,也就无从进行管理。

通过流程现状分析与研究,我们可以明确流程的绩效要求和标准,真实表达流程客户的期望,有助于流程的设计与优化工作。

4. 显示利益相关者

在企业的日常经营运作中,有的流程可能有一个客户,有的流程可能有多个客户,有的可能客户并不明确。作为企业来讲,需要将不同的流程利益相关者进行有效识别,并对其需求进行科学分析,这样才能将企业有限的资源合理地配置到流程中去,从而在不同利益相关者之间取得均衡,并达到客户的期望。

比如,对于一家资金紧张的企业来讲,在进行资金管理的流程运作过程中可能会碰见公司内部的各个部门相互争夺资金的状况。如果资金状况会直接影响到每个部门的实际经营业绩,这种趋势将会更加明显。在这种情况下,公司内部的每个部门都是资金管理流程的用户,他们的需求也是不同的,对于公司的财务管理部门而言,要判断其有限资金应首先满足公司内部的哪个部门,就需要对每个部门的需求进行分析,并结合公司的整体利益和经营策略去进行衡量和判断。

5. 识别与其他系统的关系

流程管理仅仅是企业内部管理一个分支,企业管理就是由人力资源管理、战略管理、财务管理、ISO9000 标准管理等众多的管理活动而构成的。通过流程现状调研与分析,我们可以发现流程管理与其他管理系统之间存在的接口、矛盾、冲突和不足,从而进行调整、优化和改善,使企业的整体管理系统内部能够协调、有效地进行运作,提高企业整体的运行效率和质量,避免出现顾此失彼的现象发生。

四、基于 ARIS 的流程描述

ARIS(Architecture of Integrated Information System,集成信息系统体系结构)是基于企业业务流程全面分析的信息集成系统,它不仅是一套软件,也是一套方法和解决方案。在 ARIS 平台上,软件方案和企业业务是紧密结合的,ARIS 流程管理平台提供了一套完整的流程管理工具,适合企业业务流程的各个方面和各个阶段,是企业在寻求持续改进方面不可或缺的产品。

ARIS 产品系列分为流程战略、流程设计、流程实施和流程控制四大平台,分别适用于企业流程管理在不同阶段的需求。

同时,ARIS 为分析企业流程环境提供了一套规则和方法,在这套规则和方法上所建立的模型具有多维度、多视图、多层次和多格式的特点。它全面反映了企业的组织架构、信息系统和生产实践之间的关系,为不同层次、不同部门的人员提供了一个业务交流的平台。

下面,我们简单介绍一下 ARIS 系统的基本原理及操作方法:

1. ARIS 房式结构视图

ARIS 将企业流程体系分为 5 个基本视图,分别是:

(1)组织视图:用于在系统中进行组织岗位设计与分析,在系统当中的体现形式为组织结构图;

(2)功能视图:用于业务功能设计与分析,在系统中可以按照功能树、应用系统类型图进行展示;

(3)数据视图:用于企业流程的输入、输出确认与分析,在系统中可以按照图标、eERM 等进行展示;

(4)过程视图:用于进行企业核心过程的设计,在系统中可以按照增值链图(VACD)、事件驱动流程链(EPC)、功能分配图(FAD)等多种方式体现。

(5)产品与服务视图:用于进行企业价值链分析,主要通过产品树进行展示。

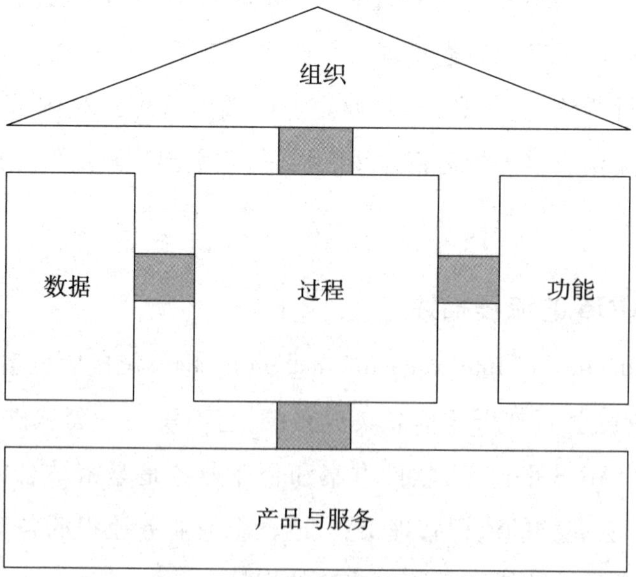

图 3-6　ARIS 房式结构视图

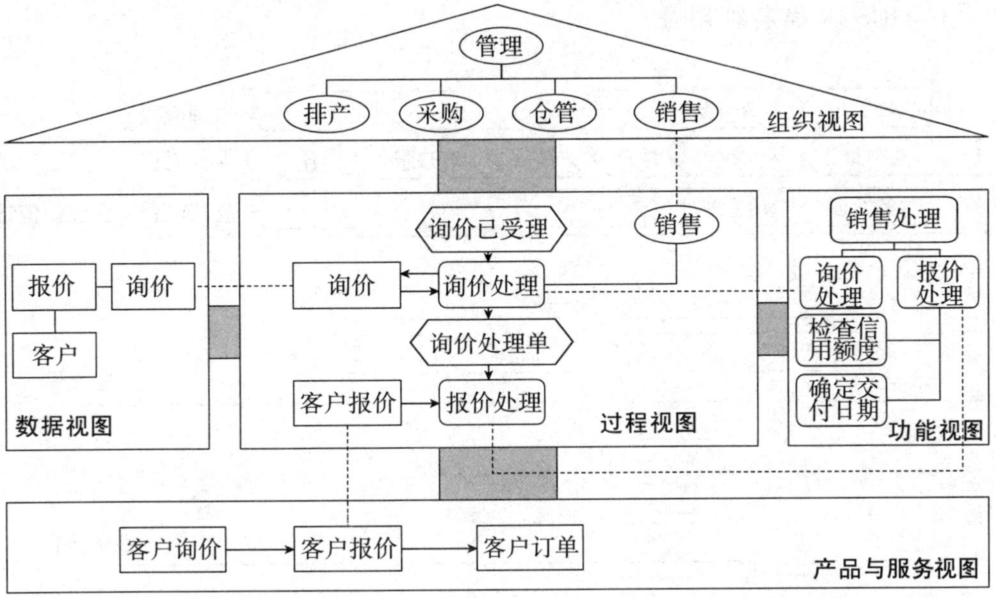

图 3－7　利用 ARIS 房式结构视图进行集成建模（举例）

2. ARIS 流程描述语言

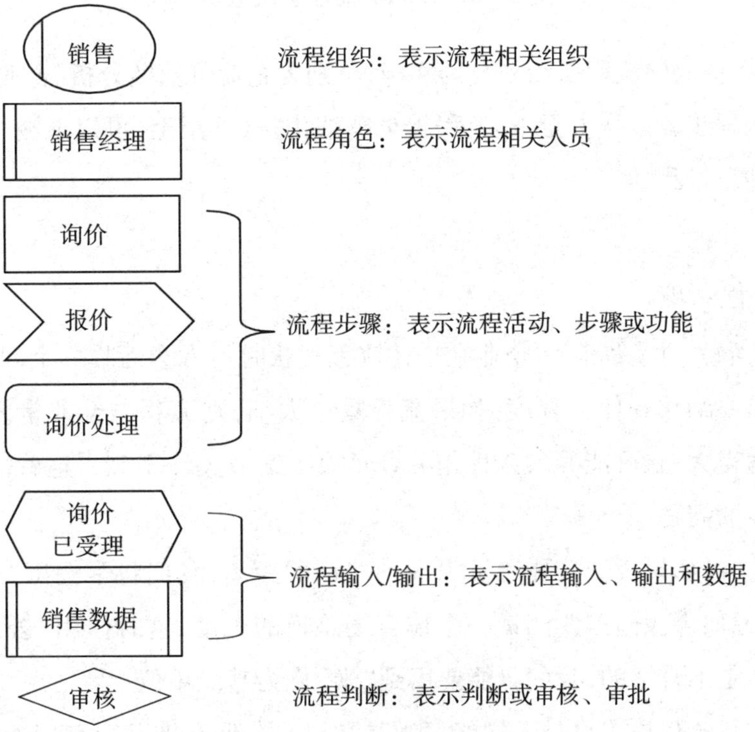

图 3－8　ARIS 流程描述语言

3. ARIS流程层级划分

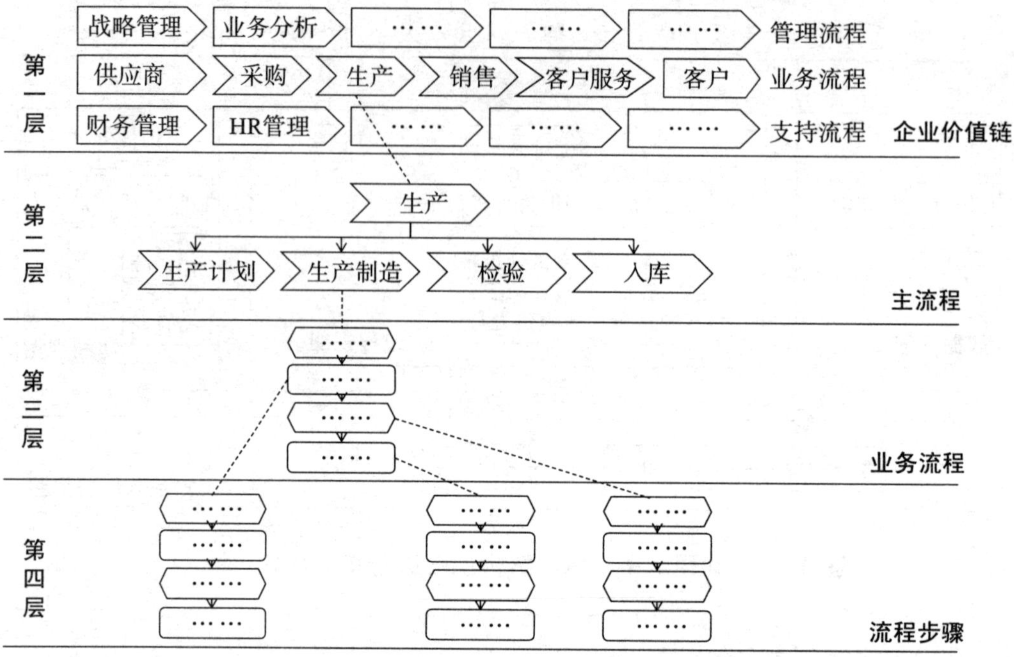

图3－9 ARIS流程层次划分

ARIS将企业的流程层级划分为4级，分别为企业价值链分析、企业主流程、业务流程及流程步骤。从上至下，流程越来越细化；从下至上，可以追溯企业核心价值链增值的全过程。

五、流程刻度

“尺有所短，寸有所长。”企业在描述流程现状时经常会面临一个问题，那就是流程究竟需要细化到什么程度：如果流程写得太细，则流程图会非常复杂；相反，如果流程写得太粗，可能导致流程相关者对很多细节关注不到。这就需要企业思考流程刻度的问题。

打个比方，如果我们需要测量深圳到北京的距离，我们将常会用“公里”作为基准单位，但如果我们需要测量一个体育场跑道的长度，这时候用“公里”作为基准单位显然是不合适的，我们可能要用到“米”作为基准单位。

企业进行流程描述也是一样的，我们的经验是：但凡涉及跨部门的工作流程，只需要界定清楚相关部门在本流程的分工即可，刻度可以放大；但如果是三级流程,则需要越详细越好,刻度必须缩小。

根据我们的经验,一般情况下一级流程的核心步骤以 10~15 步为宜,二级流程以 10~15 步骤,三级流程以 10 个步骤为宜。

第二节 为流程管理把脉

中医讲究“望闻问切”,流程问题分析也不例外,企业可以利用不同的手段和方法对流程存在的问题进行全面诊断,进而提出流程优化的方向和重点。

常见的流程问题分析的方法很多,根据我们的实践经验,我们把企业流程问题分析也总结为“望”、“闻”、“问”、“切”四类:

(1)“望”:通过流程绩效分析发现流程存在的问题;

(2)“闻”:通过流程文档调查、研讨会、业务流程管理成熟度分析等手段发现流程存在的问题;

(3)“问”:通过访谈、问卷调查等方法发现流程存在的问题;

(4)“切”:通过测时法、标杆法、现场模拟、实际参与等方式发现流程存在的问题。

一、流程问题分析方法大全

流程问题分析的方法有很多,比如流程作业现场调查、文档调查、问卷调查、研讨会、流程绩效分析、测时、现场模拟、实际参与、流程节点时间分析、标杆对比分析等,下面我们将一一为读者进行阐述。

1.“望”:流程绩效分析

中医云:视其外应,以知其内脏,则知所病矣。对于流程问题的分析,流程绩效分析就是一种非常理想的“望诊”方法。

流程绩效分析首先需要识别与流程相关的绩效指标,然后通过绩效数据的分析，发现流程存在的问题。

【案例 3－5】 深圳某电子企业集成供应链系统的核心业务流程包括计划、采购、制造、物流、质量、工艺等共 6 部分，具体见图 3－10、图 3－11。

其中：

计划流程包括：主计划管理流程、采购计划管理流程、生产计划管理流程、交货计划管理流程。

采购流程包括：采购认证流程、供应商管理流程、采购执行流程。

制造流程包括：贴片生产流程、组装生产流程、包装生产流程。

物流流程包括：采购物流管理流程、制造物流管理流程、销售物流管理流程和逆向物流管理流程。

质量流程包括：质量改进计划管理流程、原材料质量控制流程、制造过程质量控制流程、成品质量控制流程、逆向质量控制流程。

工艺流程包括：采购工艺工程管理流程、制造工艺工程管理流程、设备工艺工程管理流程、质量工艺工程管理流程。

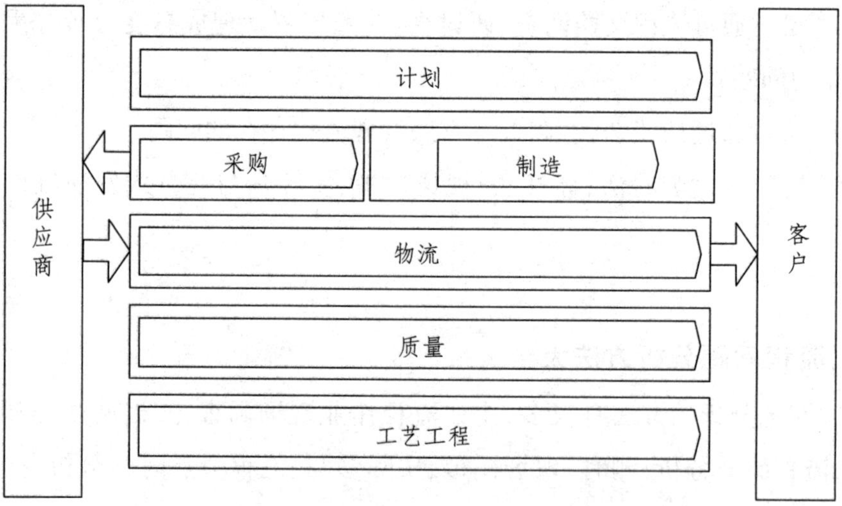

图 3－10　深圳某电子企业集成供应链流程（第 1 层）

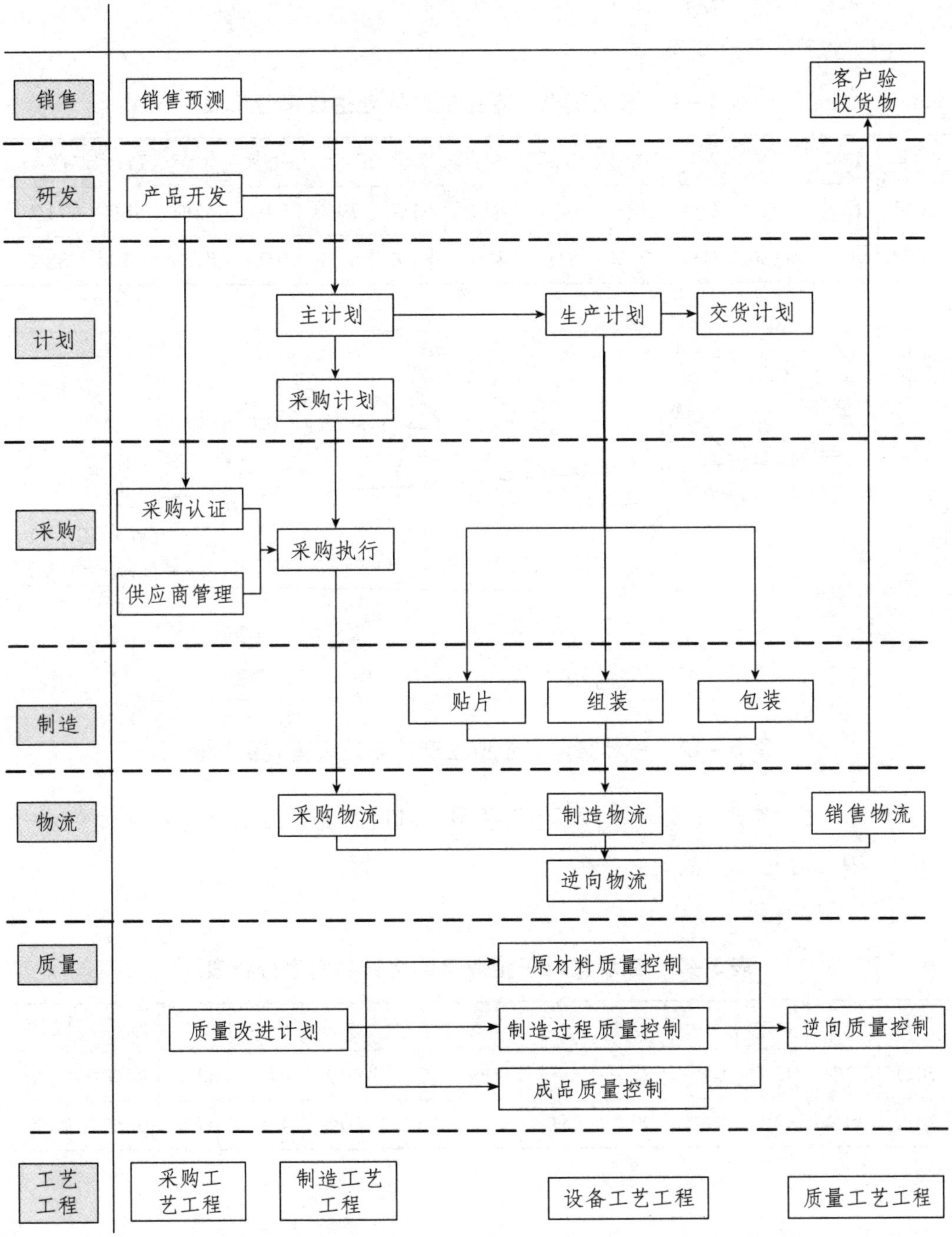

图 3－11　深圳某电子企业集成供应链管理流程体系（第二层）

为了能够更加深入地了解该公司集成供应链流程存在的问题，我们选取了该公司集成供应链相关的4个KPI进行了分析：

(1)生产计划达成率。

表3-1 深圳某电子企业生产计划达成率分析表

财年	1月	2月	3月	4月	5月	6月	7月	8月	9月	10月	11月	12月
2011	92%	80%	75%	79%	62%	83%	91%	79%	94%	55%	88%	71%
2012	90%	81%	81%	90%	81%	80%	81%	89%	91%	87%	93%	88%

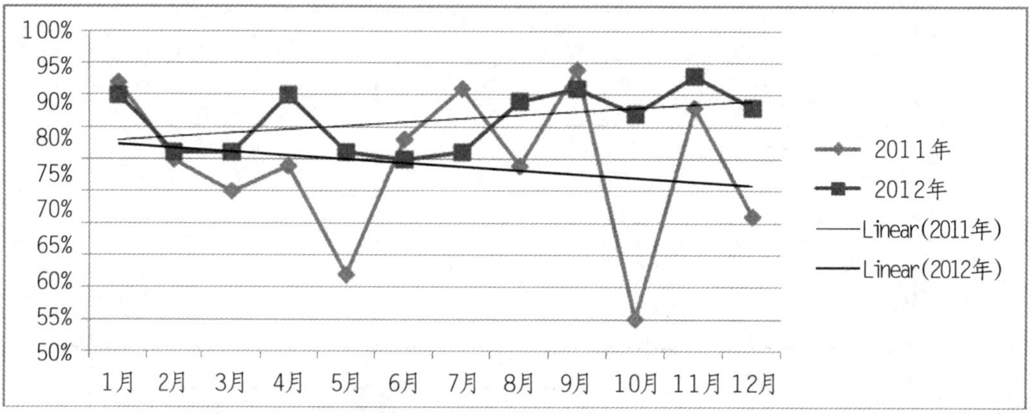

图3-12 深圳某电子企业生产计划达成率趋势分析

数据分析：生产计划达成率2012年较2011年有明显提升，但与行业水平(95%~98%)还存在很大的差距。

(2)采购物料齐套率。

表3-2 深圳某电子企业采购物料齐套率分析表

财年	1月	2月	3月	4月	5月	6月	7月	8月	9月	10月	11月	12月
2011	82%	92%	94%	87%	86%	90%	92%	90%	94%	88%	90%	81%
2012	90%	83%	91%	90%	91%	92%	91%	89%	91%	97%	93%	96%

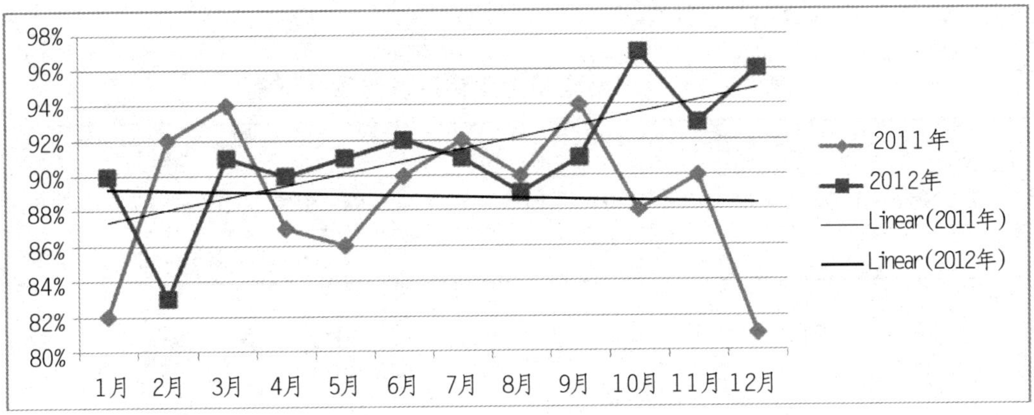

图3－13　深圳某电子企业采购物料齐套率趋势分析

数据分析：物料齐套率2011年全年平均为88.9%，2012年全年平均为91.1%，2012年较2011年有一定的提升。从数据增长趋势来看，2012年进步明显。

(3)来料品质合格率。

表3－3　深圳某电子企业来料品质合格率分析表

财年	1月	2月	3月	4月	5月	6月	7月	8月	9月	10月	11月	12月
2011	89%	98%	97%	91%	95%	89%	93%	93%	92%	90%	88%	90%
2012	92%	86%	88%	96%	96%	95%	97%	96%	95%	90%	88%	87%

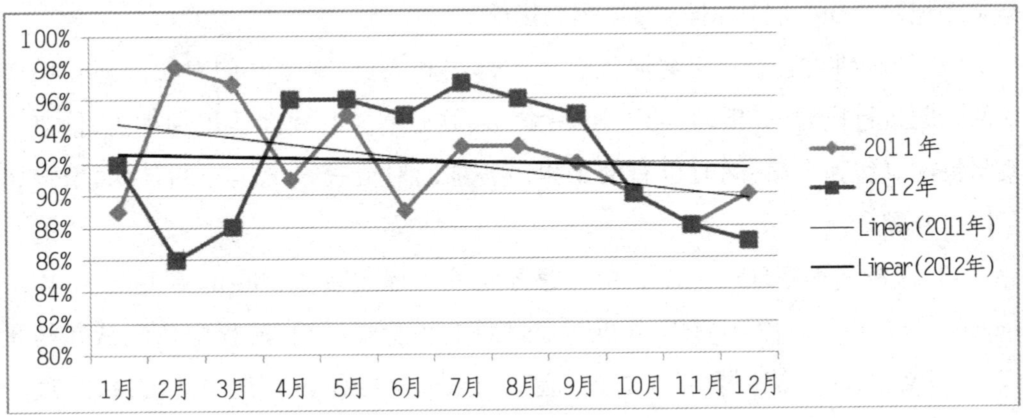

图3－14　深圳某电子企业来料品质合格率分析

数据分析：2011年来料品质合格率下滑非常严重，2012年下滑趋势较2011年稍好；来料品质合格率指标波动很大，这说明公司对来料品质的可控性很差。

(4)售后返修率。

表3-4　深圳某电子企业售后返修率分析表

财年	1月	2月	3月	4月	5月	6月	7月	8月	9月	10月	11月	12月
2011	12%	14%	18%	13%	20%	19%	12%	10%	18%	16%	17%	21%
2012	12%	10%	12%	11%	4%	7%	8%	9%	6%	4%	2%	3%

数据分析:2011年售后返修率平均为15.8%,2012年售后返修率平均为7.3%,售后返修率大大降低,进步明显。

通过以上分析,我们不难得出,该公司在计划管理、采购管理及采购物料质量方面均存在很多的问题,可以将计划、采购相关流程作为重点优化的对象。

2.“闻”:文档调查、研讨会、业务流程管理成熟度分析

“闻诊”在中医里面是指通过听声音和嗅气味两个方面,以分辨病情的虚实寒热。我们在对流程问题进行诊断的时候也可以通过文档调查、研讨会、流程成熟度分析等方法,对流程进行“闻诊”。

(1)文档调查法。在对流程开展调研的同时,我们应该收集与流程运作有关的制度、表单、文件、方案等文档,这些材料是支撑流程运行的基础。通过分析上述材料所记录的数据、规定、事件,我们可以推断流程实际运作的有效性。同时,文档本身制订得是否合理、是否充分满足了流程环节监控与管理的需求、所需数据是否记录全面等问题,也会对流程有影响。

(2)流程研讨会。召集与流程有关的部门和人员,大家共同对实际运作中存在的问题进行描述、分析,有助于避免因个人偏见造成的片面认识和理解,信息收集将更加真实和全面,同时也有助于提高各部门对流程系统运作的认识,增强相互协作和配合。

(3)业务流程管理成熟度分析。业务流程管理成熟度(Business Process Management Maturity,简称BPMM)分析是通过对流程管理活动、流程中角色认知与履行、流程文化、IT对流程管理的支持、流程团队成员的流程管理技能、各级管理者对流程管理的看法及参与程度等多个维度进行评价,从而评估企业流程管理能力。

美国生产力与质量协会(APQC)把企业流程管理成熟度分为5级,分别是经验级、职能级、规范级、绩效级和标杆级。

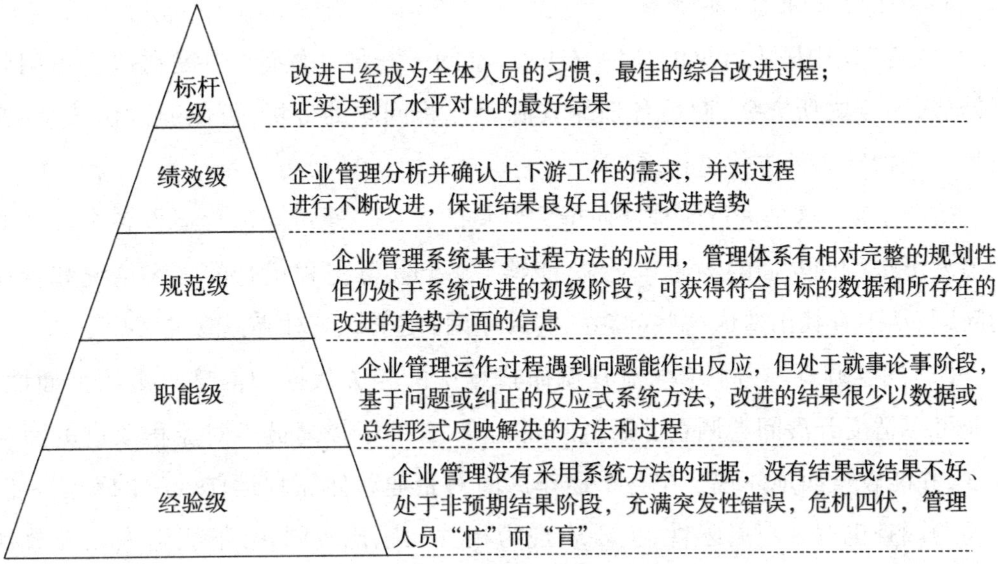

图 3－15　企业流程管理成熟度

知名的咨询机构埃森哲把流程管理成熟度也分为 5 级，分别为非正式的、基础的、形成中的、被管理的、优秀的，处于不同级别的流程具有其明显的特征。

表 3－5　埃森哲流程管理成熟度

流程成熟度阶段	流程管理特征
非正式的	1. 流程及其拥有者未定义； 2. 随机的评估，不与结果相联系
基础的	1. 流程已被定义； 2. 流程拥有者作为项目主管主导流程相关工作； 3. 功能拥有者仍是主要领导； 4. 面向任务与功能的评估
形成中的	1. 流程开始具有影响； 2. 流程拥有者有更大权限； 3. 公司以混合模式运作； 4. 功能与流程都存在评估
被管理的	1. 流程是主要动机； 2. 组织以流程为中心，但职能管理依然存在； 3. 流程拥有者为资深领导； 4. 利用评估架构
优秀的	1. 流程思想普及于整个组织； 2. 流程拥有者作为客户代言人； 3. 有良好的评估与回报

3.“问”:访谈、问卷调查

“问诊”是中医中常见的一种方法。《素问·三部九候论》中提到:“必审问其所始病,与今之所方病,而后各切循其脉。”流程问题的分析,可以通过访谈、问题收集与反馈等多种方式进行。

(1)访谈。这是进行流程调研最为常见的方法。通过与流程运作各个环节的相关人员进行面对面的沟通和交流,能够了解到实际流程运行的真实情况和存在的问题,从中查找出造成这些问题的实际原因,便于将来对流程改进对症下药。

(2)问卷调查。为了增强流程调研过程中的相关数据和信息收集的全面性,企业可以适度开展问卷调查。通过问卷调查,有助于提高员工对流程改进的参与程度,并能较全面地体现公司各个运作部门对企业整体流程运作效率的看法。但是问卷调查也有一定局限性,主要表现为相关问题比较固化,不能给人以开放性的思考,因此需要结合其他方法一同使用。

【案例3-6】 浙江某缝纫机制造企业流程管理调查问卷。

(1)您是否认同贵公司“现有的管理流程和业务流程以及制度体系能有效支持组织高效运作”这种说法?

A. 完全不认同这种说法　　B. 不太认同这种说法

C. 中立　　D. 基本认同这种说法

E. 完全认同这种说法

(2)您认为贵公司目前业务流程是否清晰明了?

A. 非常清晰　　B. 比较清晰　　C. 一般

D. 不太清晰　　E. 很不清晰

(3)您对本职位所涉及的工作流程是否清晰明了?

A. 非常清晰　　B. 比较清晰　　C. 一般

D. 不太清晰　　E. 很不清晰

(4)您认为贵公司的核心业务流程存在的问题是(限选三项)

A. 公司没有规范核心业务流程

B. 流程环节过多,管控不力

C. 核心业务流程受到职能的不合理制约

D. 规范的流程未得到执行

E. 流程效率低下,周期比较长

F. 运行流程缺乏有效的改善

(5)您认为贵公司产品研发环节的主要问题是(限选两项)

A. 没有中长期产品研发规划　　B. 产品研发人员短缺

C. 新产品储备不足　　D. 新产品研发流程不规范

E. 产品技术含量不高　　F. 研发对生产、销售的支持不够

(6)您认为贵公司在生产管理环节的主要问题是(限选三项)

A. 缺少流程或程序规范　　B. 工艺流程有待优化

C. 生产成本控制不到位

D. 生产计划协调不力　　E. 订单经常不能准时完成

F. 生产设备陈旧　　G. 生产设备维护不够

H. 生产管理人员不足

(7)您认为贵公司采购环节中的主要问题是(限选三项)

A. 采购及时性差　　B. 采购管理缺乏计划性

C. 采购管理部门对市场信息不了解　　D. 采购成本高

E. 缺少流程规范　　F. 流程有待优化

(8)您认为贵公司销售管理环节的主要问题是(限选三项)

A. 缺乏完整的全程营销策划　　B. 销售政策调整灵活性低

C. 市场推广力度不足　　D. 销售人员积极性未得到充分调动

E. 销售理念落后于竞争对手　　F. 企业形象和品牌问题

G. 缺少流程规范　　H. 流程有待优化

4. “切”:测时法、标杆法、现场模拟、实际参与

“切诊”是指医者用手指按病人腕后桡动脉搏动处,借以体察脉象变化,辨别脏腑功能盛衰、气血津精虚滞的一种方法。在流程管理中,我们可以通过测时、现场模拟、实际参与等多种手段对流程存在的问题进行系统分析。

(1)测时法。测试法就是通过对流程过程中每个步骤实际耗时进行测量与记录,然后分析用时最长的环节及浪费时间做多的环节,从而发现影响流程效率的环节及原因。

【案例3-7】 贵州某肥业企业采购管理流程利用测试法分析的结果(如表3-6)。

表 3-6 贵州某肥业企业采购管理流程效率分析表

流程步骤	持续时间(分钟)	传递或等待时间(天)
1. 填写采购单	6	/
2. 送采购部经理签字	/	0.5
3. 采购部经理签字	3	/
4. 送采购单到财务部	/	1
5. 财务部审核登记	3	/
6. 送回采购部	/	0.5
7. 采购部核查采购物品清单	3	/
8. 发出订货信息	/	1
9. 供应商备货	/	1
10. 货物运输	180	/
11. 送检验中心化验	5	/
12. 卸货入库	120	/
时间合计	320	4

增值时间/非增值时间 = 320 分钟/(4 小时 ×8 小时/天 ×60 分钟/小时) = 320 分钟/1920 分钟 = 16.7%

通过表 3-6 可以看得出来,导致采购周期较长的主要环节分别在步骤 2(送采购单到财务部)、步骤 4(送采购单到财务部)、步骤 6(采购单送回采购部)、步骤 8(发出订货信息)、步骤 9(供应商备货)等几个步骤,要想对该流程进行优化,提升其运作效率,企业必须从以上几个环节着手进行压缩。

(2)标杆法。标杆法是企业开展流程管理的理论基础之一。选择标杆的作用在于可以根据标杆企业的做法选择衡量企业流程的绩效指标,并根据标杆企业的经营成果确定本企业的目标,同时还可以借鉴标杆企业在解决企业相应问题时候的思路和工作办法,有利于探索新的处理问题的方法。

进行标杆管理,主要有选标、对标、超标三个步骤,其具体含义如下:

——选标:向业内或业外的最优秀企业进行学习。

——对标:不断寻找和研究一流公司的最佳实践,并以此为基准与本企业进行比较、判断和分析,从而使自身企业得到不断提高和改进,进入赶超一流企业、创造良好优秀业绩的管理循环过程。

——超标:通过学习,企业重新进行思考和改进经营实践,创造自己的最佳实践,实际上就是模仿创新的过程。

(3)流程作业现场调查。流程作业现场调查主要是用来对运作类流程进行诊断的一种方法。通过观察实际作业活动、记录活动耗费时间、对作业现场环境进行查看、询问相关作业操作人员等手段,对流程运作的基础进行了解。

(4)现有解决方案跟踪与研究。有些企业针对流程中存在的问题,会给出一些解决方案和办法。通过对现有解决方案的跟踪和研究,我们可以更为深刻地理解现有流程运作中存在的问题,验证解决方案的有效性和执行程度,挖掘流程运作中实际存在的干扰因素和问题,更为有效地对流程进行分析和研究。

二、望闻问切,为流程管理把脉

前面为大家介绍了很多种流程问题分析的方法和手段,企业在进行流程问题分析的过程中必须因地制宜。为了让读者朋友能够更加准确地了解流程现状分析的过程,下面简单介绍一下在流程现状分析过程中需要重点关注的几个切入点:

1. 如何识别并分析流程问题区域

一个流程在运行的过程中经常会出现这样那样的问题,这些问题可能会非常严重,直接影响流程的效率和“增值”,也有可能问题的存在对流程本身没有很大的影响,所以企业在进行流程现状分析的时候,第一个需要考虑的问题就是先把流程存在的问题找出来,然后根据问题的严重程度进行区分。

【案例3-8】 大家都知道,在企业内部很多流程都与产品成本控制相关,比如新产品研发流程、生产工艺管理流程、采购管理流程、生产制造流程、产品检验流程等,因为这些流程会分别涉及研发成本、工艺成本、原材料成本、生产成本及检验成本。在很多企业,管理者想当然地会认为,企业的产品成本绝大部分是在生产环节发生的,所以把产品成本控制的核心放在生产成本的控制方面。

这个看似非常合理的做法,其实是一个完全错误的认识,下图3-8是我们对浙江某纺织企业产品成本分析的结果:

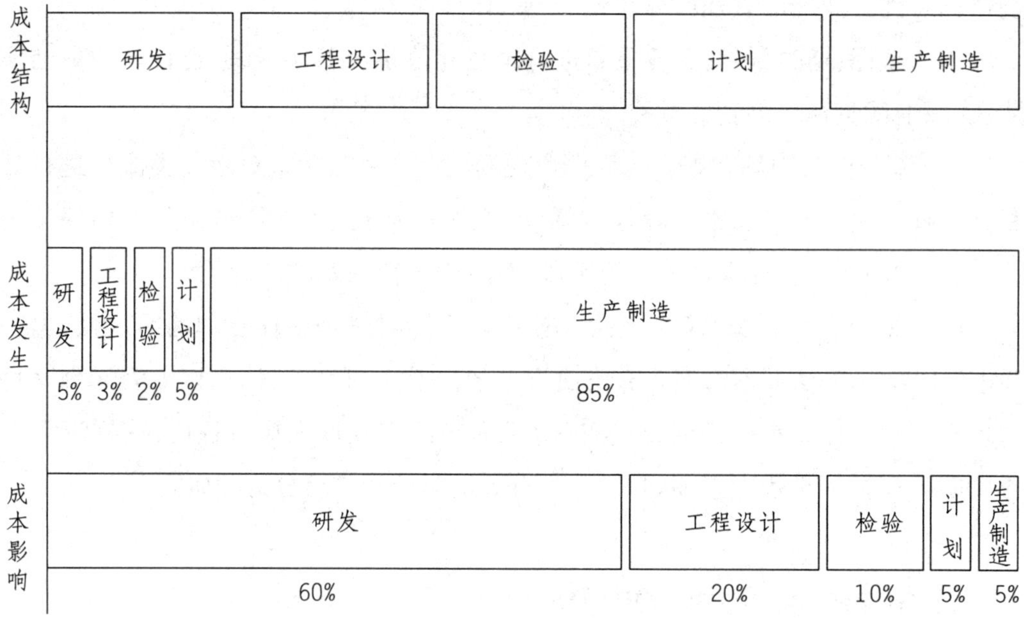

图 3 - 16　浙江某纺织企业成本分析

如图 3 - 16 所示,虽然 85% 的产品成本在生产制造环节发生,但生产环节对产品成本的影响只有 5%,而研发环节对产品成本的影响度却高达 60%,由此可见,企业要想降低产品成本,首先应该从研发下手,而不是将重点放在生产制造环节。

同理,我们对该企业的产品品质相关流程也进行了分析,得出的结论是,产品品质最终是从生产制造环节表现出来的,但影响产品品质的环节却有很多,诸如研发、工艺、原材料、生产制造过程等,而且对产品品质影响度从大到小排列依次为:研发、工艺、生产制造、原材料,由此也可以得出结论,要想提升产品品质,首先应该从研发端开始,其次是工艺,因为研发端确定的产品造型和材料,以及制造工艺确定的产品加工方式在很大程度上已经注定了产品品质的好坏,仅从制造端进行改进和提升很多时候是徒劳的。

2. 如何识别并评估流程中的关键活动

在一个流程中,我们经常会把所有的活动分为关键活动、非关键活动,增值活动、非增值活动,等等,那么企业在进行流程现状分析的时候,首先需要关注关键活动、增值活动的状态。

【案例3-9】 3ZU是上海一家足装连锁经营企业,下面是我们对该企业客户投诉处理流程优化的全过程。

3ZU客户投诉处理流程现状:

客服部接到客户投诉——记录客户投诉内容——反馈给相关部门——相关部门确认客户投诉内容——相关部门进行客诉内容分析,拿出解决方案——相关部门分管领导审批——相关部门组织实施改进方案——根据实施结果填写《客诉处理结果反馈表》——客服部反馈客户

在原来的流程中,很明显存在很多问题:首先,对客户投诉没有分级管理,所有投诉都是按照统一的流程进行处理;第二,客服部充其量只是一个"传话筒",没有发挥其作用;第三,客户投诉处理周期太长;第四,很多客户投诉处理虎头蛇尾,没有结果。

为了彻底改变该企业的客户投诉处理流程、提升客户投诉处理的有效性和及时性,我们对该公司的客诉处理流程进行了优化,具体如下:

客服部接到客户投诉——对客户投诉进行分级——客诉分类处理(A类客诉由总经理直接负责,12小时拿出处理结果;B类客诉由相关部门总监负责,24小时拿出处理结果;C类客诉由相关责任部门负责,72小时拿出处理结果)——客服部反馈客诉处理结果。

同时,为了便于提升客诉处理力度,我们将客服部从原来的营运系统调整到由公司总经理直管,这样一来,公司客诉处理的效率得到了极大的提升。

3. 如何分析流程中的角色与活动匹配问题

在企业流程现状分析的过程中,还需要重点思考各个角色在流程过程中的定位与职责履行状况,如果发现某个或某几个流程定位有误或出现偏差时,企业应该进行纠正。

三、流程问题分析实践

企业为什么要进行流程优化?如何快速有效地发现流程存在的问题?通过我们多年的实践经验,我们认为,流程问题的分析可以从以下几个方面思考:

1. 流程效率

首先分析流程在效率提升方面是否还存在空间,因为企业进行流程管理的终

极目的就是要提升运营效率。

2. 风险控制

一个合理、健全的流程,一定是可以做到对流程涉及的相关风险进行预警和控制的,大家试想一下,如果没有流程进行规范,企业任何的风险控制都是要靠人去实现,而人又存在流动性、忠诚度等诸多方面的限制,因此,企业进行流程管理的另外一个主要原因就在于风险控制。

3. 知识传承

没有知识传承的企业是很可怕的,因为企业管理成熟度以及经营能力的提升一定是要通过不断积累和传承企业在过往经营过程中的知识沉淀。在很多企业,知识只是存放在员工个人电脑中,甚至存放在员工大脑中,而且是零散的。没有经过流程链接的知识体系不能为企业提升经营和管理能力带来任何帮助,所以企业在进行流程问题分析的时候,也可以从这个维度进行着手。

4. 有效分权

在绝大多数中国企业都存在这样一个现象:企业高层非常想放权给总监,甚至经理,但下属总是不敢甚至不愿意接受。为什么呢?因为在大多数企业,企业老板有着“神”一般的权威,老板“一支笔”在很多企业都是常见的现象,那么在这种情况下,如果缺乏流程体系的合理分工和对权限的划分,事实上,老板的所谓授权也就只能是空谈了。

5. 绩效管理

很多企业在推行绩效管理的时候,最头疼的一件事情就是绩效数据很难收集,最终导致绩效管理只能停留在纸面上。其实企业做绩效管理的另外一个目的就是要通过流程客观记录每个环节的相关数据流和信息流。

下面是我们对流程问题进行分析的时候经常用到的一张表单:

表 3－7　企业流程问题分析表(1)

流程核心步骤	是否关键活动		是否增值活动		流程效率	风险控制	知识传承	有效授权	绩效管理	其他
	是	否	是	否						

【案例 3－10】 深圳某色纺企业流程订单管理流程问题分析。

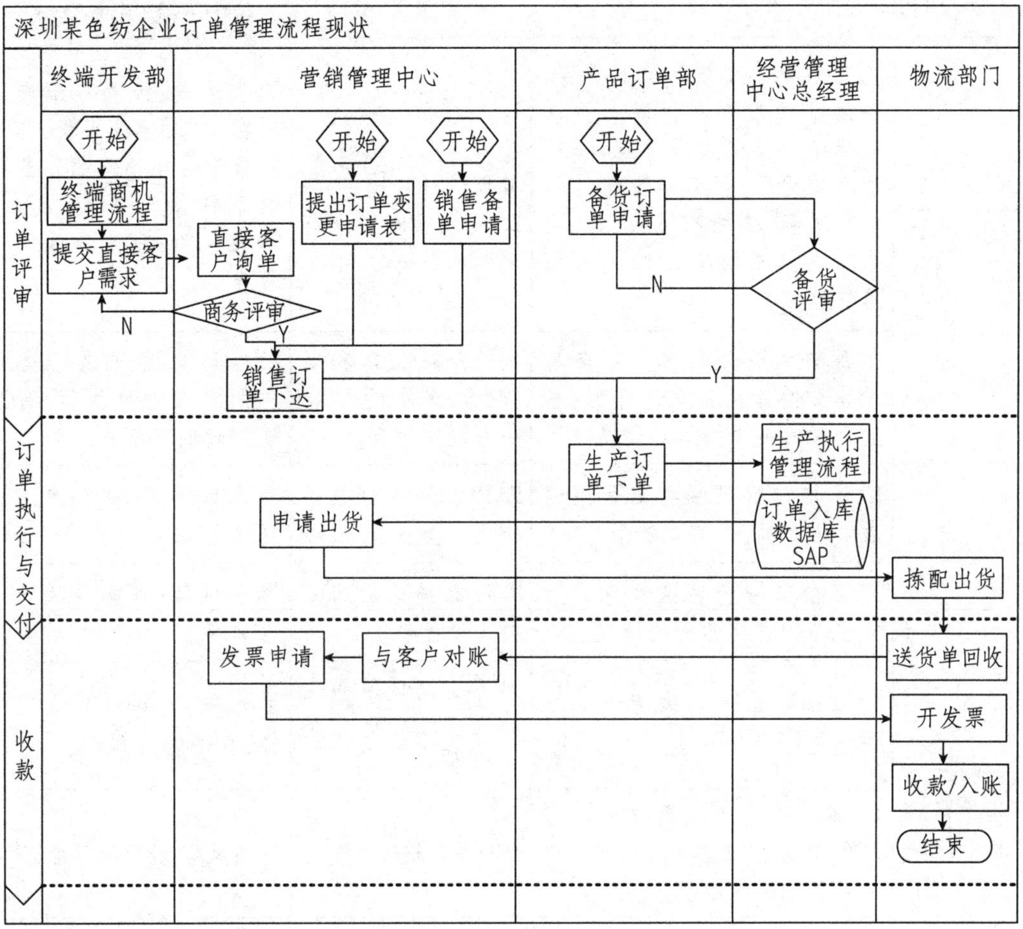

图 3－17　深圳某色纺企业订单管理流程现状

表3-8　深圳某色纺企业订单管理流程问题分析

分析纬度	现状/问题点	原因分析	可能导致的结果（潜在风险、效率影响）
流程接口规划明确	1. 原订单管理缺乏统筹管理，各类订单的需求分散到不同的程序文件中进行管理，特别是终端开发与订单管理的接口不明确，终端商机转化产生的客户需求没有系统纳入订单管理流程	1. 订单管理缺乏一个部门统筹进行管理。 2. 端到端流程没有进行有效分段	效率影响：流程环节交叉在一起，导致冗长，各环节散乱在不同的作业程序中，缺乏一根主线。 潜在风险：可能导致问责难
	2. 原订单管理与客户服务标准等文件都是独立运作的，相互之间的关系接口不清楚	缺乏统一梳理和规范，文件间的接口关系没有理顺	效率影响：各自按照各自的标准进行执行，可能导致效率不高
影响本流程运行的核心问题	1. 客户信用风险在出货申请后才进行提升，有些滞后	SAP系统中遵循惯例进行此项设置	潜在风险：降低客户满意度
	2. 目前部分销售区域存在对常规品种进行备货的情况	常规品种备货的管控力度不够	潜在风险：可能导致异常库存
	3. 逾期订单的处理方式和责任界定不清	对于逾期订单界定存在争议，没有统一标准	潜在风险：导致异常库存，责任无法界定
	4. 当实际生产产量与生产订单数量存在差异时出货订单的销售捆绑规则界定不清楚	缺乏统一梳理和规范	潜在风险：导致异常库存
	5. 审批权限不明确 (1)对于财务进行信用预警的客户转单审批权限不明确； (2)销售备单的审批权限； (3)异常出货申请审批的权限不明确	未进行梳理	效率影响：影响流程效率。 潜在风险：授权不明确，工作无法推进

另外，企业还可以按照以下思路进行流程问题分析：

(1)流程的问题区域在哪里？

(2)该流程的关键活动有哪些？存在什么问题？

(3)在本流程中各部门的角色定位和职责履行是否到位，是否存在错位的现象？

(4)问题的具体表现是什么?

(5)如果问题得不到改善,可能会导致的结果是什么?

(6)流程应该从哪些维度进行优化?

表3-9 流程问题分析表(2)

序号	存在的问题	具体表现	可能导致的结果	优化思路

【案例3-11】 HP是深圳一家专门研发、生产和销售锂离子电池的高科技企业,下面是我们对该企业订单管理流程、客户满意度管理流程以及客户投诉处理流程的现状分析。

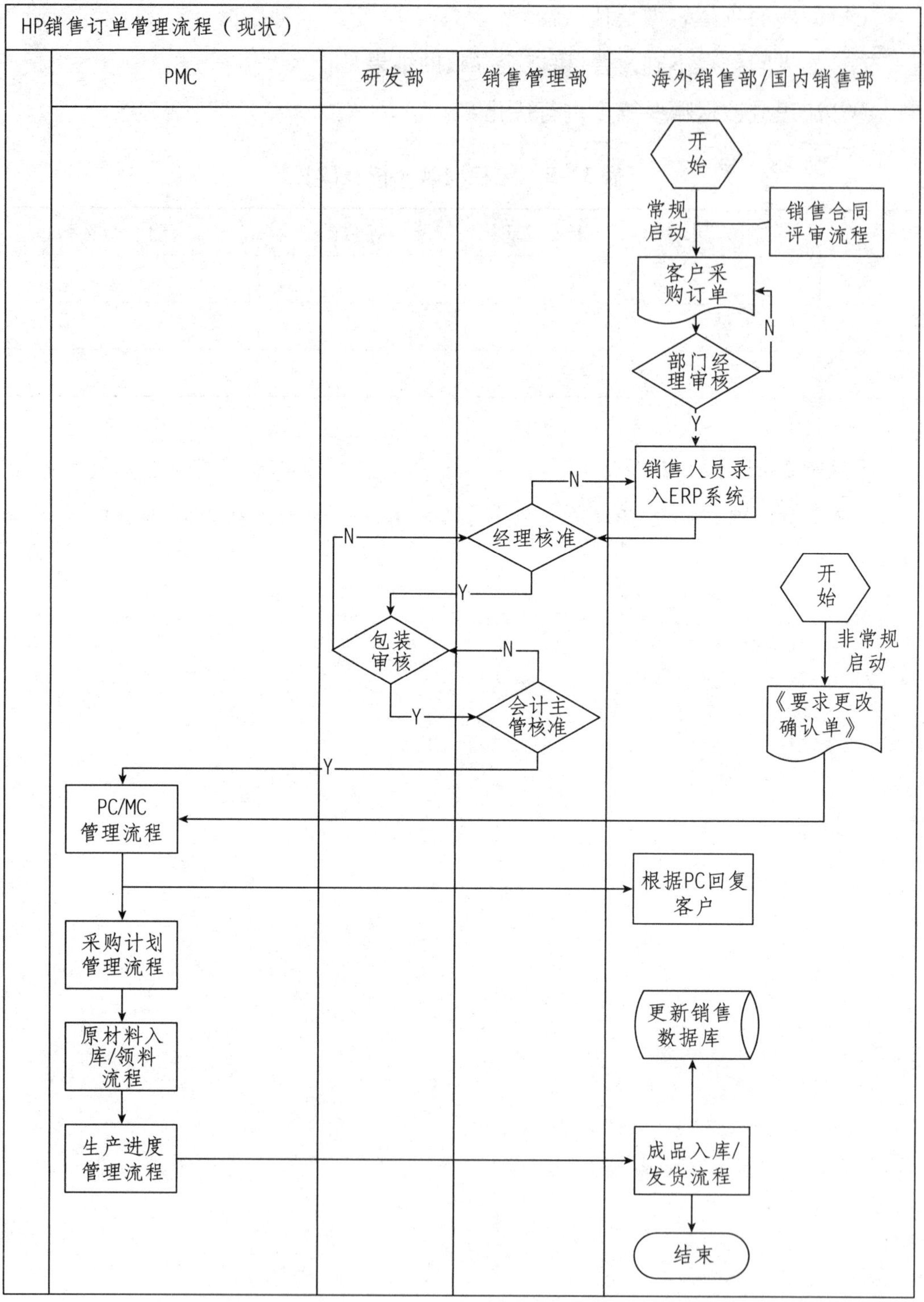

图3－18 HP订单管理流程(现状)

表 3-10 HP 订单管理流程问题分析

序号	现状存在的问题	具体表现	可能导致的后果	优化要点
1	订单管理的客户导向意识欠缺	订单达成率统计以PMC回复为准	公司内部统计的订单达成率很高，但实际不能满足客户真实需求	1. 订单达成率统计必须以销售合同规定为准 2. 加强待出货仓库库存管理 3. 培养PMC、业务人员及公司内部各部门的客户导向意识
		PMC计划人员的销售服务意识不强	由于PC人员的本位主义可能导致订单流失或延误	
2	流程审核环节过多	销售管理部经理审核销售订单录入差错，销售管理部会计主管审核单价	流程时间过长	将销售管理部两次审核合并为一次完成
3	ERP系统缺陷	目前的ERP系统不能及时真实反映库存情况		1. ERP系统二次开发 2. 生产部使用ERP系统
4	订单变更库存处理不及时	1. 业务员没有及时填写《退仓联络单》 2. PMC接到《退仓联络单》后没有及时处理	1. 出货成品仓库存积压 2. 辅料仓库存积压或报废	建立《滞库品预防措施和处理流程》
5	订单录入差错	销售人员ERP系统录入存在差错	1. 导致流程审核时间加长 2. 导致返工等	1. 加强销售人员自查 2. 统计输入差错并与考核挂钩

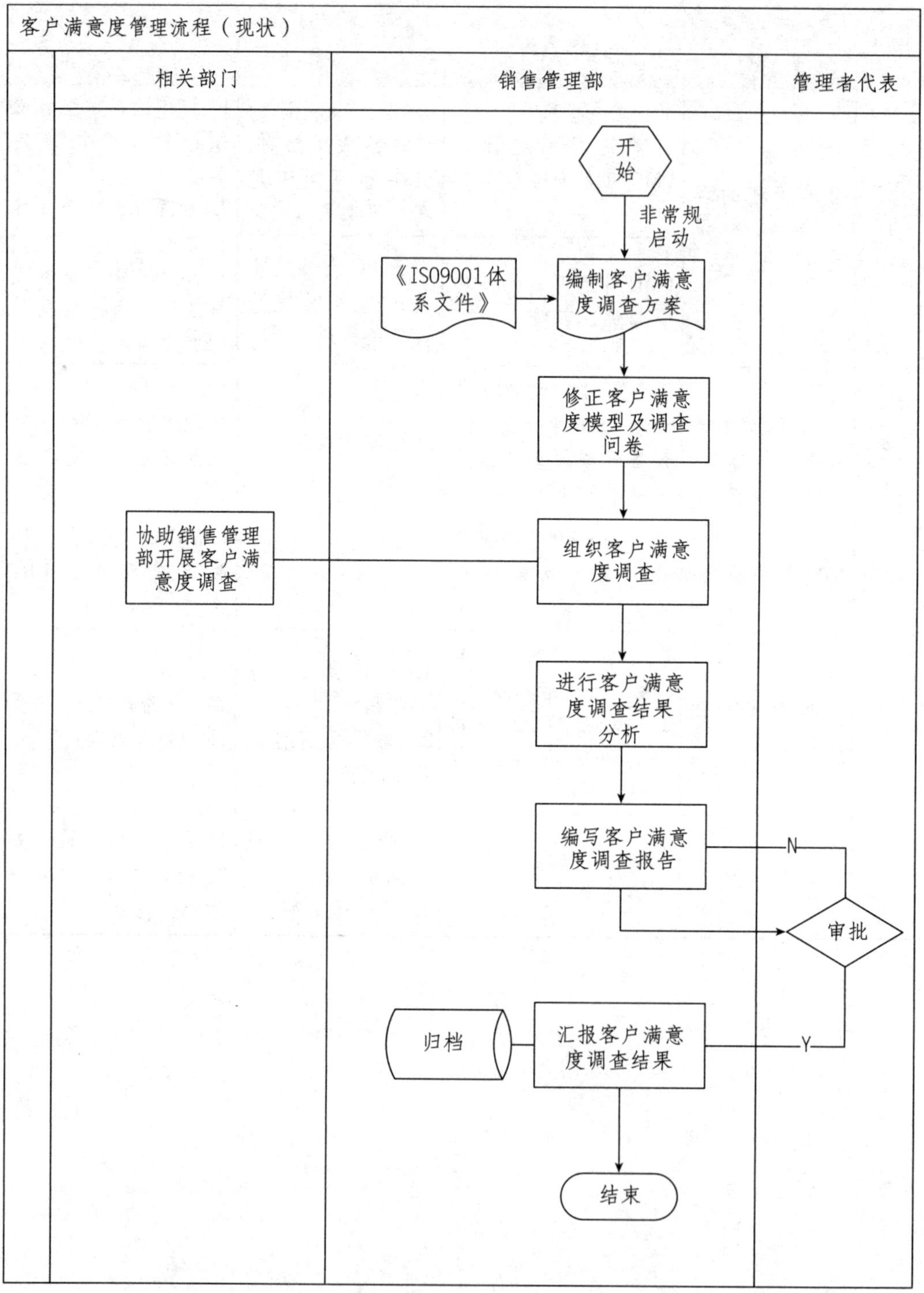

图 3-19　HP 客户满意度管理流程(现状)

表 3-11　HP 客户满意度管理流程问题分析

序号	存在的问题	具体表现	可能导致的结果	优化思路
1	客户满意度指导思想	1. 应付 ISO9001 体系审核的要求； 2. 公司内部对客户满意度的管理不够重视	客户满意调查流于形式，无法了解客户的真实需求，无法获取公司的有效改善点	1. 培养员工客户服务意识； 2. 建立完善的客户满意度体系
2	缺乏科学合理的客户满意度模型和问卷	1. 无满意度调查的模型； 2. 调查问卷过于复杂，调查问题的针对性不够	1. 无法获取客户的真实需求； 2. 调查信息针对性和有效性不够	1. 建立客户满意度模型； 2. 根据客户类别设计调查问卷
3	客户满意度信息收集渠道单一	客户满意度信息收集仅限于问卷调查	获取的信息不够完整	建立多种模式的满意度的信息收集方式
4	客户满意度调查信息分析不够	1. 只进行了定性的分析； 2. 分析报告过于简单，没有深入分析其原因	1. 无法获取客户的真实需求； 2. 无法从分析报告中获取改进的需求	建立满意度分析报告目录，并要求进行调查数据的分析
5	客户满意度信息目前只对公司内部发布	满意度调查报告只是在管理评审中发布	1. 无法让客户了解公司满意度的结果，调查后没有进行信息的回馈； 2. 无法让客户了解公司客户满意度改进的措施	扩大客户满意度调查发布的范围（管理评审、客户、公司内部相关部门）
6	客户满意度弱项分析改进不足	没有针对满意度弱项进行改进	1. 客户不重视； 2. 不满意问题重复出现，客户服务工作无法改进	导入 CS100 工程

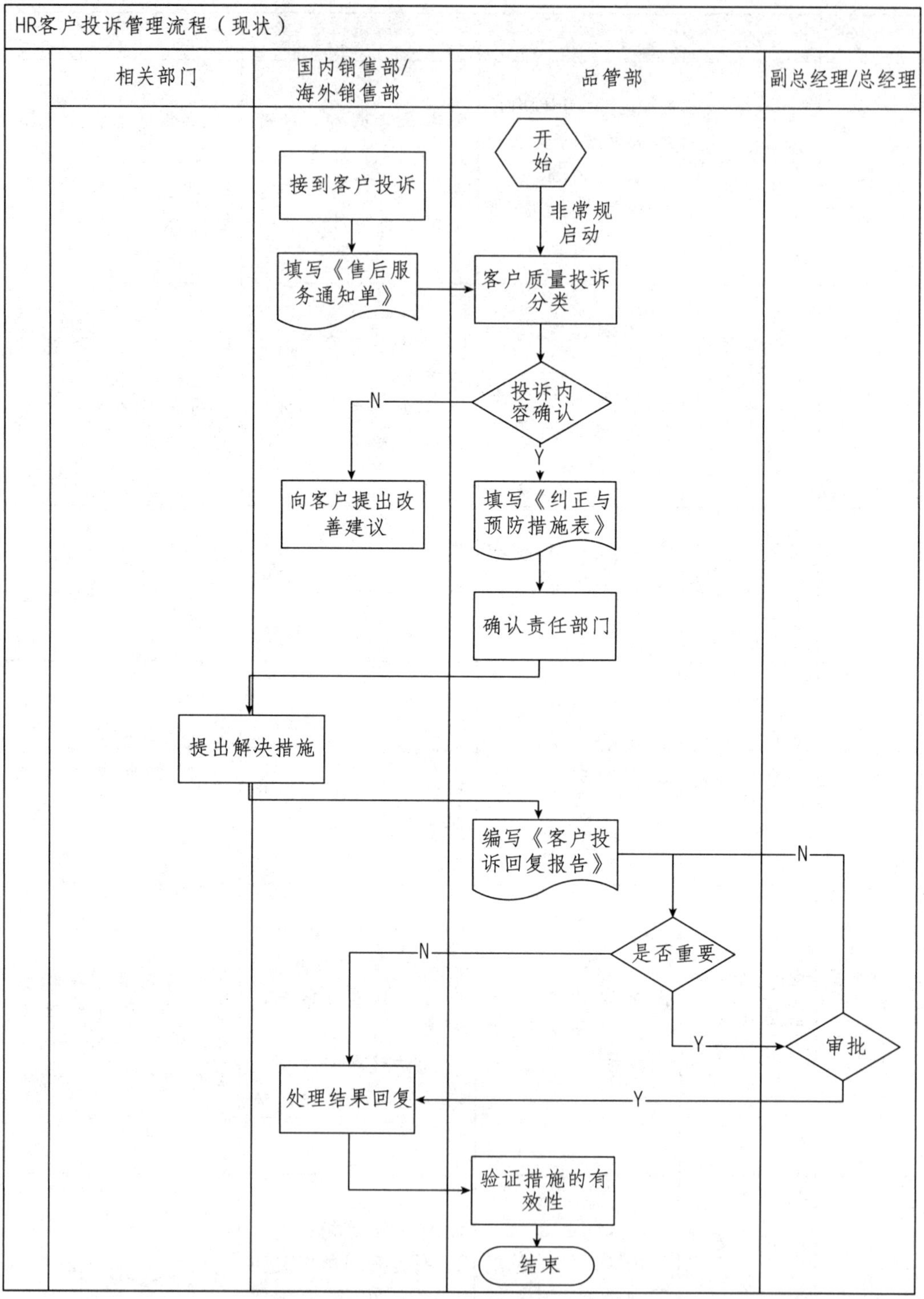

图 3－20　HP 客户投诉处理流程（现状）

表 3－12　HP 客户投诉处理流程问题分析

序号	存在的问题	具体表现	可能导致的结果	优化思路
1	客户投诉信息收集不全面，尤其是对销售服务、交期等	目前的客户投诉基本上是客户首先发传真或邮件给业务员，再由业务员判定	1. 客户投诉信息不能及时、准确传递； 2. 对于销售服务的投诉信息很难收集	1. 客户信息收集统一归销售管理部； 2. 销售管理部需要规划客诉信息收集的渠道
2	投诉处理质量不高	1. 同一投诉问题重复出现； 2. 预防措施落实率需要提高	客户满意度降低	明确预防措施由投诉处理责任部门跟踪
3	客户投诉处理回复报告质量不高			规范客户投诉处理回复报告格式
4	客户投诉管理工作比较被动	客户产生投诉时，公司才会处理	客户流失	1. 业务人员及时与客户沟通，发现客户不满意的项目； 2. 销售管理部客服专员进行客户回访； 3. 建立客户沟通热线

第四章 循序渐进，还是浴火重生？

—— 流程优化与再造

所谓流程优化就是指辨析理解现有流程，并通过对现有流程进行优化改良产出新流程。常见的优化技巧主要有以下几种：剔除非增值环节、优化流程顺序、压缩影响流程实现的关键环节、资源重新配置、组织模式优化与调整、信息化与自动化。

所谓流程再造，就是指根据公司战略调整及商业模式变化，从根本上重新考虑产品或服务的提供方式，再造新流程。流程再造的核心步骤包括：战略愿景、标杆确定、流程诊断、新流程设计、新流程实施、流程评估、持续改善。

流程优化和流程再造是企业流程改善的两种境界，两者的区别在于：

表4-1 流程优化与流程再造差异分析

流程优化(BPI)	流程再造(BPR)
基于现有流程,公司战略既定	基于现有流程,公司战略发生变化
量变、渐变	质变、突变
维持现有框架	打破原有束缚

在本章中，我们将重点介绍流程优化与再造的基本方法，同时为大家系统阐述企业核心业务流程集成（整合营销流程、集成研发流程、集成供应链流程），另外，还将系统介绍企业核心管理流程优化技巧。

第一节 流程优化技巧

流程优化是一项策略，通过不断发展、完善、优化业务流程保持企业的竞争优势，在流程的设计和实施过程中，要对流程进行不断的改进，以期取得最佳的效果。

对现有工作流程的梳理、完善和改进的过程，即称为流程优化。流程优化不仅仅指做正确的事，还包括如何正确地做这些事。为了解决企业面对新的环境、在传统以职能为中心的管理模式下产生的问题，必须对业务流程进行重整，从本质上反思业务流程，进而重新设计，以便在当今衡量绩效的关键节点（如质量、成本、速度、服务）上取得突破性的改变。

一、流程优化与木桶原理

管理学中有个木桶原理：一个木桶由许多块木板组成，如果组成木桶的这些木板长短不一，那么这个木桶的最大容量不是取决于最长的木板，而取决于最短的那块木板。

一个企业好比一个大木桶，除非这个企业人浮于事，否则每一个员工都是组成这个大木桶的不可缺少的一块木板；这个企业的最大竞争力往往不只取决于某几个人的超群和突出，更取决于它的整体状况，取决于它是否存在某些突出的薄弱环节。

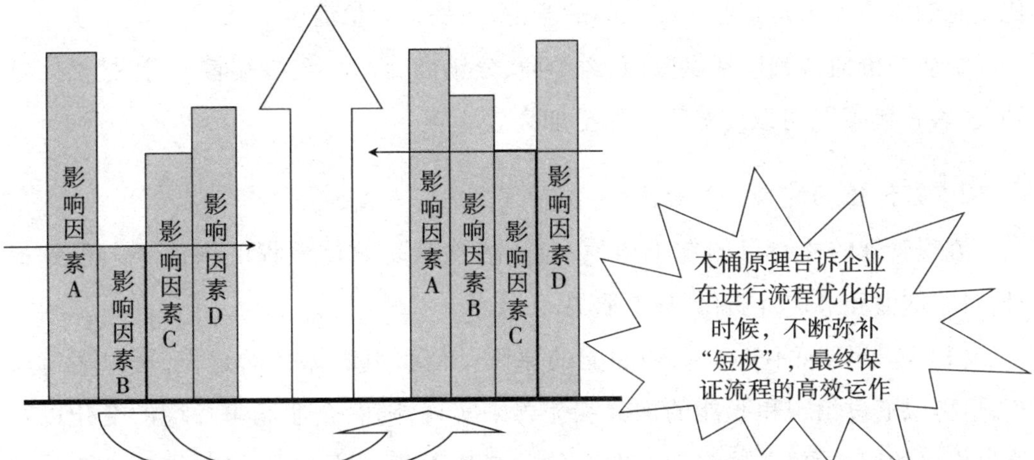

图4－1 流程优化与木桶原理

企业进行流程优化的过程就是不断识别、分析公司短板何在，同时通过流程优化的手段（包括组织结构的再设计、资源重新配置、压缩用时最长的关键环节等）将“短板”逐渐加长，从而使企业这只“木桶”能够装下更多的“水”。

二、流程优化原则

企业在进行流程优化时，必须把握以下几个原则：

1. 以顾客为中心

大家都知道，企业流程管理的目的在于通过打通端（供应商）到端（客户）的高效运作，保证客户的价值主张最大化地得到满足，所以说，企业在进行流程优化的时候，始终要以客户为中心。

（1）强调客户满意而不是上司满意的原则。传统的职能中心型组织模式导致员工在开展任何工作的时候都以领导的意图和指令为基础，换句话来讲，职能中心型组织模式是以领导满意为导向，从而忽略了客户的感受。

（2）强调内外部客户满意相统一的原则。流程的客户分为内部客户、外部客户两种，在本书第一章介绍流程的构成的时候，我们就提到，任何流程都是由6个要素构成：流程输入、流程供应商、流程过程、流程执行者、流程客户、流程输出。可见任何流程都要以客户满意为基础，而非以职能管理或领导意图为中心。

（3）强调把整个供应链纳入“客户满意”流程体系的原则。有句话说得好，现代企业的竞争不再是企业个体之间的竞争，而是企业价值链之间的竞争。

企业的价值链就包括供应商、经销商、分销商、批发商、终端客户等，把供应链纳入“客户满意”，可以使流程运作更加高效。

2. 以价值为中心，全面优化

流程管理的核心目的在于增值，流程优化就是要让流程的增值环节得到提升，对非增值环节进行弱化，甚至取消。

（1）重流程，而不重组织和职能的原则。企业组织体系的建设，可以通过流程，也可以通过组织和职能的加强和完善来实现，随着企业竞争环境的变化以及竞争格局的调整，越来越多的企业开始重视流程建设，因为通过传统的组织和职能的加强和提升已经很难帮助企业获得竞争优势。

(2)使用绩效衡量和整体最优原则。对于流程运作的好与坏，企业必须建立基于流程的评价与衡量体系，只有可衡量与评价的东西，才更容易帮助提升。

(3)借助 IT 手段，最大限度实现信息实时共享基础上的集成管理。一方面企业面临的管理和经营环境确实在发生巨变，另一方面 IT 管理技术的突飞猛进也为企业提升经营与管理能力提供了便捷，因此，如何合理规划并充分利用 IT 管理技术进行流程固化进而帮助企业提升管理能力，已经成为共识。

3. 以人为本：强调高层管理者的推动和参与

齐国著名政治家管仲在《管子·霸言》中说："夫霸王之所始也，以人为本。本治则国固，本乱则国危。"这可能是关于"以人为本"的最早思想体系了。自从诺基亚提出"科技以人为本"之后，很多企业开始认识并逐渐重视人才对企业的重要性。首先，人才是企业最重要的资源；其次，企业的财富和利润都是通过员工的努力创造的。

(1)强调培养一个团结、综合力与示范效应强的团队。企业进行流程管理，必须要强调人的作用与价值。

(2)强调组织扁平化，减少决策层级，充分发挥员工作用。随着管理技术的不断提升，新的管理工具、管理手段、管理信息系统不断被引入，同时社会分工越来细，员工素质越来越高，现在组织出现了几种明显的发展趋势，归结一下，主要有扁平化、专业化、分权化和柔性化 4 种。

大家都知道，企业管理层级的增加会使管理人员急剧膨胀，同时又会导致企业运营效率不断降低，决策速度越来越慢，所以现在越来越多的企业开始思考并重视组织的扁平化管理。

根据《哈弗商业评论》的介绍，高层管理职位的管理幅度以 4 ~ 8 为宜，基层管理职位的管理幅度以 8 ~ 15 为宜，当然，这也不能一概而论，还是需要结合企业的实际进行设计。

企业要想实现扁平化的管理，一定要以完善的流程体系为基础，否则，扁平化的管理只能是企业的一厢情愿。

(3)强调具有流程管理思想的员工队伍建设。员工是否具有流程管理思想是企业实施流程管理能够取得成效的关键点所在。

三、流程优化技巧

谈到流程优化，有一个案例不得不谈，那就是当年福特公司对采购流程的优化案例：

【案例4－1】 福特汽车公司生产汽车所用的零部件有大约2/3是从外部购入的，其主要工作流程为：

采购部门向供应商发出采购订单，并将订单副本送给公司会计部门；供应商发货，福特验收部门进行验货，合格后进入库房，并开具收货凭证；同时，供应商将发票送给公司会计部门。

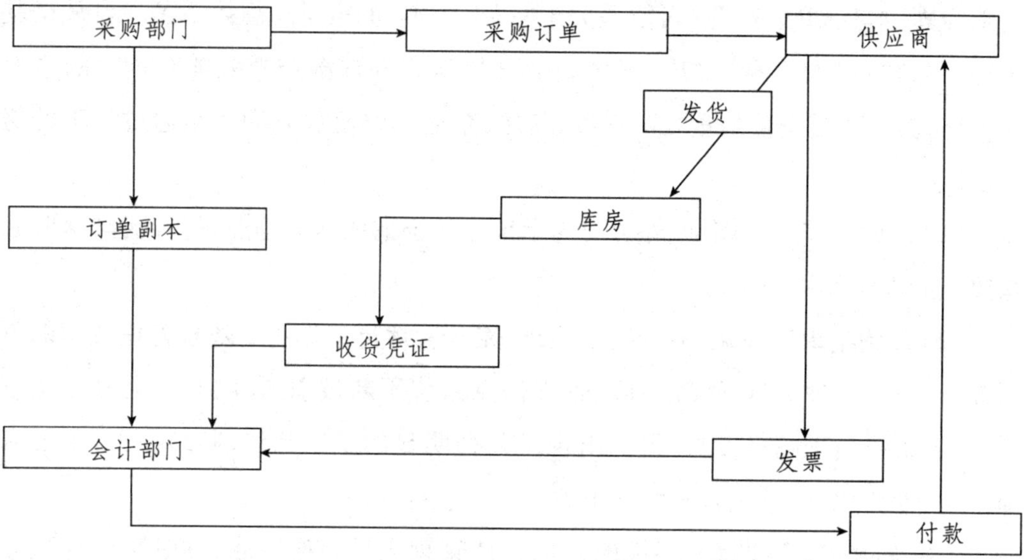

图4－2 福特公司的采购付款流程（优化前）

在进行流程再造之前，福特汽车公司北美货款支付处共有500多名员工，会计部门只有当“订单副本”、“收货凭证”、“发票”三者一致时，才能准以付款。部门内部大量时间花费在处理三者的不吻合之上，从而造成人员、资金和时间的浪费。

管理机构最初认为，通过理顺操作程序和装备新的计算机系统，这个部门的员工可以减少到400人左右。然而，福特公司随即发现在他们拥有22%股份的马自达公司，仅仅只有5个人在做同样的工作——即使考虑到两家公司的规模和业务量的差别，这一差距也是巨大的。经过对其标杆单位的研究分析，福特公司决定进行业务流程再造。

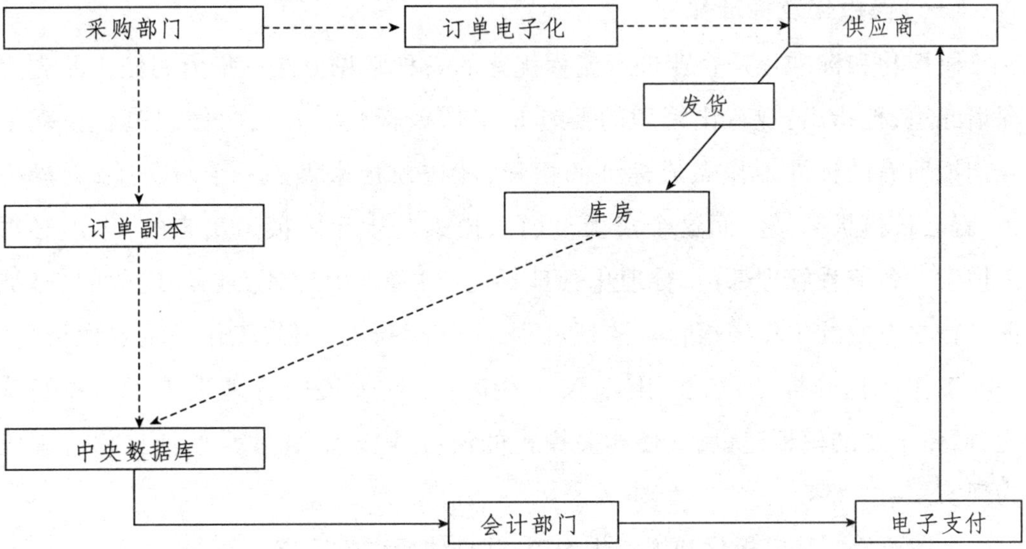

图4-3 福特公司的采购付款流程(优化后)

经过优化后的流程变为：

采购部门发出订单，同时将订单内容输入联机中央数据库。

供应商发货，验收部门核查来货是否与数据库的内容相吻合。如果吻合就入库收货，并由中央数据库通知会计部门，由计算机进行自动按时付款。

原先的会计部门需要核对14项数据，经过流程再造后，不需再核对发票，仅仅需要核对3项数据，大大减轻了劳动强度。部门人员的数量也减少了70%，远远超过了他们预计的20%的目标。

福特汽车公司的案例就是最为典型的标杆分析并进行流程优化的例子。通过分析马自达公司的采购付款程序，改进了自身的工作效率和质量。国内企业在进行内部的流程优化与再造时，也应参照行业内优秀企业的做法，因地制宜地进行流程改造，获得效率的提升。

前面给大家介绍的福特公司采购付款流程优化案例中，福特公司采用了信息化手段对采购付款流程进行了优化，其实流程优化的方法还有很多，如：基于流程的组织建设、剔除非增值环节、优化流程顺序、使决策尽可能靠近需进行决策的地点做出、减少工作交接频率、放权或分权、流程外包、信息化、压缩用时最长的关键环节、资源重新配置、设置流程监督机制，等等。

下面本书将系统地为大家介绍几种常用的流程优化方法：

（一）模板化及标准化

模板化和标准化是企业进行流程优化的一种常见方法。华为的任正非先生深谙此道，他指出：规范化管理的要领是工作模板化。什么叫做规范化？就是我们把所有的标准工作做成标准的模板，就按模板来做。一个新员工，看懂模板，就会按模板来做。而这个模板是前人摸索几十年才摸索出来的，你不必再去摸索。各流程管理部门、合理化管理部门，要善于引导各类已经优化的、已被证实行之有效的工作模板化。清晰流程，重复运行的流程，工作一定要模板化。一项工作达到同样绩效，少用工，又少用时间，这才说明管理进步了。我们认为，抓住主要的模板建设，又使相关模板的流程连接起来，才会使信息化管理成为现实。

企业要想实施模板化和规范化管理，其具体操作方式有四种：

1. 实施标准化管理

随着企业业务运作规模的扩大，通过标准化方式可以将企业流程的运作习惯、管理标准、实施程序进行固化，避免“一人一个样”现象的产生，减少人为的因素干扰。相关的标准化主要以流程文件的形式进行体现，它主要包括书面说明、流程图和表单。在这里应该注意：

明确流程中各个部门的职责和权限；

包括涉及紧急情况的处理；

标准文件中每一处解释都是唯一的；

便于理解；

有明确的最低工作绩效标准；

有规范的操作规程；

……

同时所有员工都应该收到同一个流程版本的副本，然后按文件进行培训。流程文件及其执行应该定期检查和更新。

2. 明确流程管理的侧重点

流程是企业进行有效管理的一种手段，根据企业在不同管理时期的经营需要，我们需要明确相关流程的相应管理侧重点，也就是流程的管理目标：

有些流程侧重于成本控制；

有些流程侧重于快速反应；

有些流程侧重于风险控制；

有些流程侧重于知识传承；

有些流程侧重于权力分配；

有些流程侧重于服务或产品附加值提升；

有些流程侧重于服务或产品质量提升；

……

某企业生产订单过多,造成生产系统满负荷运转,在此情况下,公司应考虑加快生产运作效率,缩短生产周期,尽量提前完成订单;但当公司产品质量存在缺陷时,公司领导认为宁可延长生产周期,也要确保产品质量合格,以确保公司的长远效益,建立良好的口碑。

3. 防止犯错误

再好的流程也需要人员去执行。因此,提高流程执行人员的工作责任心、减少流程运作中的错误,对于确保流程正常运作具有十分重要的意义。比如下面这些情形也许就是我们在日常执行流程活动中可能碰见的错误:

在文件上将名字签在了错误的地方；

估计可以更快地完成工作却忘记了意外事故的发生；

写好了信件却装错了信封；

好不容易打通了电话却拿错了文件；

上了飞机才发现忘记了重要物品没有带；

……

执行流程难免会碰见错误,在执行流程的过程中,我们需要不断加强对流程执行人员的培养和教育,尽量避免错误的产生。

4. 工作模板化

工作模板化就是将已经成熟的表单、文件进行模板化管理,这样就可以避免甚至杜绝因为不同的人对同一件事情的不同理解而造成的重复工作。在一般情况下,企业可以考虑将如下工作进行模板化管理:

全体员工或绝大多数员工都需要填写的表单,如请假单、工作计划、工作总结、内部联络单等;

在日常工作中需要频繁填写的表单或需频繁使用的文件,如市场调研报告、产品策划书、新品批量生产报告、品质检验报告等;

需要在不同部门收集和提取相关数据和信息的表单和文件,如生产日报、品质日报、销售日报、发货日报等;

……

企业推行模板化管理可以让管理不断沉淀,使企业管理成熟度逐步提升。

(二)压缩无效消耗

压缩无效消耗的重点是流程运作中所有没有必要的非增值作业活动。那么,怎么判断作业活动是增值的还是非增值的?用迈克尔·波特的话讲,顾客愿意付费的就是增值的。我们可以发现,在一些刚刚引入流程管理概念的企业里会发生许多的非增值活动,而这些非增值活动往往是由于企业长期的管理方式、工作习惯演变而来的。在职能分割的情况下,每人只会对自己的个人和组织绩效负责,无人看到大量浪费的存在。

在这里以日本丰田公司为例进行说明比较。丰田认为在企业内部,随时都有85%的人没有开展有效的工作,其中:

5%的人看不出是在工作;

25%的人正在进行等待;

30%的人为增加库存而工作(由于这类活动对公司没有直接的贡献,因此丰田不认为这些活动为工作);

25%的人正在按照低效的标准或方法进行工作。

丰田公司的看法可能与我们日常的看法不太一致,但却由此可以看出,丰田公司非常注重业务活动运作细节,通过对业务活动细节的重新设计以提高生产运营系统的效率。

常见的无效消耗包括:

1. 过度生产/过度供应

任何超出实际需求的生产和供应都是巨大的浪费,它不但将造成企业资金流的紧张,不利于提高资金的使用效率,同时还会增加企业额外的负担,为过多的生产和供应提供不必要的成本支出(仓储费用、管理费用、人工成本等)。这不但在制造行业广泛存在,在服务行业也经常可见,比如许多的餐厅常常不得不扔掉准备过多的食物。

2. 等待时间

等待包括物料的等待、文件处理的等待、人员的等待，等等。等待只会造成流程运行效率的下降，增加各种成本。如果等待的时间长到下一事物已经出现，问题可能会变得更加严重。这时，要么是原来等待的事务被打断，要么待处理的文件和物品增加，通行时间延长，文件、物品的处理跟踪将更加困难和复杂，却没有什么实质性的价值能交给客户。本书第三章【案例 3－7】“贵州某肥业企业采购管理流程效率分析表”中就存在很多的等待时间，如果要提升该公司的采购管理流程效率，就可以思考从压缩等待时间入手。

3. 移动和转移

任何物品的移动都需要花钱。物品和文本的转移要通过人员和设备来完成，不必要的转移将占用从事增值作业的时间。在中国很多企业常常可以看见一份文件在数个不同的部门之间进行转移，造成大量的时间和人力浪费，企业真正花在有价值的创造活动的时间十分有限，这些活动并不会给客户带来任何直接或间接的收益，仅仅是在消耗成本。

4. 清除缺陷、故障和返工

业务流程目标应该设定为所有的事都一次做好，避免解决遗留问题的人工成本、物料成本、时间耽搁以及机会成本。任何流程一旦牵涉对前期缺陷的处理甚至返工，其复杂程度便呈几何倍数增加，例如：包含退货、换货处理的财务结算、物流、销售流程比不包含退货、换货的流程复杂很多。

5. 官僚主义

官僚主义作风在一些大企业最为常见。常见的官僚现象包括：

不必要的审查、监督、协调、审批、审核，拖沓的节奏；

多余的文档和副本；

礼节性或荣誉性的签字；

文件与操作的脱节；

……

这些现象将会麻痹执行流程的人员的思想，人为地减缓流程运作的效率，延缓流程运行时间，造成大量的审批程序、等待时间和各项烦琐的非增值作业，而这些活动对顾客没有任何价值可言。

6. 重复工作

每项工作的执行都应尽量增加价值。如果一项作业活动是重复的，它就不会增加价值而只会增加成本。经常可以看见一个部门在向计算机输入数据，由于不能信息共享，可能另一个部门也会进行重复的作业。要想对这种现象进行改进，应该从跨越部门边界的整个价值链角度进行考虑：当任何信息在价值链上的一个点上输入后，新数据要素出现后可以追加在已存在的信息上，这样不仅消除了不必要的数据重复输入，同时也消除了多次输入数据时的误差和不匹配。

7. 重排格式

重排格式指的是数据从一种格式转换成另一种格式，比如将相关图表从一种表现方式转换成为另一种表现方式。这也是一种重复作业，常常发生在信息穿越组织边界的时候。产生重排格式的原因在于不同的企业信息系统存在差异，甚至于同一家企业在不同的时期、不同的部门采用的管理信息系统自成一体，互不对接。这种现象并不能创造直接的价值，作为企业应尽量使格式通用化。

8. 监督、检验和控制

企业内部存在着各种监督、检验和控制程序，这些管理方式对于减少企业的经营风险确有好处；但如果企业对相关质量保证、生产率状况、财务状况等经营运作系统缺乏清醒的认识，人为地增加一些不必要的控制程序，将许多不该管的事情管了，将会增加企业内部的管理层次和管理内容。随着内部员工对这种管理方式的质疑，许多监督和控制也将会逐渐失去效用。

9. 协调

同监督、控制一样，协调也是一个经典的官僚行为。虽然确保不同部门之间的相互匹配及环节运作是好事，但认清流程作为整体目标却更为重要。

（三）剔除非增值环节

剔除非增值环节就是减少相关活动的数量，提高活动的质量。在我们将多余的活动进行清除后，对于剩下的活动应进行简化。

寻找过分复杂的活动可以从以下三个方面着手：

1. 简化表格

在许多企业中常常可以发现许多表格填写不正确，我们应对其背后的原因进行分析，而不是简单地责备填错表的人员。通过重新设计表格，将可以获得明显的改善，避免日常工作中寻找相关填表人、要他们就某些模糊事项提供解释或说明。

【案例 4 - 2】 2009 年，我们曾经为贵州一家化肥企业提供流程优化与再造咨询服务，我们收集了各部门在使用的所有表格一共 420 张，最终经过流程的梳理，对该企业的表格进行了简化和合并，设计了 128 张表格，这样一来数据的统计效率得到了提升，同时也提升了组织运作效率。

2. 简化语言

对顾客和组织内部成员的沟通都应清晰易懂。语言要简单明了，尤其要注意以下两项：

——少用术语、行话和缩写。除非对工作任务很关键，不要使用新的术语和行话，确保先清楚定义这些词语。

——尽量少地使用首字母组合词。除非它是多次重复使用，并被广泛理解和认同的。请记住，永远不要使用文件中没有定义的缩写词。

3. 简化程序

许多程序往往过分复杂，难以理解。在某些情况下，可以很明显地判断员工无法做到总是按照正常的程序进行作业活动。曾经有一位国企负责安全管理的部门负责人这样讲过："我们内部的安全管理制度一共有 60 多个，详细地规定了开展安全管理的各种方式、管理措施和处理方法，但实际上在运作时，员工并不清楚到底应该怎么去操作和实行，往往是出现事件后，才去翻阅相关的制度。没有起到应有的作用。"

对程序进行简化，我们应针对实际业务运作进行改进，比如：

是否可通过合并职责减少程序？

负责业务作业的人是否可以评估产出以确保它是无差错的？

……

（四）端到端打通

端到端打通就是要通过企业从顾客到供应商的整合，使其流程更加顺畅、连贯，以满足客户的需要。

1. 整合工作

有时将几项工作合并成为一项是可能的。通过合并相似或连续的工作，可以大大加快组织内部的物流和信息流速度，使得一项工作更有利于完成。每当一项工作由一个人交接到另一个人时，都是一次发生错误的机会，因此需要设定一定的辅助设施或机制。

2. 整合团队

团队作业可以完成单个个体所无法完成的复杂作业。虽然团队在运作时，可能仍需要保留一定的向职能部门报告的关系，但他们是一个结合在一起的流程日常运作组织。相关联的团队成员空间距离的拉近意味着许多问题将不再出现，一旦出现问题也能得到及时、快速的解决。

3. 整合顾客

整合顾客主要意思就是指将企业提供产品/服务的过程与相关顾客的业务流程有机地结合在一起，使顾客和企业紧密联系在一起，竞争对手将更加难以插入。目前这种方式已经在国内的许多企业出现，比如汽车企业在研发新款汽车的时候，往往会邀请许多潜在的客户以及老客户对研发的产品提出各种意见和建议，作为进行产品研发的重要指导思想；再比如，手机企业通过建立外部客户对新手机的试用机制了解一线顾客的需求。通过这种企业 - 客户双方互动的关系，使产品更具针对性，更好地满足顾客的需求。

4. 整合供应商

通过消除企业与供应商之间不必要的官僚手续，可以极大地提高效率。与客户的整合一样，这里也需要建立信任与伙伴关系。当然必要的检验也是需要进行保留的。现在制造行业中的准时生产方式对供应商和制造商提出了更高的要求，要求他们在多方面进行合作，共同工作，整合订单流、发票流、设计数据流，等等。

（五）调整流程顺序

调整流程顺序就是指根据相关流程的侧重点控制方式的不同，对流程运作过程和顺序进行调整，使各环节的负荷与处理时间尽量均衡。任何流程的运作都需要资源的支持，而这种资源的支持是有限的。在这种情况下，通过均衡处理可以使流程的运作更加顺畅，避免运作环节中相应短板的出现，达到效率最优化。

均衡处理的方式主要有两种：变串为并和调整作业顺序。

1. 变串为并

对于许多串行工作，我们可以考虑将其进行并行处理，以提高流程运行效率，减少流程节点活动的干扰。一般而言，在企业内部存在着两种形式的并行：一种是各独立单位从事相同的工作，这时我们要将它们视为一体，统筹处理，分散执行。比如，许多企业内部存在着业务单元分散采购的问题，在这种情况下，如果能将有限的采购需求进行集中处理，不但可以降低采购成本，同时还能够缩短相应的采购周期。还有一种情况是各独立单位从事不同的工作，而这些工作最终必须组合在一起。

2. 改变作业顺序

通过观察流程运行的各个环节，对不合时宜的作业活动进行作业顺序的调整，以求获得流程上的改善和突破。比如：一项产品移送到一栋楼里，然后再返回到原来的楼里。文件在同一栋楼的不同部门之间送来送去，在这个阶段，我们需要检查作业顺序以判断是否能够减少文件的“长途旅行”时间。

（六）信息化与自动化

信息化与自动化是进行流程优化的重要手段。随着社会总体劳动力资源的趋于枯竭，以及信息化管理手段在企业内部扮演作用的加重，信息化与自动化已经成为很多企业进行流程优化的首选。

下面是常见的一些运用自动化进行处理的作业活动：

1. 脏活、累活、难活

这是日产公司投资生产系统改造的一条原则。它认为通常这类作业活动并不总是能够依靠人员来完成。如果实施自动化改造，工作质量将会得到大幅度提高；因为作业机器将突破人员的局限性，既不“在乎”艰苦工作条件，也不受艰苦工作条件的影响。

2. 枯燥作业

枯燥的作业活动将会使员工产生厌倦的情绪，不利于保持长期的良好精神状态。因此所有单调乏味的工作都可以作为自动化处理的对象，这些工作包括生产车间的作业任务、简单单调的数据录入，或者是核对报表的匹配事项，等等。

3. 数据采集

在传统的企业管理中手工的信息收集和统计活动成本是相当大的，它分布在每一个业务流程里。如果能用机器代替人员进行数据采集，不但可以节省大量的时间，同时还可以增加数据的准确性。比如：超市里面普遍运用的条形码技术就极为方便地实现了每天销售产品状况的统计和分析；另外，企业实施 ERP 系统可以将分散在每个供应链环节的数据全部整合在一起进行统计与分析。

4. 数据传送

将数据由一种格式转变成为另一种格式，或者从一个人转送到另一个人、由一个系统传输到另一个系统，这些都是自动化的首选对象。虽然有时由于计算机系统标准的不统一可能会造成转换数据过于复杂，但它却可以避免重复录入相同数据，减少因为数据不匹配而带来的麻烦。

5. 数据分析

每个公司都有大量数据，但是却不一定有足够的分析报告。信息分析正是信息系统的优势。通过拥有适当的软件，我们就可以随时作出设定的分析报告。

虽然信息化和自动化在进行流程处理时有巨大的优势，但它也有其局限性，仅仅只能够用于可以控制住的流程。在对企业内部流程进行自动化的时候，遵循 80/20 原则是一个基本的准则。也就是说，企业不要期望通过自动化系统将流程中的所有情况都处理好，而应将目标设定在 80% 的功能实现上，这样仅仅需要 20% 的成本和时间。

考虑到所有例外情况 100% 自动化解决方案的开发不但需要很长的时间，而且往往可靠性也不理想，维护成本很高，未来如果企业需要对流程进行调整和优化，也往往因为巨大的信息化系统投资而却步，因此将信息化系统与人员相互结合使用，双方优势互补，是企业进行信息化建设与管理最为有效的手段。

（七）授权

管理的最终目标在于提高企业运营效率和经营绩效，而授权可以在一定程度上帮助企业实现这一目标。企业通过合理的授权，首先可调动员工的积极性，因为在很多公司，每个岗位的责、权、利其实是不对等的，这就造成很多员工承担了责任，但没有权力保证，也没有利益保障，最终导致工作无法开展；其次企业通过授权体系可促使员工能力提升，缺乏授权体系的企业，员工工作基本上是“等、靠、要”，有了授权保障，员工可以变被动为主动；第三，企业可以通过授权体系，压缩审批环节，提升流程效率。

【案例4-3】 我们之前在帮助重庆一家上市公司进行流程优化的时候，发现该公司的付款审批环节竟有11个之多（下属公司经办人员填写《付款申请表》——所在部门主管签字审核——下属公司分管副总经理审核——下属公司法务员审核——下属公司法务部负责人审核——下属公司党委书记审核——下属公司总经理审核——总公司业务分管部门副部长审核——总公司业务分管部门部长审核——总公司法务主管审核——总公司法务部部长审核——总公司总裁签批），正常情况下，一路签字下来需要20天左右，如果遇到有人出差的话，60天也不一定能审批完成。更可怕的是，该公司规定，在流程审批的任何一个环节发现问题，流程将直接回到原点，由经办人重新发起审批。

上面的案例可以说是我们在帮助企业进行流程优化过程中看到的一个极品，试想一下，这样的流程设置，流程的效率会如何？所以说，企业在进行流程优化的时候，一定要想办法通过授权来减少流程审批环节，提升流程效率。

（八）业务流程外包

业务流程外包（BPO：Business Process Outsourcing）指企业将业务流程以及相应的职能外包给供应商，并由供应商对这些流程进行重组。随着企业竞争的加剧和社会分工的明细化，越来越多的企业开始思考将辅助性流程、管理流程甚至非核心业务流程进行外包，由专业的公司来协助企业实现流程价值。

这个道理很简单，对于任何一家企业而言，只需要做好自己的核心业务流程就可以使企业的经营价值最大化，而其他的辅助流程、管理流程以及非核心的业务流程所产生的价值贡献会远远低于核心业务流程的价值。而企业外包出来的这些流程，又是很多专业的流程外包公司最擅长的，同时也是这些外包公司的核心业务流程，这样一来，每家公司都做自己最擅长的事情，各自都能保证自身利益的最大化，诸如苹果把生产外包给富士康就是这个道理。

有人把企业业务流程外包称为“21世纪企业发展的新模式”，因为企业可以通过业务流程外包实现以下四个目标：

1. 有效地改善辅助业务对核心业务的支持作用，增加整体赢利

公司业务可划分为核心业务与辅助业务，BPO运作的主要对象是对整体业务起支撑作用的辅助业务，如财务（财务账务处理、税务筹划等）、信息系统（网站设计与维护、OA系统外包、ERP系统维护、服务器外包、搜索引擎等）、人力资源（员工招聘、培训、社会保险、员工福利等）、销售渠道管理（渠道拓展、销售管理等）、生产（工厂管理、供应体系等）、法务（法务咨询、合同审核、法务纠纷处理等）、物业、后勤等。这些辅助业务对外承包给专业化公司后，其业务质量能得到显著而迅速的改善，从而对核心业务起到推动作用，增加整体赢利。

2. 突出对核心业务的重点管理，同时实现对辅助业务的有效控制

将部分辅助业务外包，有助于公司管理层以更多的时间和精力，将更多资源投入到核心业务上。而在辅助业务管理上，作为业务承揽方的外部专业化公司，对其承揽项目的服务等级、成本构成、质量检测等有着明确的标准和承诺，这样，公司就可根据合同的履行情况实行对辅助业务的成本－质量控制，实现预期目标。

3. 提高外包业务质量的同时，也将这一业务领域改变成为具有创造性的领域

在公司内部，辅助业务常被视为“日常性工作”，是一笔“经常性费用”。当由外部专业化公司的雇员们接手这些业务后，这些业务的性质不再是“日常性工作”，而是“新的就业机会”。他们能以一种充满激情的态度，富有创造性地去完成这些工作。此外，外部专业化公司常常是所从事业务领域的技术领先者，他们对所承包的业务施以优化设计、科学运作与管理，并跟踪最新技术发展，不断更新公司的系统。

4. 有利于在新的市场环境中打破传统的行业（业务）界线，与外部公司形成跨业务领域的联合，构成长期的战略伙伴关系，增强彼此的竞争力

(九)资源重新配置

对于任何一家公司而言,企业所拥有和可支配的资源一定是有限的,如何集中优势资源去做对于企业而言最有价值的流程环节,这是每家企业都必须思考和解决的问题。

根据我们多年的实践经验,我们认为企业在进行流程优化的时候就必须要考虑到这一点,需要思考每个流程实施的资源评估,对于有些资源不足的流程,可采取两种模式来解决:其一,调配其他资源,其二,思考进行流程外包。

(十)流程中心型组织变革

企业在进行流程优化的时候要求同步进行流程中新型组织的设计和变革,流程中心型组织变革有3个层面:

1. 员工流程管理思想和意识的培养

员工能否接受并践行流程管理的思想和方法是企业进行流程优化成败的关键所在,企业通过流程优化要让员工充分理解流程管理的好处,让员工从被动接受到主动需求流程管理变革。

2. 传统职能式组织体系的调整

流程管理对于传统的职能式管理的挑战在于要打破部门墙,用海尔的经验来讲就是要"拆墙",拆掉部门之间、岗位之间的壁垒。

3. 流程价值的体现

要让员工能够体会到流程管理带来的好处,首要的就是让企业的流程价值最大化得以发挥。

【案例4－4】 接【案例3－10】,下图4－4是我们对深圳某色纺企业订单管理流程优化的结果:

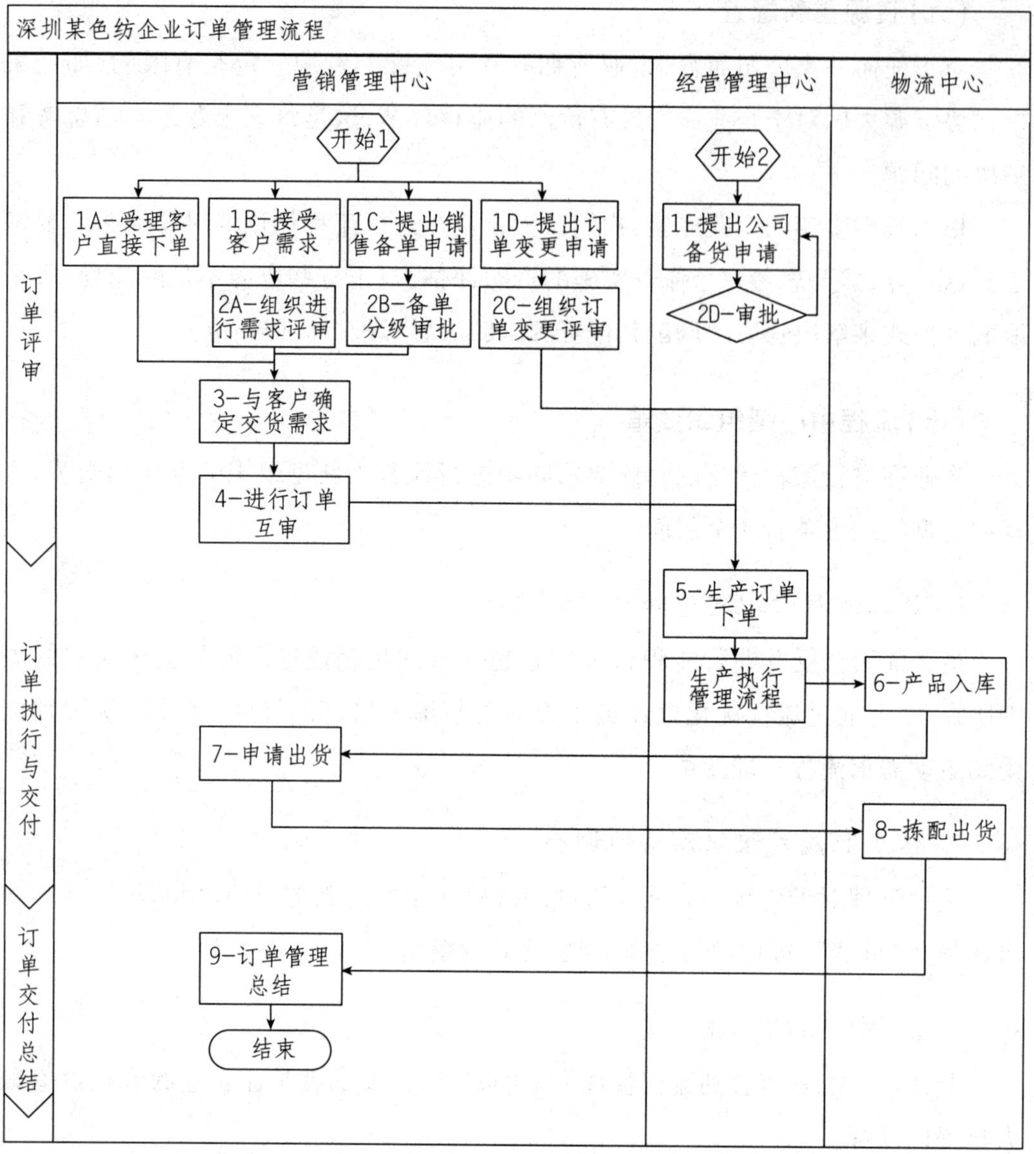

图4－4　深圳某色纺企业订单管理流程(优化)

表 4－2　深圳某色纺企业订单管理流程核心步骤说明

任务	风险点识别	任务操作标准和风险控制措施	时限	支持文件	运作表单
1A. 接受客户直接下单	订单录入出现差错	对于客户直接下单,由跟单员与经管中心确认订单交付期后,并与客户确认后,直接进行转单。 风险控制措施:加强订单自审和互审	2 小时内	《客户沟通一般话术》	
1B. 接受客户需求(询单)	丢单	对于客户询单需求,由跟单员与客户沟通确认需求,在 SAP 录入《询单表》。 风险控制措施:制定服务标准来进行防范	2 小时内		《询单表》 《调价审批单》
1C. 提出销售备单申请	产生异常库存	销售备单由营销管理中心提出申请,填写《销售备单申请表》。 风险控制措施:通过梳理的管理权限,对备货合理性、风险可控性进行控制			《销售备单申请表》
1D. 提出订单变更申请	产生经济损失或损害客户关系	销售订单部提出订单变更申请,填写《订单变更申请表》,按照《订单变更作业指导书》进行处理。 风险控制措施: (1)制定客户服务标准; (2)加强与客户商务谈判,维护公司利益,促进双赢	2 小时内	《订单变更作业指引》	《订单变更申请表》
1E. 提出公司备货申请	产生异常库存	经管中心根据市场需求情况,制定《常规品种月单生产计划表》,报公司进行审批。 风险控制措施:加强对常规品种备货的审批管理,	每月 30 日前		《常规品种月单生产计划表》

续表

任务	风险点识别	任务操作标准和风险控制措施	时限	支持文件	运作表单
2A. 组织进行需求评审		跟单员根据《接单界定表》和《复期公告》与客户进行沟通确认交货需求。如不能达成一致，由营销管理中心组织销售、经营管理中心和研发生产系统对客户需求评审，评审标准如下： (1)价格是否合适；结算是否合理； (2)交期能否满足； (3)工艺品质能否实现。 如需调价，由跟单员填写《调价审批表》，经相关部门审批后录入到SAP			《接单界定表》《复期公告》
2B. 审批销售备单申请		相关部门按照《授权表》对销售备单申请进行审批，审批标准如下： (1)备货原因的合理性； (2)备货风险可控性		《授权表》	
2C. 订单变更需求评审		营销管理中心组织经管中心对订单变更需求进行评审，评审标准如下： (1)对公司经济损失的影响； (2)对客户关系的影响。 (3)处理方式是否妥当。 对于逾期订单，通过订单变更评审，取消订单后转为异常库存，按照异常库存处理流程进行处理		《订单变更作业指引》	
2D. 对公司备货订单申请进行审批		公司领导对《常规品种月单生产计划表》进行审批，审批标准如下： (1)销售需求能否得到满足； (2)产能否得到有效平衡； (3)对市场趋势的把握是否到位			

续表

任务	风险点识别	任务操作标准和风险控制措施	时限	支持文件	运作表单
3. 转单	录入错误	跟单员与客户确认交货需求后，通过SAP将询单转化为销售订单			
4. 订单互审		跟单员下单后需按照《客户订单评审作业指导书》进行订单互审	转单2天内	《客户订单评审作业指导书》	
5. 生产订单下达		产品订单部统筹安排生产订单的执行，并做好对订单生产进度的跟进，协调异常，保障产品保质、保量、按期交货			
6. 产品入库		生产订单执行完成后，物流中心及时进行入库，并录入系统；成品物流计划员可以根据分仓存放需求按照内部调拨流程进行处理			
7. 申请出库	差错	跟单员提前查询到出货期的销售订单，按照《出货订单捆绑规则》（关联库存）确认出货数量、送货地址和客户信用额度，提出出货申请。 如果客户超过信用额度时，需冻结交货单，由跟单员填写《异常出库申请表》，报公司领导审批		《出货订单捆绑规则》	《出库申请表》、《异常出库申请表》
8. 对异常出货申请进行审批		相关部门按照按照授权表对异常出货申请进行审批，审批标准如下： （1）客户等级和信用额度； （2）逾期金额及原因、风险分析		《授权表》	

续表

任务	风险点识别	任务操作标准和风险控制措施	时限	支持文件	运作表单
9. 拣配出货		物流中心根据发货申请，安排发货。对于需要进行远洋运输和香港区出货申请的，按照《物流园出货指引》进行出货。 销售根据应收款作业指导书回收货款		《物流园出货指引》、《应收款作业指导书》	
10. 进行订单管理总结		营销管理中心每月对订单管理情况进行回顾、分析、总结，制订改善对策，形成订单管理总结报告	每月底		《月度订单管理总结报告模板》

【案例4-5】 接【案例3-11】，下图4-5、图4-6、图4-7分别是我们对HP订单管理流程、客户满意度管理流程、客户投诉处理流程进行优化的结果。

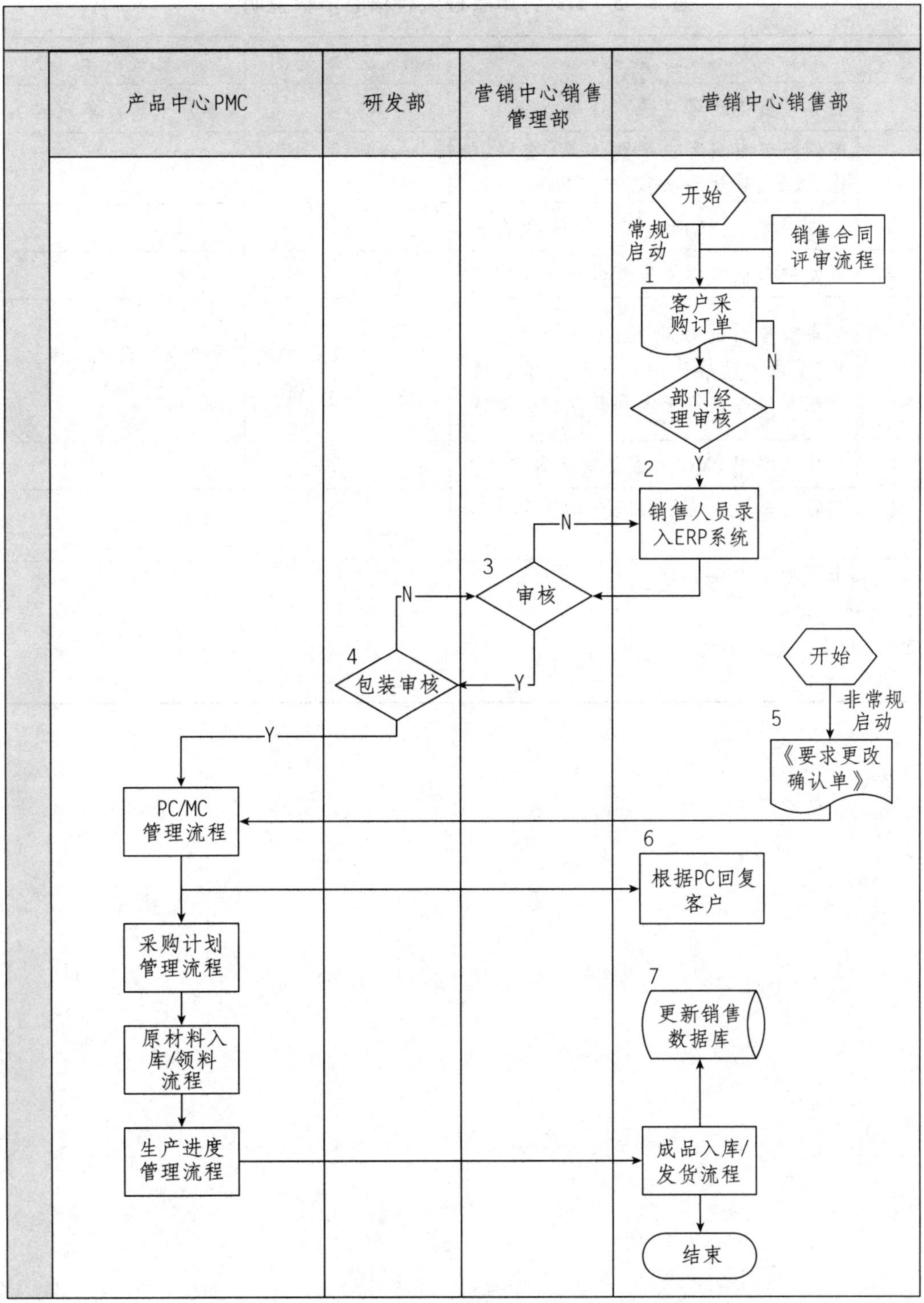

图4－5　HP订单管理流程(优化)

表 4－3　HP 订单管理流程核心步骤说明

序号	核心步骤说明	相关文件/制度	相关表单
1	业务人员接到客户采购订单		《客户采购订单》(略)
2	部门经理审核客户采购订单(交期、价格、数量、质量要求、客户信用等)		
3	主办会计审核(包括订单信息、单价)		
4	研发中心根据订单需要进行包装审核		
5	如果需要订单变更,销售部业务员填写《要求更改确认单》,部门经理审核,审核复印件销售管理部备案,跟踪	《滞库品预防措施和处理流程》(略)	《要求更改确认单》(略)
6	销售部根据 PMC 的回复反馈客户		
7	销售订单完成后,系统自动更新订单数据库		

与本流程相关的绩效指标:

1. 订单达成率
2. 订单输入差错次数
3. 滞库品库存

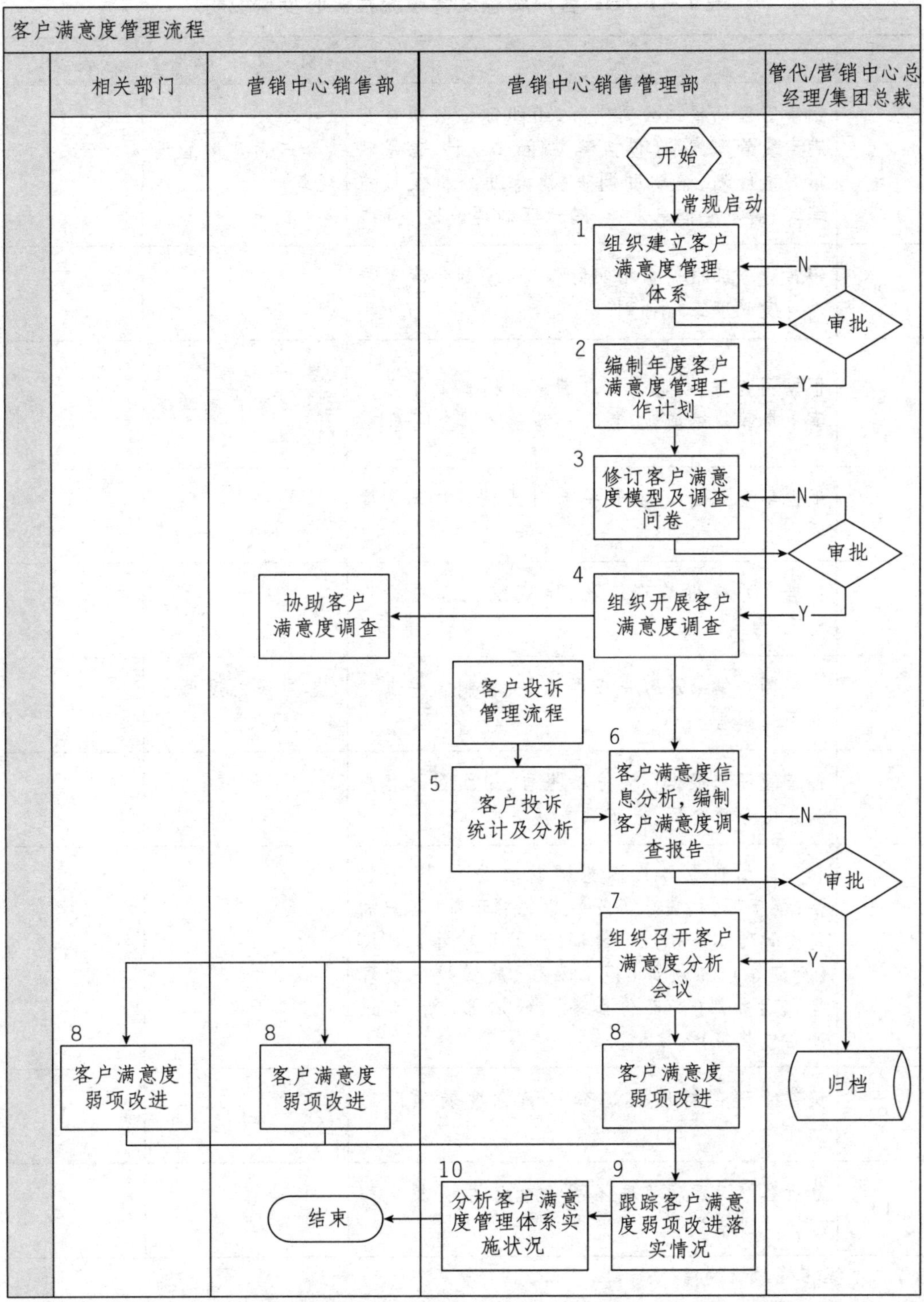

图4-6　HP 客户满意度管理流程(优化)

表4-4 HP客户满意度管理流程核心步骤说明

序号	核心步骤说明	相关文件/制度	相关表单
1	销售管理部根据公司实际,组织建立公司客户满意度管理体系(包括模型/问卷设计、信息收集渠道规划、满意度调查、满意度分析及报告编写、满意度信息发布、满意度弱项改进等)	《客户满意度管理规范》	
2	销售管理部根据当年实际情况,编制年度客户满意度管理工作计划		
3	根据调查需要,定义客户满意度模型及不同维度信息收集渠道,编制客户满意度调查问卷	《客户满意度模型》、《客户满意度问卷》	
4	根据年度计划,组织相关部门开展客户满意度调查		
5	根据客户投诉管理流程,定期统计客户投诉情况		
6	根据调查结果及客户投诉情况,编制客户满意度调查报告	《客户满意度调查分析报告》	
7	销售管理部根据调查分析报告,组织召开客户满意度分析会议,发布满意度信息		
8	相关部门负责客户满意度弱项改进,其中包括:销售部(销售服务等)、销售管理部(客户满意度管理体系等)、仓储部(产品运输等)、PMC(交期等)、品质部(产品品质、质量投诉处理等)、财务部(产品价格等)、研发部(新产品、产品包装等)		
9	销售管理部持续跟踪客户满意度弱项改进状况		
10	分析客户满意度管理体系实施状况,并提出相应的改进措施		

与本流程相关的绩效指标:
1. 客户满意度
2. 客户满意度分析报告质量
3. 客户满意度弱项改进

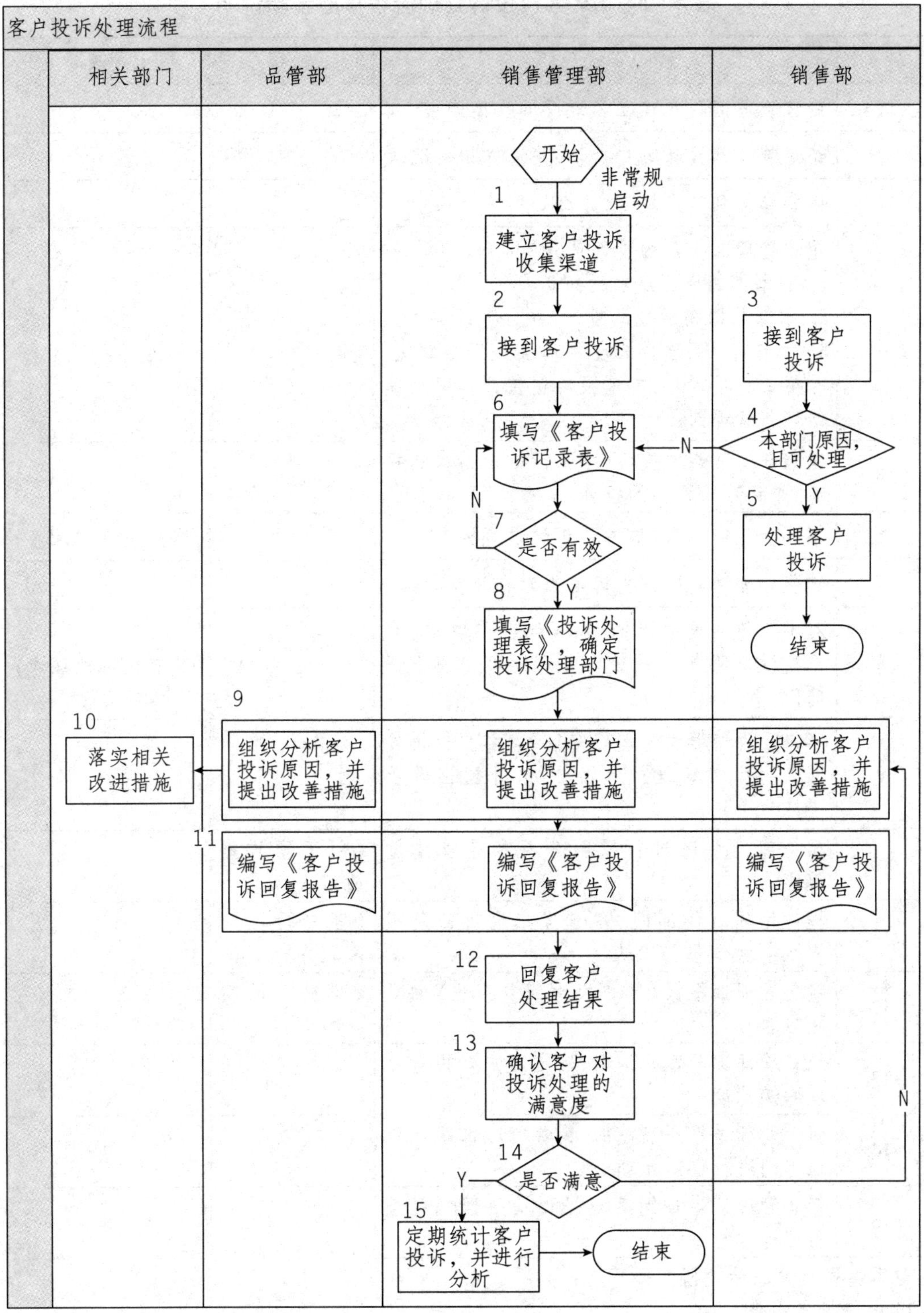

图 4－7　HP 客户投诉处理流程(优化)

表 4－5　HP 客户投诉处理流程核心步骤说明

序号	核心步骤说明	相关文件/制度	相关表单
1	销售管理部负责建立客户投诉收集渠道		
2	销售管理部接到客户投诉，并做好相关记录		
3	销售部接到客户投诉，并做好相关记录		
4	销售管理部接到的投诉可分为： 1. 非本部门原因造成的投诉 2. 本部门原因造成的投诉，并且可以解决 3. 本部门原因造成的投诉，本部门不能解决 除第 2 种投诉外，其他投诉销售部均需反馈给销售管理部		
5	销售部处理相关投诉（本部门原因造成的投诉，并且可以解决的投诉）		
6	销售管理部填写《客户投诉记录表》		《客户投诉记录表》
7	销售管理部判断该投诉是否为有效投诉		
8	对于有效的投诉，销售管理部需要填写《客户投诉处理表》，并确定客户投诉处理责任部门		《客户投诉处理表》
9	客户投诉处理责任部门在接到《客户投诉处理表》后，组织进行原因分析，并提出改善措施		
10	相关部门协助进行原因分析和改善措施落实	《纠正预防措施报告》	
11	投诉处理责任部门编写《客户投诉回复报告》，并经销售部确认	《客户投诉处理程序》	
12	销售管理部根据《客户投诉回复报告》回复相应客户	《客户投诉回复报告》	
13	销售管理部与客户沟通，确定客户对投诉处理的满意度		
14	对于处理结果不满意的，销售管理部跟踪责任部门进行重新处理		
15	销售管理部定期对客户投诉及处理情况进行统计分析		

与本流程相关的绩效指标：
1. 客户投诉次数
2. 客户投诉处理满意度
3. 客户投诉处理及时性

四、流程优化衡量

前面我们讲了很多流程优化的技巧和方法，我想读者朋友可能还会有一个问题要问，那就是我们做流程优化的标准是什么？换句话来讲，什么样的流程才是好流程呢？

1. 流程中的活动都是增值的活动

我们在前面已经提到，企业流程管理的核心目的是为了“增值”，当然每个流程、每个活动的“增值”方式可能有所不同，但流程优化的时候，始终要把握这样一个原则，那就是“该活动有增值价值吗？”如果没有，就一定要想办法将该活动剔除掉。

2. 保证业务流程面向客户

我们在谈到流程的六大构成要素的时候提到，客户就是流程输出结果的最终消费者，企业进行流程优化，当然要保证面向客户，并且保证客户的满意。

3. 保证管理流程面向企业目标

我们在谈到战略、流程和组织的关系的时候，曾经讲过，战略决定企业做正确的事，组织决定企业正确地做事，而流程则可以帮助企业高效率、低成本、低风险的做事。流程的存在一定是为了企业战略的实现，如果企业流程优化离开了战略的引导和战略目标的实现，那将是毫无意义的。

4. 员工的每一项活动都是实现企业目标的一部分

流程的运作离不开部门和员工，所以企业流程的每个环节都应该是有意义的，也就是我们刚才提到的有“增值”的，那么从员工的层面来讲，任何一个动作都应该对公司的战略实现是有意义的。

5. 流程持续改进，永不过时

世界上唯一不变的就是变化。竞争环境的变化是永恒的，流程管理就是要帮助企业在周边环境变化时使运营和管理能尽快赶上这种变化。环境的变化必须带来运营和管理的不断调整和变化，而运营和管理的变化必然要反映到流程上，所以说，企业的流程管理一定是动态的，而且流程管理成熟的企业也一定有健全的流程自我优化机能。关于这一点，我们会在本书的第八章进行详细说明，企业的流程优化一定不是什么“抽风运动”，而是需要有一整套完整的配套体系保证流程持续改进，永不过时。

第二节 企业核心业务流程优化

大家都知道,企业的核心业务流程就是企业订单实现的过程,企业在接到订单,组织研发和生产,并通过物流和交付最大化满足客户需求的过程中,实现了增值。本节我们将通过系统介绍整合市场营销(IM:Integrated Marketing)、集成产品开发(IPD:Integrated Product Development)、集成供应链(ISC:Integrated Supply Chain),帮助企业建立高效的核心业务运作体系。

一、整合营销(IM)业务流程优化

传统的营销以4Ps(产品 Product、价格 Price、渠道 Place、促销 Promotion)和4Cs(顾客 Customer、成本 Cost、便利 Convenience、沟通 Communication)为理论基础,两种不同的营销理论,其流程强调的侧重点有所不同,具体如下:

1. 4Ps 关注的重点

(1)产品的组合(Product):主要包括产品的实体、服务、品牌、包装。它是指企业提供给目标市场的货物、服务的集合,包括产品的效用、质量、外观、式样、品牌、包装和规格,还包括服务和保证等因素。

(2)定价的组合(Price):主要包括基本价格、折扣价格、付款时间、借贷条件等。它是指企业出售产品所追求的经济回报。

(3)分销的组合(Place):主要包括分销渠道、储存设施、运输设施、存货控制,它代表企业为使其产品进入和达到目标市场所组织、实施的各种活动,包括途径、环节、场所、仓储和运输等。

(4)促销的组合(Promotion):促销组合是指企业利用各种信息载体与目标市场进行沟通的传播活动,包括广告、人员推销、营业推广与公共关系,等等。

基于4Ps营销理论,企业的营销流程主要关注:产品生产流程、产品检验流程、产品包装流程、产品设计流程、产品定价流程、销售发货流程、销售管理流程、销售渠道开发与管理流程、促销管理流程等。

2. 4Cs 关注的重点

(1)顾客(Customer):主要指顾客的需求。企业必须首先了解和研究顾客,并根据顾客的需求来提供产品。同时，企业提供的不仅仅是产品和服务，更重要的是由此产生的客户价值。

（2）成本（Cost）：不单是企业的生产成本，或者说4Ps中的价格，它还包括顾客的购买成本。同时也意味着产品定价的理想情况，应该是既低于顾客的心理价格，也能够让企业有所赢利。此外，顾客购买成本不仅包括其货币支出，还包括其为此耗费的时间、体力和精力消耗、购买风险等。

（3）便利（Convenience）：即为顾客提供最大的购物和使用便利。4Cs营销理论强调企业在制定分销策略时，要更多地考虑顾客的方便，而不是企业自己方便。要通过好的售前、售中和售后服务来让顾客在购物的同时，也享受到便利。

（4）沟通（Communication）：4Cs营销理论认为，企业应通过同顾客进行积极有效的双向沟通，建立基于共同利益的新型企业/顾客关系。

基于4Cs营销理论，企业的营销流程主要关注：客户需求调研流程、价格管理流程、售前管理流程、售中管理流程、售后管理流程、销售过程管理流程、客户满意度管理流程等。

从上面的分析来看，不管是4Ps，还是4Cs，在其理论主张下，企业虽然都很重视营销过程中各个环节流程的管理，但这些流程很难突破传统职能管理思想的束缚、发挥协同效应。

3. 基于整合营销（IM）的流程优化

我们认为，企业要建立一套切实可行的、高效的营销流程管理体系，用IM（整合营销 Integrated Marketing）管理思想会更加有效。

世界营销之父唐·舒尔茨教授从20世纪80年代就开始研究IMC（整合营销传播：Integrated Marketing Communications），提出从品牌和客户投资回报（ROCI）的角度思考IMC，即目前他提出了以解决消费者需求为中心的SIVA理论（解决方案 Solutions、信息 Information、价值 Value、途径 Access）。SIVA理论主要是以消费者需求为中心，在消费者解决自身需求的系列行为轨迹上找寻到营销的关键环节。

IM其实就是在IMC的基础上，为了保证客户价值主张的最大化满足，企业从研究客户诉求着手，提出解决方案（产品和服务），并通过适当的途径销售出去，满足客户需求的过程。

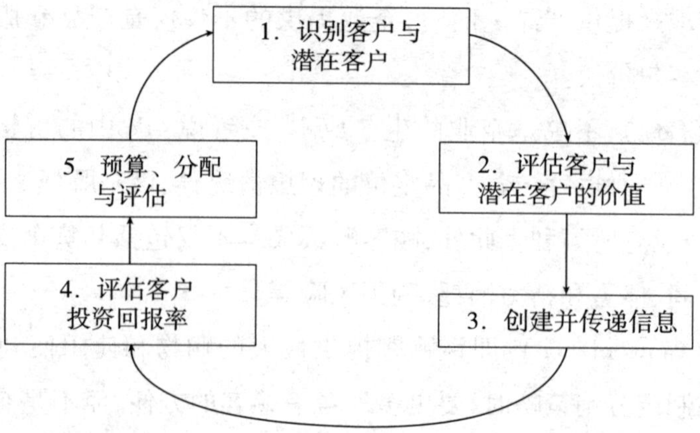

图 4－8　舒尔茨 IMC 五步循环模型

我们也可以通过图 4－8 看到,舒尔茨主张企业的任何营销行为都必须围绕客户与潜在客户的价值主张开始,其实企业内部的营销核心业务流程的设计也需要按照这个思路展开:

(1)我们的客户是谁?

(2)客户的核心价值主张是什么? 如何评估?

(3)为了最大化地满足客户价值,我们需要提供什么样的最佳产品(服务)?

(4)以什么样的方式让顾客知道我们的产品(服务)?

(5)如何才能保证我们提供的产品(服务)是最有价值的?

(6)我们如何才能从品牌、广告、市场、促销、销售政策、客户服务等多个维度达到以上目的?

【案例 4－6】　广东某通信企业基于 IM 的营销核心业务流程规划与优化。

广东某通信企业是专门定位于研发、生产和销售智能手机的高科技企业,其客户主要定位于 18～30 岁之间的年轻群体,这些年轻群体的主要特征为:追求自由、张扬个性、追求新鲜刺激。

为了达到 IM 的目的,下面是我们为该企业规划的营销核心业务流程:

(1)目标客户研究及锁定流程;

(2)目标客户群体核心需求管理流程;

(3)产品线规划流程;

(4)新品上市流程;

(5)市场活动管理流程;

(6)销售订单管理流程;

(7)客户服务流程;

(8)产品生命周期管理流程。

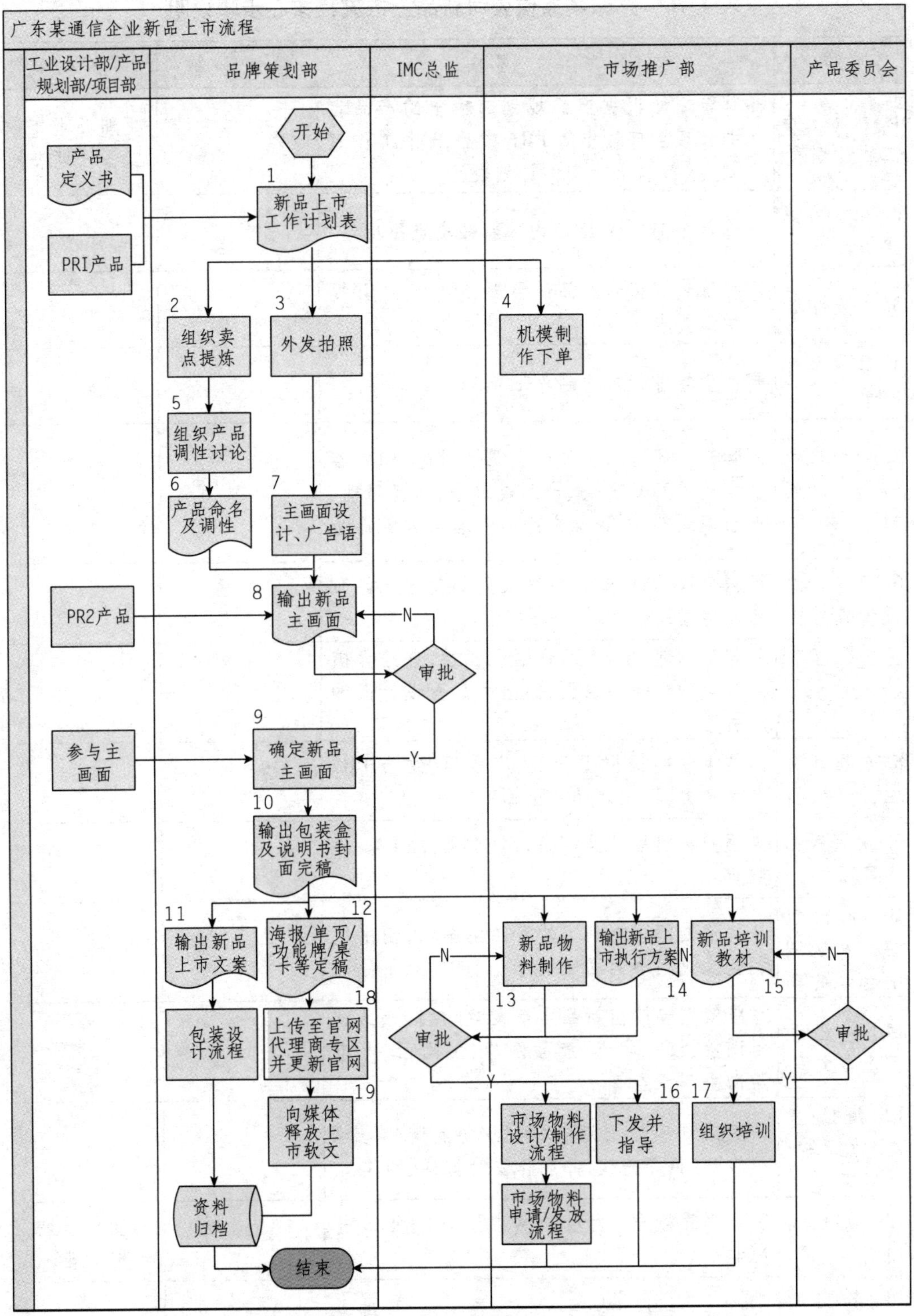

图 4－9　广东某通信公司新品上市流程

表 4-6　广东某通信公司新品上市流程核心步骤说明

步骤	工作内容的简要描述	相关流程/制度	相关表单/文件
1. 新品上市工作计划表	品牌策划部根据产品规划部输出的产品定义书和项目部输出的 PR1 产品，3 个工作日内制定《新品上市工作计划表》		《新品上市工作计划表》
2. 组织卖点提炼	品牌策划部组织 IMC 内部新品卖点提炼		
3. 外发拍照	品牌策划部将新产品送摄影公司拍照，并提供拍摄要求		
4. 机模制作下单	制作主管进行机模制作下单		
5. 组织产品传播调性讨论	品牌策划部组织召开产品调性讨论会议，参会人员为 IMC 相关、产品委员会、项目经理、产品规划部，会议确定产品命名及传播调性		
6. 产品命名及传播调性	根据会议研讨结果，品牌策划部输出产品命名及传播调性		
7. 主画面设计、广告语	品牌策划部根据产品命名和调性，并结合摄影公司的产品拍照图，做出主画面设计图和广告语		
8. 输出新品主画面	品牌策划部根据主画面、广告语，结合 PR2 产品情况，输出新品主画面		
9. 确定新品主画面	主画面输出后征集相关人员意见，经 IMC 总监审定		
10. 输出包装盒及说明书封面完稿	品牌策划部根据确定的新品主画面，输出包装盒及说明书封面完稿		
11. 输出新品上市文案	品牌策划部输出新品上市文案（包括产品宣传调性、核心卖点、产品图片、主画面、上市活动主创意点等）		
12. 海报/单页/功能牌/等定稿	品牌策划部输出海报/单页/功能牌/桌卡/吊旗/灯箱等完稿，并制作主管打样、制作		
13. 新品物料制作	制作主管输出《物料采购申请表》，并跟进制作		《物料采购申请表》
14. 输出新品上市执行方案	市场推广部输出新品上市执行方案，并提交 IMC 总监审批		

续表

步骤	工作内容的简要描述	相关流程/制度	相关表单/文件
15. 新品培训教材	市场推广部输出新品培训教材，并提交产品委员会审批，审批通过后组织代理商品牌专员进行培训		
16. 下发并指导	市场推广部下发新品上市执行方案后，指导代理商实施		
17. 组织培训	由市场推广部组织在全国范围内进行培训		
18. 上传至官网代理商专区并更新官网	品牌策划部将海报/单页/功能牌/桌卡/吊旗/灯箱等完稿上传至官网代理商专区，并增加官网新品信息（首页幻灯片、朵唯产品、新品新闻）		
19. 向媒体释放上市软文	品牌策划部向媒体释放上市软文		

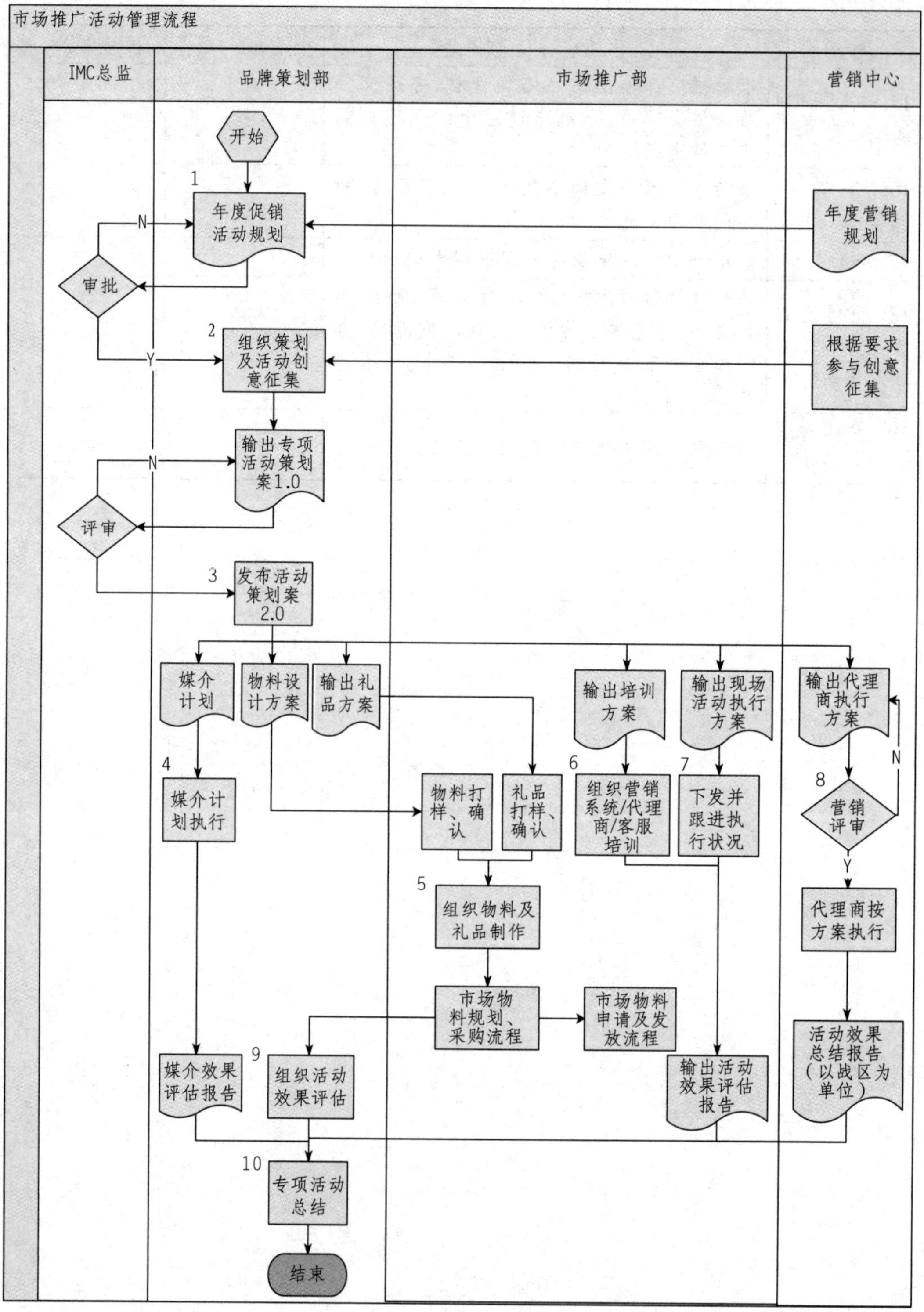

图4-10　广东某通信公司市场活动管理流程

表4-7　广东某通信公司市场活动管理流程核心步骤说明

步骤	工作内容的简要描述	相关流程/制度	相关表单/文件
1. 年度促销活动规划	由营销中心提供年度营销规划，品牌策划部发起，做出年度促销活动规划，提交给IMC总监审批，审批通过后，启动年度不同时节的促销活动准备		《年底促销活动规划》
2. 组织策划及活动创意征集	依据年度促销活动规划，品牌策划部确认当期需策划的促销活动需求后，发动营销中心、IMC部门，就当期活动创意提出建议		
3. 输出并发布专项活动策划案	(1)品牌策划部输出专项活动策划案，并发起会议，总裁、营销总监、IMC总监参加，对方案(活动主题、形式、活动物料种类、数量等)进行评审； (2)评审通过，品牌策划部对应岗位开始进入媒介方案准备、活动物料设计、礼品方案落实等工作； (3)市场推广部对应输出培训方案、活动现场执行方案； (4)营销中心对应输出代理商执行方案		《整合营销传播策划方案》
4. 媒介计划执行	针对活动特性，媒介主管落实对应的媒介计划，邀约媒介洽谈，核实广告排期，发布媒体广告上线通知		《广告排期表》 《广告上线通知》
5. 组织物料和礼品制作	根据物料和礼品计划，与采购部接洽，找样、安排供应商打样、确认样品	市场物料管理流程	《样品确认书》 《市场物料制作申请表》
6. 组织培训	由市场推广部根据方案活动开发培训课件，并组织针对营销系统、代理商系统、客服的培训计划		《培训教案》
7. 输出现场活动执行方案	由市场推广部按照《整合营销传播策划方案》，输出现场活动执行方案，下发给营销中心、省代，并跟进执行状态		《现场活动执行方案》
8. 代理商执行活动方案	由营销中心各战区与省代沟通，省代依据《整合营销传播策划方案》出当地执行方案，报大区总监审批，审批通过代理商执行活动方案		
9. 组织活动效果评估	由媒介主管输出针对活动的《媒介效果评估报告》、市场推广部输出《市场活动效果评估报告》，以战区为单位输出代理商的《活动效果总结报告》		《媒介效果评估报告》、《市场活动效果评估报告》、《活动效果总结报告》
10. 专项活动总结	品牌策划部汇集各方提供的总结，组织开展专项活动总结报告会议		《专项活动总结报告》

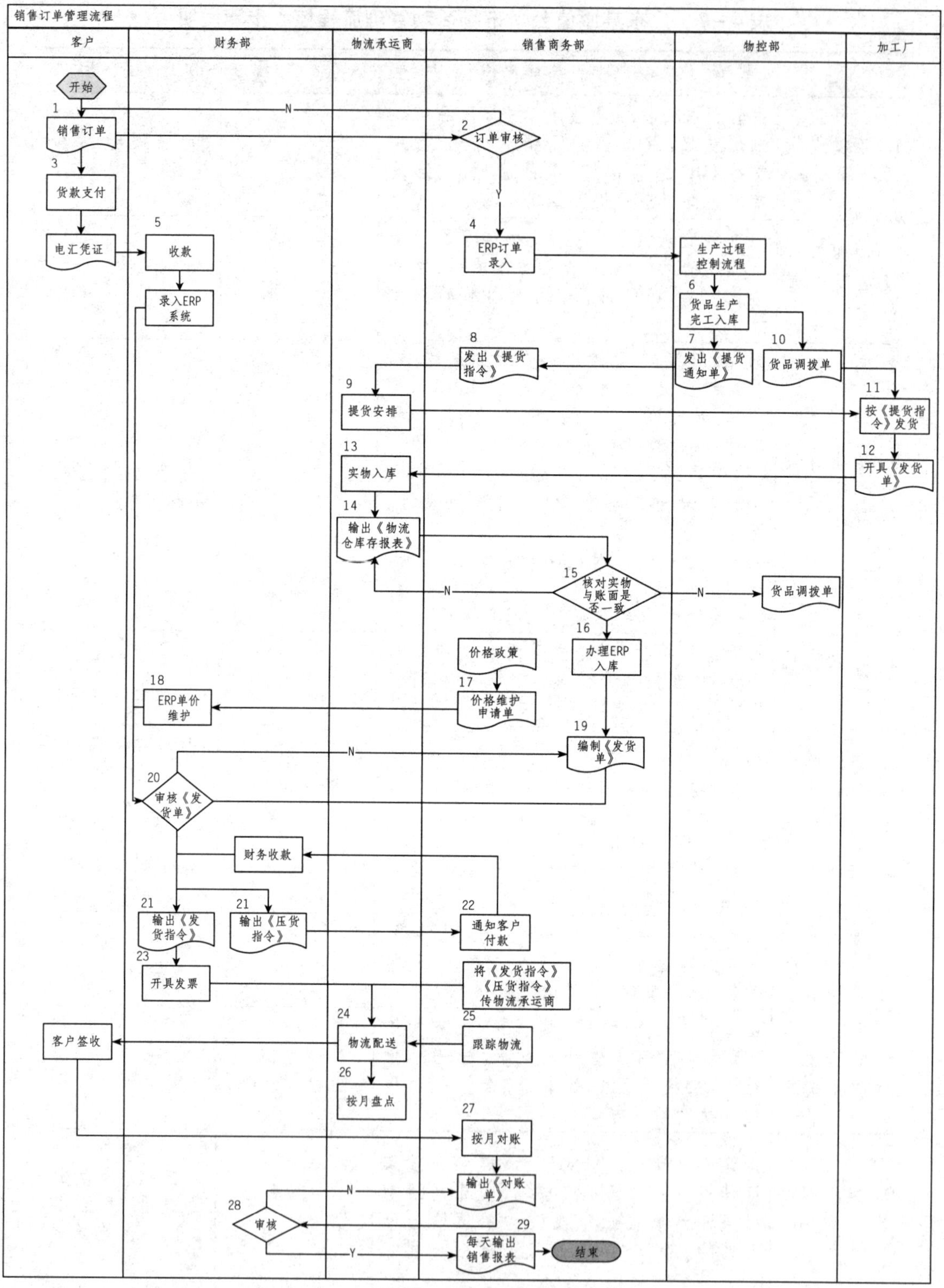

图4－11　广东某通信企业销售订单管理流程

表 4－8　广东某通信企业销售订单管理流程核心步骤说明

步骤	工作内容的简要描述	相关流程/制度	相关表单/文件
1. 销售订单	客户根据需求填写《销售订购合同》，盖章传至销售商务部		《销售订购合同》
2. 订单审核	销售商务部负责订单涉及货品的颜色、数量、价格等内容的审核，确认无误后盖章并回传客户		
3. 货款支付	客户根据已审核的订单安排货款支付，并将电汇凭证传销售商务部		
4. ERP 订单录入	销售商务部将审核后的订单当天录入公司 ERP 系统		
5. 收款	财务部根据付款凭证及银行进账单确认货款到账情况		
6. 货品生产完工入库	物控部将货品生产完工后暂入加工厂库		
7. 发出《提货通知单》	物控部在当天下午4点前发货提货通知		
8. 发出《提货指令》	销售商务部根据物控提货通知，向物流公司发货《提货指令》		《提货指令》
9. 提货安排	物流承运商按《提货指令》内部安排车辆、人员前往工厂		
10. 货品调拨单	物控部在上午10点前将货品在 ERP 系统中做调拨单		
11. 按《提货指令》发货	加工厂按照《提货指令》进行发货，将货物交付给指定的承运公司		
12. 开具《发货单》	加工厂开具《发货单》，并要求物流公司进行货物签收		
13. 实物入库	物流承运商将货物提回仓库入库		
14. 输出《物流仓库存报表》	物流承运商在当天上午 10 点前按照《库存模版》输出		《库存模版》

续表

步骤	工作内容的简要描述	相关流程/制度	相关表单/文件
15. 实物与账面核对	销售商务部根据《物流仓库存报表》与ERP系统调拨进行审核是否一致		
16. 办理ERP入库	销售商务部审核ERP系统《其他入库单》办理入库手续		
17. 价格维护申请	销售商务部在OA系统提交《价格维护申请》		《价格维护申请》
18. ERP单价维护	财务部根据审核通过的《价格维护申请》，对货品单价在ERP系统中维护		
19. 编制ERP《发货单》	销售商务部根据订单、库存情况在ERP系统里制作《发货单》		
20. 审核《发货单》	财务部根据系统信用额度对发货单单价等相关内容进行审核		
21. 输出《发货指令》和《压货指令》	财务部根据已审核的《发货单》输出《发货指令》和《压货指令》		
22. 通知客户付款	销售商务部根据压货指令通知客户付款，款到后财务部通知商务将压货指令到财务盖章后发货		
23. 开具发票	财务部在每月26日前根据上月26到当月25日的发货单开具发票		
24. 物流配送	销售商务部将《发货指令》和《压货指令》传真给物流承运商，物流承运商根据指令进行配送		
25. 跟踪物流	销售商务部根据物流信息通知客户，同时按照时效推迟一小时为原则进行货物确认		
26. 按月盘点	销售商务部按月对物流承运商仓库进行盘点，输出《盘点报表》		
27. 按月对账	销售商务部在7月15日前完成往来账务核，输出《对账单》		《对账单》
28. 对账单审核	财务部负责对账单审核、盖章		
29. 输出《销售报表》	销售商务部根据订单、发货情况输出《销量报表》		

二、集成产品研发(IPD)业务流程优化

任何一家企业都是围绕满足顾客某种至关重要的需求而存在的，也就是说，不管这家企业是卖运动服饰(如NIKE、ADIDAS、LINING)，还是卖手机(如APPLE、SAMSUNG、NOKIA)，都离不开产品(服务)的设计与开发。大家都知道APPLE的成功正是源于乔布斯对于产品的精益求精，中国有句老话，酒香不怕巷子深，好的产品(服务)是企业成功的关键因素。

罗伯特·G. 库珀教授提出的以市场为驱动的新产品开发流程为我们提供了很好的思路，库珀认为，全世界的企业都在参与一场前所未有的新产品战，而且战场遍及全世界的每个角落，无论是家用电器，还是工程用新型树脂，从软件到硬件，甚至电子商务领域，新产品战愈演愈烈，而且战争的最终结局是：那些在新产品上取得成功的企业，必将获得持续的竞争优势，进而获得客户，获得市场。

库珀提出新产品对于企业而言虽然非常重要，但新产品开发失败的可能性也不小，根据研究，他认为导致新产品失败的原因有三个维度。

(一)库珀新产品失败三维度理论

1. 市场维度

(1)前期市场评估不准；

(2)未进行详细的市场调查；

(3)未对目标客户进行产品原型测试；

(4)新产品市场测试不足；

(5)对于新产品的发布重视不够，不能让目标市场在第一时间了解新产品。

2. 技术维度

(1)技术前期评估不足；

(2)产品开发计划把握不准或开发周期过长；

(3)实验室内产品原型测试不过关；

(4)新产品小试、中试环节问题解决不彻底，新产品带病上市；

(5)新产品量产环节存在问题。

3. 新产品评审维度

(1)新产品规划及产品定义错误；

(2)新产品立项评审把关不严;

(3)新产品研发评审节点评审不严;

(4)新品上市评审把关不严。

为了解决上述问题,帮助企业建立快速、高效的新产品开发流程体系,库珀同时又提出了新产品开发中的11个关键环节[①]:

表4-9 新产品开发关键环节定义

关键环节	说　明
1. 初选	决定进行项目的第一次决策,初步确定资源(人员和资金)
2. 前期市场评估	快速的市场评估,客户需求、市场接受的可能性、竞争环境、主要依赖的内部资源
3. 前期技术评估	提出问题,如能否开发该产品、怎样开发、能否制造出来等,主要基于内部讨论、内部能力及一些文献
4. 详细的市场调查	具体的市场调查,如客户的需求调查、概念测试、定位研究和竞争分析,包括大量的实地考察和与客户的深入交流
5. 开发前的市场及财务分析	决定进行一个全面的开发项目,如财务分析、风险评估、定性商业评估、市场竞争力、竞争优势
6. 产品开发	真正开发产品
7. 产品测试	在可控制的条件下或实验条件下,进行内部产品测试
8. 客户测试	客户测试产品、实地分析、显著性分析、倾向性分析,将产品交给客户进行实地测试
9. 市场测试或试销	基于小范围或区域内试销或市场测试
10. 发布前的商业分析	发布的决策,发布前的最后一次商业和财务分析
11. 开始生产	全线的发布启动和操作

与库珀的核心思想相似,目前国际、国内比较常用的产品开发主要以IBM提出的IPD为主,1992年IBM在激烈的市场竞争下,遭遇到了严重的财政困难,公司销售收入停止增长,利润急剧下降。经过分析,IBM发现他们在研发费用、研发损失费用和产品上市时间等几个方面远远落后于业界最佳。为了重新获得市场竞争优势,IBM提出了将产品上市时间压缩一半、在不影响产品开发结果的情况下

① 〔加〕罗伯特·G. 库珀. 新产品开发流程管理(第3版)[M]. 青铜器软件公司,译. 北京:电子工业出版社,2012:27.

将研发费用减少一半的目标。为了达到这个目标，IBM 公司率先应用了集成产品开发（IPD）的方法，在综合了许多业界最佳实践要素的框架指导下，从流程重整和产品重整两个方面来达到缩短产品上市时间、提高产品利润、有效地进行产品开发、为顾客和股东提供更大价值的目标。

IPD 也是一种以市场为基础、以内部流程重组和结构优化为核心的新产品开发思想，我们把 IPD 的核心框架概括如下：

（二）IPD 核心框架

1. 市场分析

从客户、投资、市场等产品生存的外在客观环境因素来影响产品的特性和生命。包括：

（1）客户需求分析。市场需求是产品存在的基础，缺乏全面、准确的市场需求分析和把握是导致产品研发失败的主要原因（库珀在分析新产品失败原因时，这是第一原因），IPD 提出的 $ APPEALS 模型可以帮助企业快速、准确地把握客户需求。

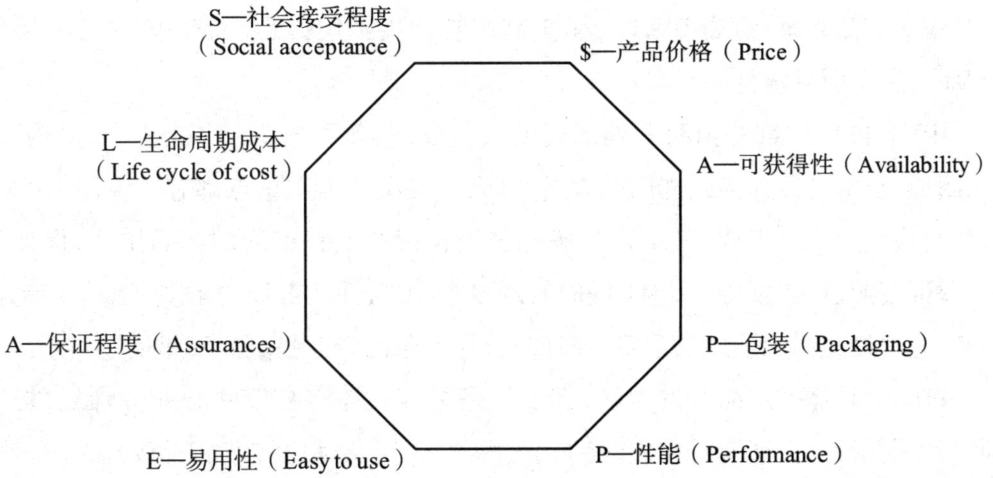

图 4－12　$ APPEALS 模型

（2）投资分析。IPD 强调，任何一个新产品的开发，都要求企业必须准确分析和预测新产品的投资回报，进而反过来决定每个新产品的资金分配。尤其是经营多种产品的生产企业，要正确地决定资金投入对策，还必须研究产品结构，研究企业各种产品的投入、产出、创利与市场占有率、市场成长率之间的关系，然后才能决定对众多产品如何分配资金。这是企业产品投资组合计划必须解决的问题。企业组成什么样的产品结构？总的要求应是各具特色，经济合理。因此，需要考虑服务方向、竞争对手、市场需求、企业优势、资源条件、收益目标等因素。

投资分析不仅仅在产品立项前要关注，其实企业在整个产品生命周期都需要关注投资分析，并且在新产品开发流程中需要设置一些关键的检讨点，通过阶段性的评审来决定项目是否继续，否则会造成资源的浪费，增加一些没必要的资源投入。

企业进行投资分析时可以根据实际情况设定一些衡量指标，比如对产品开发过程、不同层次人员或组织的工作绩效进行衡量的一系列指标。如：产品开发过程的衡量标准有硬指标（如财务指标、产品开发周期等）和软指标（如产品开发过程的成熟度）；衡量标准有投资效率、新产品收入比率、被废弃的项目数、产品上市时间、产品赢利时间、共用基础模块的重用情况等。

2. 开发流程重组

IPD 强调关注跨部门团队建设、结构化的流程体系设计、项目过程管理等。

（1）跨部门团队建设。IPD 强调，新产品研发过程中有两类跨部门的团队，一个是集成产品管理团队（IPMT），属于高层管理决策层；另一个是产品开发团队（PDT），属于项目执行层。

IPMT 和 PDT 都是由跨职能部门的人组成，包含了开发、市场、生产、采购、财务、制造、技术支援等不同部门的人员，其人员层次和工作重点都有所不同。IPMT 由公司决策层人员组成，其工作是确保公司在市场上有正确的产品定位，保证项目、保证资源、控制投资。IPMT 同时管理多个 PDT，并从市场的角度考察他们是否赢利，适时终止前景不好的项目，保证将公司有限的资源投到高回报的项目上。

PDT 是具体的产品开发团队，其工作是制订具体产品策略和业务计划，按照项目计划执行并保证及时完成，确保小组将按计划及时地将产品投放到市场。同时，PDT 是一个虚拟的组织，其成员在产品开发期间一起工作，由项目经理组织，可以是项目经理负责的项目单列式组织结构。

（2）结构化的流程体系设计。IPD 产品开发流程被明确地划分为概念、计划、开发、验证、发布、生命周期六个阶段，并且在流程中有定义清晰的决策评审点。这些评审点上的评审已不是技术评审，而是业务评审，更关注产品的市场定位及赢利情况。决策评审点有一致的衡量标准，只有完成了规定的工作才能够由一个决策点进入下一个决策点。

(3)项目过程管理。项目过程管理是使跨部门团队集合起来更好地行动的关键。首先要有一个目标即项目所要达到的效果,一旦我们将客户的需求转换为对产品的需求时,就可以制订详细计划了。该计划中的各部分将具体划分为每个职能部门的工作,即这个计划不只是研发部门的计划,也是公司各个部门共同的计划。一个产品从概念形成到上市期间会涉及许多不同的紧密相联的活动,就好像不同职能部门彼此之间是有关系的。同样在一个项目中他们彼此之间的活动也是有关联的,所有的活动加起来就是整个的产品开发。

接下来安排活动的时间,然后对每个活动进行预算和资源的调配,在项目实施过程中还需要不断地与计划对照,因为没有任何一个计划是完善的,所以可以在细的层面上对计划进行一定的调整,但是 PDT 做出的承诺不能改变。整个项目的进行过程都需要 PDT 的参与,因此,PDT 在产品开发全流程中自始至终存在。

3. 产品重整

IPD 强调产品重组主要关注于异步开发和共用基础模块。

(1)异步开发。异步开发模式的基本思想是将产品开发在纵向分为不同的层次,如技术层、子系统层、平台层等。不同层次工作由不同的团队并行地异步开发完成,从而减少下层对上层工作的制约,每个层次都直接面向市场。

通常,在产品开发过程中,由于上层技术或系统通常依赖于下层的技术,因此,开发层次之间的工作具有相互依赖性,如果一个层次的工作延迟了,将会造成整个时间的延长,这是导致产品开发延误的主要原因。通过减弱各开发层次间的依赖关系,可以实现所有层次任务的异步开发。

为了实现异步开发,建立可重用的共用基础模块是非常重要的。

(2)共用基础模块。共用基础模块(CBB:Common Building Blocks)指那些可以在不同产品、系统之间共用的零部件、模块、技术及其他相关的设计成果。由于部门之间共享已有成果的程度很低,随着产品种类的不断增长,零部件、支持系统、供应商也在持续增长,这将导致一系列问题。事实上,不同产品、系统之间,存在许多可以共用的零部件、模块和技术,如果产品在开发中尽可能多地采用了这些成熟的共用基础模块和技术,无疑这一产品的质量、进度和成本会得到很好的控制和保证,产品开发中的技术风险也将大为降低。因此,通过产品重整,建立 CBB 数据库,实现技术、模块、子系统、零部件在不同产品之间的重用和共享,可以缩短产品开发周期、降低产品成本。CBB 策略的实施需要组织结构和衡量标准的保证。

不管是异步开发还是共用基础模块的实现，都需要很高水平的系统划分和接口标准制订，需要企业级的构架师进行规划。

【案例 4－7】 华为 IPD 模式分析

华为是国内最早导入 IPD 新产品研发模式的企业之一，IPD 也为华为的快速发展奠定了坚实的基础，下面我们就华为推行的 IPD 模式进行分解说明。

表 4－10 华为 IPD 阶段划分及主要工作分解

项目阶段	主要工作	工作输出
项目建议阶段	项目建议提出、项目建议决策	《项目建议书》
概念阶段	概念论证工作计划编制、概念论证调查、调查记录整理及汇总、概念论证报告编写、概念阶段评审	《概念论证工作计划》、《概念论证报告（含技术可行性报告、市场可行性报告、财务可行性报告）》、《概念阶段评审报告》
规划阶段	规划阶段工作计划编制、确定技术规格及结构化方案、确定关键技术及解决方案、规划阶段技术评审、规划阶段决策评审	《规划阶段工作计划》、《规划阶段评审报告（含技术评审报告、决策评审报告）》
设计及验证阶段	制订设计及验证阶段工作计划、编制设计任务书、进行具体方案设计、编制研究实验大纲、实验功能样机制作、小试、中试及量产验证、设计评审与确认	《设计及验证阶段工作计划》、《设计任务书》、《技术方案》、《研究实验大纲》、《验证报告》、《设计评审报告》

【案例 4－8】 广东某通信企业基于 IPD 的新产品研发项目管理流程（见图 4－13）

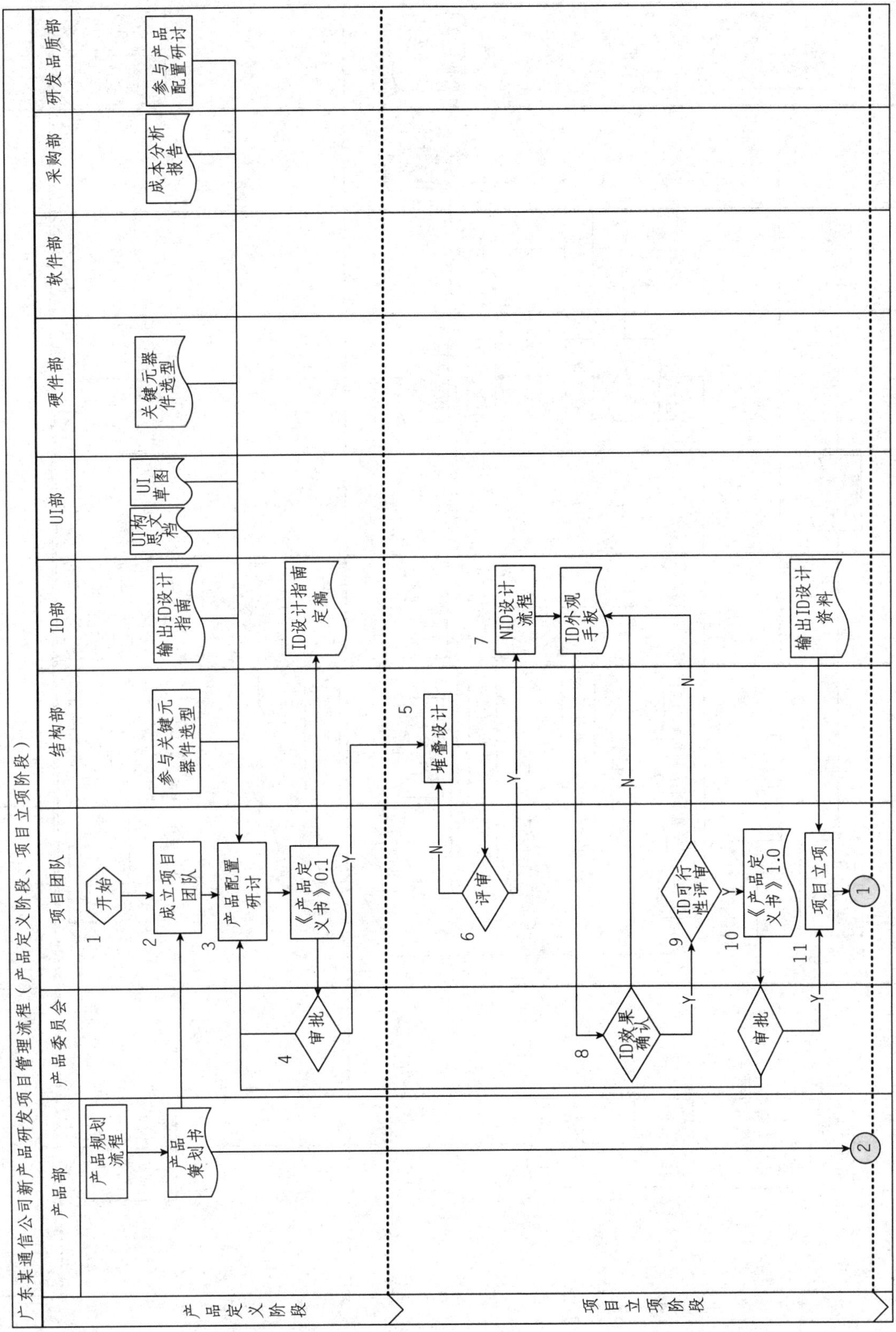

图4-13 广东某通信企业新产品研发项目管理流程（产品定义阶段、项目立项阶段）

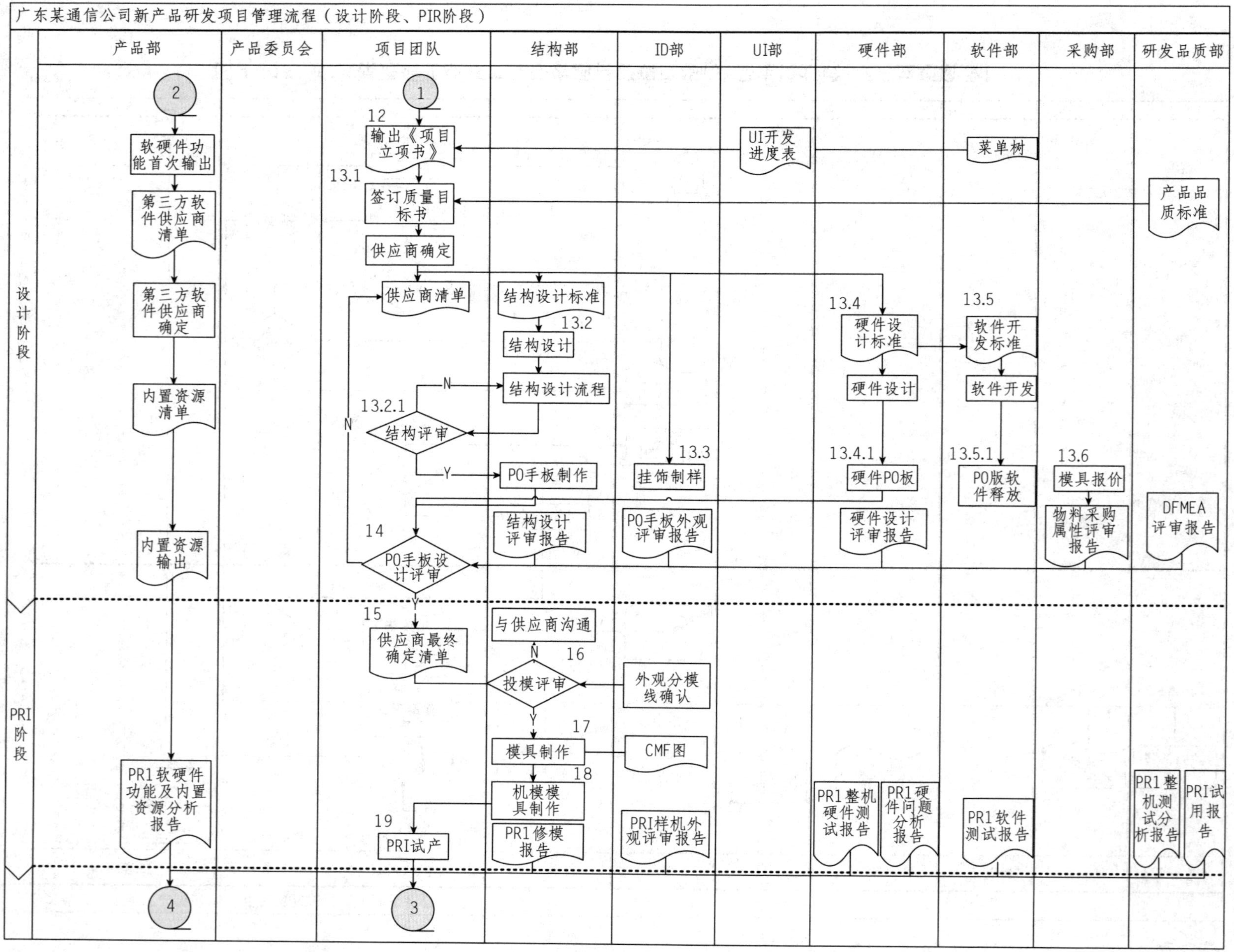

图 4－14　广东某通信企业新产品研发项目管理流程（设计阶段、PR1 阶段）

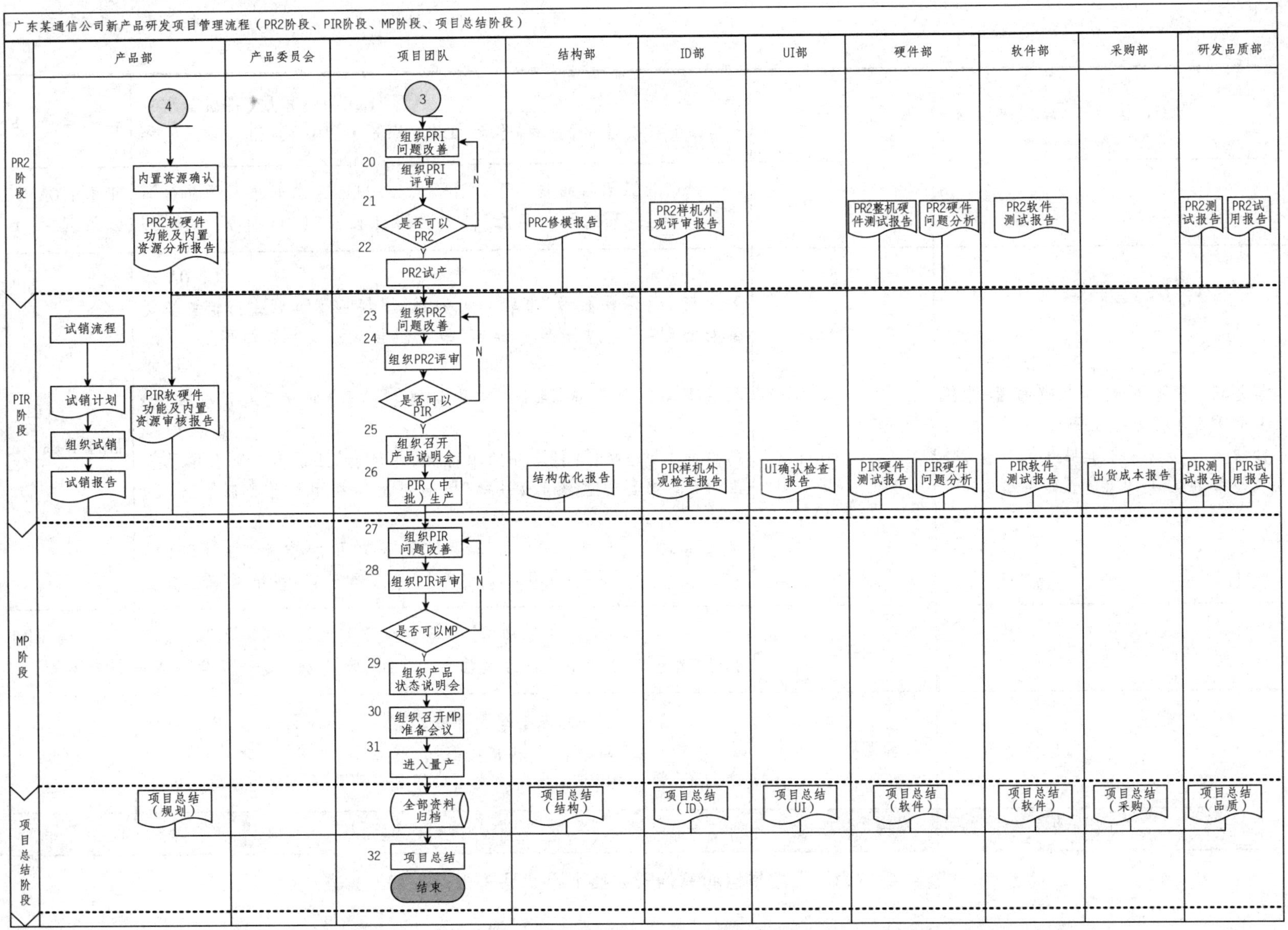

图 4－15　广东某通信企业新产品研发项目管理流程（PR2 阶段、PIR 阶段、MP 阶段、项目总结阶段）

表4－11　广东某通信企业新产品研发项目管理流程核心步骤说明

步　骤	工作内容的简要描述	相关流程/制度	相关表单/文件
1. 开始	产品部按《产品规划流程》输出《产品策划书》，明确形态、上市时间、销售价格、成本、功能卖点、软硬件功能基本配置、竞品分析、参照样机等内容，经产品规划总监审批后交PM部	《产品规划流程》	《产品策划书》
2. 成立项目团队	PM部接到《产品策划书》后，确定项目经理，组成项目团队，并将《产品策划书》分发至项目成员熟悉、了解		《产品策划书》
3. 产品配置研讨	各项目成员根据《产品策划书》，分别做如下工作： (1)结构部、硬件部进行关键元器件选型，并输出《关键元器件清单》； (2)采购部对现有供应商进行评估，结合《关键元器件清单》确定是否需导入新供应商，并制定《新供应商开发计划》及《成本分析报告》； (3)研发品质部根据《关键元器件清单》制定《关键元器件品质标准》； (4)项目经理结合上述各部门报告，组织项目组成员、产品部等相关成员进行产品配置研讨，并将研讨的结果，整理输出《产品定义书V0.1》		《产品策划书》、《关键元器件清单》、《软件功能分析报告》、《关键元器件清单》、《新供应商开发计划》、《成本分析报告》、《关键元器件品质标准》、《产品定义书V0.1》
4. 产品定义书V0.1审批	《产品定义书V0.1》由项目经理拟制，项目总监审核，产品委员会成员开会评审并签字确认，产品委员会主任批准后定稿发布		《产品定义书》
5. 堆叠设计	结构工程师根据《产品定义书V0.1》要求，结合《堆叠设计规范》进行堆叠设计，输出《堆叠3D图》	《堆叠设计规范》	《产品定义书》、《堆叠3D图》

续表

步　骤	工作内容的简要描述	相关流程/制度	相关表单/文件
6. 堆叠评审	(1)堆叠设计完成后,结构部工程师、ID工程师、硬件工程师、工程/品质相关人员分别编制《堆叠评审报告》交项目经理,项目经理组织各成员对《堆叠3D图》进行综合评审,评审的内容包括:音频效果、多媒体效果(含屏显、摄像头等)、ESD性能、天线性能、可制造等,结构工程师汇总评审内容及结果,输出《堆叠评审报告》。 (2)各项内容评估通过,则将《堆叠3D图》定稿,输出给结构部、工业设计部及PM部		《堆叠3D图》、《堆叠评审报告》
7. ID设计	ID工程师结合《产品定义书V0.1》、《堆叠3D图》依据《ID设计流程》组织ID设计,输出ID外观手板,提交产品委员会进行评审	《ID设计流程》	《堆叠3D图》、《ID效果图》、《工艺图》
8. ID效果图确认	产品委员会结合手机对ID效果图进行评审确认,确定通过,则组织进行ID可行性评审,不通过则按第7步执行		《ID效果图》、《产品定义书》
9. ID可行性评审	ID效果图确认完成后,结构部工程师、ID工程师、硬件工程师、工程/品质相关人员分别编制《ID可行性评审报告》交项目经理,项目经理组织各成员对《ID效果图》进行综合评审,评审的内容包括:结构、装配、工艺可实现性,对ESD、天线性能的影响等。项目经理汇总评审内容及结果,输出《ID可行性评审报告》		《ID效果图》、《产品定义书》、《ID可行性评审报告》
10. 产品定义书确定输出	项目经理确认完成上述工作后,修订输出《产品定义书V1.0》,经项目总监审核,提交产品委员会成员会审,产品委员会主任批准后交文控受控发行		《产品定义书V1.0》
11. 项目立项	项目经理拟定《项目立项书》,并组织项目成员进行正式立项		
12. 输出《项目立项书》	项目经理输出正式的《项目立项书》,《项目立项书》内容包括:ID效果图、产品定义书、开发进度表、堆叠图、菜单树等		《项目立项书》

续表

步　骤	工作内容的简要描述	相关流程/制度	相关表单/文件
13.1. 签订《研发质量控制书》	研发品质部制定《产品品质标准》,项目组成员签订《研发质量控制书》	《产品品质标准》	《研发质量控制书》
13.2. 结构设计	结构工程师依据《结构设计标准》及《结构设计流程》进行结构设计,输出《结构图纸》、《结构 BOM》	《结构设计标准》、《结构设计流程》	《结构图纸》、《结构 BOM》
13.3. 挂饰制样	工业设计部根据 ID 资料,组织挂饰制样、确认		《物料封样报告》
13.4. 硬件设计	硬件部工程师根据《硬件设计流程》,制定《硬件设计标准》给方案公司,并跟进方案公司按标准进行硬件设计。硬件设计标准包括:TO 及各阶段软件要实现哪些功能、指标及验证的标准明细	《硬件设计流程》、《硬件设计标准》	
13.4.1. 硬件 PO 版输出	方案公司硬件设计完成后,输出硬件《PO 板测报告》等相关资料给硬件部,供 PO 手板制作使用		《PO 板测报告》
13.5. 软件设计	软件部根据《软件开发流程》及工程部提供的《测试工具软件需求》,制定《软件开发标准》给方案公司,并跟进方案公司按要求进行软件设计。《软件设计要求》应包括:TO 及各阶段软件要实现哪些功能、指标及验证的标准明细	《软件开发流程》、《软件开发标准》	《测试工具软件需求》
13.5.1. PO 版软件释放	方案公司软件设计完成后,输出《PO 版软件》给软件部,供 PO 手板制作使用		《PO 版软件》
13.6、模具报价	采购部根据确定的《供应商清单》,选择开模供应商进行模具报价。输出初步的模具《报价单》		《供应商清单》、《报价单》

续表

步　骤	工作内容的简要描述	相关流程/制度	相关表单/文件
14. PO 手板设计评审	项目各成员结合 PO 手机的测试结果，分别拟定： (1)结构部拟定《结构设计评审报告》； (2)工业设计部 ID 需对设计与规划匹配性进行评审拟定《PO 版外观评审报告》； (3)硬件部对天线调试及 ESD 测试等，拟定《硬件设计评审报告》； (4)采购部对供应商交货周期、产能、成本进行评估，拟定《物料采购属性评审报告》； (5)生产品质部 SQE 对关键器件进行评审拟定《器件评审报告》； (6)研发品质部拟定《DFMEA 评审报告》； (7)工程部对可装配性进行评审，拟定《可生产性评审报告》，交项目经理，项目经理组织各部门进行 PO 手板设计评审，输出《PO 手板评审报告》，评审通过则进行供应商最终确定		《结构设计评审报告》、《PO 版外观评审报告》、《硬件设计评审报告》、《物料采购属性评审报告》、《器件评审报告》、《DFMEA 评审报告》、《可生产性评审报告》、《PO 手板评审报告》
15. 供应商最终确定	项目组根据 PO 装机的结论，确定最终版的《供应商清单》		《供应商清单》
16. 投模评审	结构工程师根据结构设计资料及工业设计部提供的《外观分模线资料》与确定的供应商进行评审沟通，输出《投模评审报告》，评审通过则将设计资料及 ID 设计部提供的 CMF 图发给供应商进行模具制作，若不通过则与供应商进行再次评审沟通		《外观分模线资料》 《投模评审报告》
17. 模具制作	结构部跟进供应商进行模具制作，同时各部门准备： (1)产品部输出《手机内置资源清单》； (2)PM 部进行 CTA 资料准备； (3)结构部输出《模具开发计划》、《结构件 2D 图》、《结构 BOM》； (4)工业设计部输出《机模拆件图》、《第一款配色方案》及确认原材料色号，UI 输出《UI 界面状态》(第 1 套)及《UI 检验报告》(第 1 套)；	《CTA 资料》、《CTA 说明书》、《整机可靠性测试方案》	《手机内置资源清单》、《结构件 2D 图》、《结构 BOM》、《机模拆件图》、《第一款配色方案》、《机模第一款配色》、《PR1 UI 界面》、《电子 BOM 表》、《物料封样表》、《软件测试计划》、《CTA 软件验证报告》、《模具开发计划》

续表

步　骤	工作内容的简要描述	相关流程/制度	相关表单/文件
17. 模具制作	(5)硬件部输出《电子 BOM 表》、定制件电子件封样确认并组织 P1 板制板,输出《P1 板验收报告》; (6)软件部输出《软件测试计划》、《CTA 软件验证报告》、《CTA 说明书》、《P1 软件验收报告》; (7)采购部进行 PR1 物料备料; (8)生产品质部进行单体物料验证; (9)研发品质部输出《整机可靠性测试方案》; (10)工程部输出《关键工位工装夹具清单》、《WI V1.0》; (11)计划部输出《PR1 物料需求》并安排 PR1 试产; (12)品牌管理部输出手机型号及商品名; (13)市场推广部输出《机模订单》; (14)客服中心参与 PR1 试产	《CTA 资料》、《CTA 说明书》、《整机可靠性测试方案》	《手机内置资源清单》、《结构件 2D 图》、《结构 BOM》、《机模拆件图》、《第一款配色方案》、《机模第一款配色》、《PR1 UI 界面》、《电子 BOM 表》、《物料封样表》、《软件测试计划》、《CTA 软件验证报告》、《模具开发计划》
18. 机模模具制作	结构部组织供应商根据机模的配色方案及拆件图组织进行机模模具制作		
19. PR1 试产	项目经理组织安排 PR1 试产		
20. 组织 PR1 试产问题改善	试产结束后,项目组成员分别准备: (1)产品部输出《PR1 软硬件功能及内置资源分析报告》; (2)结构部对工艺、装配进行评审,组织修模并输出《PR1 修模报告》; (3)工业设计部 ID 工程师输出《PR1 样机外观评审报告》; (4)硬件部对 PR1 机器的硬件性能进行测试、分析,输出《PR1 整机硬件测试报告》、《PR1 硬件问题分析报告》; (5)软件部对 PR1 机器进行软件功能、性能测试,输出《PR1 软件测试报告》; (6)生产品质部对上线物料的使用状况进行统计分析,输出《物料品质分析报告》;		《PR1 软硬件功能及内置资源分析报告》、《修模报告》、《PR1 样机外观评审报告》、《PR1 UI 检验报告》、《PR1 整机硬件测试报告》、《PR1 硬件问题分析报告》、《软件测试报告》、《物料品质分析报告》、《物料品质分析报告》、《整机测试分析报告》、《PR1 试用报告》、《工业成熟度报告》、《试产总结报告》

续表

步　骤	工作内容的简要描述	相关流程/制度	相关表单/文件
20. 组织 PR1 试产问题改善	(7)研发质量部对 PR1 整机进行测试、分析，并组织 PR1 机器试用，输出《整机测试分析报告》、《PR1 试用报告》； (8)工程部对 PR1 生产过程进行统计分析，进行 PR1 试产总结，输出《工业成熟度报告》。 (9)项目经理收集上述报告后，组织试产总结会议，将所有问题进行评审并汇整，分配给项目组成员组织改善		《PR1 软硬件功能及内置资源分析报告》、《修模报告》、《PR1 样机外观评审报告》、《PR1 UI 检验报告》、《PR1 整机硬件测试报告》、《PR1 硬件问题分析报告》、《软件测试报告》、《物料品质分析报告》、《物料品质分析报告》、《整机测试分析报告》、《PR1 试用报告》、《工业成熟度报告》、《试产总结报告》
21. 组织 PR1 评审	项目经理跟进 PR1 试产问题改善、验证进展情况，适时组织 PR1 评审，输出《PR1 评审报告》，确认是否可以 PR2，若可以则进行 PR2 试产，若不可以则继续进行 PR1 问题改善、验证		《PR1 评审报告》
22. PR2 试产	PR2 试产前，项目组成员分别准备： (1)产品部进行手机内置资源确认，包括 T 卡资料、歌曲、图片、游戏、MP4 片源等，PM 部进行入网标贴的申请； (2)结构部对 PR1 阶段的技术资料进行评审，若需设计更改，则更改完成确认状态后，升级相关资料、文件，包括《2D/3D 图纸》、《结构 BOM》等； (3)工业设计部 ID 工程师输出《第一款量产配色方案》、《机模第一款配色方案》，UI 工程师输出《全功能 UI 界面》(第 2 套)、《UI 检验报告》(第 2 套)； (4)硬件部输出《电子 BOM 表》、定制件电子件《物料封样表》并组织 P2 板制板，输出《P2 板检验报告》；	《PR2 软件》、《量产说明书初稿》、《产品特殊检查标准》、《整机可靠性测试方案》、《WI》、《包装规范》、《新品上市流程》	《2D/3D 图纸》、《结构 BOM》、《第一款量产配色方案》、《机模第一款配色方案》、《全功能 UI 界面》、《电子 BOM 表》、《物料封样表》、《物料产能评估报告》、《关键物料控制计划》、《IQC 检验标准》、《拍照/屏显/音效确认报告》、《包装设计图稿》、《PR2 物料需求》、《风险物料需求》、《新品上市准备计划表》、《新品上市策划方案》、《风险备料需求》

续表

步　骤	工作内容的简要描述	相关流程/制度	相关表单/文件
22. PR2 试产	(5)软件部对 PR1 阶段的技术资料进行确认，若有设计更改，需升级相关资料、文件，包括《PR2 软件》、《量产说明书初稿》、《PR2 软件验收报告》等； (6)采购部进行 PR2 物料备料，风险物料备料，并输出《物料产能评估报告》； (7)生产品质部输出《关键物料控制计划》、《IQC 检验标准》； (8)研发品质部升级《整机可靠性测试方案》，并制定《产品特殊检查标准 V1.0》；对拍照/屏显/音效进行确认并输出《拍照/屏显/音效确认报告》； (9)工程部完善工装、夹具，升级《WI V2.0》，并按照《包装设计流程》进行包装设计，输出《包装设计图稿》； (10)计划部输出《PR2 物料需求》、《风险物料需求》并安排 PR2 试产； (11)品牌部根据《新品上市流程》制作《新品上市准备计划表》及《新品上市策划方案》； (12)客户服务部输出《风险备料需求》给计划部，参与 PR2 试产 (13)项目经理确认上述内容全部准备完毕后，组织 PR2 试产	《PR2 软件》、《量产说明书初稿》、《产品特殊检查标准》、《整机可靠性测试方案》、《WI》、《包装规范》、《新品上市流程》	《2D/3D 图纸》、《结构 BOM》、《第一款量产配色方案》、《机模第一款配色方案》、《全功能 UI 界面》、《电子 BOM 表》、《物料封样表》、《物料产能评估报告》、《关键物料控制计划》、《IQC 检验标准》、《拍照/屏显/音效确认报告》、《包装设计图稿》、《PR2 物料需求》、《风险物料需求》、《新品上市准备计划表》、《新品上市策划方案》、《风险备料需求》
23. 组织 PR2 问题改善	PR2 试产结束后，项目组成员分别准备： (1)产品部输出《PR2 软硬件功能及内置资源分析报告》； (2)结构部对工艺、装配进行评审，组织修模并输出《PR2 修模报告》； (3)工业设计部 ID 工程师输出《PR2 样机外观评审报告》； (4)硬件部对 PR2 机器的硬件性能进行测试、分析，输出《PR2 整机硬件测试报告》《PR2 硬件问题分析报告》；		PR2 软硬件功能及内置资源分析报告》、《修模报告》、《PR2 样机外观评审报告》、《PR2 UI 检验报告》、《PR2 整机硬件测试报告》、《PR2 硬件问题分析报告》、《软件测试报告》、《物料品质分析报告》、《物料品质分析报告》、《整机测试分析报告》、《PR2 试用报告》、《工业成熟度报告》、《试产总结报告》

续表

步　骤	工作内容的简要描述	相关流程/制度	相关表单/文件
23. 组织 PR2 问题改善	(5)软件部对 PR2 机器进行软件功能、性能测试，输出《PR2 软件测试报告》； (6)生产品质部对上线物料的使用状况进行统计分析，输出《物料品质分析报告》； (7)研发质量部对 PR2 整机进行测试、分析，并组织 PR2 机器试用，输出《整机测试分析报告》、《PR2 试用报告》； (8)工程部对 PR2 生产过程进行统计分析，PR2 试产总结，输出《工业成熟度报告》； (9)项目经理收集上述报告后，组织试产总结会议，将所有问题进行评审并汇整，分配给项目组成员组织改善		PR2 软硬件功能及内置资源分析报告》、《修模报告》、《PR2 样机外观评审报告》、《PR2 UI 检验报告》、《PR2 整机硬件测试报告》、《PR2 硬件问题分析报告》、《软件测试报告》、《物料品质分析报告》、《物料品质分析报告》、《整机测试分析报告》、《PR2 试用报告》、《工业成熟度报告》、《试产总结报告》
24. 组织 PR2 评审	项目经理跟进 PR2 试产问题改善、验证进展情况，适时组织 PR2 评审，输出《PR2 评审报告》，确认是否可以 PIR(中批)，若可以则进行 PIR(中批)，若不可以则继续进行 PR2 问题改善、验证		《PR2 评审报告》
25. 组织召开产品说明会	中批前，项目经理组织项目组成员、产品部、客服管理部、品牌部、市场推广部、公司高管及各部门负责人、驻厂人员及加工厂成员召开产品说明会，说明产品功能、性能、外观特点、上市时间、生产及市场应注意的问题。以便相关人员对产品有系统的了解和认识。产品说明会前，所有项目输出资料应与文控进行核对，并转换成量产版文件统一受控发行		

续表

步骤	工作内容的简要描述	相关流程/制度	相关表单/文件
26. PIR（中批）生产	PIR(中批)生产前,项目组成员分别准备: (1)产品部负责按《试销流程》组织产品试销,输出《试销计划》; (2)结构部对PR2阶段的技术资料进行评审,若需设计更改,在更改完成后,升级相关资料、文件,包括《2D/3D图纸》、《结构BOM》等,同时,输出《FAI报告》,并对所有结构料进行封样; (3)工业设计部ID工程师对第一款配色的机模、首款量产的颜色、挂饰、皮套进行封样,并输出《第二款量产配色方案》,UI工程师对《全功能UI界面》定稿,输出两套《全功能UI界面锁定报告》; (4)硬件部输出《电子BOM表》、电子物料《物料封样表》、《PCBA图纸》发放并进行金机封样; (5)软件部对PR2阶段的技术资料进行确认,定稿《PIR软件》、《量产说明书》等,输出《PIR软件验收清单报告》; (6)采购部进行PIR物料备料,并开始第二供应商导入、复制模评估,输出《物料采购周期表》; (7)生产品质部进行检具制作,并输出《制程品质控制计划》; (8)研发品质部对物料封样结果进行跟踪,输出《物料封样结果跟踪表》,升级《整机可靠性测试方案》,确定《产品特殊检查标准》;对拍照/屏显/音效进行确认,输出《拍照/屏显/音效确认报告》,并对性能、效果进行整机封样; (9)工程部升级《工艺指导文件》,进行包装封样,输出《包装BOM》、《整机包装标准》,并进行工具软件的确定、夹具完善、整机BOM受控发行; (10)计划部输出《PIR物料需求》,组织进行PIR物料齐套跟进、PIR生产安排、试产余料的处理;	《试销流程》、《PIR软件》、《量产说明书》、《整机可靠性测试方案》、《产品特殊检查标准》、《工艺指导文件》、《整机包装标准》、《培训教材》、《售后维修手册》、《缺陷问题解释话述》	《试销计划》、《2D/3D图纸》、《结构BOM》、《FAI报告》、《第二款量产配色方案》、《电子BOM表》、《物料封样表》、《PCBA图纸》、《制程品质控制计划》、《物料封样跟踪表》、《拍照/屏显/音效确认报告》、《包装封样》、《包装BOM》、《PIR物料需求》、《新品上市策划方案》、《外部试用报告》

续表

步　骤	工作内容的简要描述	相关流程/制度	相关表单/文件
26. PIR（中批）生产	(11)品牌部实施《新品上市策划方案》; (12)市场推广部制作《培训教材》经项目经理审批,并进行市场物料的制作,市场推广活动方案的策划、安排,组织实施; (13)客服务管理部助安排工程机外部试用,收集《外部试用报告》,制定《售后维修手册》、《缺陷问题解释话述》交项目经理审批; (14)项目经理确认以上述准备工作全部完毕后,组织 PIR 生产	《试销流程》、《PIR软件》、《量产说明书》、《整机可靠性测试方案》、《产品特殊检查标准》、《工艺指导文件》、《整机包装标准》、《培训教材》、《售后维修手册》、《缺陷问题解释话述》	《试销计划》、《2D/3D 图纸》、《结构BOM》、《FAI 报告》、《第二款量产配色方案》、《电子 BOM 表》、《物料封样表》、《PCBA 图纸》、《制程品质控制计划》、《物料封样跟踪表》、《拍照/屏显/音效确认报告》、《包装封样》、《包装 BOM》、《PIR 物料需求》、《新品上市策划方案》、《外部试用报告》
27. 组织 PIR 问题改善	PIR 生产结束后,项目组成员分别准备: (1)产品部按《试销计划》组织试销,收集试销问题,输出《试销报告》,并对 PIR 机器进行软、硬件功能测试,输出《PIR 软硬件功能及内置资源审核报告》; (2)结构部对结果设计进行优化,输出《结构优化报告》; (3)工业设计部 ID 工程师输出《PIR 样机外观评审报告》,UI 工程师输出《UI 确认检验报告》; (4)硬件部对 PIR 机器的硬件性能进行测试、分析,输出《PIR 整机硬件测试报告》《PIR 硬件问题分析报告》; (5)软件部对 PIR 机器进行软件功能、性能测试,输出《PIR 软件测试报告》; (6)采购部根据中批 BOM,输出《出货成本报告》; (7)生产品质部对上线物料的使用状况进行统计分析,输出《物料品质分析报告》;		《试销计划》、《试销报告》、《PIR 软硬件功能及内置资源审核报告》、《结构优化报告》、《PIR 样机外观评审报告》、《PIR UI 检验报告》、《PIR 整机硬件测试报告》、《PIR 硬件问题分析报告》、《软件测试报告》、《出货成本报告》、《物料品质分析报告》、《整机测试分析报告》、《中批试用报告》、《封样及限理分析报告》、《工业成熟度报告》、《PIR 总结报告》

续表

步　骤	工作内容的简要描述	相关流程/制度	相关表单/文件
27. 组织 PIR 问题改善	(8)研发质量部对 PIR 整机进行测试、分析,并组织 PIR 机器试用,输出《整机测试分析报告》、《PIR 试用报告》,对封样结果进行跟踪,并输出《封样及限量状态表》; (9)工程部对 PIR 生产过程进行统计分析及试产总结,输出《工业成熟度报告》; (10)项目经理收集上述报告后,组织 PIR 总结会议,将所有问题进行评审并汇整,分配给项目组成员组织改善		《试销计划》、《试销报告》、《PIR 软硬件功能及内置资源审核报告》、《结构优化报告》、《PIR 样机外观评审报告》、《PIR UI 检验报告》、《PIR 整机硬件测试报告》、《PIR 硬件问题分析报告》、《软件测试报告》、《出货成本报告》、《物料品质分析报告》、《整机测试分析报告》、《中批试用报告》、《封样及限理分析报告》、《工业成熟度报告》、《PIR 总结报告》
28. 组织转量产评审	项目经理跟进 PIR 生产、试销问题改善、验证进展情况,适时组织转 MP 评审,输出《转 MP 评审报告》,确认是否可以 MP,若可以则进行 MP,若不可以则继续进行 PIR 问题改善、验证		《转量产评审报告》
29. 组织产品状态说明会	量产前,项目经理组织项目组成员、产品部、客服管理部、品牌部、市场推广部、公司高管各部门负责人,驻厂人员及加工厂成员召开产品说明会,说明产品功能、性能、外观特点、上市时间、生产及市场应注意的问题。以便相关人员对产品有系统的了解和认识		
30. 组织召开量产准备会议	项目经理组织项目组成员、驻厂人员召开量产准备会议		

续表

步　骤	工作内容的简要描述	相关流程/制度	相关表单/文件
31. 进入 MP	MP 前，项目组成员分别准备： (1)结构部进行 MP 结构物料封样，若有设计变更，进行结构图纸升级，并制订《复制模制作进度计划》； (2)工业设计部 ID 工程师进行第二款量产颜色封样； (3)硬件部输出《量产原理图》、《PCB 位号图》受控发放，并进行量产电子物料封样； (4)软件部受控发布量产版软件； (5)采购部进行 MP 订单下达，并与供应商确定《物料采购交期表》，输出《标准 BOM 成本》输出，导入复制模； (6)生产品质部定稿《来料品质检验标准》、《制程品质控制计划》，制作《关键物料主要参数表》； (7)研发品质部对驻厂品质人员进行培训，定稿《整机品质标准》，对封样状态进行跟踪，输出《物料封样状太表》； (8)工程部制定《维修手册》、《产能爬坡计划》，组织生产人员进行培训，受控发行量产工艺指导文件，组织 OPEN BOX 封样及量产准备会议； (9)计划部输出《MP 生产计划》、《MP 物料计划》； (10)市场推广部进行市场新品物料发放，及组织终端培训，推广活动的实施。 项目经理确认以上项目全部准备完毕后，组织量产	《来料品质检验标准》 《维修手册》	《复制模制作进度计划》、《MP 原理图》、《PCB 位号图》、《物料采购周期表》、《标准 BOM 成本》、《物料封样状态表》、《制程品质控制计划》、《关键物料主要参数表》、《MP 生产计划》、《MP 物料计划》
32. 项目总结	量产 20K 后，项目组成员结合量产情况各自进行量产总结，所有总结报告交项目经理，由项目经理组织项目组成员进行整个项目的《项目总结》		《项目总结》

三、集成供应链(ISC)业务流程优化

随着企业经营微利时代的到来和竞争格局的加剧,企业就如夹心饼干,受到来自市场和供应商的双重压力,一方面供应价格不断上涨,另外一方面销售价格越来越低。在这种情况下,越来越多的企业开始关注并重视供应链体系的整合,因为对于企业而言,供应链整合能力的提升,意味着成本的减低、企业利润的增加。难怪有人提出,现代企业的竞争不再是企业个体之间的竞争,而是企业供应链与供应链之间的竞争。

面对残酷的竞争,企业之间,特别是上下游之间究竟是竞争,还是合作?这已经成为摆在很多中国企业面前的很现实的问题了。企业如果采取竞争,势必会导致供应链上下游企业之间的不断博弈和敌对,但如果选择合作,则有可能变得更加强大,强强联合,从而给整个供应链的各个企业都带来丰厚的利润和回报。

如此一来,集成供应链(ISC:Integrated Supply Chain)便应运而生了。集成供应链是指同一供应链的成员企业通过信息的协调和共享、紧密合作、优化供应链的整体绩效,提升成员企业整体的市场竞争力。

【案例4-9】 笔者曾经去过深圳的一家企业,该企业的老总告诉我,他们公司与供应商、代理商合作的基本理念就是“精诚合作,精彩共赢”。这家公司在2008年金融危机最艰难的时候,账面流动资金不足100万,眼看就要“断粮”了,这时候,企业老总召集所有供应商、代理商开会,在会上,这位老总就明确告诉所有合作伙伴企业的现状,期望能够同舟共济。最终很多供应商以低于市场价供货,很多代理商预先付款,该企业在整个供应链的全力协助下,一举渡过难关。

这是一个典型的通过供应链体系整合获得成功的案例。那么这家企业是如何做到的呢?该企业有明确的规定,从决定引入某个供应商开始,公司有严密的评价体系,不仅仅衡量供应商的供货能力、品质控制、技术实力等硬件条件,同时该更加看重与供应商在思想层面的认同与共识,用该企业老总的一句话来说,那就是:道不同,不相为谋。该企业内部还有一个非常奇特的规定:不能拖欠供应商一分钱。按照合同规定,如果发现延迟付款,公司的财务部门和采购部门都会受到相应处罚。

谈到企业集成供应链,有个指标可以作为衡量和评价企业集成供应链能力的

依据，那就是集成供应链管理成熟度。

集成供应链管理成熟度可以分为4个阶段：关注部门职能阶段、内部整合阶段、外部整合阶段、跨企业合作阶段。不同的阶段划分，其实就是企业从简单的供应关系管理到整合内外部资源共同打造供应链核心竞争力的过程。遗憾的是，我们看到身边很多企业还没有意识到集成供应链管理的重要性，他们与供应商的合作还只是简单的买卖关系，与供应商的合作也还在不断地博弈，正是由于这种情况，坦白地讲，中国企业的集成供应链管理能力还是很低的。

那么企业如何才能提升自身的集成供应链管理能力呢？著名学者汪莹和邓雪凤[①]认为：供应链管理有5大职能，即计划、组织、协调、控制和创新，企业集成供应链必须围绕这5大核心职能进行。

1. 计划职能

供应链管理最大的难点就在于计划，如果计划不准确或计划失控，必将给供应链上下游造成极大的损失和影响，这就是我们经常所讲的供应链管理的“牛鞭效应”。

“牛鞭效应”就是指人们在挥动鞭子时手轻微用力，鞭梢就会出现大幅摆动。

供应链管理中经常会发生因为计划不准确或过分夸大/缩小而导致的“牛鞭效应”：

(1)批量采购：在供应链中，每个企业出于成本和安全库存考虑，通常都会进行批量订购，所以，从终端销售到经销商，再到制造商、供应商，订货量要比实际销售量大得多，并且供应链中各环节的交货期越长，波动会越剧烈，从而导致“牛鞭效应”的出现。

(2)人为增大需求：基于批量的价格折扣和一些促销手段造成的价格波动，零售商往往会在低价时购买大量商品，产生预先购买行为，使得采购量大于实际需要量，人为增大需求的变动性，也会加剧“牛鞭效应”。

(3)短缺性博弈：当产品供不应求时，制造商往往进行配额限量供应，此时，销售商为了获得更大份额的配给量，故意夸大其订货需求，当需求降温时，订货又突然消失，这种由于短缺博弈导致的需求信息的扭曲最终引发“牛鞭效应”。

① 汪莹，邓雪凤．供应链管理成熟度的评价体系与方法[J]．煤炭学报，2007(12)．

2. 组织职能

传统的企业供应链管理对于企业而言，可能只有一个部门负责，通常叫做供应部或采购部，但随着企业对供应链管理的重视程度增加，很多企业将采购部分解成供应商资源管理部、供应商品质管理部、采购部等多个部门，这样分解的目的就在于：按照企业供应链管理的需要，建立一个完整的组织体系是必不可少的。供应链管理组织职能的第二层意思就是企业要根据计划和进程的需要，合理组织人力、物力和财力。

3. 协调职能

协调是指使组织内部的每一个部门或每一位成员的个别行动都能服从于整体目标，是管理过程中带有综合性、整体性的一种职能。

协调也可以通过调整人际关系、疏通环节、形成共识等途径来实现平衡。供应链管理协调职能包括 4 个部分：

（1）供应链上下游企业间文化的兼容性。就像之前【案例 4－9】提到的深圳那家企业为什么将思想和文化的认同视为选择供应商的核心要素之一，这源于对上下游企业间文化兼容性的考量。我们试想一下，如果上下游合作双方的文化兼容性很差，管理风格会存在差异，进而就会造成企业之间的合作不顺畅。

（2）供应链上下游企业间的合作关系。现在的竞争日益表现为供应链与供应链之间的竞争，供应链上的各个节点需要互相合作，将信息与资源进行集成与优化，才能获得竞争优势。

（3）供应链上下游企业间沟通的畅顺程度。畅顺的沟通是上下游间“三流”（物流、资金流、信息流）畅顺的重要保障，建立完善的沟通机制会对企业提升供应链管理能力起到重要的作用。

4. 控制职能

控制的核心目的在于保证供应链上下游各企业间的利益分配，也是保证“共赢”的重要手段。上下游要想实现共赢，就必须共同面对成本上升的压力，同时，当遇到技术难题和瓶颈的时候，需要共同努力去解决。

5. 创新职能

供应链管理创新既包括管理创新，也包括技术创新，还包括价值链商业模式创新。

企业可以按照以上思路，从集成供应链管理各个职能出发，通过对内外部资源的高度集成，提升整体供应链竞争能力。

【案例4－10】 华为ISC模式分析

ISC流程是IBM公司为华为量身定做的。ISC要求把公司运作的每个环节都看成是供应链上的一部分，无论是在公司内部，还是在公司以外的合作伙伴，都需要对每个环节进行有效管理，进而提高供应链运作效率和经济效益。

1. 内部供应链集成

华为在导入ISC流程后，对公司的组织机构进行了相应的调整，把原来的生产部、计划部、采购部、进出口部、认证部、外协合作部、发货部、仓储部统统合并，成立统一的管理供应链业务部门，叫做“供应链管理部”。这个部门的设置，绝对不是简单地把分散在不同系统的部门合并起来，换一个名称，而是把供应链管理当作了公司降低成本和库存，提高供货质量、资金周转率和供货速度以及工程质量的有效手段。公司主要从供应链上获得成本优势，而不是通过压榨工人来获利。这就是为什么华为人的工资奖金比别人高，而生产成本却比别人低很多的根本原因。

另外，华为拥有技术认证和商务认证的严密体系，保障其能够一直使用价格最优、质量最好、供货最快的供应商。同时华为“高薪养廉”的薪酬体制以及华为独特的员工持股制度，也保障了华为供应链体系的廉洁与高效。华为的干部轮岗制度又形成了另一个有效防止腐败行为的约束机制。

2. 外部供应链集成

ISC流程要求把供应链管理的范围延伸到公司之外的整个供应链，那么从全局来看，就不一定非要把产品研发、生产的每一个环节都放到公司内部来做，而是可根据实际情况，在确保公司核心竞争力的前提下，把非核心环节外包给社会上的专业公司。这样一来，就可以集中资源突出核心业务，并通过社会专业分工和规模生产来显著地降低生产成本、缩短公司的管理战线，使公司领导集中精力抓技术研发和市场开拓。

2000年以后，华为逐步把生产部门、后勤服务部门、基础培训以及工程安装、调试、维护、软件开发等很多环节外包了出去，不仅节省了大量成本，而且还降低了库存，甚至基本上实现了所谓的零库存，供货周期也缩短到了几天，市场反应速度明显加快。目前,华为的主要力量都放到了技术研发和市场开拓上。公司大约有48%的员工在研发部门工作,有效地保障了公司技术的领先优势;还有大约38%的人投入国内外市场与服务体系,有效地保障了华为的市场竞争力。国外同行评价华为是“Design House + Marketing Team”,就是说华为是由“设计院+营销团队”组成的,这个说法不无道理。

在深圳,有上百家公司作为华为的分包商或者供应商,主要为华为工作。产业链的完全国产化是华为走向国际市场的一个基础,也是构成华为国际竞争力的一个重要部分。华为作为这条产业链的龙头,为这些上游企业创造了“间接”参与国际竞争的机会,同时这些上游分包商、供应商以质优价廉的性价比与供货能力,也为华为形成核心竞争力作出了重要贡献。因此,企业之间的竞争归根结底是供应链之间的竞争,发展、维护和管理一条有竞争力的供应链是企业立于不败之地的关键因素。

【案例4-11】 下面是我们对深圳HP企业集成供应链系统核心业务系统进行优化的结果。

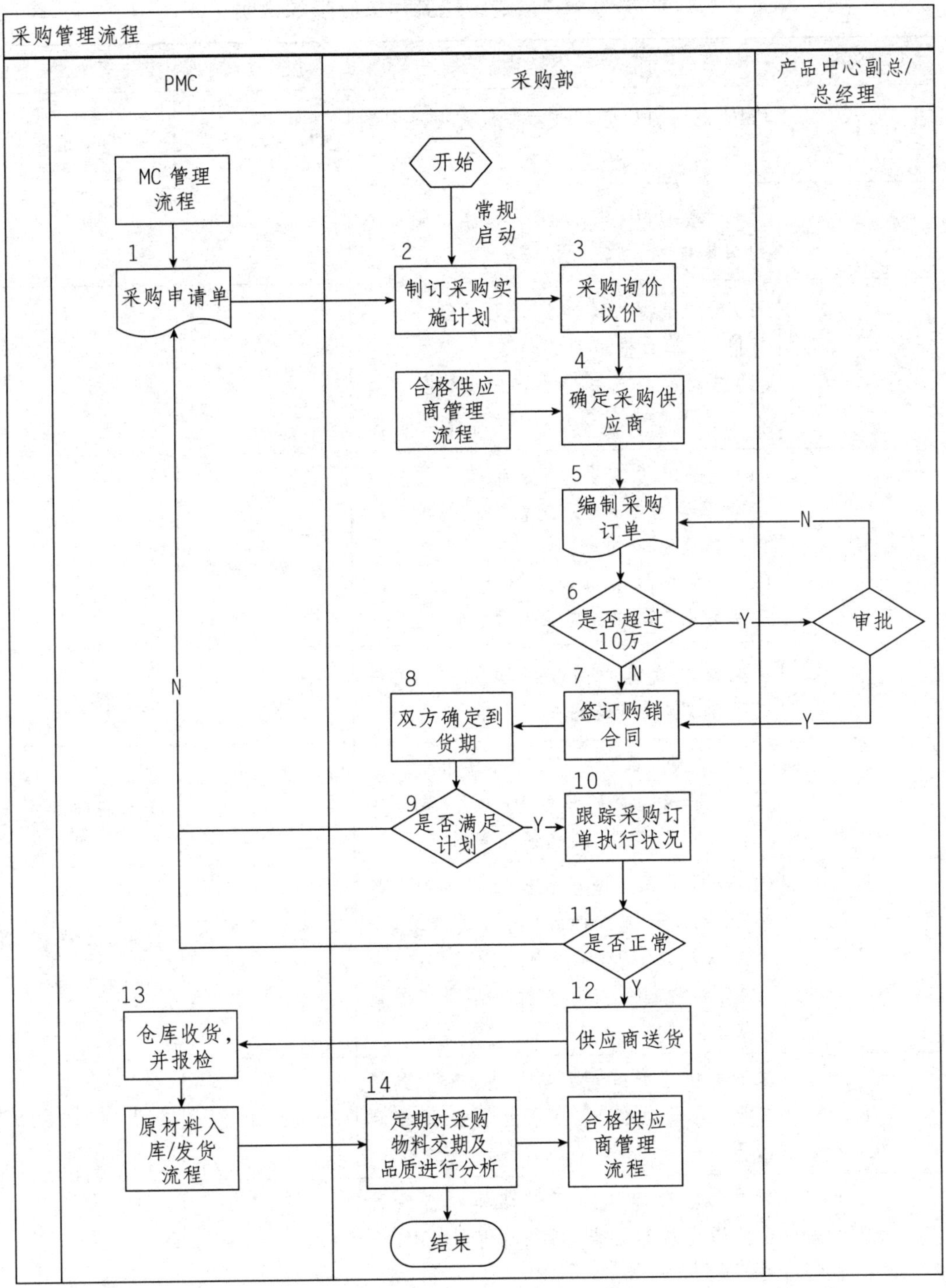

图 4－16　HP 采购管理流程

表 4-12　HP 采购管理流程核心步骤说明

步骤	工作内容的简要描述	相关流程/制度	相关表单/文件
1	PMC 根据《PC 管理流程》编制物料申购计划	《PC 管理流程》	《采购申请单》
2	采购根据 PMC 的物料需求计划制定采购实施计划		
3	(1)采购根据采购实施计划并结合市场行情、订单数量进行询价议价; (2)核心材料或贵重物料的议价结果必须经过产品中心副总经理/总经理批准		
4	(1)根据议价结果、供应商品质状况及定期评估的结果,分配相应比例的采购额度给合格供应商; (2)不在合格供应商名录内的供应商,需要按照《供应商管理流程》进行评审	《供应商管理流程》(略)	
5	采购根据确定的供应商和所分配的采购数量编制《采购订单》		《采购订单》
6	(1)《采购订单》经过采购经理审批; (2)如果采购金额超过 10 万元,再递交产品中心总经理/副总经理审批		《采购订单》
7	(1)经过采购经理或者经过产品中心总经理/副总经理审批后的《采购订单》与供应商签订《购销合同》; (2)非核心材料或贵重材料不需要签订《购销合同》		《购销合同》、《采购订单》
8	采购与供应商确定到货情况(包括到货日期、到货数量)后,并由供应商签章回传		
9	如果供应商确认的到货期和到货数量不能满足计划要求,则采购需向 PMC 沟通反馈		
10	如果供应商确认的到货期和到货数量能满足计划要求,则由采购负责跟踪订单执行状况		

续表

步骤	工作内容的简要描述	相关流程/制度	相关表单/文件
11	采购订单在执行过程中,如发现供应异常,采购部应及时跟供应商进行沟通,经沟通仍然不能解决的,由采购部向PMC进行反馈		
12	对于能够按期供货的,采购部监督供货状况		
13	仓储办理入库		
14	采购部对PMC统计的交期达成数据和品管部统计的品质数据进行定期分析,并按照分析结果做出供应商的月度评估、年度评估	《合格供应商管理流程》	

与本流程相关的绩效指标：
1. 交期达成率
2. 供应断货次数

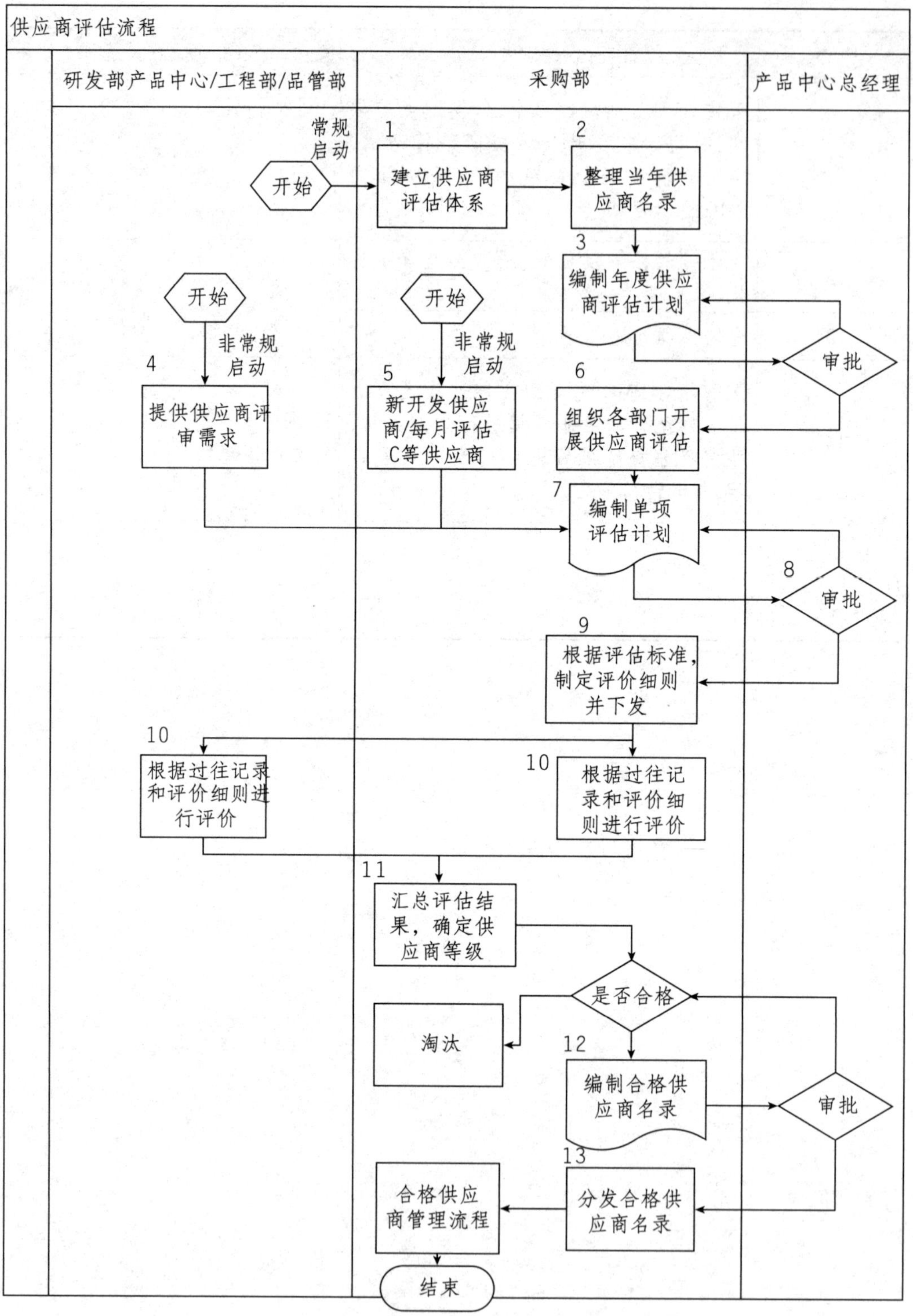

图 4－17　HP 供应商评估流程

表 4－13　HP 供应商评估流程核心步骤说明

步骤	工作内容的简要描述	相关流程/制度	相关表单/文件
1	建立供应商评估体系,评估体系包括: (1)供应商评价模型及评估表; (2)供应商等级划分及标准设置	《供应商评价模型》、《供应商年度评估等级设置标准》	《年度供应商评估表(A 类物料供应商专用)》、《年度供应商评估表(B、C 类物料供应商专用)》
2	整理当年供应商目录,供应商目录包括: 1. 当年与公司发生供应关系的供应商; 2. 拟新开发的供应商	《年度供应商目录》	
3	编制年度供应商评估计划	《年度供应商评估计划》	
4	相关部门提出供应商评估需求		
5	采购根据新开发的供应商或月度评估评为 C 等的供应商提出评估需求		
6	采购组织各部门开展供应商评估工作		
7	编制单项供应商评估计划,计划包括供应商名称、评估内容、参与部门、评估时间、费用预算等		
8	下列情况的单项评估计划需要高管审批: (1)A 类物料供应商; (2)重要的 B 类物料供应商		
9	采购根据评估标准及供应商实际,编制评估表及评估细则		
10	采购及相关部门根据评估表进行评估		
11	根据评估结果,确定每个供应商的等级,供应商等级分为 5 级,分别为 AAA 级、AA 级、A 级、B 级和 C 级	《供应商等级设置标准》	
12	采购根据评价结果编制《合格供应商名录》	《合格供应商名录》	《合格供应商一览表》
13	分发《合格供应商名录》,并存档		

与本流程相关的绩效指标:
1. 合格供应商评价模型的合理性
2. 供应商评估计划达成率

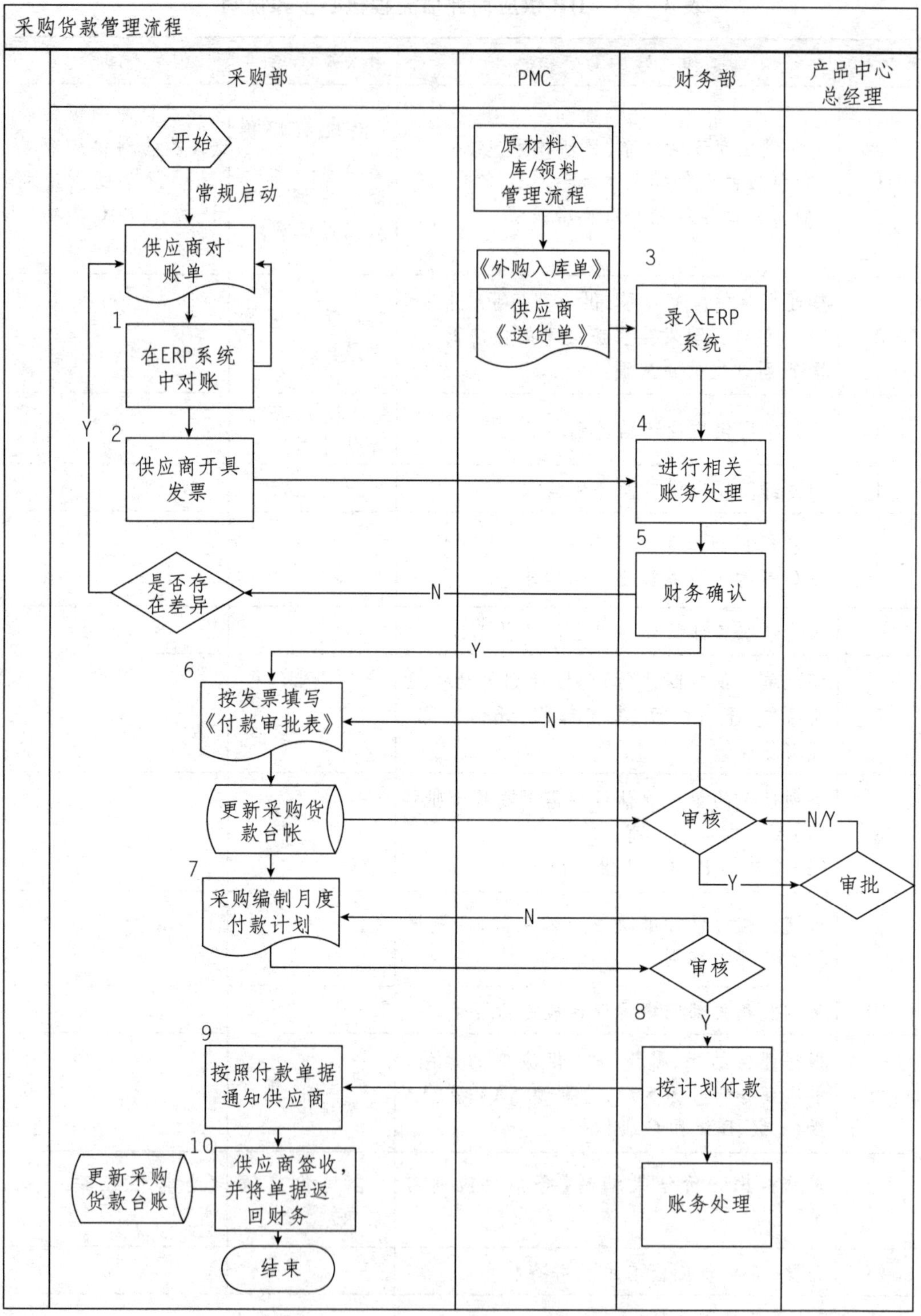

图 4－18　HP 采购货款管理流程

表 4－14　HP 采购货款管理流程核心步骤说明

步骤	工作内容的简要描述	相关流程/制度	相关表单/文件
1	采购负责将供应商的对账与公司 ERP 系统里面的外购入库单进行核对，如有问题，在对账单上进行注明，交财务确认，财务核对后，进行回传		《外购入库单》、《对账单》
2	供应商根据回传的对账单开具发票，交给采购，转交财务部确认		
3	财务部统计员根据仓库确认的送货单、关联采购订单生成收料通知单，合格生存外购入库单		《送货单》、《收料通知单》、《外购入库单》
4	财务部根据外购入库单在 ERP 供应链中生成应付凭证		《外购入库单》、《送货单》
5	财务部对应付凭证进行审核		
6	采购根据财务核对的对账单结果和发票，制作《付款审批表》，交财务部审核，产品中心总经理审批		《付款审批表》
7	采购在每月初汇总所有应付到期账款，并编制月度付款计划，交财务部审核		《月度付款计划》
8	每周财务部将每周可支付的金额知会采购，由采购负责分配付款明细。财务部按付款明细进行付款，并知会采购		《付款明细表》
9	采购将付款的信息及时知会供应商		
10	电汇类：采购通知汇款金额及日期，有必要时传真电汇底单； 票据类：采购通知供应商，并跟进收款收据，转交财务部		

与本流程相关的绩效指标：

1. ERP 数据输入准确性
2. 采购对账差错次数
3. 付款及时性、准确性

第三节　企业核心管理流程优化

管理流程不同于业务流程，管理流程重点在于风险管控、效率提升，它并不直接为企业经营目标负责，而是通过管理活动对企业业务开展进行监督、控制、协调、服务，间接地为企业创造价值；而业务流程则不同，业务流程主要是直接参与企业经营运作的相关流程，通过业务流程，企业就可以为客户直接创造价值，最终也保证了企业自身经营目标的实现。

一、集团管控10大流程优化

中国企业经过过去20多年的快速发展，很多都已步入事业群、集团化、多元化、国际化运营的阶段，可是，很多企业发现，规模越大、产业结构越复杂，企业管理的难度越会成倍增加，整体运营效率也会成倍地降低。很多企业不得不面临"一大就散、一远就瞎、一抓就死、一放就乱"的尴尬。为了解决这一问题，企业各出奇招，一时间，"摸着石头过河"、"脚踩西瓜皮"、"救火队员"、"东边不亮西边亮"、"别把鸡蛋装在一个篮子里"、"化大为小"、"任人唯亲"……可谓十八般武艺，能用的全部用上了。

其实，要解决这一问题，我们认为企业首先要解决好5大关系。（如图4－19所示）

（一）企业5大关系

1. 集团总部职能部门之间的关系

集团总部职能部门之间存在正常的工作交流、信息共享、资源共用等，首先要解决好这个层面的关系，这是集团高效运营的基础。

2. 集团与下属公司之间的关系

集团公司与下属公司之间存在战略与目标统一、战略实现检讨、关键岗位人员任命及管理、财务及资金管理等工作关系。

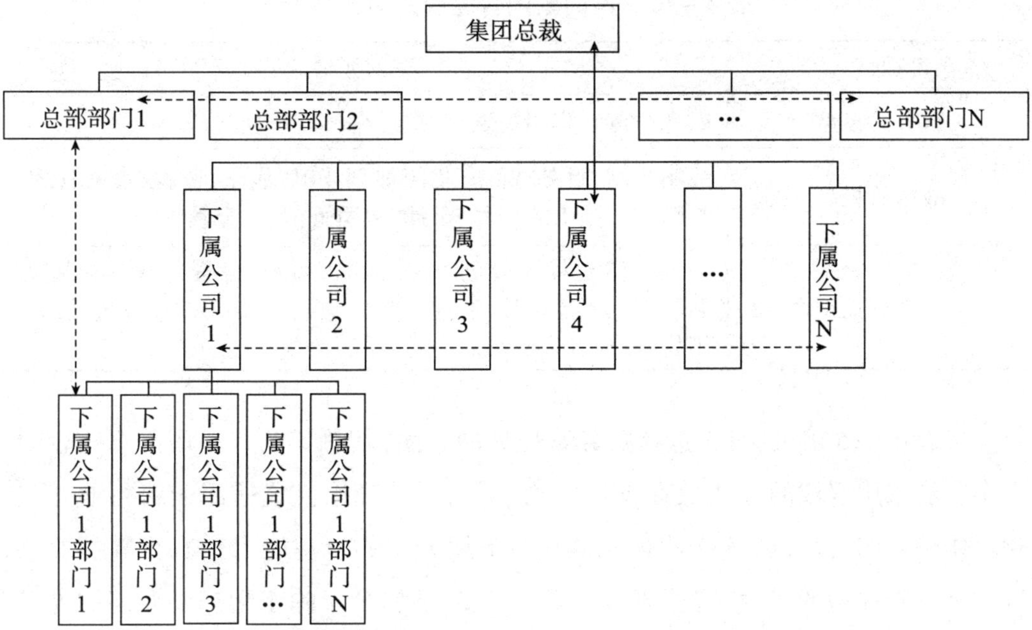

图 4-19　集团公司内部工作关系(示意)

3. 下属公司之间的关系

很多集团的下属公司之间存在供应链关系,理清它们之间的利益及工作关系也非常重要。

4. 下属公司内部部门与总部职能部门之间的关系

集团总部职能部门在业务上是下属公司对应部门的领导,它们在相关职能管理上存在衔接关系。

5. 下属公司内部部门之间的关系

下属公司部门之间会形成完整的价值链体系,它们之间也会存在千丝万缕的工作关系。

根据我们的经验,要理清以上 5 种关系,除了要加强集团总部职能部门、下属公司内部部门自身的职能建设之外,还需要理清集团职能部门之间、下属公司内部部门之间的相关业务流程和管理流程,特别需要关注的是,还需要理清集团与下属公司、集团总部职能部门与下属公司内部职能部门之间的集团管控流程。

不同的集团,因为其基础和管控需要的不同,我们将常见的集团管控模式分为 3 种,即财务管控型、战略管控型、事务管控型。

表 4－15　不同集团管控模式对比分析

管控模式	总部职能
财务管控型	财务/资产、集团规划、监控/投资管理、收购、兼并
战略管控型	战略控制、财务/资产、集团规划/SBU 战略、监控/投资管理、收购、兼并、人才培养、审计、集团营销、现金管理
事务管控型	财务/资产、集团规划/SBU 战略、监控/投资管理、收购、兼并、公关、人才培养、法律、审计、集团营销、R&D、采购/物流、销售网络、人事管理

从表 4－15 可见，对于选择财务管控型的集团，其总部的核心职能会比较少，很多职能采用授权的方式放在下属公司运作，这种管控模式适用于跨行业、多元化运作的集团公司，当然这种管控模式对下属公司的管理能力会有更高的要求；选在事务管控型的集团，其总部的职能会很多，下属公司除了生产的职能之外，其他绝大多数职能都会集中在集团总部。

【案例 4－12】　深圳某美发企业在不同发展阶段的管控模式规划

深圳美发企业制定了“三步走”的战略，即深圳发展期、“珠三角”发展期、全国扩张期，为了满足不同发展阶段的管控需求，根据该企业战略规划与组织发展需要，我们为该企业规划了完善的管控体系：

表 4－16　深圳某美发企业不同发展阶段管控模式规划

	深圳发展期	“珠三角”发展期	全国扩张期
企业管理重点	追求企业管理规范化、连锁经营模式优化与固化、品牌及市场能力建设启动	集团组织体系逐步构建、异地经营与连锁经营模式复制、着手运作上市、品牌运作	集团组织体系成熟运作、品牌运作、连锁经营、运作上市、相关多元化发展
总部核心职能	战略规划与实施、投资管理、经营目标与财务预算管理、财务/收益/资产管理、人员招聘与培训、文化/流程/制度建设、分店运营调配与管理、公司重大事项协调监控	战略规划与实施、投资管理、经营目标与财务预算管理、财务/收益/资产管理、中高层员工的管理、公司重大事项协调监控	战略规划与实施、投资管理、经营目标与财务预算管理、财务监控与审计、中高层员工管理、公司重大事项协调监控

续表

	深圳发展期	珠三角发展期	全国扩张期
分支机构核心职能	客服开发、客户服务、成本控制、日常运营管理	文化/流程/制度建设、部分人员的招聘与培训、分店运营调配与管理、客服开发、客户服务、成本控制、日常运营管理	区域扩张战略实施、区域品牌及宣传、财务核算/资产管理、文化/流程/制度建设、部分人员的招聘与培训、分店运营调配与管理、客服开发、客户服务、成本控制、日常运营管理
管控模式	操作管控	战略管控	战略管控+财务管控

基于表4－13的管控模式定位，我们将该公司的分权体系规划如下，见图4－20：

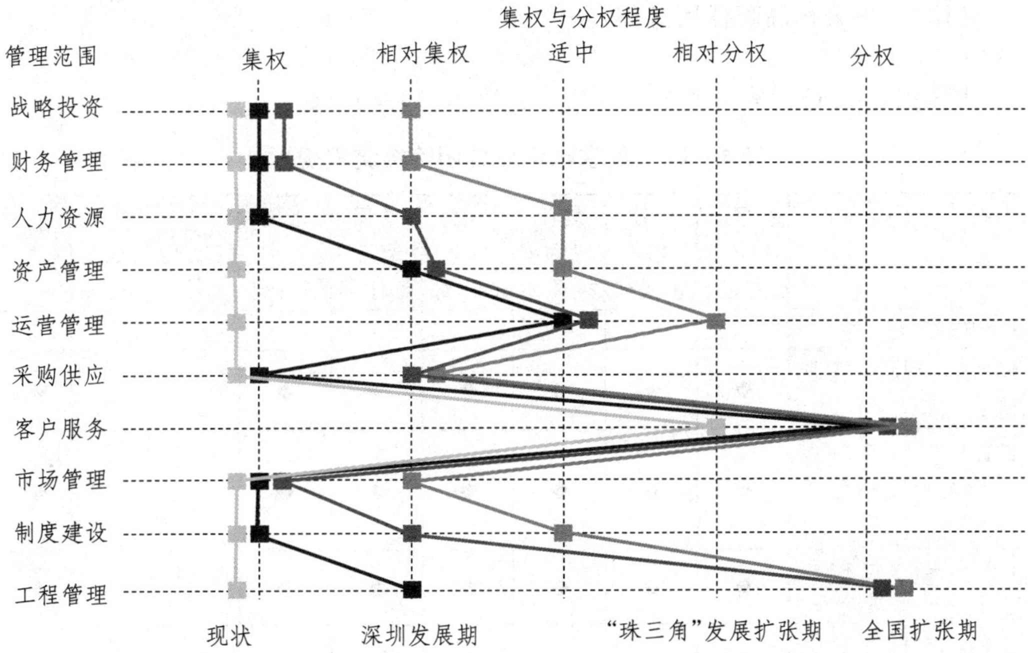

图4－20 深圳某美发企业分权规划

通过图4－20可以看得出来，该企业在不同发展阶段的集权模式是不同的：深圳发展期的时候相对集权，全国扩张期的时候相对分权；同时，在客户服务、工程管理方面采取高度分权的模式，而在战略投资、财务管理相对集权。

企业规划清楚了管控模式以及总部、下属公司的核心职能之后，就可以对集团和下属公司需要协同和沟通的相关事宜用流程进行规范，这就是我们常见的集团管控流程，根据我们的经验，常见的集团管控流程如下：

(二)集团管控10大流程

(1)战略规划流程;

(2)投资管理流程;

(3)运营计划管理流程;

(4)运营过程管理流程;

(5)预算管理流程;

(6)资金管理流程;

(7)年度审计管理流程;

(8)离任审计管理流程;

(9)下属公司高管绩效管理流程;

(10)下属公司高管任用流程。

【案例4-13】 某家电企业集团管控流程(部分)展示:

表4-17 某家电企业集团管控流程规划

	董事会及集团高管	集团战略管理部	集团业务拓展部	集团运营管理部	集团财务管理部	集团人力资源部	集团审计部	集团其他部门	控股公司
1. 战略管理									
1.1 集团战略规划流程	◆	★	◆	◆	◆	◆			◆
1.1.1 指标管理型控股企业战略管理流程	◆	★	◆	◆	◆	◆			◆
1.1.2 扶持型控股企业战略管理流程	◆	★	◆	◆	◆	◆			◆
1.1.3 培育型控股企业战略管理流程	◆	★	◆	◆	◆	◆			◆
1.1.4 效益型控股企业战略管理流程	◆	★	◆	◆	◆	◆			◆
2. 投资管理									
2.1 投资管理流程	◆	◆	★		◆				◆
2.2 重大项目跟踪管理流程	◆			★					◆
3. 运营管理									
3.1 运营计划管理流程	◆			★					◆
3.2 运营过程管理流程	◆			★					◆

续表

	董事会及集团高管	集团战略管理部	集团业务拓展部	集团运营管理部	集团财务管理部	集团人力资源部	集团审计部	集团其他部门	控股公司
4. 财务管理									
4.1 财务预算管理流程	◆	◆	◆	◆	★	◆	◆	◆	◆
4.2 资金管理流程	◆	◆	◆	◆	★	◆	◆	◆	◆
5. 人力资源管理									
5.1 控股公司绩效管理流程	◆	★				◆			◆
5.2 控股公司高管任用流程	◆					★			◆
6. 审计管理									
6.1 年度审计管理流程	◆	◆	◆	◆	◆	◆	★	◆	◆
6.2 离任审计管理流程	◆	◆	◆	◆	◆	◆	★	◆	◆

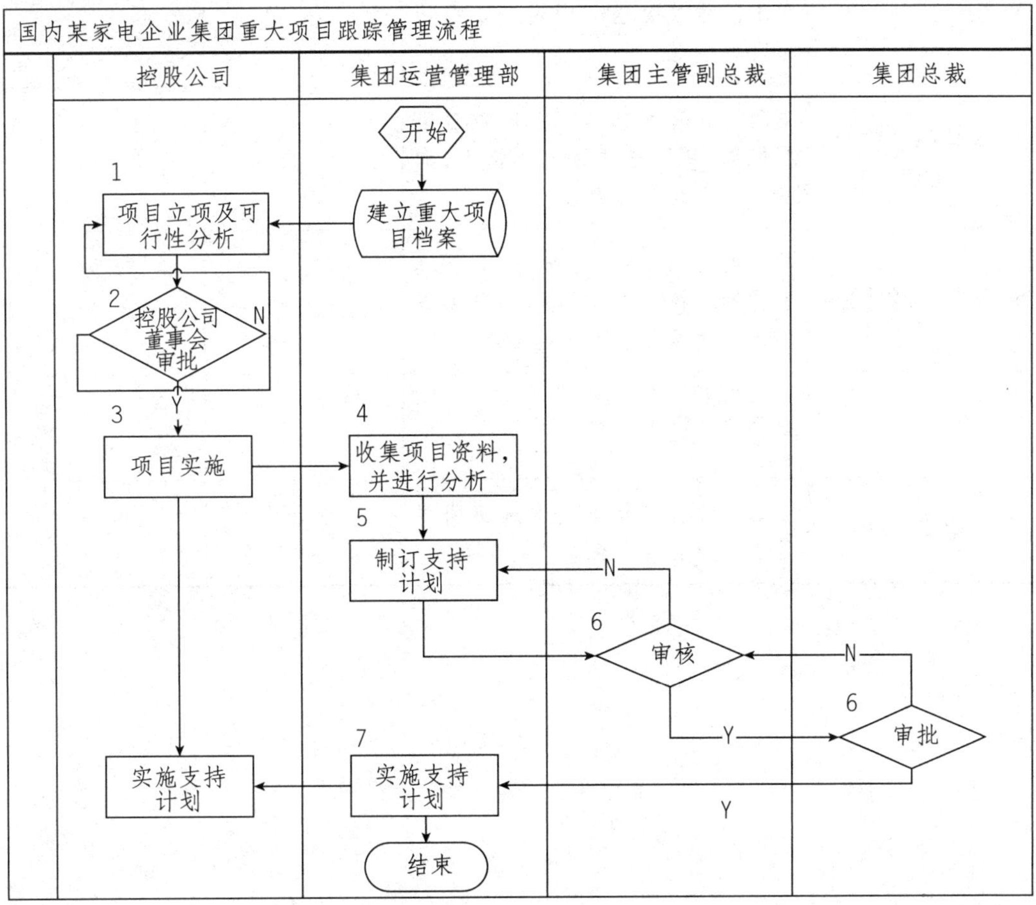

图 4－21　国内某家电企业集团重大项目跟踪管理流程

表 4-18 某家电企业集团重大项目跟踪管理流程核心步骤说明

步骤	工作内容的简要描述	相关流程/制度	相关表单/文件
1. 项目立项及可行性分析	各控股公司在重大项目立项后向集团运营管理部门提供项目资料,包括项目资料和集团高层领导批示、专家意见,等等。集团运营管理部将收集到的项目信息建立档案,以备分析和了解	《投资项目管理流程》	《项目可行性分析报告》
2. 控股公司董事会审批	经过控股公司重大项目投资决策流程,集团董事会批准项目投资(其中可能包括集团的支持方案),交控股公司董事会批准		《投资决策会议纪要》
3. 项目实施	控股公司组织资源实施项目,并向集团运营管理部门定期汇报项目进展情况		
4. 收集项目资料,并进行分析	集团运营管理部适时收集项目进展信息,并根据项目进展情况,向主管副总或者总经理汇报		
5. 制订支持计划	对于重大项目,一般来说,需要集团提供支持。在项目需要时由集团运营管理部设计支持方案		
6. 审核、审批	主管副总审批后交集团总裁审批		
7. 实施支持计划	集团运营管理部负责实施集团高层领导批准的项目的支持方案		

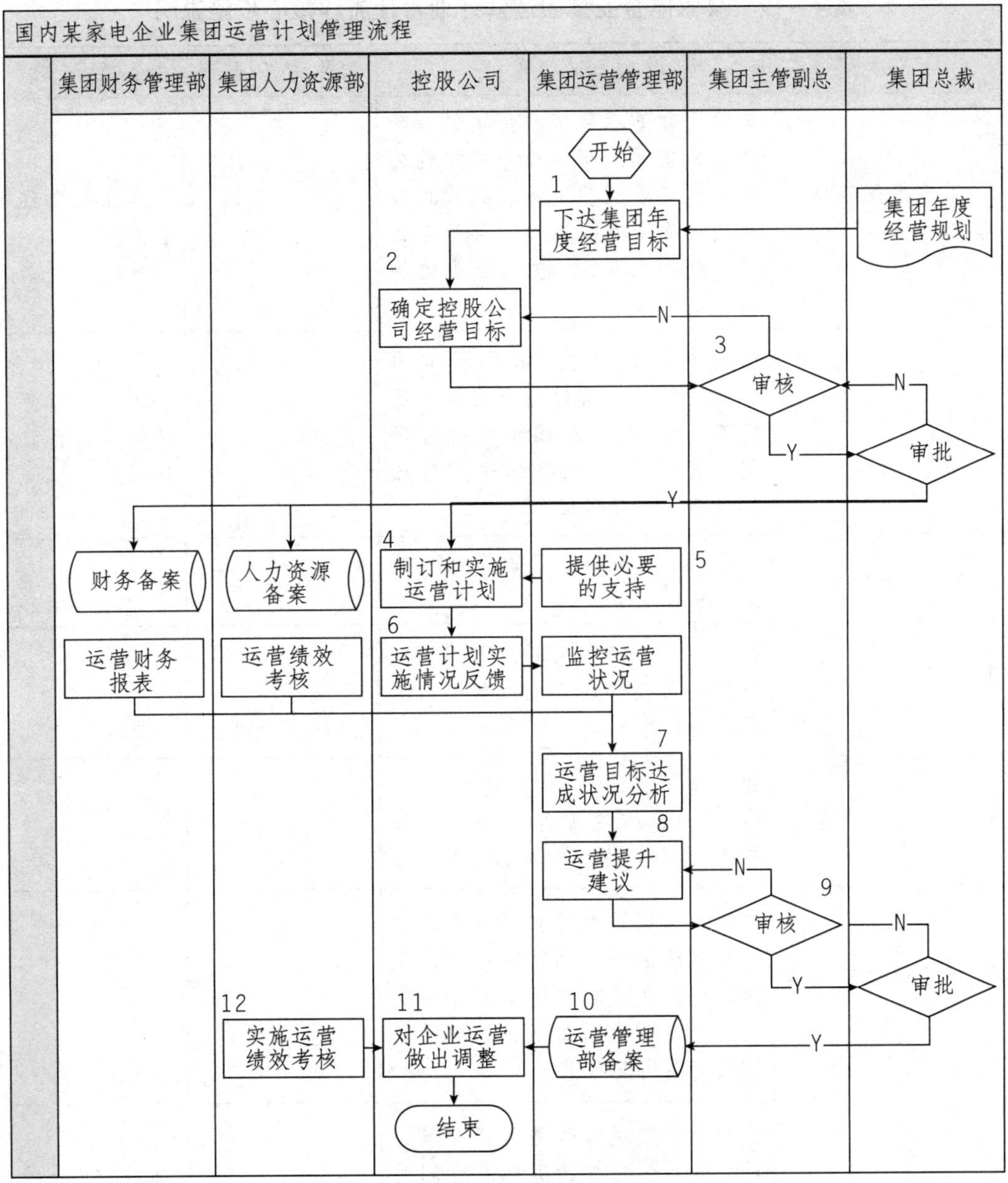

图 4－22　国内某家电企业集团运营计划管理流程

表 4－19　某家电企业集团运营计划管理流程核心步骤说明

步骤	工作内容的简要描述	相关流程/制度	相关表单/文件
1. 下达集团年度经营目标	集团运营管理部根据集团董事会确定的集团经营目标，向控股公司下达相应运营目标。经营目标的制定原则需要参考历年行业的平均利润水平，参考本企业的历年平均利润水平		《集团年度经营规划》
2. 确定控股公司经营目标	控股公司根据运营指标设立原则，12 月 31 日前讨论集团下达的运营目标，并与集团运营管理部及主管副总讨论，最后确定控股公司年度运营目标		《控股公司年度经营目标责任书》
3. 审核、审批	主管副总在 1 月 5 日前审核后交集团总经理审批		
4. 制订、实施运营计划	控股公司总经理在 1 月 15 日前，组织公司领导班子执行本公司运营实施计划		
5. 提供必要的支持	如果控股公司需要集团提供支持，则由运营管理部负责协调集团资源，制定支持方案和实施		
6. 运营计划实施情况反馈	控股公司将运营计划实施情况向运营管理部和集团财务部适时反馈。运营管理部和集团财务部及人力资源部也需要积极了解下属控股公司运营状况		
7. 经营目标达成状况分析	计划期末时运营管理部将控股公司运营计划实施情况和原计划对比，撰写运营情况说明书。人力资源部和计划财务部则分析绩效实现情况		《控股公司运营状况分析报告》
8. 经营提升建议	集团运营管理部根据分析结果，对照各控股公司年度经营目标，提出各控股公司运营提升建议		
9. 审核、审批	主管副总及集团总裁对运营管理部提出的建议进行审批		

续表

步骤	工作内容的简要描述	相关流程/制度	相关表单/文件
10. 集团运营管理部备案	运营管理部备案，并监督实施状况		
11. 对企业经营做出调整	控股公司根据集团领导审批意见，对本公司运营状况作出相应调整和优化		
12. 实施运营绩效考核	集团人力资源部对控股公司运营状况进行绩效评价	《控股公司绩效管理流程》	《控股公司绩效评价方案》

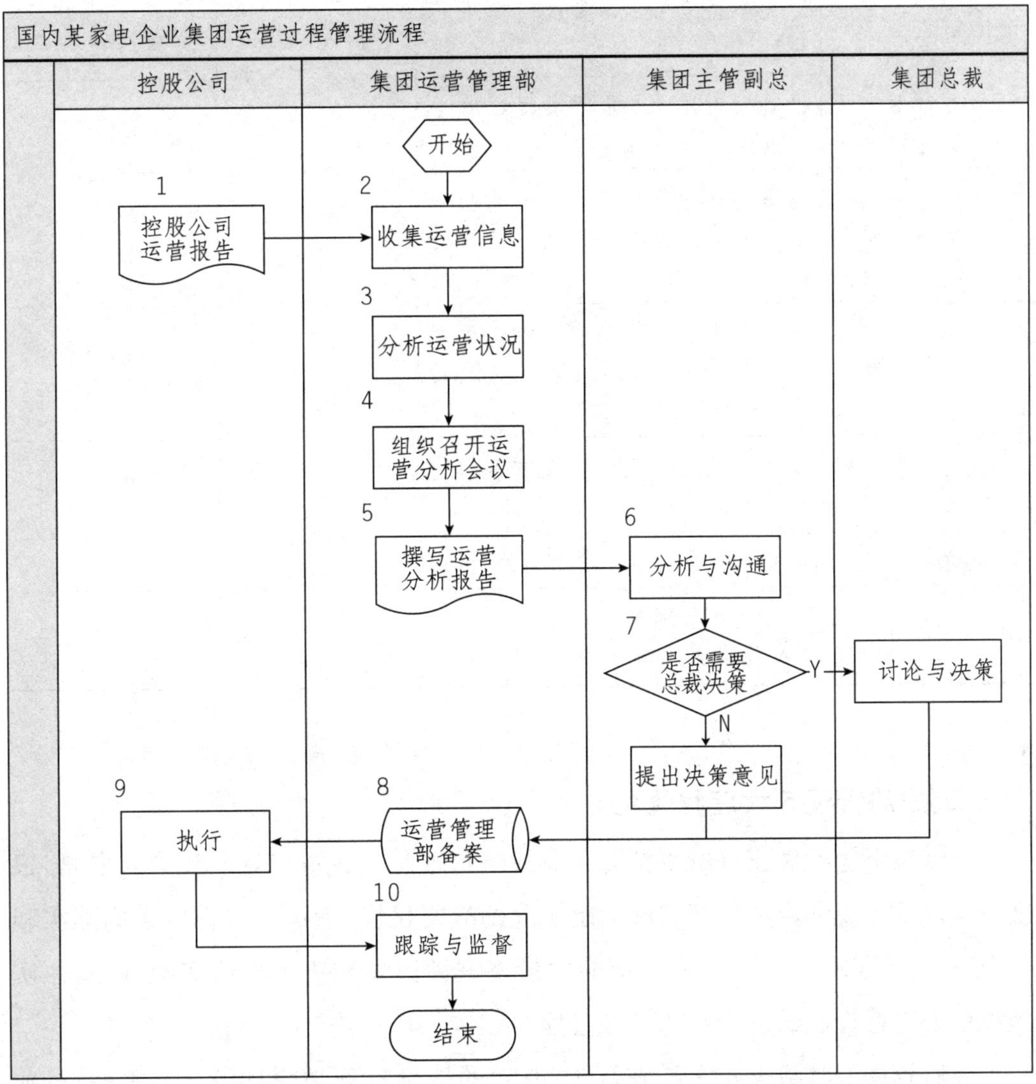

图 4-23　某家电企业集团运营过程管理流程

表4-20　某家电企业集团运营过程管理流程核心步骤说明

步骤	工作内容的简要描述	相关流程/制度	相关表单/文件
1. 控股公司运营报告	各控股公司定期提交本公司运营状况分析报告		《控股公司运营分析报告》
2. 收集运行信息	运营管理部门将收集到的各控股公司运营资料进行汇总		
3. 分析运营状况	并对照经营目标进行分析		《集团运营分析报告》
4. 组织召开运营分析会议	集团运营管理部定期组织各公司运营分析会议，对重点问题进行检讨		《集团运营分析会议纪要》
5. 撰写运营分析报告	根据检讨结果，撰写集团运营分析报告		
6. 分析与沟通	集团运营管理部就运营分析报告中提及的问题与各分管领导进行再确认和分析		
7. 讨论与决策	根据权限及问题分类标准，运营管理部与分管领导、集团总裁讨论，并决策解决办法		
8. 运营管理部备案	经总裁批准的运营提升方案由运营管理部备案		
9. 执行	各控股公司按照解决方案执行		
10. 跟踪监督	集团运营管理部定期跟踪和监督解决方案执行状况		

二、战略管理5大流程优化

战略决定企业做正确的事情。企业战略管理是指企业确定其使命与愿景，根据组织外部环境和内部经营状况设定企业的战略目标，为保证目标的正确落实和实现进度的谋划，并依靠企业内部的力量将这种谋划和决策付诸实施，以及在实施过程中进行控制的一个动态管理过程。

战略管理大师迈克尔·波特认为，有效的战略管理必须具备五项关键点：独特的价值取向、为客户精心设计的价值链、清晰的取舍、互动性、持久性。

亚伯拉罕·林肯曾经说过:“如果知道我们现在在哪里,并多少知道我们是如何到达这里的,就可以看出我们将走向哪里——如果我们正走向不可接受的结果,就应该及时改变我们的方向。”

林肯的这句话其实真正道出了企业战略的重要性以及进行企业发展战略规划的路向。根据我们多年的咨询实践,企业战略规划只要能够解决以下问题就可以了:

(1)我们将要去哪里？我们要成为什么？(愿景、任务、目标)

(2)我们现在在哪里？(内外部环境分析)

(3)我们将如何去到那里？(战略定位、竞争战略、职能战略)

(4)如何评价我们始终在正确的路上？(战略评价与检讨)

其实,企业的战略管理也是一个完整的流程,这个流程包括企业愿景规划、企业经营环境分析、企业战略定位与选择、竞争战略规划、职能战略规划、年度经营计划、目标管理、工作计划管理。

(一)企业战略管理的8个方面

1. 愿景描述:确定方向

对于任何企业,愿景就是企业的发展蓝图,是企业永远为之奋斗并期望达到的场景,企业的愿景一旦确定,则需要企业全体成员将其作为终极目标去追求。制定愿景就是要解决这样一个最基本的问题:我们要成为什么？我们将向哪里去？

那么企业的愿景是从哪里来的呢？确定愿景对企业发展又有哪些好处呢？

> 一个企业不是由它的名字、章程和公司条例来定义,而是由它的任务来定义的。企业只有具备了明确的任务和目的,才可能制定明确和现实的企业目标。
>
> ——彼得·德鲁克
>
> 企业的愿景可以集中企业资源、统一企业意志、振奋企业精神,从而指引、激励企业取得出色的业绩。战略制定者的任务就在于认定和表明企业的愿景。
>
> ——约翰·基恩

德鲁克和基恩为我们回答了以上两个问题,企业的愿景不是由它的名字、章程确定的,愿景是企业对未来蓝图的描述,是企业全体员工共同追求的事业梦想。

弗雷德·R. 戴维教授认为,企业愿景的确定,可以帮助企业:

(1)保证整个企业经营目的的一致性。

(2)为企业配置资源提供基础或标准。

(3)建立统一的企业风气和环境。

(4)通过集中地表达,使员工认识企业的目标和发展方向,防止他们在不明白企业目标和方向的情况下参与企业活动。

(5)有助于目标转化为工作组织结构,以及向企业内各责任单位分配任务。

(6)使企业的经营目标具体化,以便使成本、实践和绩效参数得到评估和控制。

当然,有效的企业愿景往往会从以下几个维度进行阐述:

(1)用户:企业的客户是谁?企业将向谁提供产品和服务?客户的消费特征是什么?

(2)产品和服务:企业可以提供的产品和服务是什么?企业提供的产品和服务有什么独特性?与竞争对手相比有什么不同?

(3)市场:企业在哪些区域参与竞争?企业的基地市场、培育市场、潜在市场分别在哪里?

(4)技术:企业的技术是否是最新的?企业如何保证在技术上持续地保持优势?是否已经有新技术替代品?

(5)对生存、增长和盈利的关注:企业是否努力实现业务增长和良好的财务状况?企业对生存、增长和盈利的具体期望是什么?

(6)价值观:企业的核心价值观、道德理念、基本信条是什么?

(7)自我认知:企业最独特的能力或最主要的竞争优势是什么?企业如何持续保证这种优势?竞争对手的核心优势是否对企业的优势产生威胁?

(8)社会责任:企业如何看待与社会、社区、环境的关系?

(9)员工:公司如何看待员工?是否认为员工是企业最宝贵的财富?针对员工的成长与发展,企业有什么具体的措施和方案?企业如何留住并激励好核心员工?

2. 战略分析:认清环境

企业有了清晰的愿景和目标描述(我们要成为什么?我们将向哪里去?未来会成为什么样子?)之后,必须客观认知现在所面临的环境,认清企业现在所处的位置是非常必要的,这就是本书接下来要阐述的企业战略分析。

因为,“在任何场合,企业的资源都不足以利用它所面对的所有机会或回避它所受到的所有威胁。因此,战略基本上就是一个资源配置的问题。成功的战略必须将主要的资源用于利用最有决定性的机会”,威廉·科恩如斯说。

企业经营环境的分析主要有两个维度,即外部环境分析、内部环境分析。

——外部环境分析:是通过收集和分析企业外部经济、社会、文化、人口、环境、政治、法律、政府、政策、技术和竞争等信息,确定企业所面临的机会和威胁。

——内部环境分析:是通过收集和分析企业有关管理、市场营销、财务管理及投(融)资、生产制造、产品研发、品质管控、人力资源、供应链管理、企业文化、核心价值链优化等方面的信息,确定企业最重要的优势和劣势。

外部环境和内部环境分析主要内容及分析方法见表4－21:

表4－21 企业外部环境、内部环境分析内容及方法一览表

	主要分析维度	核心内容	分析方法	分析输出
外部环境分析	经济因素	货币政策、通货膨胀、消费模式、失业趋势、劳动生产力水平、股票市场趋势、进出口、税率、区域经济状况等	波特五力分析、外部因素评价矩阵(EFE)、竞争态势矩阵(CPM)	企业面临的机会、企业面临的威胁
	社会、文化、人口、环境因素	民族特征、文化传统、价值观念、宗教信仰、教育水平、风俗习惯、就业结构等		
	政治、法律和政府因素	税法、国际贸易规则、反垄断法律、知识产权法律、劳动保护、社会保障等		
	技术因素	科技应用、新技术开发、新工艺开发、新材料开发、研发投入、技术创新能力、基础工业技术等		
	竞争因素	主要竞争者的优势与劣势,主要竞争者的目标及战略,主要竞争者对经济、社会、文化、人口、环境、政治、法律等变化的反应,主要竞争对手的竞争策略,新进入者的状况,本企业的竞争地位,与竞争者的合作等		

续表

<table>
<tr><th></th><th>主要分析维度</th><th>核心内容</th><th>分析方法</th><th>分析输出</th></tr>
<tr><td rowspan="9">内部环境分析</td><td>企业文化</td><td>核心价值理念、道德理念、基本信条、行为文化、标识文化</td><td rowspan="9">利益相关者分析、内部因素评价矩阵(IFE)</td><td rowspan="9">企业的核心优势、企业的核心劣势</td></tr>
<tr><td>管理成熟度</td><td>管理成熟度模型、管理成熟度评价</td></tr>
<tr><td>人力资源管理</td><td>人力资源规划,选人、用人、育人、留人</td></tr>
<tr><td>市场营销</td><td>客户分析、产品或服务销售、定价、分销、市场管理、品牌管理、客户投诉受理、客户满意度管理</td></tr>
<tr><td>财务分析</td><td>财务会计基本功能、核心财务指标分析、投资、融资、财务管理</td></tr>
<tr><td>生产制造</td><td>生产过程、生产能力、生产工艺、库存控制、物流管理、质量</td></tr>
<tr><td>研究与开发</td><td>产品规划、研发项目管理、新产品开发、新产品小试、中试、量产</td></tr>
<tr><td>价值链分析</td><td>基本活动分析、辅助活动分析</td></tr>
</table>

【案例4-14】 深圳某美发连锁公司经营环境分析

表4-22 深圳某美发连锁公司外部环境评价矩阵(EFE)

外部环境因素	权重	评分结果	加权得分
外部机会			
美发行业新技术的运用将推动行业的发展	15%	1	0.15
我国近年城镇人员快速增加,2006年城镇人口为5.77亿,占整个人口的43.9%,城市人口的增加加速了我国城市化进程	5%	3	0.15
美容美发星级评定相关政策的出台,将有利于提升行业服务水平,有利于美容美发企业进一步做大做强	5%	1	0.05
我国美容美发行业近年来保持高速增长,年均增长率高达22.4%,未来几年需求将还保持快速增长	15%	4	0.60
美容美发服务业是行业集中度相当低,未来发展的趋势是行业集中度大幅提高,有待于企业的整合	10%	3	0.30

续表

外部环境因素	权重	评分结果	加权得分
外部威胁			
2004年以来的全国主要中大城市房价快速上涨,对美容美发行业成本有重要影响	10%	1	0.20
国内劳动力价格上升,会降低美容美发企业的利润	5%	3	0.15
美容美发行业的劳动力市场状况不好,使得美容美发行业比较难获得和留住比较优秀的人才	5%	2	0.10
现在已经面临更多强大竞争对手的竞争,如发源地,已经抢占了部分深圳市场	10%	2	0.20
未来可能会面临更多竞争对手的竞争,如进入上海市场会面临永琪,它占住了比较大的市场	20%	1	0.20
合计	100%		2.10

表4-23　深圳某美发连锁公司内部环境评价矩阵(IFE)

外部环境因素	权重	评分结果	加权得分
内部优势			
在深圳地区形成了一定的连锁规模,品牌知名度较高	3	15%	0.45
具有良好的美发技术与客户服务意识,客户服务能力较强	3	15%	0.45
服务质量基础较好,质量意识较强,服务品质较高	3	10%	0.30
具有较强的一线美发技术和服务队伍	4	5%	0.20
内部劣势			
欠缺伟大的愿景,战略定位不清晰,难以对经营管理形成较强影响力	1	10%	0.10
连锁店数量较少,销售网络渠道与强大竞争对手相比还有较大的差距	2	10%	0.20
公司经营还未进入深圳以外的地区,在全国影响力较小	1	5%	0.05
公司对分店的管控能力较弱,分析、决策与监督能力都较弱	1	10%	0.10
公司资金实力一般,融资能力较弱	2	10%	0.20
公司还欠缺专业的职能人才队伍	2	5%	0.10
公司对人的激励能力方面还有所欠缺	1	5%	0.05
合计		100%	2.20

评分说明:(1)“1”代表重要劣势,“2”代表次要劣势,“3”代表次要优势,“4”代表重要优势。(2)优势评分必须为“3”或者“4”,劣势评分必须为“1”或者“2”。

3. 战略定位：寻找目标

企业在对外部环境、内部环境进行客观分析之后，还需要将分析的结果用 SWOT 矩阵进行归集和再分析，为企业进行战略定位提供依据。

企业在进行 SWOT 矩阵分析的时候，主要包括以下 8 个步骤：

（1）列出企业的关键外部机会。常见的企业外部机会有：服务独特的客户群体、新的地理区域的扩张、产品组合的扩张、核心技能向产品组合转化、垂直整合的战略形势、分享竞争对手的市场资源、竞争对手的支持、战略联盟与并购带来的超额覆盖、新技术开发道路、品牌形象拓展的道路等。

（2）列出企业的关键外部威胁。常见的企业外部威胁有：强势竞争者进入、替代品引起销售下降、市场增长减缓、交换率和贸易政策的不利转换、由新规则引起的成本增加、商业周期的影响、客户和供应商的杠杆作用加强、消费者购买需求下降、人口与环境变化等。

（3）列出企业的关键内部优势。常见的企业内部优势有：清晰的战略定位、有利的金融环境、有利的品牌形象和美誉、被广泛认可的市场领导地位、专利技术、成本优势、品牌优势、强势广告、产品创新技能、优质客户服务、优秀产品质量、战略联盟与并购。

（4）列出企业的关键内部劣势。常见的企业内部劣势有：没有明确的战略导向、陈旧的设备、超高的资产负债表、超过竞争对手的高额成本、缺少关键技能和资格能力、利润的急剧下滑、内在的运作困境、落后的 R&D 能力、过分狭窄的产品组合、市场规划能力的缺乏。

（5）将内部优势和外部机会一一匹配，列出 SO 战略，即增长型战略。

（6）将内部劣势和外部机会一一匹配，列出 WO 战略，即扭转型战略。

（7）将内部优势和外部威胁一一匹配，列出 ST 战略，即多元化战略。

（8）将内部劣势和外部威胁一一匹配，列出 WT 战略，即防御型战略。

4. 竞争战略：锁定目标

通过前面提到的战略分析和战略定位，企业已经明确了所处的经营环境（外部环境、内部环境），同时也确定了需要进入的区域、市场、产业和产品，当然，企业可以像格力电器一样选择专一经营战略（空调），也可以像美的一样选择一体化甚至多元化战略（家电、物流、地产）；可以像茅台一样选择“一品为主，多品开发，做好酒文章；一业为主，多种经营，走出酒天地”，也可以像五粮液一样选择“一业为主，多元发展”。企业最终究竟该选择什么样的战略，这与企业拥有的资源、所处行业、宏观及微观环境、愿景及战略意图等因素都有很大的关联性。

很多企业在进行战略规划的时候，往往会有这样的误区，觉得有了战略选择就完成了战略的规划工作，其实不然，仅有了选择还不够，因为企业战略的实现是在一个复杂、多变的环境中完成的，战略选择后，企业还需要确定主要竞争对手，只有这样才能保证战略的实现，这就是我们通常所说的竞争战略。

竞争战略的制定需要秉承“锁定法则”，具体地说，就是要确定谁是主要竞争对手，找准重点、锁定目标，而不是草木皆兵，把同行所有的企业都当成自己的对手来对待。

清晰并成功锁定竞争对手之后，企业就要采取出其不意、攻其不备等手段，确定自己的竞争战略，一般来讲，企业的竞争战略包括基础竞争（如规范化管理竞争）、条件竞争（如资源竞争）、市场竞争、人力资源竞争、标杆竞争（如学习竞争）、差异化竞争（如创新竞争、产品竞争）、无差异竞争（如价格竞争）等。

5. 职能战略：分解目标

彼得·德鲁克曾经说过：经营目标可以被比做是轮船航行用的罗盘。罗盘是准确的，但在实际航行中，轮船却可以偏离航线很远。然而如果没有罗盘，航船既找不到它的港口，也不可能估算达到港口所需要的时间。

可见目标对于企业战略实施和经营的重要性，没有目标的战略不能称之为战略，没有目标的企业就如脚踩西瓜皮，溜到哪里算哪里。

企业战略实施的过程中，还需要对目标进行分解，比如新产品研发、生产制造、市场营销、财务投资、人力资源等，这就是我们通常所说的职能战略。

弗雷德·R. 戴维教授认为，企业职能战略确定和目标分解的过程中必须关注以下问题：年度经营计划、制定政策、调整现行组织结构、企业改组和流程再造、员工激励计划、管理变革、管理者对战略的适应能力、培训支持新战略的企业文化、调整生产作业过程、发展有效的人力资源功能等管理问题，还需要关注市场营销（包括市场细分、产品定位、品牌管理、销售管理、价格管理等）、财务管理（包括资金管理、预算管理、会计核算等）、研究与开发、信息系统管理等问题。

6. 年度经营计划:战略落地

年度经营计划既是企业中长期发展战略规划在特定经营年度的构成部分,也是对公司中长期发展战略规划的细化,制订科学合理的年度经营计划,并保证按照年度经营计划实施,是企业发展战略实现的保障和基础。

企业发展战略的实现就像是一场马拉松比赛,漫长而艰苦,如果企业不能学会战略分解和分步实施,很有可能就会因为大家认为目标遥不可及而选择放弃。年度经营计划可以很好地帮助企业进行战略目标分解,企业在保证每年目标都实现的基础上,整体发展战略就水到渠成、顺利实现了。

根据我们多年企业咨询辅导经验,我们将企业年度经营计划分为6个主要部分:

(1)企业发展战略分解:包括企业发展战略阶段性目标及工作规划、企业外部环境因素(EFE)修正、企业内部环境因素(IFE)修正。

(2)年度经营环境分析:企业管理成熟度评价、企业经营状况盘点、行业关键成功因素分析、年度SWOT分析。

(3)年度经营策略分析:年度竞争策略确定、年度职能战略确定。

(4)年度经营目标确定:年度战略地图及经营目标确定、年度平衡计分卡及目标分解。

(5)年度经营计划实施规划:组织调整规划、流程体系优化规划、渠道激励规划、人力资源体系建设及员工激励规划、产品及研发规划、营销规划、供应链及制造规划、各职能部门年度工作计划。

(6)年度经营计划实施检讨及跟踪:公司/部门/关键岗位级KPI达成状况跟踪、各职能领域及部门年度工作计划达成检讨。

7. 目标绩效管理:战略实施衡量

任何一项工作,一旦离开了评价和衡量,就会变得没有办法去跟踪,企业战略实施也不例外,所以建立完善的目标绩效管理体系是保证公司战略和年度经营计划能够落地,并顺利实现的关键。

通过图4-24我们可以看到,一个完善的目标绩效管理体系是由以下几部分构成的:

(1)绩效管理架构。绩效管理架构是企业建立绩效管理体系的基础,是企业

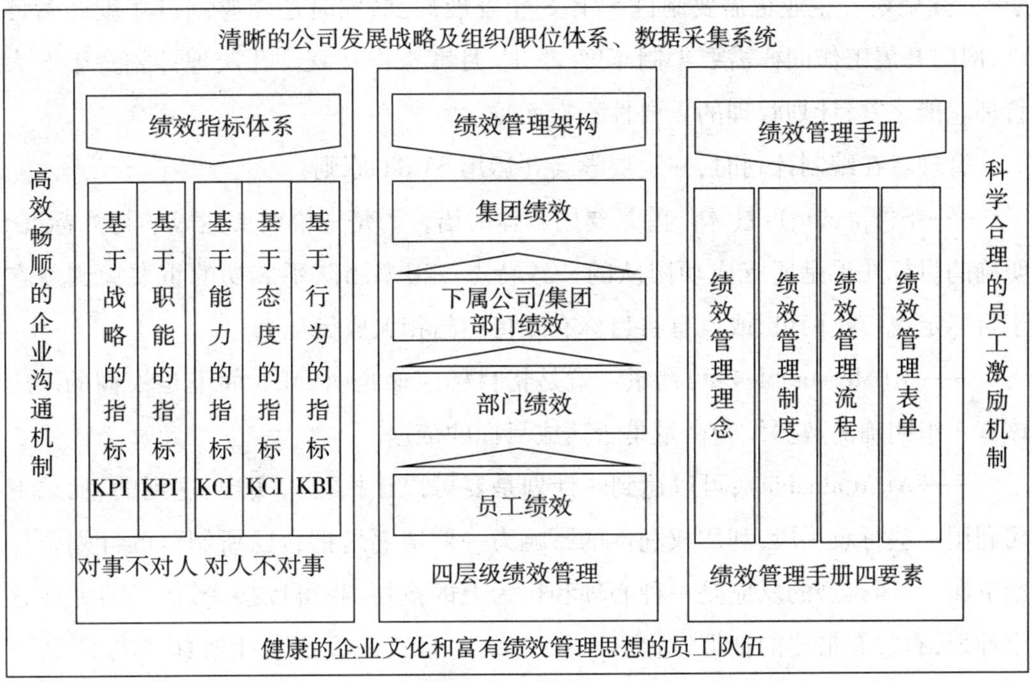

图 4－24　目标绩效管理体系的基本构成

目标分解的组织架构，也是企业目标实现的组织架构。一般来说，企业的绩效管理架构可以由公司绩效、部门绩效和员工绩效三层构成，有的公司也分为集团绩效、公司绩效、部门绩效和员工绩效四层构成。

（2）绩效指标体系。绩效指标体系的建立使量化评价企业各个层次的绩效变得很简单，同时也使企业目标的分解有了载体，企业指标体系按照大类分，可以分为对事不对人的指标和对人不对事的指标，其中对事不对人的指标又可以分为基于战略目标的 KPI、基于部门或岗位职能的 KPI、基于流程的 KPI、基于工作计划的 KPI 等，对人不对事的指标又可以分为基于能力的 KCI、基于态度的 KCI 等。KPI 和 KCI 的来源是不同的，KPI 更加倾向于“冰山”的上部，即工作结果，KCI 更倾向于“冰山”的下部，即导致结果产生的能力、态度和行为。

（3）绩效管理手册。绩效管理手册则是企业进行绩效管理运作的基本法，绩效管理手册中会包含绩效管理理念、绩效管理制度、绩效管理表单、绩效管理流程四部分，也可以称之为“绩效管理四要素”。

8. 工作计划管理

工作计划管理是企业战略管理的末端，但也是最关键的环节。国家需要制订

“十二五规划”，企业也需要制订5年、3年发展规划，同时还需要制订年度经营计划，部门开展工作同样需要编制年度、季度、月度工作计划。孔茨把计划置于5大管理职能之首，计划管理的重要性不言而喻。

管理者在编制计划时，一定要学会并运用SMRT原则：

——S(Specific)：具体。就是要用具体的语言清楚地说明要达成的行为标准。明确的目标几乎是所有成功团队的一致特点。很多团队不成功的重要原因就在于目标定得模棱两可，或没有将目标有效传达给相关成员。

——M(Measurable)：可衡量。就是指目标应该是明确的，而不是模糊的。应该有一组明确的数据作为衡量是否达成目标的依据。

——A(Attainable)：可以达到。计划是要可以让执行人实现、达到的，如果上司利用一些行政手段，利用权利性的影响力一厢情愿地把自己所制订的计划强压给下属，下属典型的反应是一种心理和行为上的抗拒：我可以接受，但是否完成这个计划，有没有最终的把握，这个可不好说。一旦有一天这个计划真完成不了，下属会有一百个理由推卸责任：你看我早就说了，这个计划肯定完成不了，但你坚持要压给我。

——R(Relevant)：相关性。是指实现此计划与其他计划的关联情况。如果实现了这个计划，但与其他的计划完全不相关，或者相关度很低，那这个计划即使被达到了，意义也不是很大。

——T(Time－based)：有时间限制。是指计划的实现是有明确时间限制的。

（二）战略管理5大流程

通过前面的系统分析，我们清晰地了解了企业战略管理的各个环节。为了保证每个环节都能够落实到位，实现战略目标，企业有必要建立完善的企业战略管理流程体系，常见的企业战略管理流程包括：

（1）战略规划/实施/调整流程。

（2）年度经营计划管理流程。

（3）年度经营目标分解流程。

（4）目标绩效管理流程（分公司绩效、部门绩效、员工绩效）。

（5）工作计划管理流程。

【案例 4－15】 贵州某肥业公司战略管理流程

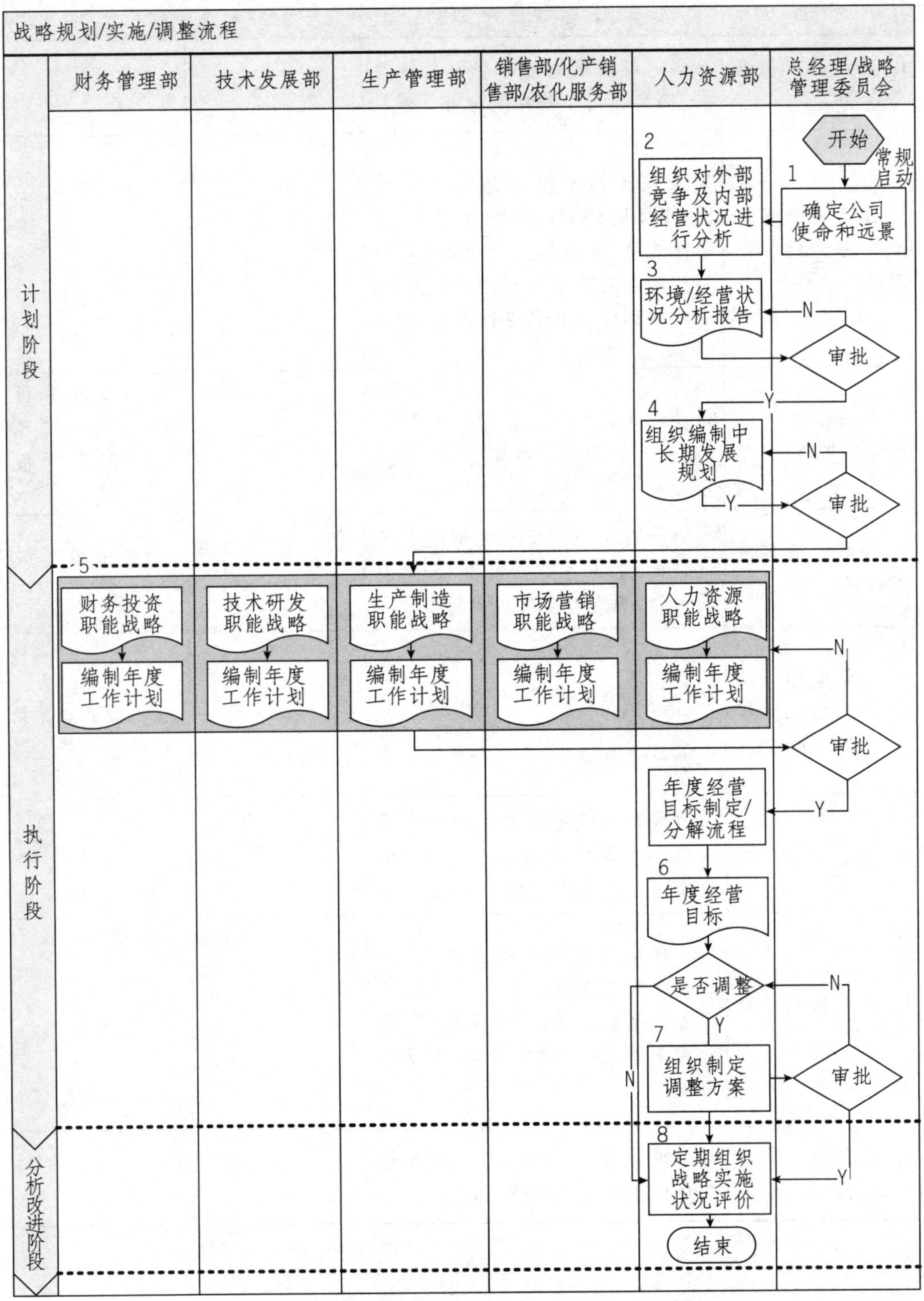

图 4－25 贵州某肥业公司战略规划/实施/调整流程

表4-24　贵州某肥业公司战略规划/实施/调整流程核心步骤说明

步骤	工作内容的简要描述	相关流程/制度	相关表单/文件
1. 确定公司使命与远景	公司总经理根据董事会的总体要求,确定公司中长期使命与远景		《使命与远景》
2. 组织对外部环境及内部经营状况进行分析	人力资源部利用战略分析工具(如PEST、SWOT、波特五力量、波士顿矩阵、生命周期理论等)对公司外围环境发展形势、竞争状况、企业内部经营状况进行系统分析		
3. 环境/经营状况分析报告	组织编制《竞争环境分析报告》、《内部经营状况分析报告》		《竞争环境分析报告》、《内部经营状况分析报告》
4. 编制中长期发展规划	根据外围环境分析及内部经营状况分析,组织编制公司3~5年发展规划,确定每年经济目标		《中长期发展规划》
5. 各职能部门编制职能战略,并编制年度工作计划	根据公司中长期发展规划,各职能部门负责识别5大职能战略的核心事项,并编写职能战略和每年度工作计划		《5大职能战略》
6. 年度经营目标	人力资源部根据公司中长期发展战略和各职能战略工作计划,组织编制公司每年度经营计划		《年度经营计划》
7. 组织制定调整方案	在年度经营计划实施过程中,人力资源部应定期对战略的实施状况进行监督检查,需要调整时,及时编制调整计划报公司总经理审批		
8. 定期组织战略实施状况评价	利用绩效管理的手段,定期对经营目标达成状况进行评价		

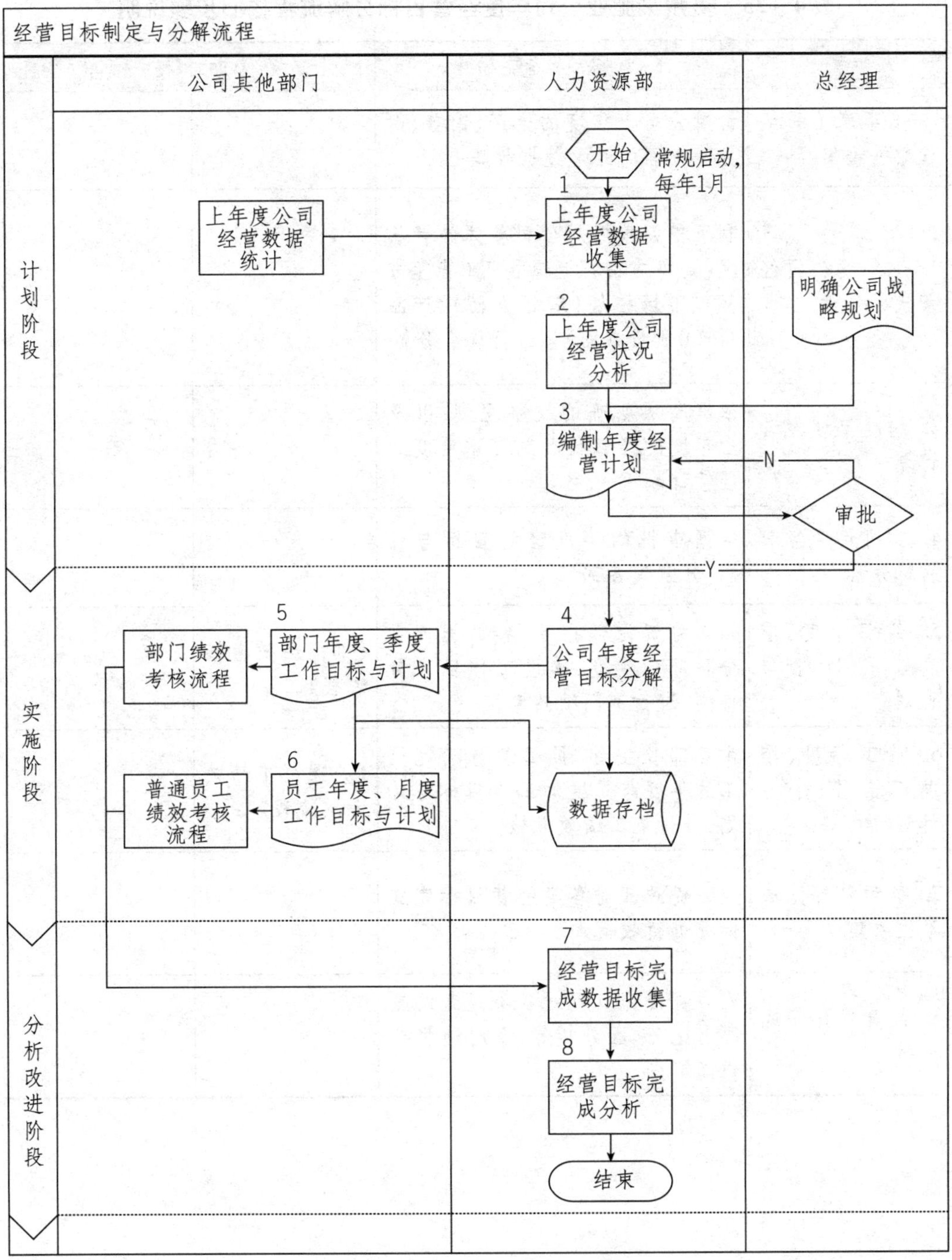

图 4－26　贵州某肥业公司年度经营目标分解流程

表 4－25　贵州某肥业公司年度经营目标分解流程核心步骤说明

步骤	工作内容的简要描述	相关流程/制度	相关表单/文件
1. 上年度公司经营数据收集	针对公司上年度的生产、销售、财务等方面的经营数据收集		
2. 上年度公司经营状况分析	利用相关数据对公司整体经营状况(财务方面)、运营情况(管理方面)、市场拓展(营销方面)、产品生产(质量方面)等进行综合分析		
3. 编制年度经营计划	依据高层明确的战略规划,以及上年度的经营状况制订本年度的经营计划		
4. 公司年度经营目标分解	依据审批的年度经营目标与计划,分解到各部门		
5. 部门年度、季度工作目标与计划	由人力资源部指导,各部长负责分解部门年度、季度工作目标与计划,进行部门绩效考核	《部门绩效考核流程》	
6. 员工年度、季度工作目标与计划	由各部长主导、员工参与确定员工的年度与月度的工作目标与计划,进行员工绩效考核	《普通员工绩效考核流程》	
7. 经营目标完成数据收集	人力资源部对各类经营目标完成情况进行收集		
8. 经营目标完成分析	人力资源部负责对各类经营的差距对比、原因分析等,及时通报公司高层		

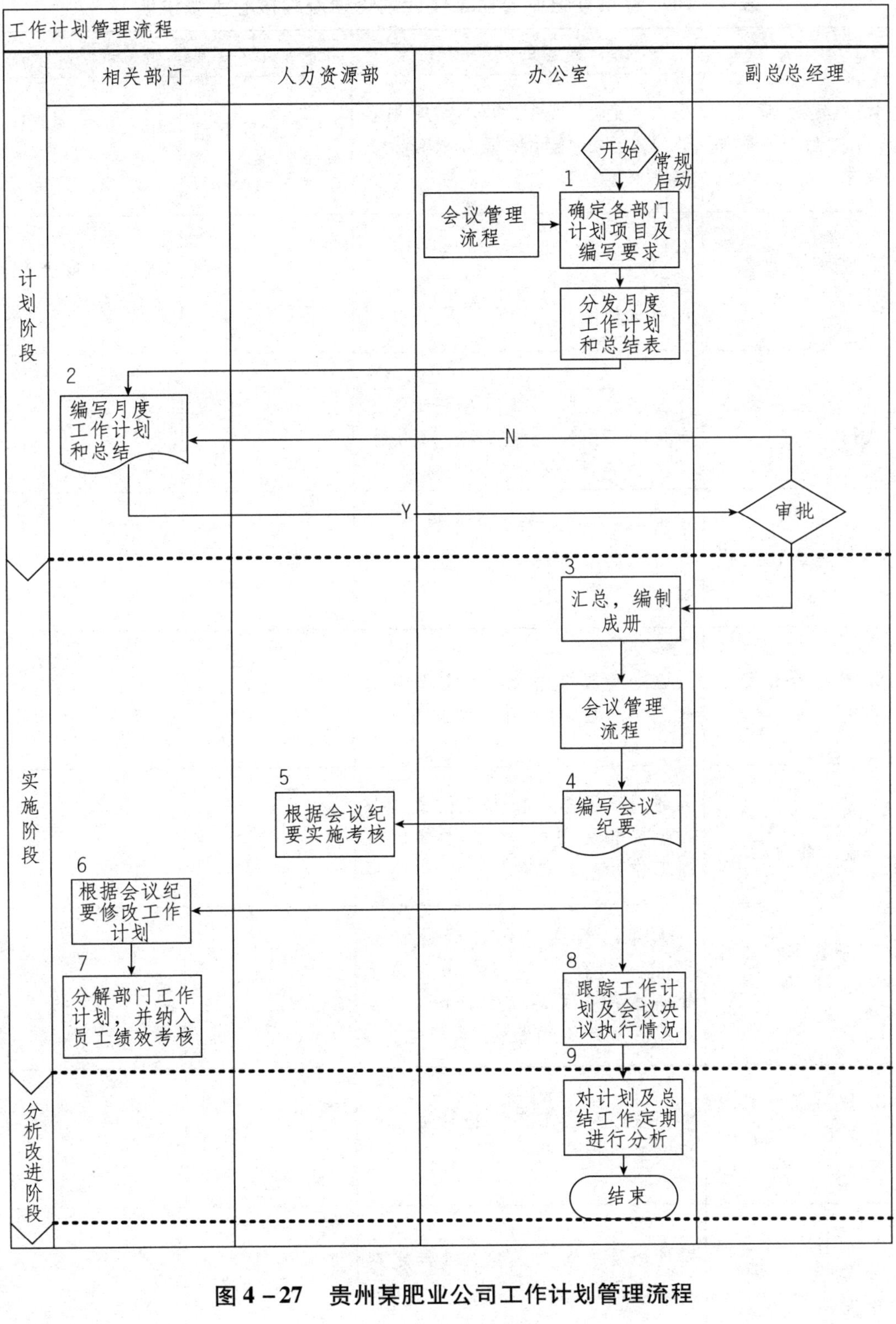

图 4－27 贵州某肥业公司工作计划管理流程

表4－26　贵州某肥业公司工作计划管理流程核心步骤说明

步骤	工作内容的简要描述	相关流程/制度	相关表单/文件
1. 确定各部门计划项目及编写要求	根据各部门职能,办公室规划各部门月度工作计划编写项目及具体要求	《干部述职管理制度》	
2. 编写月度工作计划与总结	各部门负责人按照办公室的统一要求,负责编写本部门月度工作计划与总结		《部门月度工作计划/总结》
3. 汇总，编制成册	办公室负责将各部门经分管副总审批的工作计划与总结汇总成册		
4. 编写会议纪要	根据会议管理流程相关规定,办公室定期组织编写总经理办公例会会议纪要		
5. 根据会议纪要实施考核	人力资源部根据会议纪要及各部门工作总结,对各部门实施考核		
6. 根据会议纪要修改工作计划	各部门根据总经理办公例会及会议纪要相关要求,修订本部门月度工作计划		
7. 分解部门工作计划,并纳入员工绩效考核	将本部门月度工作计划进行分解,落实责任人,并根据公司绩效管理体系相关规定,对计划完成状况进行评价和考核		
8. 跟踪工作计划及会议决议执行情况	办公室跟踪各部门工作计划及会议纪要执行状况		
9. 对计划及总结工作定期进行分析	对计划及总结工作的有效性定期进行评价和检讨		

三、财务管理 10 大流程优化

随着资本在企业经营中所起的作用越来越大,企业对财务管理的依赖度也是越来越高,大家都知道,传统的企业财务管理其实就是会计核算和资金管理、税务缴纳,但就在最近几年,很多企业开始关注并越来越重视投资、融资、成本控制、资产保值增值、全面预算管理、财务分析、风险控制、EVA、财务管理信息化等领域,其实这正是企业财务管理在企业中作用提升的直接体现。

企业财务管理的基本框架(图 4 - 28):

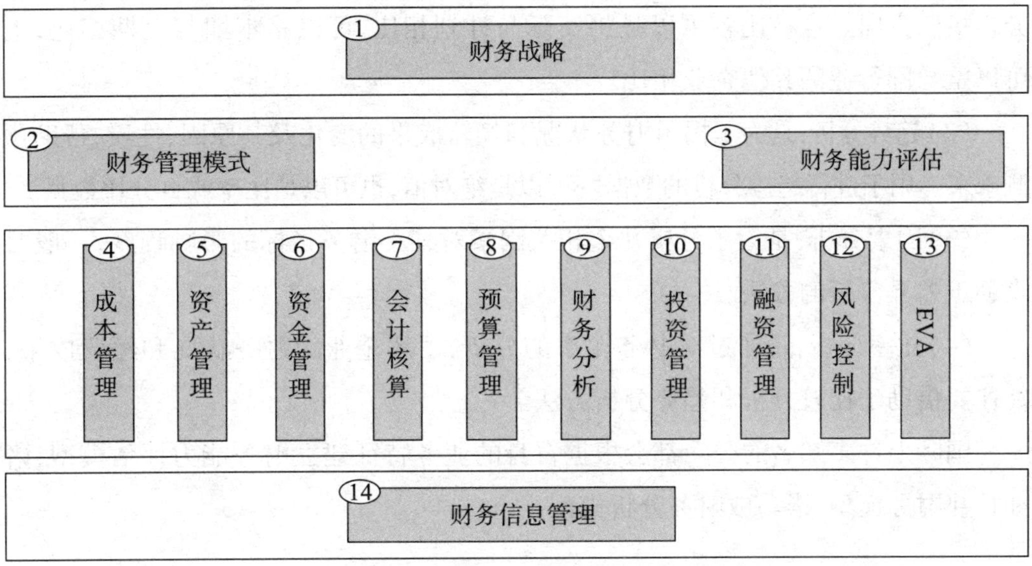

图 4 - 28　企业财务管理体系基本架构

(一)现代企业财务管理 4 大突出职能

根据图 4 - 28 可以看到,现代企业财务管理的职能已经有了非常大的改变,特别是以下几大职能在企业管理中的作用越来越明显:

1. 财务战略

财务战略作为企业职能战略的重要组成部分,主要包括财务投资方向及投资回报分析、融资渠道及融资模式、企业资产管理等。

2. 财务管理模式

从财务原理上来讲,企业的财务管理模式都是源于国家相关财经法规及会计准则,对于每家企业,由于其价值链选择、所处行业和业务模式的不同,其财务管理模式会存在很大的差异，所以企业结合自身特点建立符合自身需要的会计核算、资产管理（包括资产折旧）等就显得非常重要。

3. 财务能力评估

财务能力评估是企图了解一个企业经营业绩和财务状况的真实面目，从晦涩的会计程序中将会计数据背后的经济涵义挖掘出来，为管理者、投资者和债权人提供决策基础。一般来说，财务分析的方法主要有以下四种：

（1）比较分析：是为了说明财务信息之间的数量关系与数量差异，为进一步的分析指明方向。这种比较可以是将实际与计划相比，可以是本期与上期相比，也可以是与同行业的其他企业相比。

（2）趋势分析：是为了揭示财务状况和经营成果的变化及其原因、性质，帮助预测未来。用于进行趋势分析的数据既可以是绝对值，也可以是比率或百分比数据。

（3）因素分析：是为了分析几个相关因素对某一财务指标的影响程度，一般要借助于差异分析的方法。

（4）比率分析：是通过对财务比率的分析，了解企业的财务状况和经营成果，往往要借助于比较分析和趋势分析方法。

国际上许多知名的公司都会根据自身的业务特征建立财务能力评估模型，诸如杜邦财务模型、毕马威财务分析模型。

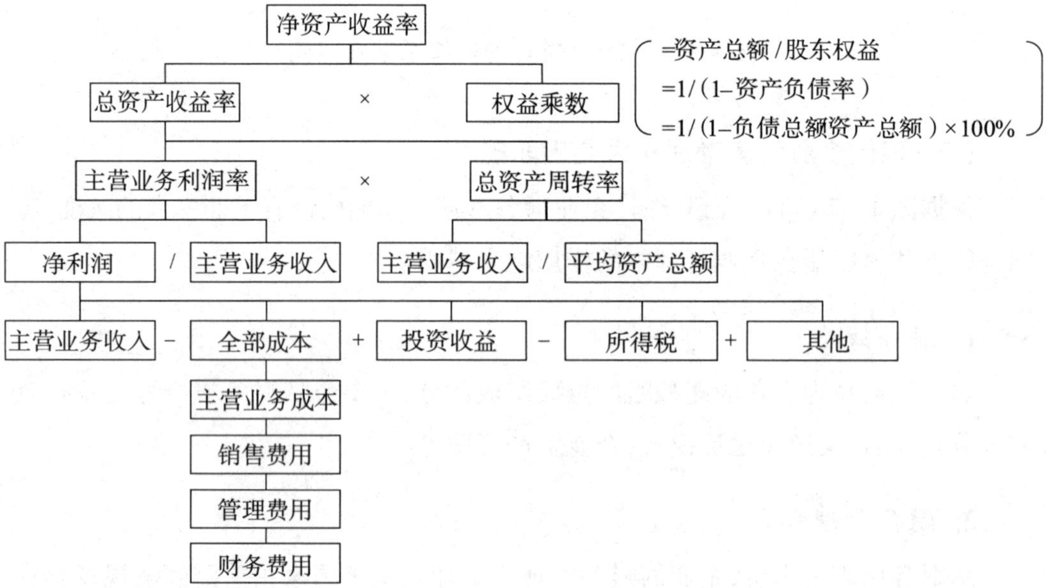

图 4－29　杜邦财务模型

(1)杜邦财务模型。在杜邦体系中,包括以下几种主要的指标关系:

净资产收益率是整个分析系统的起点和核心。该指标的高低反映了投资者的净资产获利能力的大小。净资产收益率是由销售报酬率、总资产周转率和权益乘数决定的。

权益乘数表明了企业的负债程度。该指标越大,企业的负债程度越高,它是资产权益率的倒数。

总资产收益率是销售利润率和总资产周转率的乘积,是企业销售成果和资产运营的综合反映,要提高总资产收益率,必须增加销售收入,降低资金占用额。

总资产周转率反映企业资产实现销售收入的综合能力。分析时,必须综合销售收入分析企业资产结构是否合理,即流动资产和长期资产的结构比率关系。同时还要分析流动资产周转率、存货周转率、应收账款周转率等有关资产使用效率指标,找出总资产周转率高低变化的确切原因。

综合起来,通过杜邦财务模型,我们可以非常清晰地看到企业的资本结构、盈利能力、运营能力和偿债能力等指标。

(2)毕马威财务分析模型。毕马威财务分析法主要是通过企业盈利分析(历史数据)和成本分析(历史数据),来推导企业的前瞻性投资分析。

其中企业的盈利分析包括:

——整体企业盈利状况分析。包括企业整体利润、销售毛利、人均利润、利润占资金投入比例等。

——产品盈利状况分析。包括产品盈利状况、不同产品盈利状况分析、竞争产品盈利状况分析等。

——客户盈利状况分析。包括整体客户盈利状况、核心客户盈利状况、客户运作成本分析等。

综合起来,我们可以看到,利用毕马威财务分析法可以通过对现有和历史的企业盈利能力、成本分析,为企业未来的投资提供依据,为股东创造更大的价值回报。

4. EVA

EVA 即经济增加值。EVA 是指企业资本收益与资本成本之间的差额。更具体地说,EVA 就是指企业税后营业净利润与全部投入资本(借入资本和自有资本之和)成本之间的差额。如果这一差额是正数,说明企业创造了价值,创造了财富;反之,则表示企业发生价值损失。如果差额为零,说明企业的利润仅能满足债权人和投资者预期获得的收益。

美国纽约斯特恩·新图尔特咨询公司认为无论是会计收益还是经营现金流量指标都具有明显的缺陷,应该坚决抛弃;会计收益未考虑企业权益资本的机会成本,难于正确地反映企业的真实经营业绩;而经营现金流量虽然能正确反映企业的长期业绩,但却不是衡量企业年度经营业绩的有效指标。相反,EVA 能够将这两方面有效地结合起来,因此是一种可以广泛用于企业内部和外部的业绩评价指标。

EVA 指标衡量的是企业资本收益和资本成本之间的差额。EVA 指标最大的和最重要的特点就是从股东角度重新定义企业的利润,考虑了企业投入的所有资本(包括权益资本)的成本。EVA 指标由于在计算上考虑了企业的权益资本成本,并且在利用会计信息时尽量消除会计失真,因此能够更加真实地反映一个企业的经营业绩。更为重要的是,EVA 指标的设计着眼于企业的长期发展,而不是像净利润一样仅仅是一种短视指标,因此应用该指标能够鼓励经营者进行能给企业带来长远利益的投资决策,如新产品的研究和开发、人力资源的培养,等等。这样就能杜绝企业经营者短期行为的发生。此外,应用 EVA 能够建立有效的激励报酬系统,这种系统通过将经营者的报酬与从增加股东财富的角度衡量企业经营业绩的 EVA 指标相挂钩,正确引导经营者的努力方向,促使经营者充分关注企业的资本增值和长期经济效益。EVA 是一种起源于剩余收益又不同于它的评价企业经营业绩的新方法。EVA 衡量的是一个企业创造的真实利润。这是一个可以用于评价任何企业经营业绩的工具。

(二)财务管理 10 大流程

基于以上财务核心职能,财务管理的核心流程主要有:

(1)年度财务预算制定流程。

(2)预算执行与调整流程。

(3)年度税务筹划实施流程。

(4)财务核算管理流程。

(5)财务费用报销流程。

(6)固定资产管理流程。

(7)财务分析管理流程。

(8)财务投资管理流程。

(9)融资管理流程。

(10)资金管理流程。

【案例 4－16】 浙江某药业公司财务管理流程

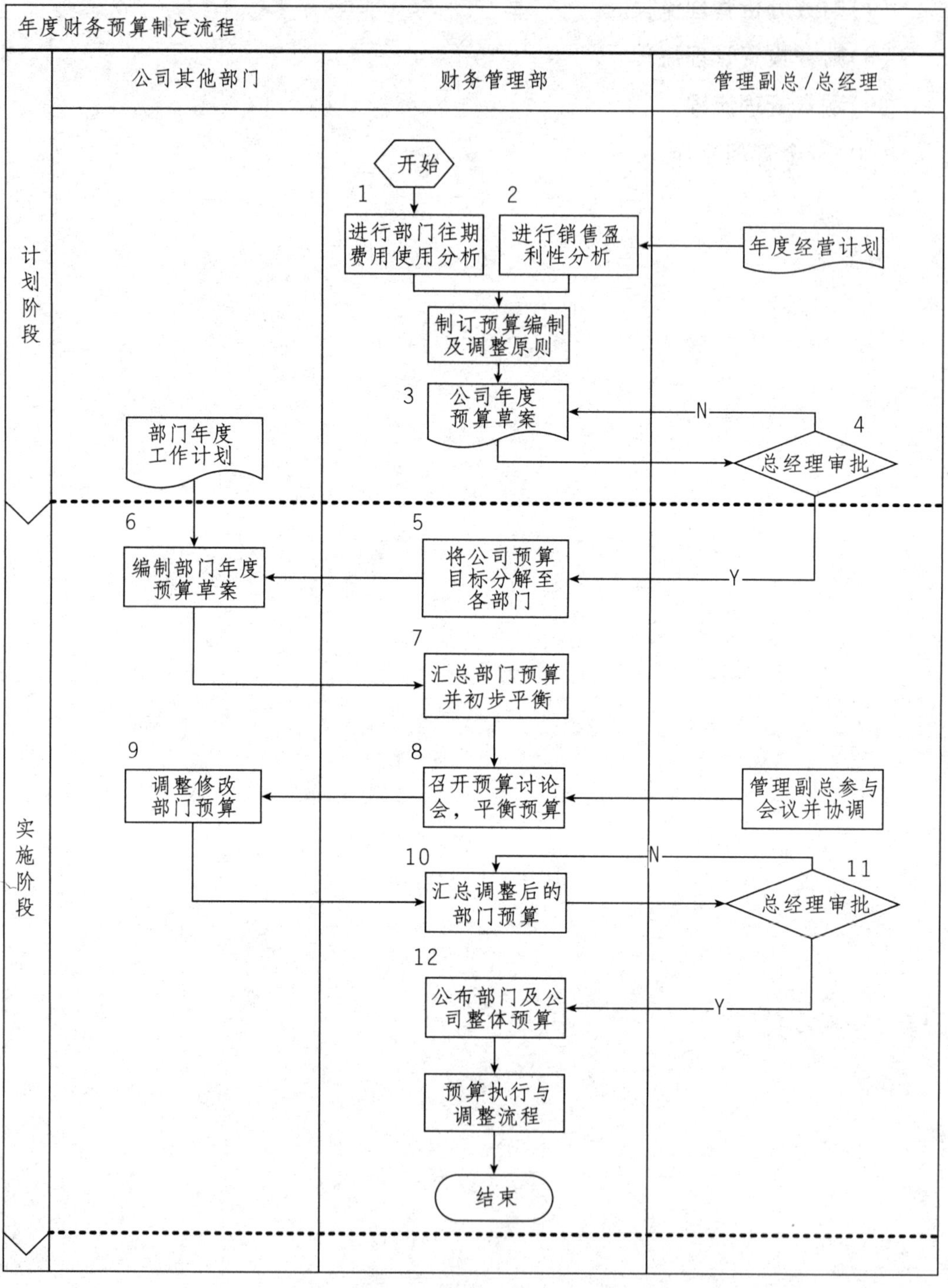

图 4－30 浙江某药业公司年度财务预算制定流程

表 4－27　浙江某药业公司年度财务预算制定流程核心步骤说明

步骤	工作内容的简要描述	相关流程/制度	相关表单/文件
1. 各部门往期费用使用分析	财务管理部对部门往期费用与预算执行情况进行汇总分析		
2. 进行销售盈利性分析	财务管理部根据公司的销售计划与经营计划要求，对产品未来销售盈利能力和状况进行分析		
3. 公司年度预算草案	根据以上分析，财务部门确定公司预算编制的指导思想和原则，并形成公司年度预算草案	《公司预算管理制度》	
4. 总经理审批	总经理对公司预算草案进行审批		
5. 将公司预算目标分解至各部门	财务管理部下达部门预算要求，将公司预算目标分解至公司各部门		《公司年度预算管理表》
6. 编制部门年度预算草案	各部门结合部门年度工作计划，按照预算要求制订部门预算		
7. 汇总部门预算并初步平衡	财务管理部汇总各部门预算草案，并对部门预算进行初步平衡		
8. 召开预算讨论会，平衡预算	财务管理部召开部门联合评审会议，对初步预算平衡结果进行讨论		
9. 调整修改部门预算	各部门根据会议预算平衡结果，对部门编制的相关预算进行调整		
10. 汇总调整后的部门预算	财务管理部汇总各部门调整后的预算方案，形成公司预算方案，并报总经理审签		
11. 总经理审批	公司总经理对部门及公司预算方案进行审批，作为正式发布依据		
12. 公布部门及公司整体预算	财务管理部正式发布相关部门及公司预算方案		

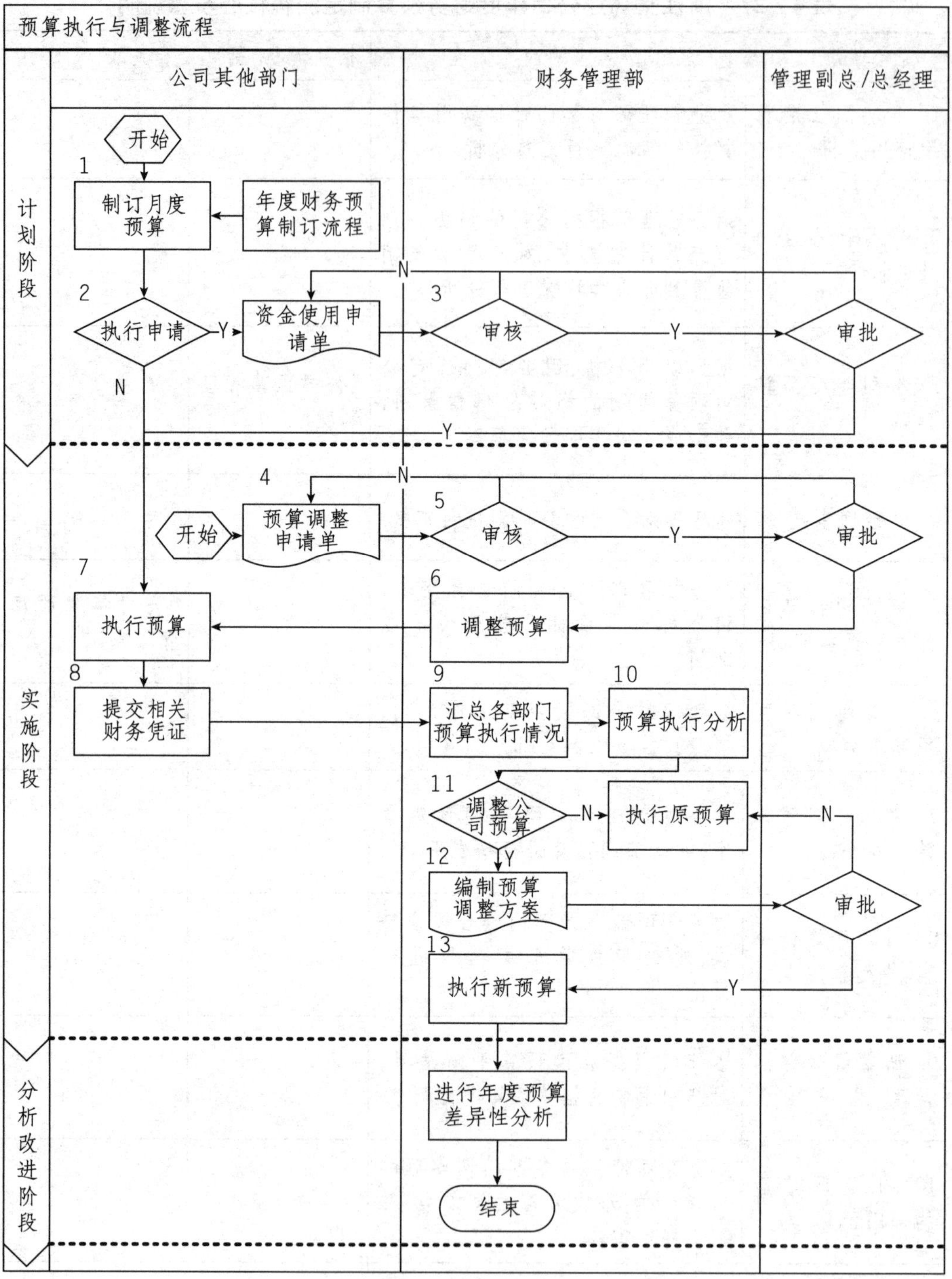

图 4-31　浙江某药业公司预算执行与调整流程

表4－28　浙江某药业公司预算执行与调整流程核心步骤说明

步骤	工作内容的简要描述	相关流程/制度	相关表单/文件
1. 制订月度预算	各相关部门根据年度预算编制要求，分解制订部门月度预算要求		
2. 执行申请	部长对预算执行申请进行审批，属于一般预算审批项目可由部长直接决定，对超预算、非预算或超部长审批权限的项目则由部门填写资金申请表，交上级部门审批	《公司预算管理制度》	《资金使用申请表》
3. 审核	财务部门负责人及总经理根据各自授权范围，对相关事项进行审批，总经理对相关事项有最终决定权		
4. 预算调整申请单	各部门根据实际业务需求，提出预算调整申请		《预算调整申请表》
5. 审核	财务管理部及总经理根据各自授权范围，对预算调整事项进行分级审批，总经理对预算调整有最终决定权		
6. 调整预算	财务管理部根据总经理审批意见，调整部门预算		
7. 执行预算	各相关部门执行经领导审批同意后的部门预算		
8. 提交相关财务凭证	根据实际业务发生状况，相关部门提交财务凭证		
9. 汇总各部门预算执行情况	财务部门收集相关财务凭证，定期汇总部门预算执行情况		
10. 预算执行分析	财务部门定期对部门及公司预算执行情况开展分析		
11. 调整公司预算	财务管理部根据公司预算执行情况及公司业务状况，对公司整体预算是否调整做出判断		
12. 编制预算调整方案	相关调整后的公司整体预算方案交总经理进行审批		
13. 执行新预算	财务管理部执行经总经理同意后的公司整体新预算		

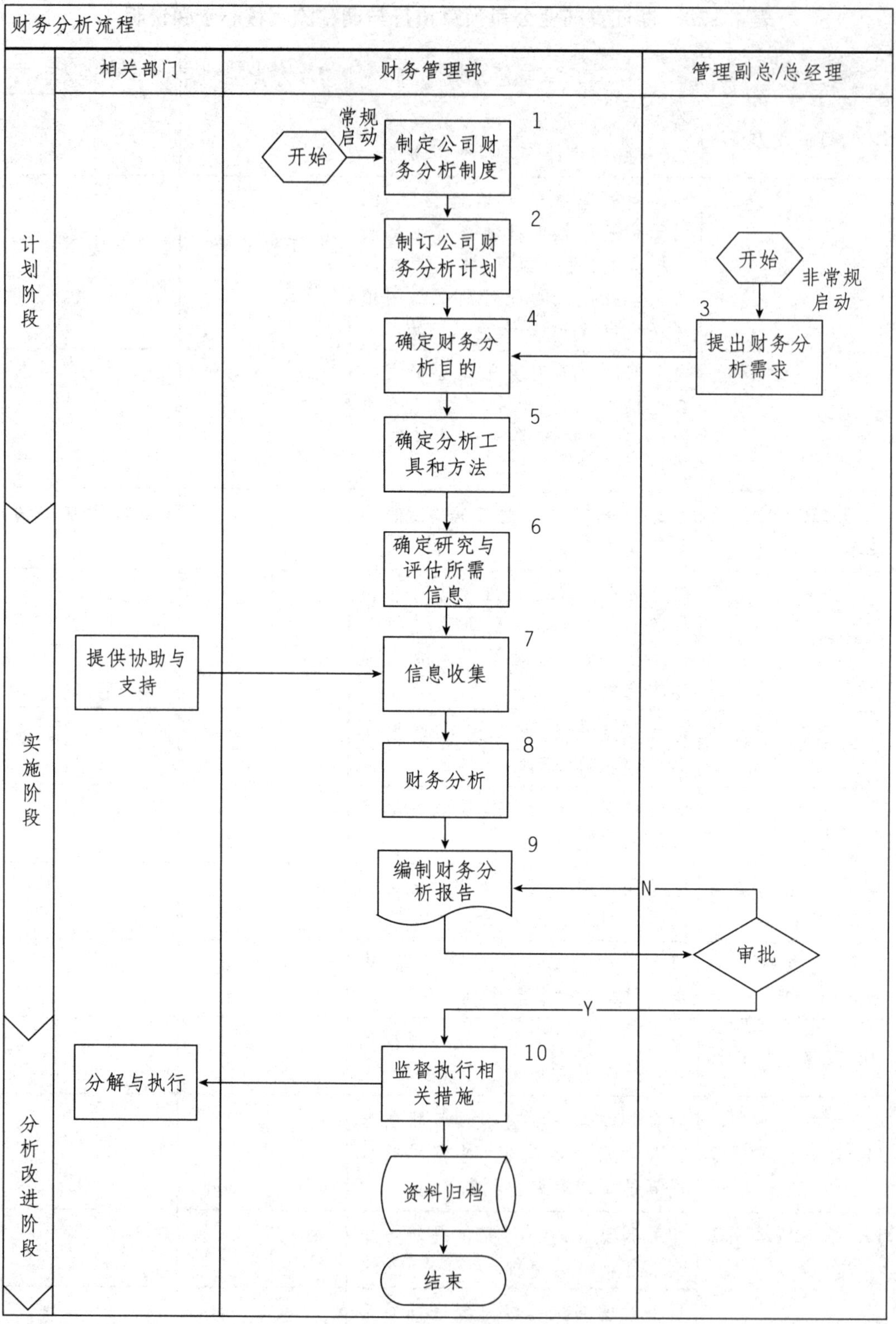

图 4－32　浙江某药业公司财务分析管理流程

表 4－29　浙江某药业公司财务分析管理流程核心步骤说明

步骤	工作内容的简要描述	相关流程/制度	相关表单/文件
1. 制定公司财务分析制度	财务管理部制定有关财务分析管理制度，说明相关财务分析的组织、程序和原则等，作为其开展工作的指导和规范	《财务分析管理制度》	
2. 制订公司财务分析计划	根据公司业务需要，财务管理部制订相关定期和专项财务分析计划		
3. 提出财务分析需求	公司高层领导根据业务需要提出临时性的财务分析需求		
4. 确定财务分析目的	财务管理部确定相关财务分析活动目的		
5. 确定分析工具和方法	财务部门确定开展具体财务分析项目所用的工具和方法		
6. 确定研究与评估所需信息	财务部门确定相关财务分析所需运用的信息		
7. 信息收集	财务管理部收集财务分析所需运用的信息，其他部门协助提供		
8. 财务分析	财务管理部开展具体财务分析活动，并编制相关财务分析报告，提出相关改善建议，并公司总经理进行审批		
9. 编制财务分析报告	总经理对相关财务分析报告进行判断和审批		
10. 监督执行相关措施	根据总经理对财务分析的审批意见，财务管理部监督相关改善措施的落实与贯彻		

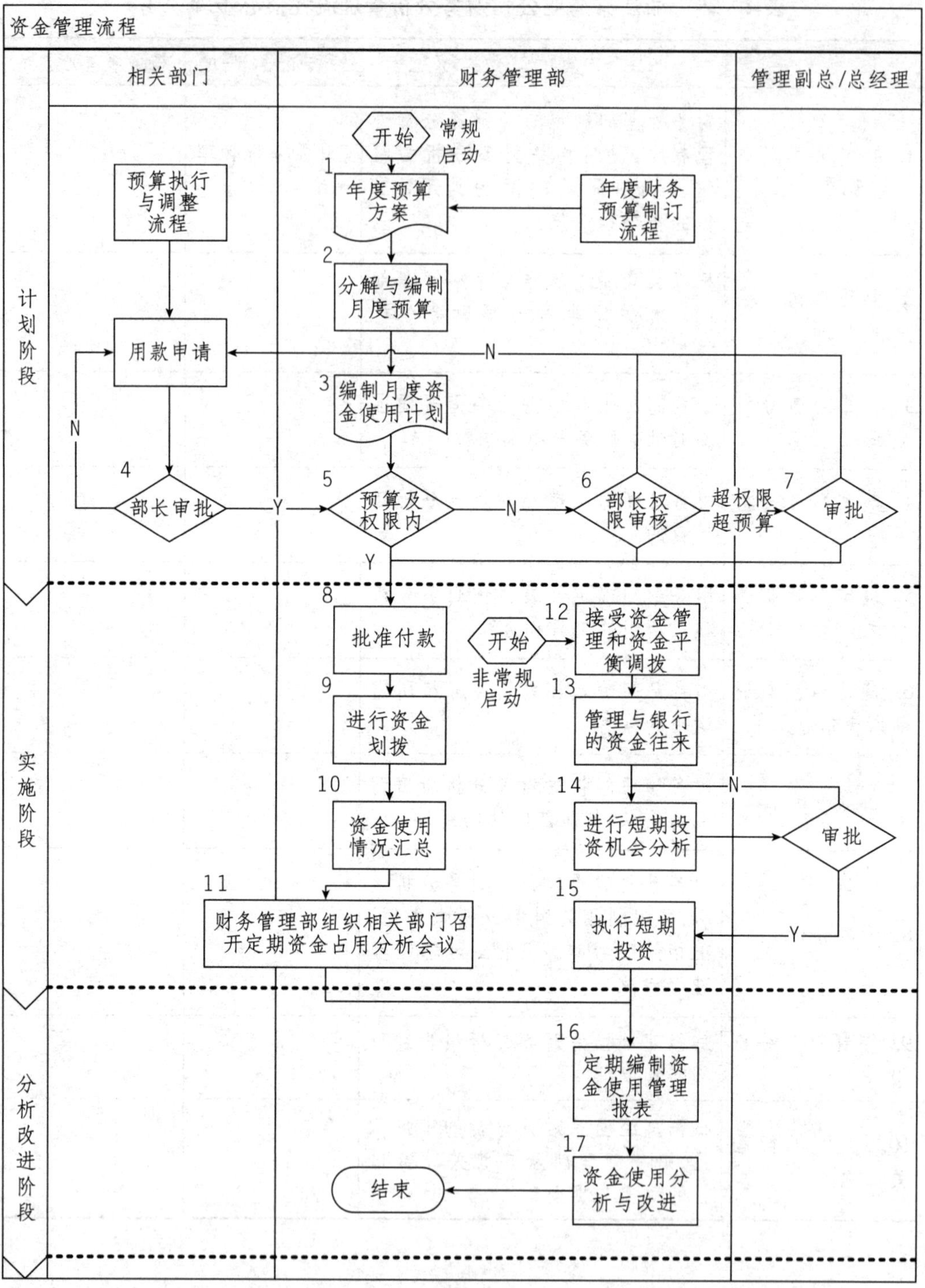

图 4－33　浙江某药业公司资金管理流程

表4－30　浙江某药业公司资金管理流程核心步骤说明

步骤	工作内容的简要描述	相关流程/制度	相关表单/文件
1. 年度预算方案	财务管理部根据公司及各部门年度预算分解制订月度资金预算		
2. 分解与编制月度预算	财务管理部编制相关公司月度资金使用计划		
3. 编制月度资金使用计划	各相关部门向部门负责人提出资金用款申请		
4. 部长审批	部门负责人根据公司资金使用规定及部门预算制订情况，对部门内部用款申请进行合规性审批	《资金管理制度》	
5. 预算及权限内	财务人员判断部长审批结果是否符合部门预算及部门负责人审批权限，符合则进行资金划拨，超出则报上级领导进行审核		
6. 部长权限审核	财务部长根据自身审批权限对各部门资金申请进行审批，超出预算范围或超审批权限报总经理审批		
7. 审批	总经理对各部门超预算或超审批权限的资金申请进行最终审批		
8. 批准付款	财务管理部批准实施付款		
9. 进行资金划拨	财务管理部进行内部资金划拨		
10. 资金使用情况汇总	财务管理部汇总各部门资金使用情况		
11. 定期资金占用分析会议	财务管理部召开定期跨部门会议，研究资金使用情况，做好内部资金管理工作		
12. 接受资金管理和资金平衡调拨	财务管理部接受集团及相关外部机构的资金管理、划拨和平衡		
13. 管理与银行的资金往来	部门开展与银行的往来资金管理		
14. 进行短期投资机会分析	针对公司部分闲散资金，部门开展短期投资计划分析，报总经理审批		

续表

步骤	工作内容的简要描述	相关流程/制度	相关表单/文件
15. 执行短期投资	总经理审批同意后,财务管理部开展相关短期投资		
16. 定期编制资金使用管理报表	根据公司内外部资金使用情况,财务部门定期编制相关资金使用报表		
17. 资金使用分析与改进	针对公司资金使用状况,财务部门进行分析与改进		

四、人力资源管理10大流程优化

人力资源管理从原来简单的人事管理,到人力资源管理、战略性人力资源管理,再到人力资本管理,从其管理的发展过程,我们就可以清楚地看到,人力资源管理对于企业经营的贡献度越来越大,换句话来讲,人力资源对企业经营的影响越来越大。同时,企业人力资源管理成熟度的高低也将直接影响企业经营的效果和质量。

(一)人力资源管理4个发展阶段

1. 人事管理阶段

人事管理阶段的核心工作是进行人事档案的日常管理,员工在企业的存在不被看作是资源,而是简单地以人事档案的形式体现,在人事管理阶段,企业把"人"看作是"工具",和设备一样,企业只需要建立人事档案,进行基本的教育、考核和工资核算而已。

2. 粗放型人力资源管理阶段

在这个阶段,企业中开始出现人力资源部,负责企业的人事政策制定,根据上级要求进行人员招聘及管理,并参与企业战略规划的实施。但在企业战略目标的形成过程中,往往把对人力资源问题的考虑排除在外。

在这个阶段,企业虽然意识到人力也是一种资源,但并不认为是重要的战略性资源,而人力资源部门的工作也往往处于一种被动状态。

3. 战略性人力资源管理阶段

这个阶段,企业战略目标的实现越来越依赖于其快速应变能力和团队合作精神,人成为竞争力的关键,人力资源部门以前是企业战略的被动接受者,现在已成为企业战略的制定者和推行者。企业开始制定人力资源战略,并实施战略性人力资源管理,一方面企业为实现其目标而制定具体的人力资源行动,另一方面还将人力资源管理与企业战略目标联系起来,以改进员工绩效与组织绩效。人力资源部门将关注的重点转移到企业文化建设、员工职业生涯规划、薪酬体系与激励制度、人力资源开发、知识管理、人力资源管理技术、员工满意度等方面的工作上。

4. 人力资本管理阶段

人力资本管理是建立在战略性人力资源管理的基础之上,综合了"人"的管理与经济学的"资本投资回报"两大分析维度,将企业中的人作为资本来进行投资与管理,并根据不断变化的人力资本市场情况和投资收益率等信息,及时调整管理措施,从而获得长期的价值回报。

人力资本管理将企业人力资本分为核心人力资本、关键人力资本、潜力人力资本和基础人力资本,对于公司而言,核心人力资本和关键人力资本是企业人力资源管理和关注的重点,因为这些资本对于企业来讲至关重要。

一家企业可能有几百、几千甚至上万人,那么企业如何判断哪些是核心人力资本、哪些是关键人力成本呢？其实很简单,那就是要看企业愿意付出多大的代价和成本去留住某些人才。通常来讲,企业的核心人力资本不会超过5%的员工比例,但同时公司为他们付出的成本可能会占到整个人工成本的15%～20%,甚至更多;企业的关键人力资本不会超过员工比例的20%,但公司为他们付出的成本可能会占到整个人工成本的30%～40%。

(二)企业人力资源管理主要内容

1. 人力资源战略

我们已经知道,人力资源职能战略是企业发展战略的重要组成部分,在人力资源战略中,重点需要解决在既定的企业整体发展战略之下,人力资源管理的使命、终极目标以及实现这些战略目标的基本措施和具体实施计划。

人力资源战略是其他人力资源管理模块设计的基础和根本。

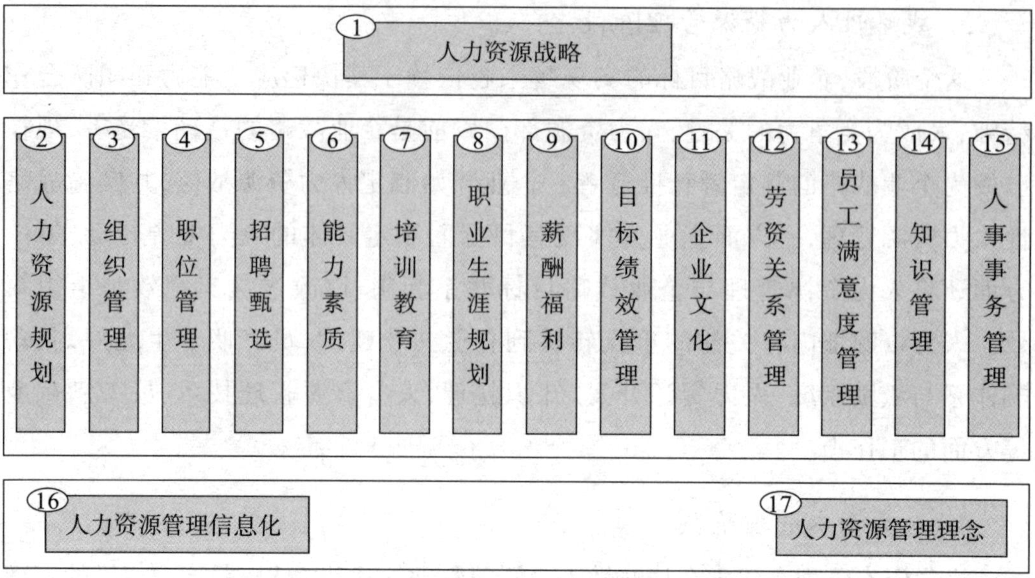

图4-34　企业人力资源管理体系基本架构

2. 人力资源规划

人力资源规划是在人力资源和企业发展战略基础上,通过对企业内外部人力资源供给状况和满足企业战略发展的人力资源需求状况的对比分析，满足战略发展。

企业可以通过人力资源的规划、政策及管理实践达到获得竞争优势的人力资源配置目的,强调人力资源与组织战略的匹配,强调通过人力资源管理活动实现组织战略的灵活性,强调人力资源管理活动的目的是实现组织目标。

3. 组织体系

组织体系包括公司治理结构设计、集权与分权、母子公司管控、公司一级结构设计、二级结构设计、管理幅度和管理层次设计、部门使命定位和职能描述等,企业可以通过组织体系设计建立起满足战略需要和流程快速实现的组织结构。

4. 职位体系

职位体系包括公司职位族的划分、部门内部岗位设置、人员编制确定、工作分析、岗位说明书系统等。职位体系需要重点解决的是如何将部门的职能分解到每个岗位,最终实现人人有事做。

5. 招聘甄选体系

为了保证把合适的人在合适的时间安排到合适的岗位，使其发挥最大的潜力，为公司创造价值，企业需要建立完善的招聘及甄选体系，招聘与甄选体系主要包含的工作有：年度招聘计划、内部招聘、外部招聘、招聘试题库建立、招聘人才库建立、岗位任职资格等。

6. 能力素质体系

能力素质体系包括企业能力素质模型的建立、能力素质项目的定义与分级、员工能力测评等环节。能力素质模型是驱动员工产生优秀工作绩效的各种显性和隐性特征的集合，它反映的是员工以不同方式所表现出来的知识、技能、经验、职业素养等。而能力素质测评则是对员工目前的实际能力和工作态度进行测评，以期发现员工目前的实际能力、态度与优秀绩效之间的差距。

7. 培训与教育体系

培训与教育体系的起点是员工培训需求的识别，同时培训组织、培训效果评估、培训跟踪、内部培训讲师队伍建设、培训档案管理、培训结果应用等也是非常重要的，培训的目的在于最大限度地缩小员工与岗位任职条件之间的差距，实现人尽其能。

8. 职业生涯规划体系

职业生涯规划包括员工职业取向测试、职位发展矩阵、关键岗位和核心员工管理、人才梯队建设、员工职业生涯规划等工作内容。战略性人力资源管理体系会根据企业战略发展需要，结合员工个人的职业发展目标，提供合适的岗位培训体系和岗位发展机制，确保为企业源源不断地输送所需要的人才，实现企业的迅猛增长和员工职业发展的双赢局面。

9. 薪酬福利体系

对于绝大多数员工来讲，薪酬福利体系是非常重要的，薪酬福利水平的高低决定了员工的生活品质，薪酬福利的合理与否会直接影响员工的工作积极性和创造性。战略性人力资源管理中薪酬福利体系主要包括薪酬的内部公平性问题、薪酬的外部公平性问题、薪酬与能力、薪酬与绩效、不同员工的激励问题、薪酬水平确定、新员工与老员工的平衡问题、学历不同/资历不同员工的平衡问题、薪酬结构设计、不同职族员工的薪酬激励、薪酬总额预算与控制、员工福利体系设计等。

10. 目标绩效管理体系

战略性人力资源的核心功能在很大程度上都是依靠目标绩效管理体系来实现的。在绩效管理体系中,既包含了公司战略目标的分解,也包含了战略目标实现的过程控制和结果管理,保证公司战略目标能够顺利达成。

在战略性人力资源管理体系中,企业需要建立三层次或四层次的绩效管理体系,即将集团绩效或公司绩效、部门绩效、员工绩效综合起来考虑。基于战略的目标绩效管理体系包括公司战略地图的构建、各个层级绩效指标的建立、绩效目标的分解、绩效计划的制订、绩效辅导、绩效考核与评价、绩效沟通、绩效成绩的应用等多个环节。

11. 企业文化体系

企业文化体系是战略性人力资源管理体系的新成员,长期以来,很多企业只是把企业文化作为企业宣传的一部分,而忽略了企业文化对员工的约束和激励作用。在战略性人力资源管理体系中,企业可以通过文化建设实现对员工价值观的统一,进而影响员工个人目标和企业目标的一致性。

通常来讲,企业文化体系包含三个层面,即精神层(包括企业核心价值观、企业精神、企业目标、企业宗旨、管理方针、工作作风、人才观、质量观、环保观、安全观等),行为层(包括企业制度行为、企业经营行为、企业道德行为、企业管理行为、员工行为规范、客户服务规范等),形象层(包括企业领导形象、企业员工形象、企业产品形象、企业环境形象、企业社会形象等)。

12. 劳资关系管理体系

劳资关系管理是传统人事管理的核心工作之一,主要包括劳动合同管理、劳资纠纷处理等。

13. 员工满意度管理体系

记得有位企业家曾经说过这样一句话:“关爱你的员工,员工便会加倍呵护你的客户!”原来很多企业将顾客看作是自己的上帝,因为企业在满足顾客需求的同时获得了产品价值转移和利润实现。客户固然重要,但只要我们认真推敲一下,就不难发现,其实企业要想实现资本增值,最关键的还是要保证自己的员工满意,因为只有让员工“安居乐业”了，员工才会认真工作，才能生产出高品质的产品，同时也就能保证顾客的满意；顾客满意了，才能保证合理的股东回报。

确实是这样，员工满意度可以说是企业管理状况的晴雨表，企业员工满意度管理体系包括员工满意度模型设计、员工满意度问卷设计、员工满意度调查、员工满意度分析、ES100 工程实施、员工满意度管理规范等。

14. 知识管理体系

绝大多数企业对知识管理还很陌生，其实企业在日常管理过程中无时无刻不在使用知识管理，虽然目前对知识管理的定义有很多种，但其本质是相同的，知识管理就是对公司所需要的知识资源进行统一规划、定义、挖掘、转化、共享等一系列行动的总和。

企业实施知识管理的基本步骤为：确定企业的核心战略、确定公司知识管理的重点、知识管理的流程选择和确定、建立企业知识仓库、绘制企业知识地图、建立健全企业知识管理机制（责任机制、共享机制、激励机制、传播机制等）、建立企业知识管理评价机制等。

15. 人事事务管理体系

人事事务管理包括人事档案管理、员工考勤、假期管理、员工异动等，人事事务管理是人力资源管理的基础工作。

16. 人力资源管理信息化

人力资源信息化是人力资源管理的趋势之一，企业可以通过计算机手段实现基本的人力资源管理功能，在目前市面上常见的人力资源信息化产品中，一般包括以下核心功能模块：人力资源战略、企业文化系统、人力资源规划、组织结构设计、岗位描述、招聘、薪酬福利系统、绩效管理系统、培训系统、日常管理、时间管理、人力资源门户等。

17. 人力资源管理理念

人力资源管理理念来源于公司文化的核心理念，企业在进行一切人力资源管理体系设计的时候，都必须严格按照相关人力资源管理理念进行，一般来讲，企业的人力资源理念主要包括：选人观、用人观、育人观、留人观、激励机制、用人机制、分配机制、责任机制、员工成长与发展机制、准入机制、职业规划、绩效考核、劳资关系、人才储备、职位轮换等。

(三)人力资源管理10大核心流程

基于以上人力资管理核心职能,人力资源管理的核心流程主要有:

(1)组织管理流程。

(2)工作分析流程。

(3)培训管理流程(含培训计划、入职培训、在职培训)。

(4)人力资源规划流程。

(5)招聘管理流程(含招聘计划、内部招聘、外部招聘)。

(6)管理干部述职流程。

(7)劳动合同管理流程。

(8)员工异动管理流程。

(9)薪酬管理流程(含薪酬预算、薪酬水平调整及薪酬层级异动)。

(10)企业文化建设流程。

【案例 4－17】 浙江某药业公司人力资源管理流程

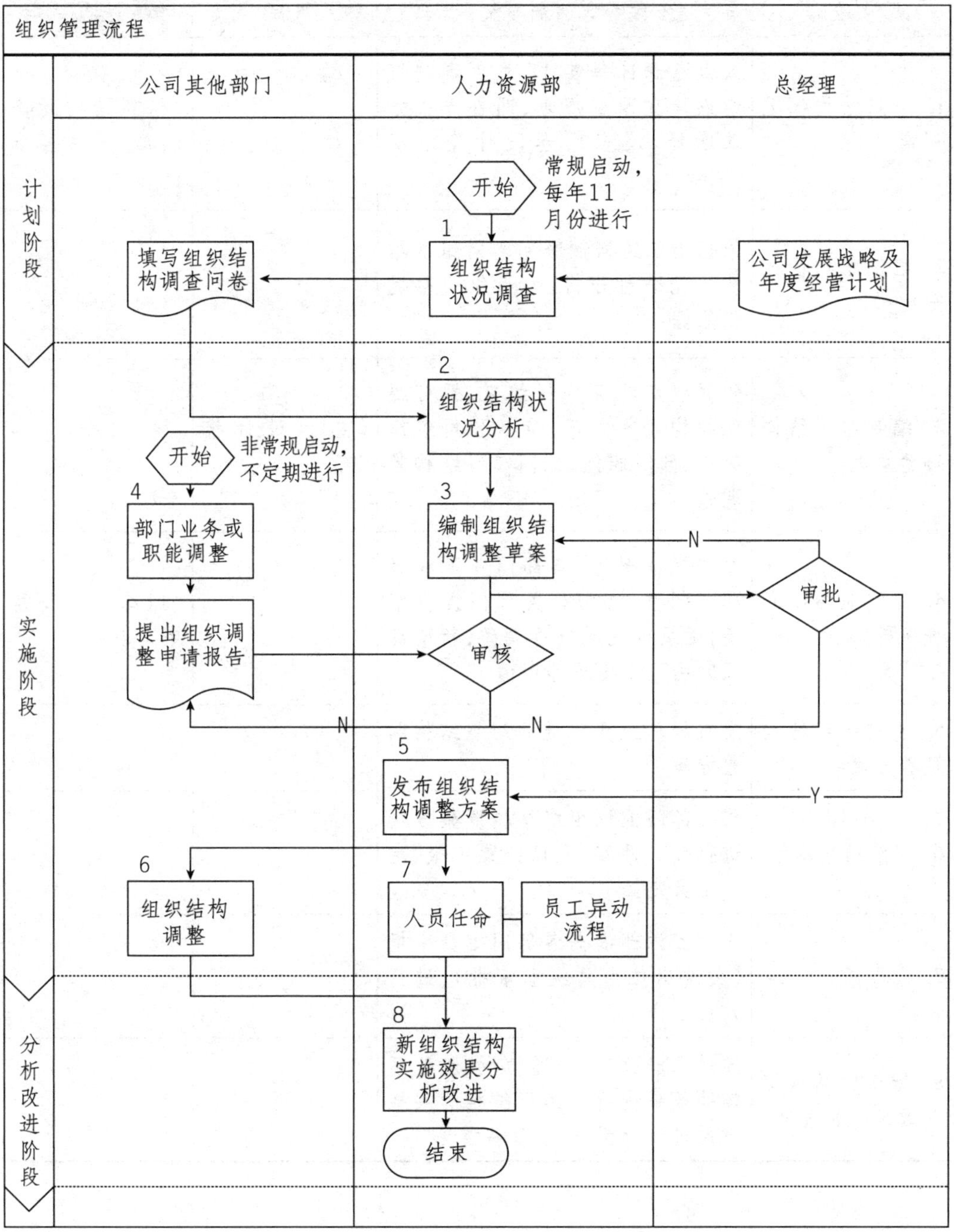

图 4－35　浙江某药业公司组织管理流程

表 4-31　浙江某药业公司组织管理流程核心步骤说明

步骤	工作内容的简要描述	相关流程/制度	相关表单/文件
1. 组织结构状况调查	人力资源部每年 11 月负责制订组织状况调查规划、调查方式方法选择、调查问卷设计等组织工作		《组织结构调查问卷》
2. 组织结构状况分析	依据组织结构调查问卷对组织结构状况进行分析，为组织调整提供依据		
3. 编制组织结构调整草案	依据组织状况分析结果，拟订组织结构调整方案，包括公司组织架构、部门职能、部门二级结构等调整	《组织设计报告》	
4. 部门业务或职能调整	非常规情况下，有部门业务或者职能调整时，由相关部门提出申请，逐级审批后方可调整；新增部门时由人力资源部申请		《组织结构调整申请表》
5. 发布组织结构调整方案	发布经总经理审批的组织结构调整方案		
6. 组织结构调整	相关部门依据组织结构调整方案进行分工调整、人员配置申报、定岗定员定编		
7. 人员任命	人力资源部依据各部门定员申报（关键岗位由总经理审批），进行人员任命		
8. 新组织结构实施效果分析改进	通过职能分工、沟通协调、流程顺畅等效果进行新组织结构的实施效果进行分析，提出改善意见		

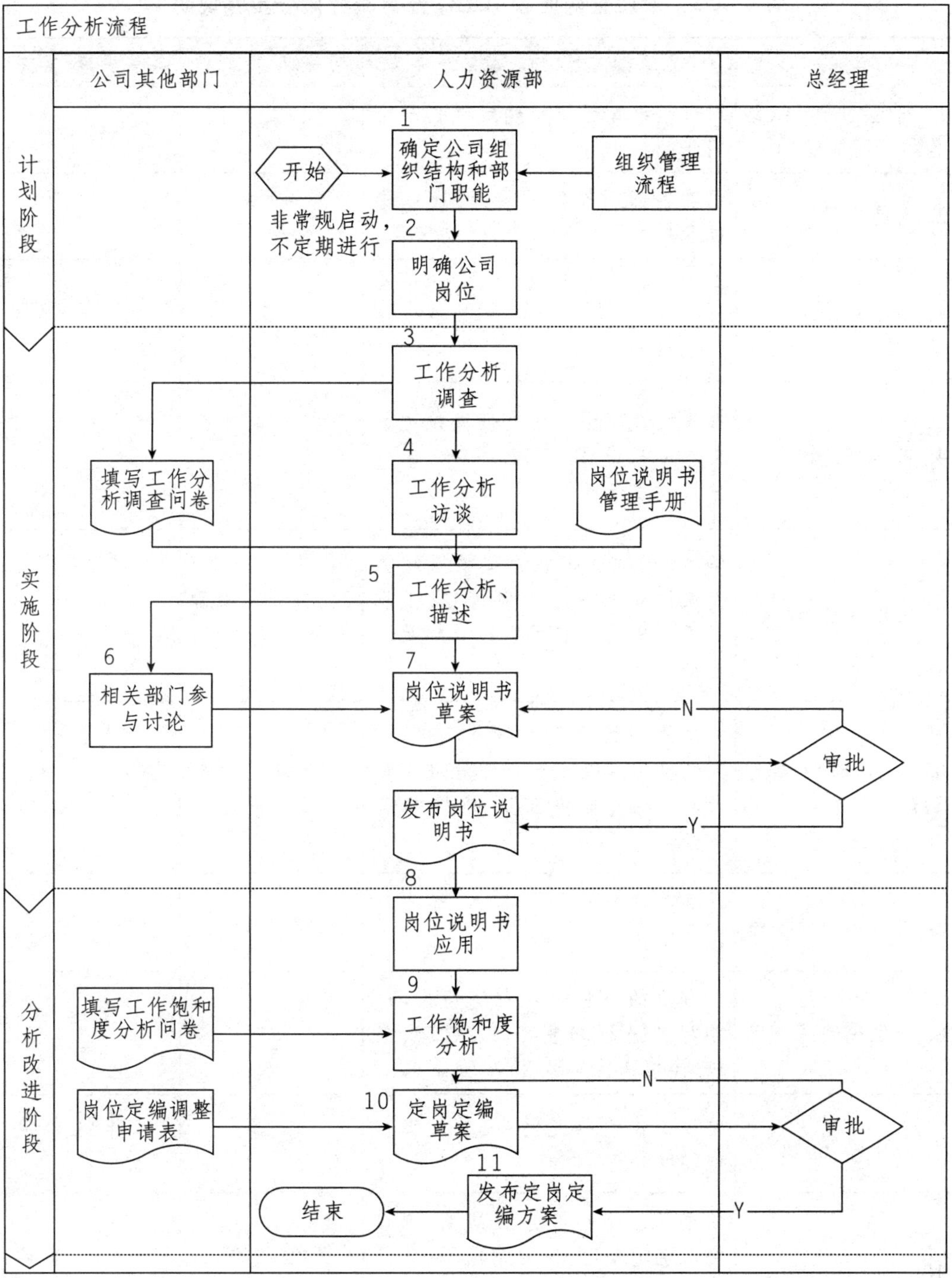

图 4－36　浙江某药业公司工作分析流程

表4－32 浙江某药业公司工作分析流程核心步骤说明

步骤	工作内容的简要描述	相关流程/制度	相关表单/文件
1. 确定公司组织结构和部门职能	通过组织管理流程确定结构与部门职能		
2. 明确公司岗位	明确各部门岗位及层级，统一岗位名称		
3. 工作分析调查	进行工作分析调查规划、工作分析问卷、工作分析访谈提纲等设计工作		《工作分析问卷》
4. 工作分析访谈	选择关键岗位与代表性岗位进行工作分析访谈，获取更多的工作分析一手资料		
5. 工作分析、描述	编写《岗位说明书管理手册》，为岗位说明书编写提供依据；依据工作分析问卷进行工作分析及职能描述	《岗位说明书管理手册》	
6. 相关部门参与讨论	在工作分析过程中，邀请相关部门的部门主管或者核心管理人员参与讨论，提高工作分析的有效性		
7. 岗位说明书草案	按部门编写岗位说明书，并交总经理审核	《岗位说明书》	
8. 岗位说明书应用	对审核的岗位说明书进行发布，并对其进行职责分工、招聘、考核、岗位评估等运用		
9. 工作饱和度分析	发放工作饱和度问卷，进行工作饱和度分析		《工作饱和度分析问卷》
10. 定岗定编草案	依据工作饱和度分析结果，制订定岗定编草案；通常情况下，各部门需要调整岗位编制，填写岗位编制调整表审批后执行	《岗位编制方案》	《岗位定编调整申请表》
11. 发布定岗定编方案	发布审批后的岗位编制方案，各部门按新的岗位编制进行调整		

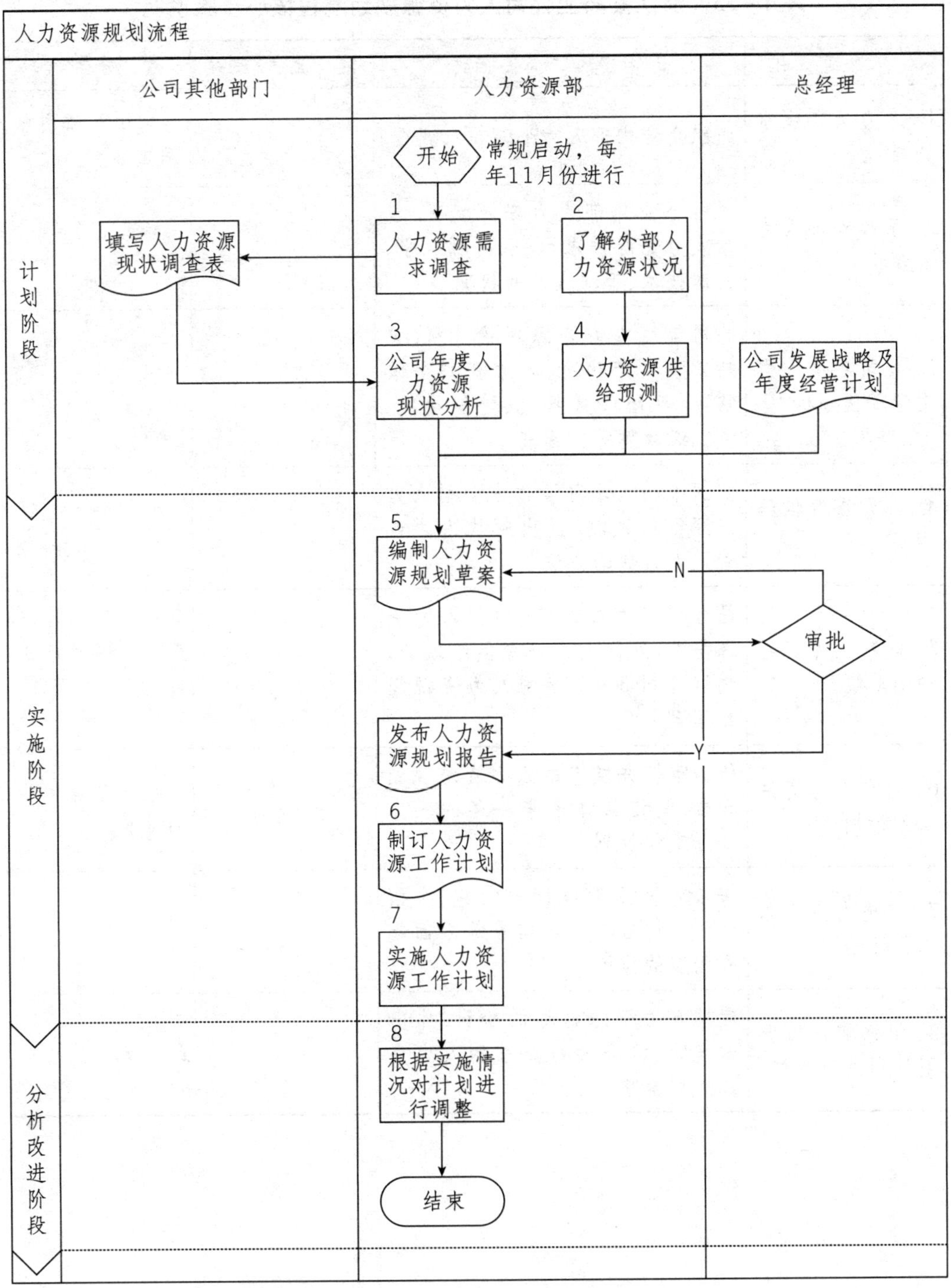

图4－37　浙江某药业公司人力资源规划流程

表4－33　浙江某药业公司人力资源规划流程核心步骤说明

步骤	工作内容的简要描述	相关流程/制度	相关表单/文件
1. 人力资源需求调查	组织企业内部人力资源需求调查		《人力资源现状调查表》
2. 了解外部人力资源状况	了解企业外部人力资源状况，包括人力资源供求水平、薪酬水平、关键技术、管理人才的状况等		
3. 公司年度人力资源现状分析	公司年度人力资源现状分析，包括销售生产状况、人力资源需求状况、薪酬绩效状况、培训状况、员工满意度等方面		
4. 人力资源供给预测	依据市场人才环境作出公司人力资源供给预测，提出解决人才或者人力紧缺的方法		
5. 编制人力资源规划草案	结合公司发展战略、内部人力资源需求、外部人力资源供给预测，制订公司3～5年的人力资源规划草案		《人力资源规划报告》
6. 制定人力资源工作计划	依据审核并发布的人力资源规划报告，制订具体未来一年的人力资源工作计划		《人力资源工作计划》
7. 实施人力资源工作计划	按人力资源工作计划实施，在招聘、培训、后备人才培养等方面起到相应的作用		
8. 根据实施情况对计划进行调整	定期人力资源计划的检讨，作出适当的、符合公司要求的人力资源计划调整		

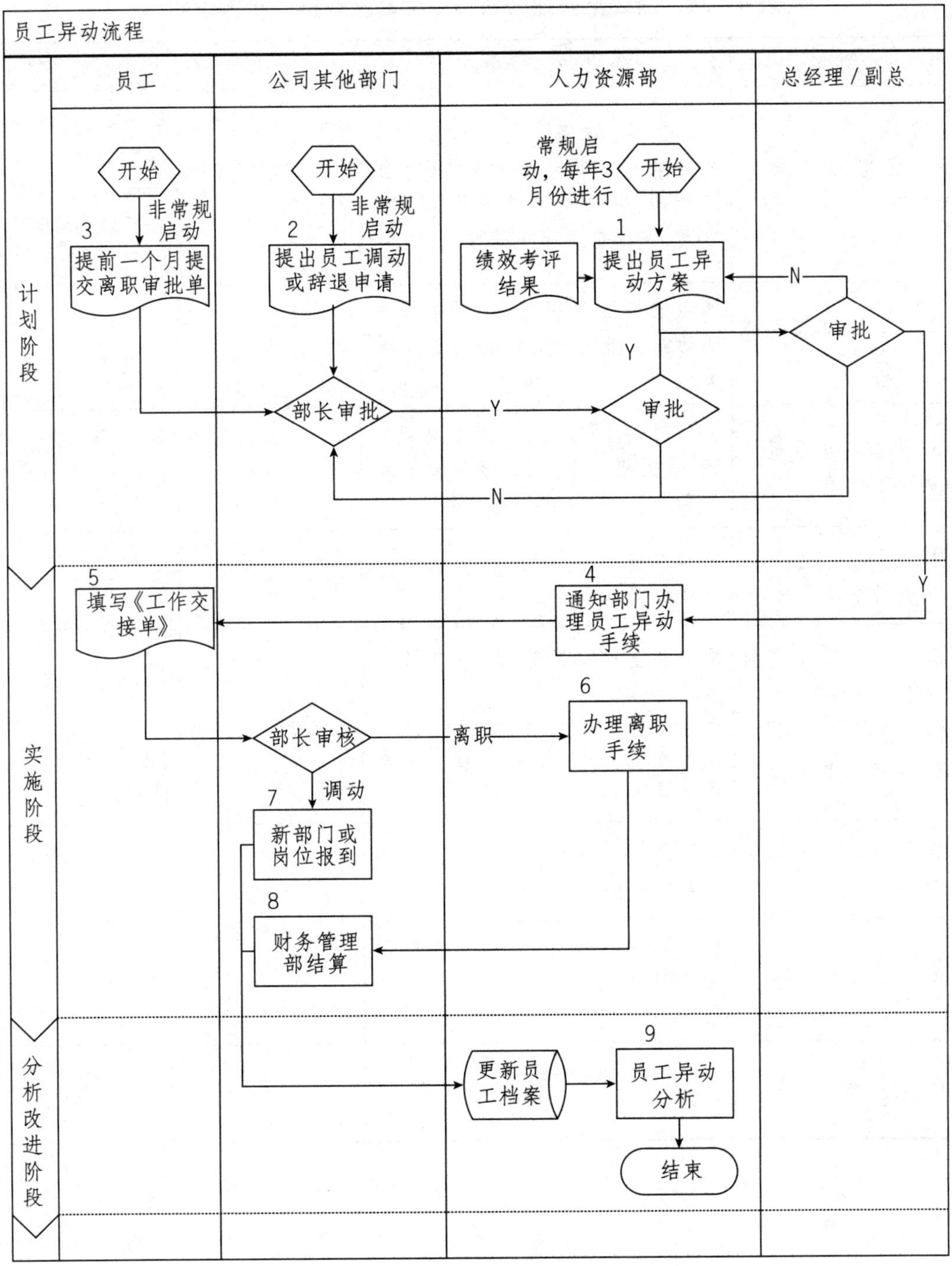

图4－38　浙江某药业公司员工异动流程

表 4－34　浙江某药业公司员工异动流程核心步骤说明

步骤	工作内容的简要描述	相关流程/制度	相关表单/文件
1. 提出员工异动方案	每年3月，依据公司人力资源发展战略与绩效考评结果，提出员工晋升、平调或辞退等员工调整方案，并呈交经理审批	《员工异动管理办法》	《员工晋升/降级申报表》、《员工调动/借调申报表》、《员工辞退申请表》
2. 提出员工调动或辞退申请	部门依据工作需要，对员工提出调动或辞退申请，并交人力资源审核		
3. 提前一个月提交离职审批单	员工因个人原因主动提出离职申请，需提前一个月，并填写离职审批表		《员工辞职审批表》
4. 通知部门办理员工异动手续	依据审批的单据通知、办理员工异动手续		
5. 填写《工作交接单》	员工办理异动手续，填写《工作交接单》		《工作交接单》
6. 办理离职手续	如果员工离职，通知、办理员工离职手续		《员工离职手续表》
7. 新部门或岗位报到	如果是员工调动，员工到新部门或者岗位报到		
8. 财务管理部结算	员工异动离开岗位前，必须到财务管理部进行结算，结清相关账务		
9. 员工异动分析	人力资源部负责员工异动分析，了解员工异动的原因		

第四节　流程再造

流程再造不同于流程优化，流程优化是在现有流程的基础上对流程的局部进行调整，使流程的效率得到提升，而流程再造是需要完全打破原来价值链体系的束缚，重新定义企业的价值链模型和商业模式，进而使企业获得重生。

一、流程再造与指头理论

与木桶原理相反，企业往往很难让每块"板"都一样长，在很多情况下，稍长的"板"决定了其特色与优势，在小范围内成为制高点。

就跟我们的手一样，有些指头会长，有些指头会短一些，对于企业来说，如果凭借长的"指头"，发挥自己的优势，就能跳出大集团的游戏规则，跳出"红海"，创造"蓝海"，独树一帜，建立自己的王国。

这就是企业进行流程再造的核心意义所在，在目前的市场条件下，特色就是旗帜，凸显才能发展。与木桶原理求稳固的保守思想不同，指头理论是一种提倡特色凸显的创新战略，要求企业能打破思维定式，一切向前看，找准自己的特殊优势，开辟一个崭新的天地。

根据前面所讲的流程再造定义，流程再造具有以下 3 个特点：

1. 根本性

所谓根本性，就是指我们要对流程存在的本质意义进行探讨和反思。在流程再造的过程中，流程再造负责人需要对流程最基本的问题进行反思，这些问题包括：

为什么要执行此事？

为什么要如此执行？

什么是我们的需求？都是谁的需求？

为什么我们要满足这些需求？这些需求与组织战略是否一致？

如何满足我们满足这些需求？

2. 彻底性

彻底性就是指现有流程完全抛弃，不再对其进行表面化的改善、改变或者修补。通过根除现有不合时宜的架构与流程，独辟蹊径地完成相关流程的设计。

3. 显著性

显著性指流程改造并非是缓和、渐进式的改善，而是一日千里的“大跃进”，可以说是为企业下的一剂猛药。一般而言，渐进式的变革需要“精雕细琢”，而剧烈的革命则必须“除旧布新”。

二、流程再造矛盾分析

在流程再造的过程中，我们往往会碰见各种矛盾。这些矛盾是企业内部多方利益体的不同体现，会对企业进行流程再造造成各种困扰。因此正确认识并处理好相关矛盾对于流程的顺利运行至关重要，这些矛盾主要是：

1. 既要自上而下又要自下而上的矛盾

自上而下指的是企业的整体经营策略分解与执行是从上而下的，通过分解到不同的部门与岗位，企业可以将它的整体意图有效贯彻到每个员工身上。自下而上指的是企业的价值创造是由下而上的，是通过企业内部最基础的作业活动，实现企业的整体价值创造。如何将企业的策略分解与顾客的价值创造有效地衔接和配合，是十分重要的问题，而流程作为一个策略分解和价值创造传递的媒介，在这个过程中，它应该扮演什么角色、如何有效实现这种均衡，是我们开展流程设计时必须考虑的问题。

2. 既要沟通又要坚定的矛盾

在流程设计的规程中，为了了解流程运作的真实情况、获取流程执行人员的认可和支持，需要与他们进行沟通交流，相互传递意见和看法。但与此同时，为了更为有效地实现流程效率的提升，我们可能会对流程执行人员的素质提出更高的要求，可能会改变流程长久存在的习惯运作方式，可能会对流程执行人员的职权范围进行重新调整与设计。在这个过程中，将会碰到巨大的阻力和困难，需要流程优化人员坚定信心，不折不扣地按照新流程的运作要求进行操作和实施。

3. 既要快速实施又要适应变革的矛盾

流程设计完成后，应尽快付诸实施，以便及时发现流程设计中存在的问题并予以改正，同时还可以避免因等待时间过长给流程执行人员所造成的焦虑。但与此同时，流程运作将会受到企业发展战略、外部运作环境、客户自身需求等相关因素的扰动，这些扰动导致流程需要进行持续不断的调整和适应。因流程客观环境变化导致流程在实施过程中发生调整的现象并不鲜见，因此如何把握流程的适应性和稳定性之间的关系也是流程优化人员所面临的挑战。

存在矛盾并不可怕，正确认识以上三对矛盾，在流程设计的过程中积极稳妥地进行处理，并根据企业的实际情况进行调整和优化，可以有效地帮助企业取得流程优化所期望的效果。

三、流程再造原则

企业在进行流程再造的时候，既不能脱离实际，也不能好高骛远。在这里为大家介绍一些企业流程再造的基本原则。

1. 迈克·哈默流程再造8原则

(1)围绕结果进行组织，而不是围绕任务进行组织。企业应当围绕某个目标或结果，而不是单个的任务来设计流程中的工作。

(2)让利用流程结果的人执行流程。基于计算机的数据和专门技能越来越普及，部门、事业部和个人可以自行完成更多的工作。那些用来协调流程执行者和流程使用者的机制可以取消。

(3)要将信息处理工作归入产生该信息的实际工作流程。

(4)将分散各处的资源视为集中的资源。企业可以利用数据库、电信网络和标准化处理系统，在获得规模和合作的益处的同时，保持灵活性和优良的服务。

(5)将平行的活动连接起来，而不是合并它们的结果。将平行职能连接起来，并在活动进行中而不是在完成之后，对其进行协调。

(6)将开展工作的地方设定为决策点，并在流程中形成控制。让开展工作的人员决策，把控制系统嵌入流程之中。

(7)从源头上一次获取信息。当信息传递难以实现时，人们只得重复收集信息。如今，当我们收集到一份信息时，可以把它储存到在线数据库里，供所有需要它的人查阅。

(8)领导层要支持。流程再造要获得成功必须具备一个条件：领导层真正富有远见。除非领导层支持该工作，并能经受住企业内的冷嘲热讽，否则人们不会认真对待流程再造。为了赢得安于现状的人的支持，领导层必须表现出投入和坚持——可能再带一点狂热。

2. 阿什利·布拉干扎流程再造10原则

（1）全面的流程再造需要在大家对组织的变革动因充分认同的基础上进行，而这种变革动因既可以是危机，也可以是机遇。

（2）只有当跨职能变革而不是其他的什么方式成为实现变革动因的需要时，成功实施全面流程再造才成为可能。

（3）当人们认识到组织要素，即战略、结构、人员责任和评估标准、协作行为以及信息系统将要有所改变，并且这些要素应该与职能流程导向看齐时，更有可能实现全面的流程再造。

（4）当人们明确并接受组织所需的所有变革时，全面流程再造就更可能实现。

（5）当包括董事会成员、高层管理者、中层管理者和员工在内的所有人都愿意让变革影响他们时，就更容易建立全面的流程意识。

（6）当人们发现需要处理的某些问题，并把那些问题和所需的真正变革联系起来时，全面的流程再造才更有可能实现。

（7）在进行全面流程再造时，如果能够根据各个问题的实际问题同时运用革命性和改良性的实施方法，变革更有可能获得成功。

（8）公司只有通过全面行动方案激发人们实施变革的主人翁意识和意愿，全面的流程再造才更可能取得成功。

（9）如果变革的实施者和接受者都能认同这两种角色并且意识到它们是相互关联的，而且愿意扮演这两种角色，就更可能实现全面流程再造。

（10）衡量全面流程再造所取得的成果，要看变革动因是否被根除以及行为方式改变的程度。

3. 乔·佩帕德和菲利普·罗兰流程优化15原则

乔·佩帕德和菲利普·罗兰认为，流程再造要走上成功之路，必须遵循15条原则：

（1）高层管理者的口头和行动支持至关重要。高层管理者们的支持、精力和推动必须长期坚持，才能保证组织是在做实事。

(2)必须沟通、沟通、再沟通。人们必须了解为什么要改进、未来的远景以及他们在其中的地位与作用，甚至包括失去工作的可能性。

(3)善待人，尊重人。因为每人都希望别人能够用期待我们对待他们的方式来对待我们。

(4)选对主持者。一位优秀的主持者虽然并不能保证项目的成功，但是一个不称职的主持者肯定很快就能用自己的手把项目杀灭。

(5)明确重新设计的目标。组织的愿景一定要明确，要对顾客需求、需求模式、约束条件和效率目标进行深入分析和理解。流程再造项目的目标要设定在这些方面的绩效改进上。

(6)项目的规模和范围要与目的相适应。项目的预期一定要与项目的规模和范围相适应。

(7)设定进取的再造绩效目标。设定目标和度量绩效是理解、管理和改进流程的关键，尤其应该注意的是构建绩效度量体系。

(8)理解被重新设计流程的环境。再造项目的目标和方法必须同企业的具体状况相适应，一家公司的有效方法在另一家公司就不一定能取得同等的效果。

(9)整体对待 BPR 哲理。成功的 BPR 需要各个战线的全面行动，孤立地改变一个要素不大可能得到预想的收效，甚至会对其他要素产生负面影响。

(10)短线出击。尽量早地展示出成功的迹象和初步成就有助于克服阻力、营建动量以及“能够做到”的心态，使人们增强对自己能力的信心。

(11)要保证流程与所服务的市场需求相“匹配”。市场需求和向市场提供服务的流程之间“匹配”的重要性胜过一切。

(12)要认识到顾客和供应商参与流程重新设计的必要性。顾客以及供应商往往能够对流程的重新设计提出非常有价值的看法和建议。这种做法还有助于密切客户关系。

(13)要舍得投入资源。如果流程再造对组织是重要的，就值得投入最好的人才，全力以赴地去做。

(14)要认清 IT 对新设计提供的机会。技术可能成为新流程设计的强大推动力，组织必须不断地对如何应用新老技术进行评价。

(15)认清流程再造可能只是一个开头。必须以持续改进作为目标，使得随着时间发展交替的跃进和渐进改进成为正常模式。

四、流程再造核心步骤

前面我们讲了流程再造的原则，那么在企业内部如何进行流程再造呢？流程再造的核心步骤有哪些？迈克·哈默主张流程再造4阶段模式，乔·佩帕德和菲利普·罗兰提出了流程再造5阶段模式，而威廉姆·J.凯丁格则提出流程再造的6阶段模式，根据我们的经验，我们也将企业流程再造分为7个核心步骤，下面分别介绍：

1. 迈克·哈默流程再造4阶段模式

第一阶段，确定再造队伍。产生再造领导人，任命流程主持人，任命再造总负责人，必要时组建指导委员会，组织再造小组。

第二阶段，寻求再造机会。选择要再造的业务流程，确定再造流程的顺序，了解客户需求和分析流程。

第三阶段，重新设计流程。召开重新设计会议，运用各种思路和方法重构流程。

第四阶段，着手再造。向员工说明再造理由，进行前景宣传，实施再造。

2. 乔·佩帕德和菲利普·罗兰流程再造5阶段模式

第一阶段，营造环境，此阶段分为六个子步骤：

(1)树立愿景；

(2)获得有关管理层的支持；

(3)制订计划，开展培训；

(4)辨别核心流程；

(5)建立项目团队，并指定负责人；

(6)就愿景、目标以及再造的必要性和再造计划达成共识。

第二阶段，流程的分析、诊断和重新设计，此阶段分为九个子步骤：

(1)组建和培训再造团队；

(2)设定流程再造目标和预期结果；

(3)诊断现有流程，发现现有流程存在的问题；

(4)诊断环境条件；

(5)寻找再造标杆；

(6)重新设计流程；

(7)根据新流程考量现有人员队伍；

(8)根据新流程考量现有技术水平；

(9)对新流程设计方案进行检验。

第三阶段,组织架构的重新设计,此阶段分为六个子流程:

(1)检查组织的人力资源情况;

(2)检查技术结构和能力情况;

(3)设计新的组织形式;

(4)重新定义岗位,培训员工;

(5)组织转岗;

(6)建立健全新的技术基础结构和技术应用。

第四阶段,试点与转换阶段,此阶段分为六个子流程:

(1)选定试点流程;

(2)组建试点流程团队;

(3)确定参加试点流程的客户和供应商;

(4)启动试点、监控并支持试点;

(5)检验试点情况,听取意见反馈;

(6)确定转换顺序,按序组织实施。

第五阶段,实现愿景,此阶段分为四个子流程:

(1)评价流程再造成效;

(2)让客户感知流程再造产生的效益;

(3)挖掘新流程的效能;

(4)持续优化和改进。

3. 威廉姆·J. 凯丁格流程再造6阶段模式

第一阶段,构思设想,共包括有四项任务:

(1)得到管理者的承诺和管理愿景;

(2)发现流程再造的机会;

(3)认识信息技术及信息系统的潜力;

(4)选择流程。

第二阶段,项目启动,包括有五项任务:

(1)通知股东及公司高层;

(2)成立流程再造小组;

(3)制订项目实施计划和预算;

(4)分析流程外部客户需求;

(5)设置流程创新的绩效目标。

第三阶段,分析诊断,包括两项任务:

(1)描述现有流程;

(2)分析现有流程。

第四阶段,流程设计,共包括四项任务:

(1)定义并分析新流程的初步方案;

(2)建立新流程的原型和设计方案;

(3)设计人力资源结构;

(4)信息系统的分析和设计。

第五阶段,流程重建,包括有四项任务:

(1)重组组织结构及其运行机制;

(2)实施信息系统;

(3)培训员工;

(4)新旧流程切换。

第六阶段,监测评估,包括有两项任务:

(1)评估新流程的绩效;

(2)转向连续改善活动。

4. 流程再造的7步骤模型

根据我们多年的实践经验,我们通常把流程再造分为以下7个核心步骤,即企业战略澄清、标杆选择、流程诊断、新流程设计、新流程实施、流程实施状况评估和持续改善。其中流程诊断、新流程设计、新流程实施、流程实施状况评估和持续改善与本章所讲的流程优化有相似之处,本书就不再赘述,我们在这里重点阐述标杆的选择。

企业在进行流程优化的过程中,流程标杆的选择是必不可少的一个环节。施乐公司的罗伯特·开普是标杆管理的先驱和最著名的倡导者,他将标杆管理活动划分为5个阶段:

(1)计划,包括确认对哪个流程进行标杆管理;确定用于作比较的公司;决定收集资料的方法并收集资料。

(2)分析,包括确定自己目前的做法与最好的做法之间的绩效差异;拟定未来

战略愿景	标杆确定	流程诊断	新流程设计	新流程实施	流程评估	持续改善
建立战略愿景 变革组织准备 发掘再造时机 选择再造流程	确定标杆标准 标杆标准细化	描述现有流程 分析现有流程 识别关键流程 识别问题流程	设计新的流程 评估人力结构 评估资源配置 设计信息系统	IT和人员配置 员工技能培训 工作习惯改变 配套体系设计	检测运行状况 评估流程预期 发现实施问题	流程持续改善 重组其他流程

图 4－39　流程再造 7 步骤模型

的绩效水准。

(3)整合,包括就标杆管理过程中的发现进行交流并获得认同;确立部门目标。

(4)行动,包括制订行动计划;实施明确的行动并监测进展情况。

(5)完成,包括处于领先地位;全面整合各种活动;重新调校标杆。

当然,企业在进行标杆选择的时候,可以在内部选择,也可以选择外部竞争对手,还可以选择外部不同行业的优秀经验,通常来讲,企业标杆选择包括以下四种:

(1)内部标杆管理——以企业内部操作为基准的标杆管理。

它是最简单且易操作的标杆管理方式之一。辨识内部绩效标杆的标准,即确立内部标杆管理的主要目标,可以做到企业内信息共享。辨识企业内部最佳职能或流程及其实践,然后推广到组织的其他部门,不失为企业绩效提高最便捷的方法之一。除非用作外部标杆管理的基准,单独执行内部标杆管理的企业往往持有内向视野,容易产生封闭思维。因此在实践中内部标杆管理应该与外部标杆管理结合起来使用。

(2)竞争标杆管理——以竞争对象为基准的标杆管理。

竞争标杆管理的目标是与有着相同市场的企业在产品、服务和工作流程等方面的绩效与实践进行比较,直接面对竞争者。这类标杆管理的实施较困难,原因在于除了公共领域的信息容易接近外,其他关于竞争企业的信息不易获得。

(3)职能标杆管理——以行业领先者或某些企业的优秀职能操作为基准进行的标杆管理。

这类标杆管理的合作者常常能相互分享一些技术和市场信息,标杆的基准是外部企业(但非竞争者)及其职能或业务实践。由于没有直接的竞争者,因此合作者往往较愿意提供和分享技术与市场信息。

(4)流程标杆管理——以最佳工作流程为基准进行的标杆管理。

流程标杆管理是类似的工作流程,而不是某项业务与操作职能或实践。这类标杆管理可以跨不同类组织进行,它一般要求企业对整个工作流程和操作有很详细的了解。

五、常见流程再造模式

前面我们已经提到,企业流程再造与流程优化的不同之处在于,通常情况下,流程再造一定与企业的战略调整、商业模式革命密切相关的,下面是我们常见的企业流程再造的几种模式:

1. 品牌—研发—市场一体化模式

这种流程再造的模式,打破了传统企业的运作模式。传统的企业运作模式先从研发开始,有了产品之后再去研究市场,再去考虑品牌的问题,而“品牌—研发—市场一体化模式”完全颠覆了原来的思维模式,是完全以市场为导向,以品牌定位为产品研发的起点。

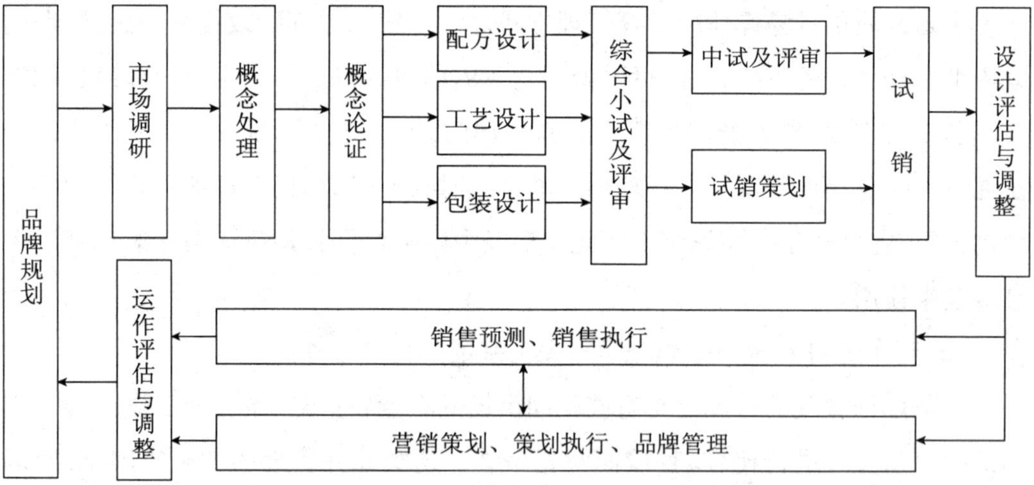

图4-40 品牌—研发—市场一体化模式

2. 销售—供应—生产一体化模式

传统的企业是以生产推动销售,是典型的“推式”流程管理,首先生产是老大,生产什么样的产品,不是销售说了算,而是生产说了算,产品生产出来后,再由销售负责卖掉；而现在越来越多的企业已经改变了这种传统的运作模式，改为以订单为导向，首先由销售去接订单，然后采购、生产按照订单需要进行生产，最终满足订单需求。

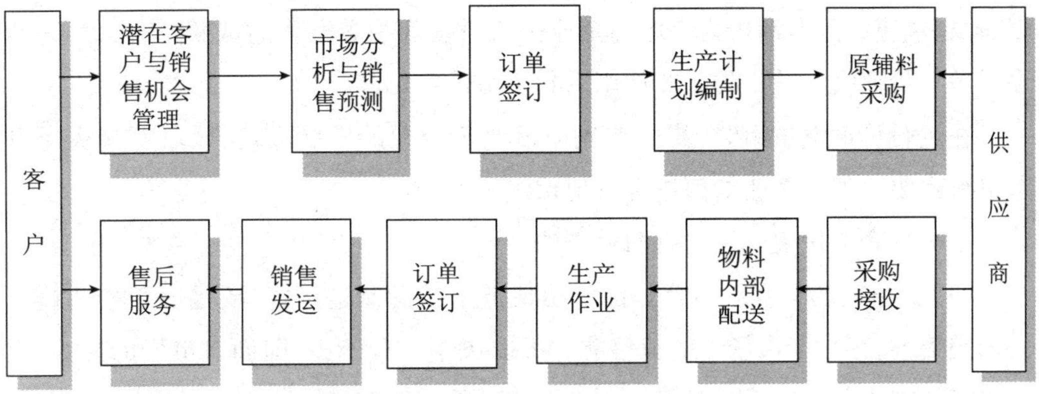

图 4－41　供应—生产—销售一体化模式

3. 全面财务管理一体化模式

这种管理模式，完全摆脱了传统财务管理模式，将财务从后台的"记账员"推到前面来，对企业运作的全部活动进行管理，这是目前西方国家绝大多企业采用的一种模式。

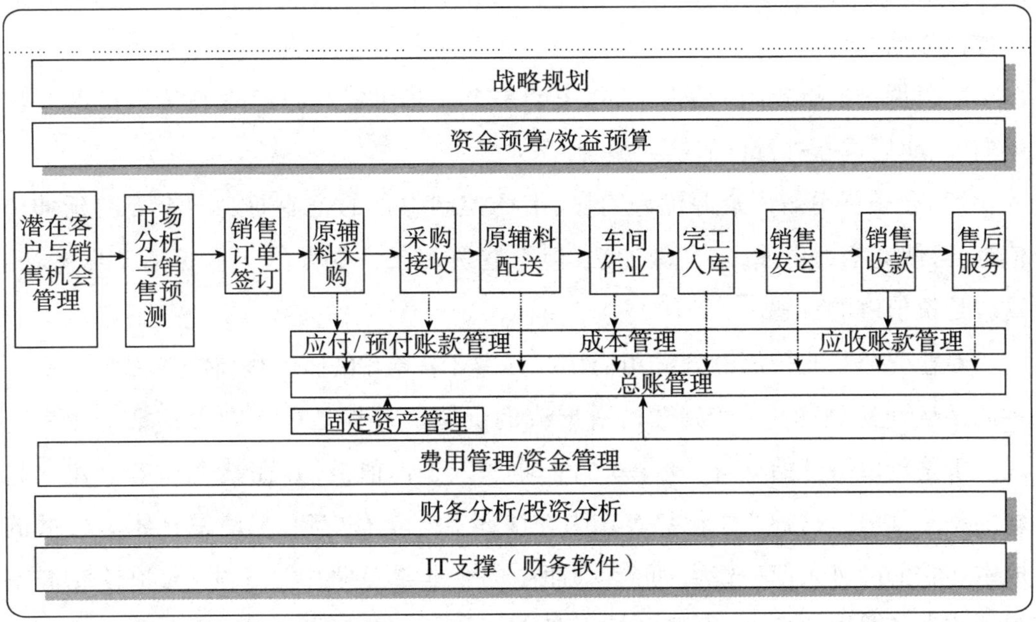

图 4－42　全面财务管理一体化模式

六、流程再造技巧

1. 价值链重组

随着全球一体化进程的加剧，现代企业正面临着两个巨大的挑战：第一，原先以研发、供应、生产、销售为一体的企业价值链正面临着分化的威胁；第二，越来越多以单一价值链为核心的企业如雨后竹笋般纷纷崛起。

在进行价值链重组时，我们首先应该明确企业的发展战略，然后选择关键环节进行重组。那么企业如何进行价值重组呢？

常见的企业价值链重组有两种方法：

(1)价值链的整合。不管是位于价值链上游的制造厂家，还是居于价值链下游的销售商，存在于市场上的竞争能力都取决于三种能力，即创造市场的能力、发现市场的能力和控制成本的能力。控制成本的能力在一种竞争互动的市场背景下，不仅表现为整合企业内部资源的能力，更表现为整合市场资源的能力。

多数时候，生产成本只是总成本的一部分。重点是，在重视降低生产成本的同时，还需要跳出本企业的范畴，认真审视整个价值链，通常在上游价值链即原料供应环节和下游价值链即销售环节寻求成本降低的重要途径。

同样的道理，创造市场的能力和发现市场的能力在很多时候也要求企业要跳出自身的圈子，向前或向后去拓展，这就是在本节战略转型中我们会讲到的企业一体化战略。

所以说价值链重组的第一个办法就是企业尽可能在自己现有价值链的基础上向前、向后重新进行价值链的整合。

(2)价值链分解。资源优势明显、市场控制力强的企业通过向上下游延伸价值链，可使竞争力更强，这是做加法，但有些资源条件受限的企业更适于做减法，这就是价值链的分解。

专业化分工与价值链分解相辅相成。由于资金和能力的限制，在很多行业一种产品从开发、采购、生产到营销所形成的价值链过程已很少能由一家企业来完成。于是价值链开始分解，一些新的企业加入了价值链，并在某个环节上建立起新的竞争优势。这种竞争优势表现为在该环节上具有成熟、精湛的技术和较低的成本。它们的进入使一些大而全、小而全的企业在竞争中处于劣势，迫使它们不得不放弃某些增值环节，而选择若干具有比较优势的环节集中培育，重新建立起自己的优势竞争地位。这在产品结构复杂的行业中较为普遍。

这时候的企业不是进行价值链的增加，而是减少价值链的个别环节，以便自己能够集中优势资源将自己的核心竞争力在某个或某几个点上进行突破。这就是近几年很多企业都在思考的价值链再造的问题。下面我们一起来分析一下，作为中国经济的主体的制造业其价值链是如何再造的。

近20多年来，制造业的产品价值创造体系，即价值链体系，正在经历着大规模的重组。中国制造业通过产业转移和积极吸纳而保持了经济的持续快速增长。

企业作为一个整体，其竞争优势来源于在设计、生产、营销等过程以及辅助过程中所进行的许多相互分离的活动，来源于为企业的相对成本地位和差别化程度奠定基础的整个产业价值链配置系统。为了营造和保持竞争优势，管理者必须在整个价值链配置系统中不断地寻求适合培育与强化自身核心竞争力的定位，并同时管理好与企业创造价值相关联的其他环节，这样企业的竞争优势才会持久。企业价值链管理的核心是价值链重组，即对企业战略、增值运营流程以及支撑它们的系统、政策、组织和结构的快速、彻底、急剧地重组，以达到工作流程和生产力的最优化。在进行价值链重组时，我们首先应该明确企业的发展战略，然后选择关键环节进行重组。

不同行业中的企业，其关键环节也可能存在很大差异。例如，按订单生产和OEM生产模式的企业，关键环节可能是生产制造与供应链；服装、食品等消费品行业的关键环节可能是分销；金融、电信等服务业的关键环节则可能是客户服务。即使同一个企业，面对外部竞争环境的变化，其关键环节也不是固定不变的。因此，掌握选择关键环节的原则是至关重要的。一般来说，只有选取那些能够满足公司发展战略和经营目标、满足竞争需求、现有效率低下、阶段性收益最大的环节进行重组，才可以取得以点带面、最后全面突破的效果。

2. 组织再造

组织再造也是目前企业在竞争中常用的一种竞争手段，同时也是企业管理的一种趋势。因为传统强调以职能管理为核心的企业管理模式已经面临前所未有的调整。

企业组织管理经历了3个阶段：

第一阶段：强调以职能管理为核心。

第二阶段：流程管理得以承认，但职能管理仍处于主导地位。

第三阶段：关键流程驱动企业运营。

这3个阶段的发展，是符合中国企业对管理的逐渐认知和竞争环境的变化的。关于组织分工和协作的问题我们在前面谈了很多，在这里就不再赘述，未来企业的管理一定是强调流程为王。

因为流程管理强调通过跨部门的协作实现企业经营管理活动的简单化和高效化。它以结果为导向，倒推相关运作过程，关注的是结果的产生和产生结果的过程，并将企业的经营管理重点突出表现为关注客户服务、关注企业产出效果、关注不同组织之间的协同服务，而不是自上而下的职能划分。

流程管理要求企业建立相应的扁平化组织结构，将所有业务、管理活动都视为一个流程，注重其连续性，以全流程运作的观点取代个别部门或人员的看法；注重系统效率的提高和整体绩效表现，而不是单个环节所产生的亮点。在组织运作上要求打破部门的本位主义，鼓励不同职能部门之间的相互合作，共同追求企业的整体流程绩效；将企业的不同部门之间相互关联的行为视为一个总流程的流程集合，对这个集合进行管理和控制，强调全过程的协调和目标化。这与传统的组织管理模式有很大不同。

3. 战略转型

我们在前面多次讲到，企业流程再造一定是源于企业战略调整和商业模式改变。通常来讲企业的战略在一段时期内还是保持相对固定的，但很多企业在实施多元化经营甚至一体化经营的时候往往就会对自身的流程体系形成严重的挑战。

常见的企业战略选择及流程特点如下：

表4-35　常见企业战略选择及流程特点分析表

战略类型		战略特征	流程特点
集中化战略	—	这种发展战略是指以快于竞争对手的增长速度来增加企业现有产品/劳务的销售额、利润额或市场占有率	1. 强调流程效率最优 2. 强调成本管控优势 3. 强调关键能力培植
一体化战略	前向一体化	企业通过收购或兼并若干商业企业，或者拥有和控制其分销系统，实行产销一体化。前向一体化是指获得分销商或零售商的所有权或加强对它们的控制，也就是指企业根据市场的需要和生产技术的可能条件，利用自己的优势，把成品进行深加工的战略	1. 控制分销，占领市场 2. 追求利润最大化 3. 重视财务及管理控制

续表

战略类型		战略特征	流程特点
一体化战略	后向一体化	企业通过收购或兼并若干原材料供应商，拥有和控制其供应系统，实行供产一体化。后向一体化是指企业利用自己在产品上的优势，把原来属于外购的原材料或零件改为自行生产的战略，即通过获得供应商的所有权或增强对其控制来求得发展	1. 强调品质控制 2. 强调产能保证 3. 控制原料供应
多元化战略	相关多元化	进入与公司现在的业务在价值链上拥有竞争性的、有价值的“战略匹配关系”的新业务。	1. 强调可复制 2. 规模化经营 3. 成本控制
	非相关多元化	企业新发展的业务与原有业务之间没有明显的战略适应性，所增加的产品是新产品，服务领域也是新市场。企业采用该战略的主要目的是从财务上考虑平衡现金流或者获取新的利润增长点。	1. 核心能力再造 2. 强调集团管控 3. 品牌和资源共享 4. 强调流程的灵活性和应变能力

可见，企业选择的战略不同，其流程优化与再造的核心是大相径庭的，所以企业在进行流程优化与再造的时候，必须先要搞清楚自己的战略选择是什么！

第五节　企业流程优化与再造实例解读

在前面几节我们为读者朋友系统介绍了流程优化与再造的基本原则和技巧，同时通过一些案例的展示，让读者朋友对如何进行流程优化与再造有了直观的认知，本节我们再用两个完整的案例帮助读者朋友对流程优化与再造的全过程（包括流程现状描述、流程问题分析、流程优化、流程权限设计、流程绩效指标识别、流程相关文件与表单设计等）进行系统了解。

一、某企业运营计划管理流程再造实例解读

企业运营计划是进行年度运营工作开展的起点，同时也贯穿了年度经营的全

过程。年度运营计划以企业发展战略及年度经营计划为输入，通过整合销售计划、采购计划、研发计划、产能计划、生产计划、物流计划、仓储计划、资金计划等一系列计划的协同运作，保证运营效率最优、企业经营业绩最佳。

下面我们用一家企业的实际案例展开说明：

【案例4-18】 某企业运营计划管理流程再造实例解读

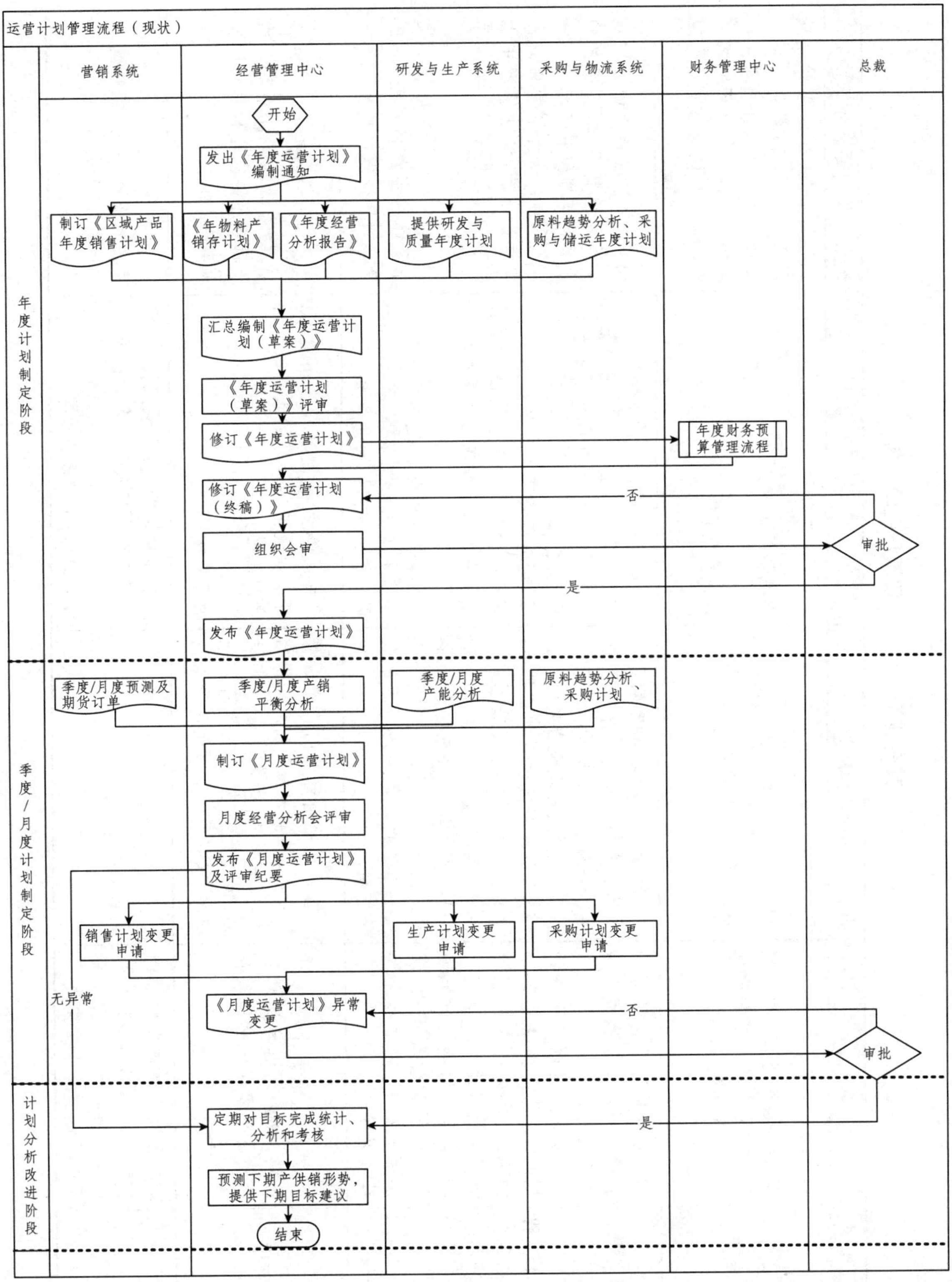

图 4－43　某企业运营计划管理流程（现状）

表 4-36　某企业运营计划管理流程问题分析

分析纬度	问题点	原因分析	可能导致的结果	优化要点建议
流程接口规划合理性	运营计划管理、生产计划管理和生产进度控制管理的接口不明确	公司有各类程序文件、作业指导书，缺乏系统的流程管理	潜在风险影响：无； 效率影响：无	流程起于“发出运营计划编制通知（通知内容含公司年度经营目标）”，止于“生产计划分析改进”，生产计划实施（即生产进度控制）不包含在本流程中
影响本流程运行的3个核心问题	（1）公司制订运营计划的目的并不是为了完成公司经营目标； （2）各系统在制订运营计划时，信息提供缺乏统一的标准，需要耗费大量的时间不断修改； （3）运营计划制订的职能部门为经营管理中心，职能过于集中，效率和科学性难以保证	（1）运营计划的主要目的是为了达到产销存和购耗存的平衡，并不是为了实现经营目标而进行目标分解、合理配置资源； （2）各系统在提供各类信息时，没有标准模板向经营管理中心提供所需信息； （3）经营管理中心包办制订各系统的计划，无论从专业度还是从工作量的角度，都显得职能过于集中	潜在风险影响： （1）公司经营目标可实现的驱动力不足（主要精力放在计划的实现上）； （2）经营管理中心职能过于集中，容易产生“闭门造车”，使各项计划与现实实施存在较大偏差。 效率影响：运营计划所需要的各种信息如果没有实现标准化，会影响相关部门的沟通效率	（1）在经营管理中心发出运营计划编制通知前，率先确定公司年度经营目标； （2）明确各项计划制订的主体为各系统，经营管理中心的主要职责是平衡各项计划； （3）对各系统提供的信息提出具体内容及格式要求（提供资料标准模板）
流程环节	运营计划、销售计划、生产计划、物流计划等计划制订的逻辑顺序没有体现在流程上	运营计划的制订部门为经营管理中心，其他相关部门只提供信息，运营计划、销售计划、生产计划、物流计划在一个部门内完成，所以导致了其逻辑顺序不清	潜在风险影响：逻辑顺序不清，很可能导致某些计划的制订缺少科学的依据。 效率影响：无	运营计划、销售计划、生产计划、物流计划等计划制订的逻辑顺序要在流程制订时表现出来
流程信息化	SAP 上对生产进度管理的功能不足，销售计划、生产计划和物流计划等发生变更时只能通过手工完成	相关模块没有开发	潜在风险影响：由于手工操作，变更容易造成相关数据人为错误。 效率影响：手工操作效率比较低。	建议对 SAP 系统相关模块进行开发

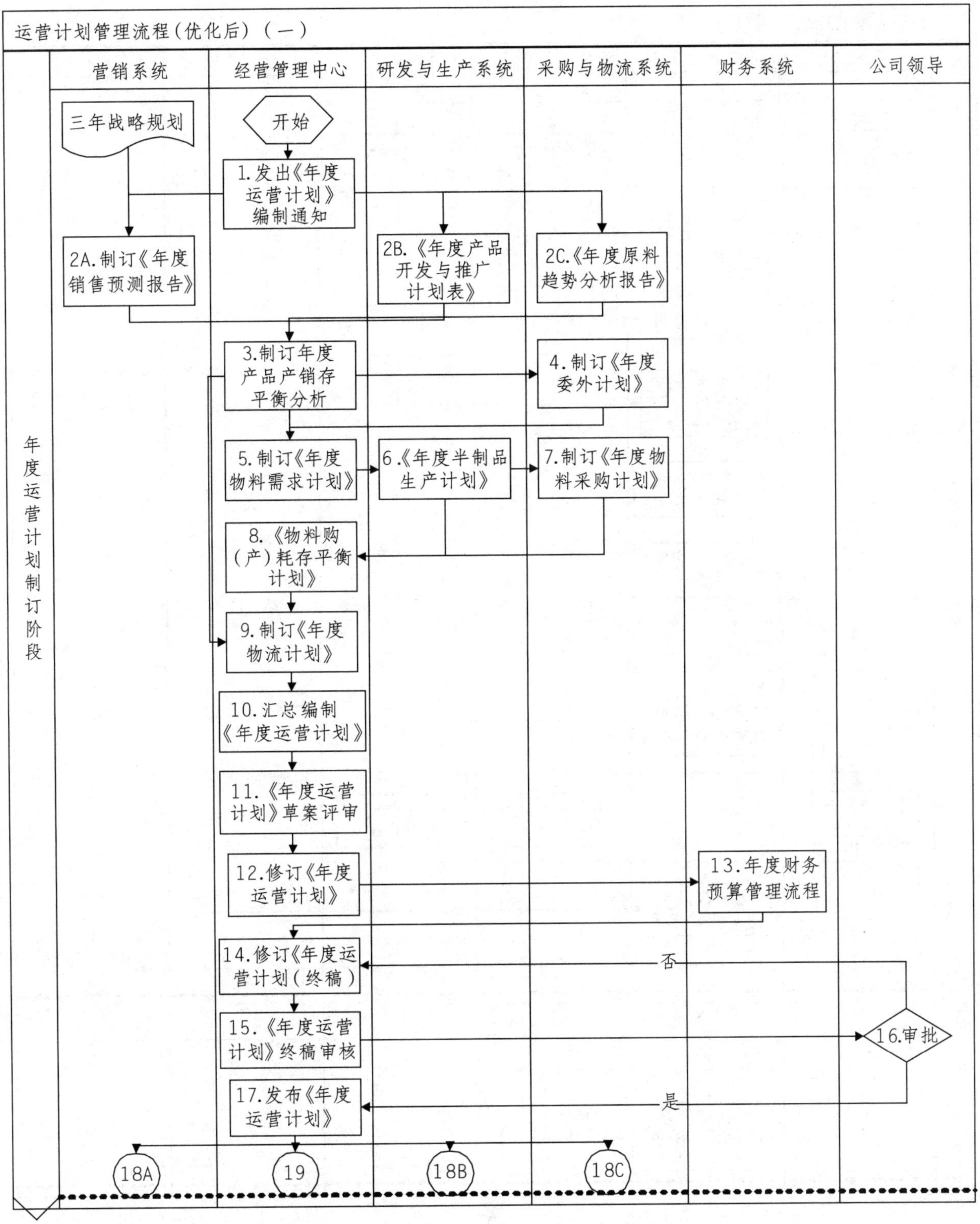

图 4-44 某企业运营计划管理流程(优化后)一

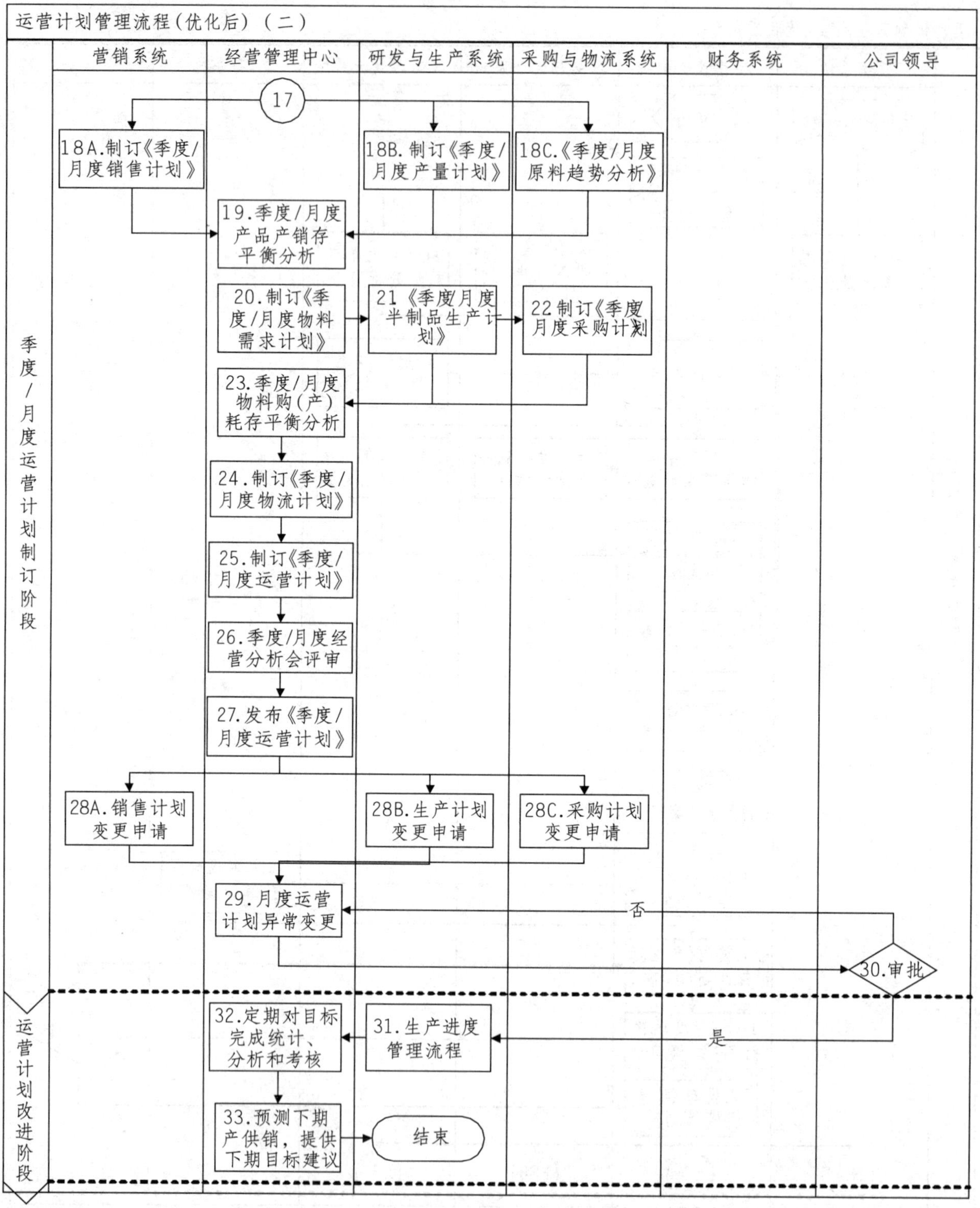

图 4-45　某企业运营计划管理流程(优化后)二

表 4－37　某企业运营计划管理流程核心步骤说明

流程步骤	风险点识别	任务操作标准和风险控制措施	时限	支持文件	运作表单
1. 发出《年度运营计划》编制通知	目标不明确或不合理影响计划的可行性	每年9月下旬，经营管理中心发出下年度《年度运营计划》编制通知，通知必须明确公司主要经营目标、各系统职能、任务及任务完成时间等。 风险控制措施：发出通知前，先制订和审批公司年度经营指标和目标		《三年战略规划》	
2A. 制订《年度销售预测报告》	目标与资源配置的平衡性	销售系统在规定时间内，在规范模板的指导下，根据公司《三年战略规划》和年度经营目标，制订《年度销售预测报告》。 风险控制措施：销售计划要在经营目标指导下进行，如销售预测与销售计划之间存在差异，应考虑是否能通过资源配置解决（如增加销售渠道或开辟新市场）	1.5 周	《销售预测报告》、《销售预测表》	
2B. 制订《年度产能盘点与分析报告》和《年度产品开发与推广计划》	目标与资源配置的平衡性	研发与生产系统在规定时间内，用规范模板提供《年度产能盘点与分析报告》和《年度产品开发与推广计划》。 风险控制措施：生产计划要在经营目标指导下进行，如当前产能与生产计划之间存在差异，应考虑是否能通过资源配置解决（如增加工厂、机器或者开发代工供应商等）		《产能盘点与分析报告》、《产品开发计划》	
2C. 制订《年度原料趋势分析》		采购与物流系统在规定时间内，用规范模板提供《年度原料趋势分析》		《原料趋势分析报告》	
3. 制订年度产品产销存平衡分析		经营管理中心在规定时间内，根据相关部门提供的《年度销售预测报告》、《年度产能盘点与分析报告》、《年度产品开发计划》和《年度原料趋势分析》，用规范模板汇编制订《年度产品产销存平衡分析》	1 周		《销售预测报告》、《产能盘点与分析报告》、《产品开发计划》、《原料趋势分析》、《产品产销存平衡分析》

续表

流程步骤	风险点识别	任务操作标准和风险控制措施	时限	支持文件	运作表单
4. 制订《年度委外计划》		采购与物流系统在规定时间内，在规范模板的指导下，根据《年度产品产销存平衡分析》制订《年度委外计划》	1 周		《产品产销存平衡分析》、《委外计划》
5. 制订《年度物料需求计划》		经营管理中心在规定时间内，在规范模板的指导下，根据《年度产品产销存平衡分析》制订《年度物料需求计划》			《产品产销存平衡分析》、《物料需求计划》
6. 制订《年度半制品生产计划》		研发与生产系统在规定时间内，在规范模板的指导下，根据《年度物料需求计划》制订《年度半制品生产计划》			《物料需求计划》、《半制品生产计划》
7. 制订《年度物料采购计划》		采购与物流系统在规定时间内，在规范模板的指导下，根据《年度物料需求计划》和《年度半制品生产计划》制订《年度物料采购计划》	1.5 周		《物料需求计划》、《半制品生产计划》、《物料采购计划》
8. 制订《年度物料购（产）耗存平衡计划》		经营管理中心在规定时间内，在规范模板的指导下，根据相关部门提供的《年度半制品生产计划》和《年度采购与储运计划》制订《物料购（产）耗存平衡计划》			《半制品生产计划》、《采购与储运计划》、《物料购（产）耗存平衡计划》
9. 制订《年度物流计划》	目标与资源配置的平衡性	经营管理中心在规定时间内，在规范模板的指导下，根据《年度产品产销存平衡分析》和《年度物料购（产）耗存平衡计划》，制订《年度物流计划》。 风险控制措施：物流计划要在经营目标指导下进行，如当前物流能力与物流计划之间存在差异，应考虑是否能通过资源配置解决（如开辟新的第三方物流渠道等）	0.5 周		《产品产销存平衡分析》、《物料购（产）耗存平衡计划》、《物流计划》

续表

流程步骤	风险点识别	任务操作标准和风险控制措施	时限	支持文件	运作表单
10. 汇总编制《年度运营计划》草案	1. 目标与资源配置的平衡性； 2. 目标的可实现性	经营管理中心在规定时间内，在规范模板的指导下，根据相关部门提供和本部门制订的有关计划，汇总编制《年度运营计划》草案。 风险控制措施：年度运营计划要在经营目标指导下进行，对各部门提交的有关计划要进行资源配置平衡分析，结合公司财务政策，充分考虑资源配置的可实现性	2周		《运营计划》、《销售系统销售计划表》、《产品分区域销售计划表》、《物料销售计划表》、《新增产能计划表》、《产能与产量计划表》、《分类生产计划表》、《配棉与工艺计划表》、《质量计划表》、《产品开发与推广计划表》、《打样计划表》、《色咭计划表》、《科技课题计划表》、《原料采购计划表》、《物资采购计划表》、《产品采购计划表》、《运输计划表》、《仓储计划表》
11.《年度运营计划》草案评审		经营管理中心组织销售系统、研发与生产系统、采购与物流系统、财务系统相关部门及领导，对《年度运营计划》草案进行评审： (1)评审运营计划的逻辑性； (2)评审运营计划内容的全面性； (3)评审运营计划实施措施的可行性	1周		《年度运营计划》

续表

流程步骤	风险点识别	任务操作标准和风险控制措施	时限	支持文件	运作表单
12. 修订《年度运营计划》		经营管理中心根据评审会意见，对《年度运营计划》草案进行修订	2周		《年度运营计划》
13. 年度财务预算管理流程		财务部在规定时间内，根据《年度运营计划》修订方案和年度财务预算管理流程，制订公司年度预算		《年度财务预算管理流程》	《年度运营计划》
14. 修订《年度运营计划》终稿		经营管理中心在规定时间内，根据财务系统的调整要求，对《年度运营计划》进行调整，形成《年度运营计划》终稿	1周		《年度运营计划》
15.《年度运营计划》终稿评审		经营管理中心组织销售系统、研发与生产系统、采购与物流系统、财务系统相关部门及公司领导，对《年度运营计划》终稿进行评审	1周		《年度运营计划》
16. 审批		公司领导对《年度运营计划》终稿进行审批	0.5周		《年度运营计划》
17. 发布《年度运营计划》		经营管理中心在每年12月25日前，发布经总裁审批通过的《年度运营计划》	0.5天		《年度运营计划》
18A. 制订《季度/月度销售计划》	《季度/月度销售计划》与《年度销售预测报告》的衔接性	销售系统根据《年度运营计划》，以及季度和月度市场环境，在规范模板的指导下，在每季度最后一个月及每月最后一周，制订下一个《季度/月度销售计划》，并在系统内部进行会议评审，评审通过后提交经营管理中心。 风险控制措施：在制订《季度/月度销售计划》时，要充分考虑《年度销售预测报告》有关资源配置的到位情况，在资源配置不到位时要发出预警	1天		《年度运营计划》、《季度/月度销售计划》

续表

流程步骤	风险点识别	任务操作标准和风险控制措施	时限	支持文件	运作表单
18B. 制订《季度/月度产量计划》	《季度/月度产量计划》与《年度产能盘点与分析报告》的衔接性	研发与生产系统根据《年度运营计划》，以及季度和月度生产情况，在规范模板的指导下，在每季度最后一个月及每月最后一周，制订下一个《季度/月度产量计划》，并在系统内部进行会议评审，评审通过后提交经营管理中心。 风险控制措施：在制订《季度/月度产量计划》时，要充分考虑《年度产能盘点与分析报告》有关资源配置的到位情况，在资源配置不到位时要发出预警	1天		《年度运营计划》、《季度/月度产量计划》
18C. 制订《季度/月度原料趋势分析》		采购与物流系统根据《年度运营计划》，以及原料市场环境，在规范模板的指导下，在每季度最后一个月及每月最后一周，制订下一个《季度/月度原料趋势分析》，并在系统内部进行会议评审，评审通过后提交经营管理中心			《年度运营计划》、《季度/月度原料趋势分析》
19. 季度/月度产品产销存平衡分析		经营管理中心根据相关部门提供的《季度/月度销售计划》和《季度/月度产量计划》，在规范模板的指导下，在规定时间内，制订下一个《季度/月度产品产销存平衡分析》	0.5天		《季度/月度销售计划》、《季度/月度产量计划》、《季度/月度产品产销存平衡分析表》
20. 制订《季度/月度物料需求计划》		经营管理中心在规定时间内，在规范模板的指导下，根据《季度/月度产品产销存平衡分析》制订《季度/月度物料需求计划》	0.5天		《季度/月度产品产销存平衡分析》、《季度/月度物料需求计划》
21. 制订《季度/月度半制品生产计划》		研发与生产系统在规定时间内，在规范模板的指导下，根据《季度/月度物料需求计划》制订《季度/月度半制品生产计划》	0.5天		《季度/月度物料需求计划》、《季度/月度半制品生产计划》

续表

流程步骤	风险点识别	任务操作标准和风险控制措施	时限	支持文件	运作表单
22. 制订《季度/月度采购计划》		采购与物流系统在规定时间内，在规范模板的指导下，根据《季度/月度物料需求计划》和《季度/月度半制品生产计划》，制订《季度/月度采购计划》	0.5 天		《季度/月度物料需求计划》、《季度/月度半制品生产计划》、《季度/月度采购计划》
23. 季度/月度物料购(产)耗存平衡分析		经营管理中心在规定时间内，在规范模板的指导下，根据《季度/月度半制品生产计划》和《季度/月度采购计划》，制订《季度/月度物料购(产)耗存平衡分析》	0.5 天		《季度/月度物料购(产)耗存平衡分析》
24. 制订《季度/月度物流计划》		经营管理中心在规定时间内，在规范模板的指导下，根据《季度/月度物料购(产)耗存平衡分析》制订《季度/月度物流计划》	0.5 天		《季度/月度物流计划》
25. 制订《季度/月度运营计划》	《季度/月度运营计划》与《年度运营计划》的衔接性	经营管理中心在规定时间内，在规范模板的指导下，根据相关部门提供和本部门制订的有关计划，汇总编制《季度/月度运营计划》。 风险控制措施：在制定《季度/月度运营计划》时，要充分考虑《年度运营计划》有关资源配置的到位情况，在资源配置不到位时要发出预警	1 天	《季度/月度运营计划》	《季度/月度经营分析报告》、《季度/月度销售计划表》、《季度/月度生产计划表》、《季度/月度采购计划表》、《季度/月度半制品生产》、《季度/月度物流计划表》
26.《季度/月度运营计划》评审		经营管理中心组织销售系统、研发与生产系统、采购与物流系统、财务系统相关部门及领导，对《季度/月度运营计划》进行评审	1 天		《季度/月度运营计划》、《会议纪要》
27. 发布《季度/月度运营计划》及评审纪要		经营管理中心在每月 5 日前，对已评审的《季度/月度运营计划》及评审纪要进行发布	0.5		《季度/月度运营计划》、《会议纪要》

续表

流程步骤	风险点识别	任务操作标准和风险控制措施	时限	支持文件	运作表单
28A. 销售计划变更申请		销售系统根据市场环境需要，适时提出销售计划变更申请	无		《计划变更申请表》
28B. 生产计划变更申请		研发与生产系统根据生产需要，适时提出生产计划变更申请	无		《计划变更申请表》
28C. 采购计划变更申请		采购与物流系统根据采购需要，适时提出采购计划变更申请	无		《计划变更申请表》
29.《月度运营计划》异常变更	变更对目标实现产生影响	经营管理中心根据有关部门提出的计划变更申请，对《月度运营计划》进行变更。 风险控制措施：在进行《月度运营计划》并更申请时，要说明变更可能对目标产生何种影响，这种影响是否能够在后期进行补救，并说明补救措施	0.5 天		《月度运营计划》
30. 审批		公司领导对变更的《月度运营计划》进行审批： (1)评审变更的合理性； (2)评审变更后可能带来的风险	0.5 天		《月度运营计划》
31. 生产进度管理流程		研发与生产系统根据《季度/月度运营计划》和生产进度管理流程进行组织生产	无	《生产进度管理流程》	
32. 定期对目标完成统计、分析和考核	目标未达成的补救措施	经营管理中心根据《年度运营计划》、《季度/月度运营计划》有关内容，定期对目标完成统计、分析和考核。 风险控制措施：在预期目标没有实现时，必须拟定补救措施，并对补救措施进行可行性分析			《年度运营计划》、《季度/月度运营计划》
33. 预测下期产供销形势，提供下期目标建议		经营管理中心根据前期公司各项计划和目标的完成情况，定期预测下期产供销形势，提供下期目标建议			

表 4－38　某企业运营计划管理流程授权表

序号	流程环节	流程业务授权内容	提报	审核			审批		
				初审	复核	会审	个人审批	联合审批	集体决策
1	《年度销售预测报告》	提交	销售管理中心综合管理部负责人	销售管理中心负责人			营销系统总监		
2	《年度产能盘点与分析报告》	提交	研发与生产管理中心综合管理部负责人	研发与生产管理中心负责人			研发与生产管理系统总监		
3	《年度产品开发计划》	提交	研发与生产管理中心综合管理部负责人	研发与生产管理中心负责人			研发与生产管理系统总监		
4	《年度原料趋势分析报告》	提交	采购与物流管理部负责人				采购与物流系统总监		
5	《年度产品产销存平衡分析》	提交	经营管理中心产品订单部负责人	经营管理中心副总经理			经营管理中心总经理		
6	《年度委外计划》	提交	采购与物流管理部负责人				采购与物流系统总监		
7	《年度物料需求计划》	提交	经营管理中心物料订单部负责人	经营管理中心副总经理			经营管理中心总经理		
8	《年度半制品生产计划》	提交	研发与生产管理中心综合管理部负责人	研发与生产管理中心负责人			研发与生产管理系统总监		
9	《年度物料采购（含委外）计划》	提交	采购与物流管理部负责人				采购与物流系统总监		
10	《年度物料购（产）耗存平衡计划》	提交	经营管理中心物料订单部负责人	经营管理中心副总经理			经营管理中心总经理		
11	《年度物流计划》	提交	采购与物流管理部负责人				采购与物流系统总监		

续表

序号	流程环节	流程业务授权内容	提报	审核			审批		
				初审	复核	会审	个人审批	联合审批	集体决策
12	《年度运营计划》	初稿	经营管理中心运营计划部负责人	经营管理中心副总经理	经营管理中心总经理	营销系统总监、研发与生产系统总监、采购与物流系统总监、财务系统总监			
13		终稿	经营管理中心运营计划部负责人	经营管理中心副总经理	经营管理中心总经理	营销系统总监、研发与生产系统总监、采购与物流系统总监、财务系统总监	营运总裁		
14	《季度/月度销售计划》	提交	销售管理中心综合管理部负责人	销售管理中心负责人			营销系统总监		
15	《季度/月度产量计划》	提交	研发与生产管理中心综合管理部负责人	研发与生产管理中心负责人			研发与生产管理系统总监		
16	《季度/月度原料趋势分析》	提交	采购与物流管理部负责人				采购与物流系统总监		

续表

序号	流程环节	流程业务授权内容	提报	审核			审批		
				初审	复核	会审	个人审批	联合审批	集体决策
17	《季度/月度产品产销存平衡分析表》	提交	经营管理中心产品订单部负责人	经营管理中心副总经理			经营管理中心总经理		
18	《季度/月度物料需求计划》	提交	经营管理中心物料订单部负责人	经营管理中心副总经理			经营管理中心总经理		
19	《季度/月度半制品生产计划》	提交	研发与生产管理中心综合管理部负责人	研发与生产管理中心负责人			研发与生产管理系统总监		
20	《季度/月度采购计划》	提交	采购与物流管理部负责人				采购与物流系统总监		
21	《季度/月度物料购(产)耗存平衡分析》	提交	经营管理中心物料订单部负责人	经营管理中心副总经理			经营管理中心总经理		
22	《季度/月度物流计划》	提交	采购与物流管理部负责人				采购与物流系统总监		
23	《季度/月度运营计划》	计划	经营管理中心运营计划部负责人	经营管理中心副总经理		营销系统总监、研发与生产系统总监、采购与物流系统总监、财务系统总监	经营管理中心总经理		
24		异常变更	经营管理中心运营计划部负责人	经营管理中心副总经理	经营管理中心总经理		营运总裁		

表 4-39 某企业运营计划管理流程绩效指标

序号	流程绩效指标	指标定义	考核数据提供部门	考核周期
1	销售计划达成率	销售计划达成率 = 实际销售量/计划销售量 ×100%	经营管理中心	每月
2	生产计划达产率	计划生产达成率 = 实际生产量/计划生产量 ×100%	经营管理中心	每月
3	采购计划达成率	采购计划达成率 = 实际采购量/计划采购量 ×100%	经营管理中心	每月
4	产销率	产销率 = 实际销售量/实际生产量 ×100%	经营管理中心	每月
5	存销比	存销比 = 实际产品库存量/实际销售量 ×100%	经营管理中心	每月
6	存耗比	存耗比 = 实际物料库存量/实际物料消耗量 ×100%	经营管理中心	每月
7	资料提供准确性	各部门为编制《运营计划》所提供的资料的一次性完成率	经营管理中心	每月
8	资料提供及时性	各部门为编制《运营计划》所提供资料在规定时间完成	经营管理中心	每月

二、某企业财务预算管理流程优化实例解读

财务预算管理流程作为企业财务管理的一个重要流程，以企业年度经营计划及上年度公司预算执行状况为输入，流程过程包括预算编制、预算执行监督、预算调整、超预算或预算外支出管理等，下面是某企业财务预算管理流程优化全过程。

【案例4－19】 某公司财务预算管理流程优化实例解读

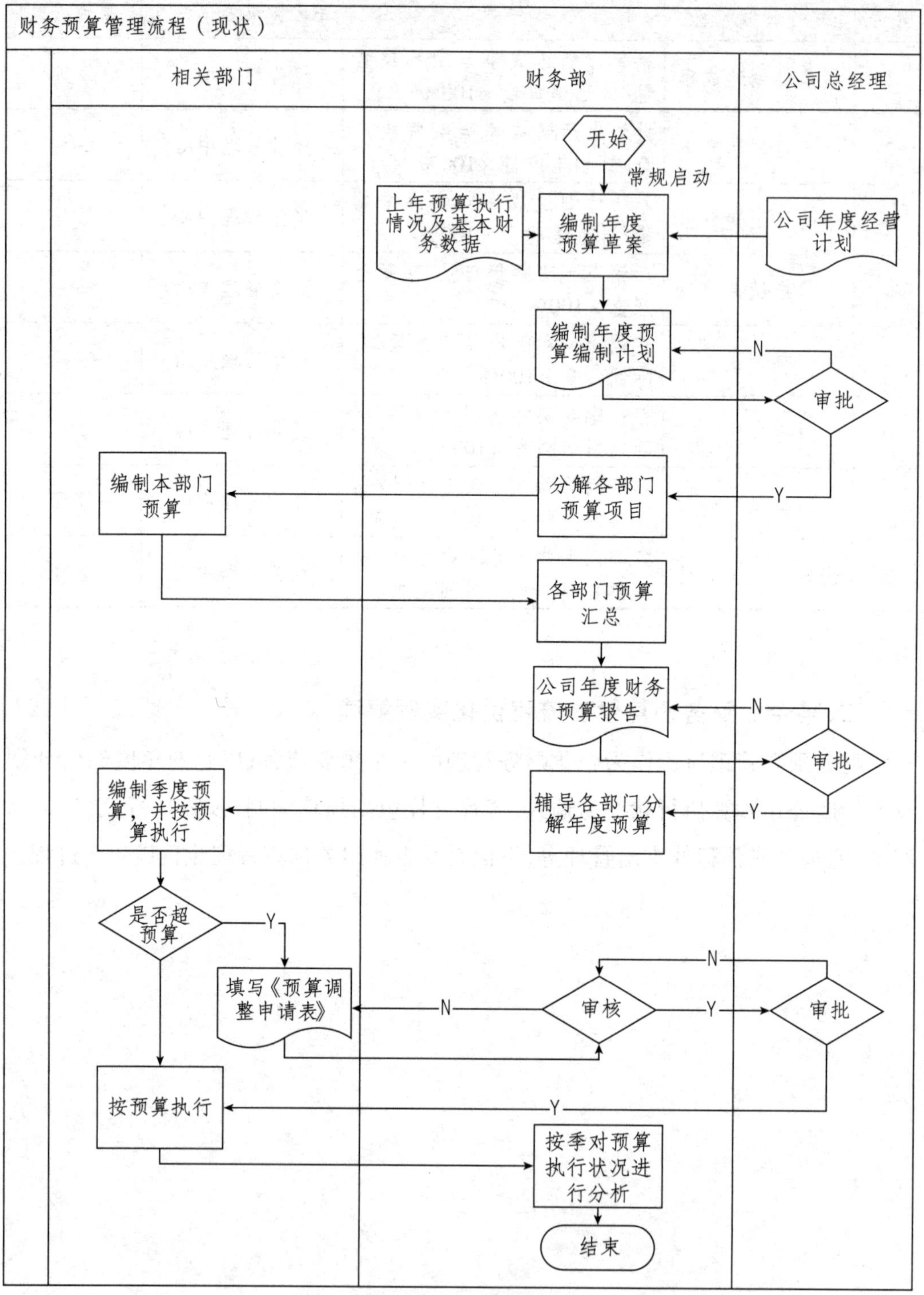

图4－46 某公司财务预算管理流程（现状）

表4-40　某公司财务预算管理流程问题分析及优化建议

序号	存在的问题	具体表现	可能导致的结果	优化思路
1	财务预算缺乏规范的制度支持	财务预算工作随意性大，预算项目、预算方法、预算调整与执行考核不统一	预算工作与公司实际运作脱离，不能提供必要的支持和帮助	建立《财务预算管理制度》
2	财务预算工作不受重视	各部门在编制预算的时候随意性很强	预算编制不科学，预算可实施性不强	将预算执行及调整纳入公司目标绩效管理体系进行统一考核与管理
3	预算质量不高	(1)预算编制部门员工素质较低； (2)预算编制辅导部门辅导力度不够	预算编制不准确	(1)强化员工预算管理意识； (2)对各部门经理及相关人员进行预算基础知识培训

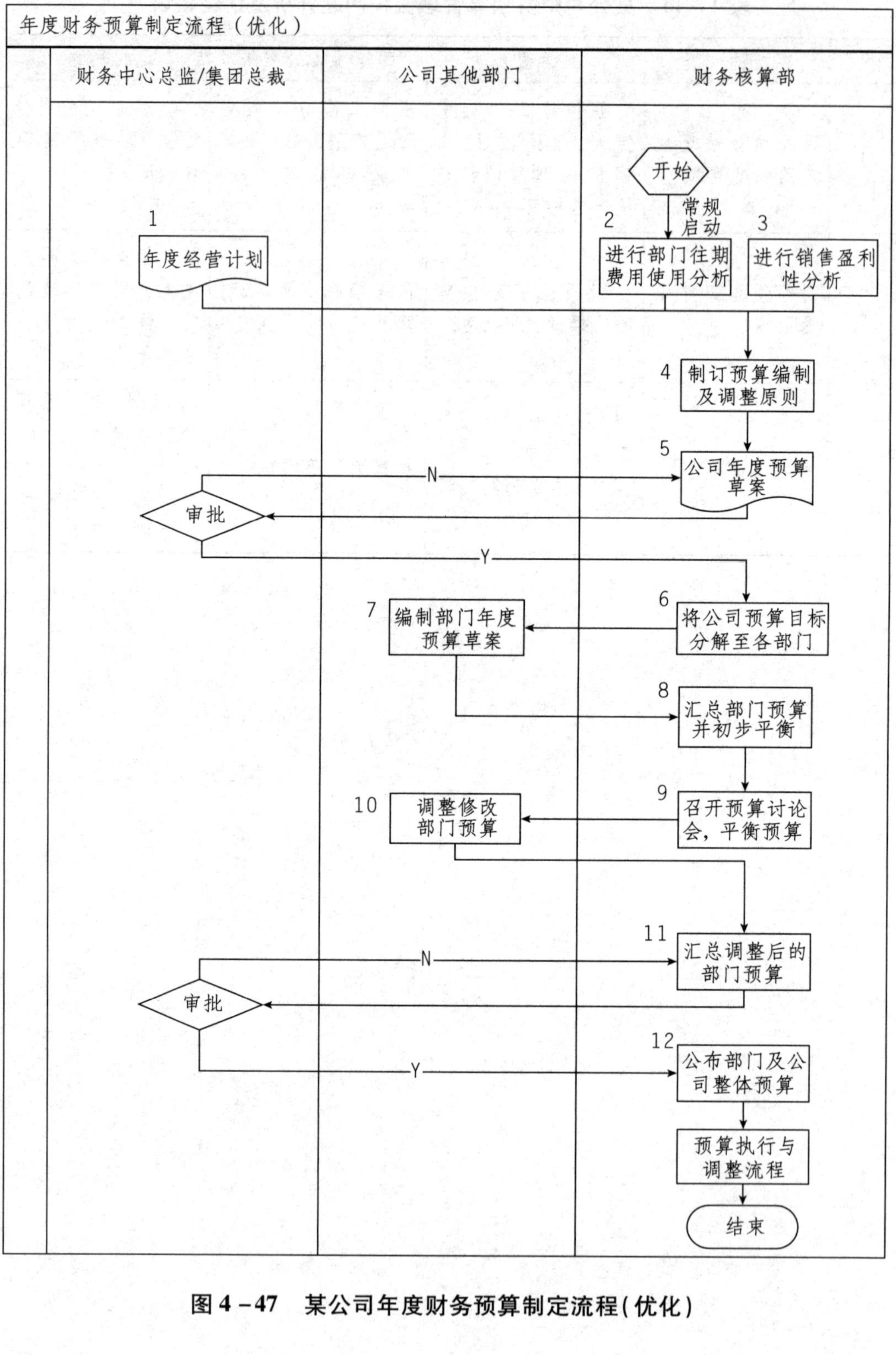

图 4－47　某公司年度财务预算制定流程（优化）

表 4－41　某公司年度财务预算制定流程核心步骤说明

流程步骤	核心步骤说明	相关流程/制度	相关表单/文件
1. 年度经营计划	公司确定的年度经营计划将作为公司年度预算编制的核心输入		《年度经营计划》
2. 进行部门往期费用使用分析	财务部对公司及各部门往期费用与预算执行情况进行汇总分析		
3. 进行销售盈利性分析	财务部根据公司的销售计划与经营计划要求，对产品未来销售盈利能力和状况进行分析		
4. 制订预算编制及调整原则	根据以上分析，财务部门确定公司预算编制的指导思想和原则	《预算管理制度》	
5. 公司年度预算草案	财务部编制年度预算草案，并报财务中心总监和集团总裁审批		
6. 将公司预算目标分解至各部门	财务部下达各部门预算要求，将公司预算目标分解至公司各部门		《财务预算项目及责任部门一览表》
7. 编制部门年度预算草案	各部门结合部门年度工作计划，按照预算要求制订部门预算		
8. 汇总部门预算并初步平衡	财务部汇总各部门预算草案，并对部门预算进行初步平衡		
9. 召开预算讨论会，平衡预算	财务部召开部门联合评审会议，对初步预算平衡结果进行讨论		
10. 调整修改部门预算	各部门根据会议预算平衡结果，对部门编制的相关预算进行调整		
11. 汇总调整后的部门预算	财务部汇总各部门调整后的预算方案，形成公司预算方案，并报总经理审签		
12. 公布部门及公司整体预算	财务部正式发布相关部门及公司预算方案		

与本流程相关的绩效指标：
年度财务预算通过公司总裁批准的时间（财务部）
各部门预算准确率（各部门）

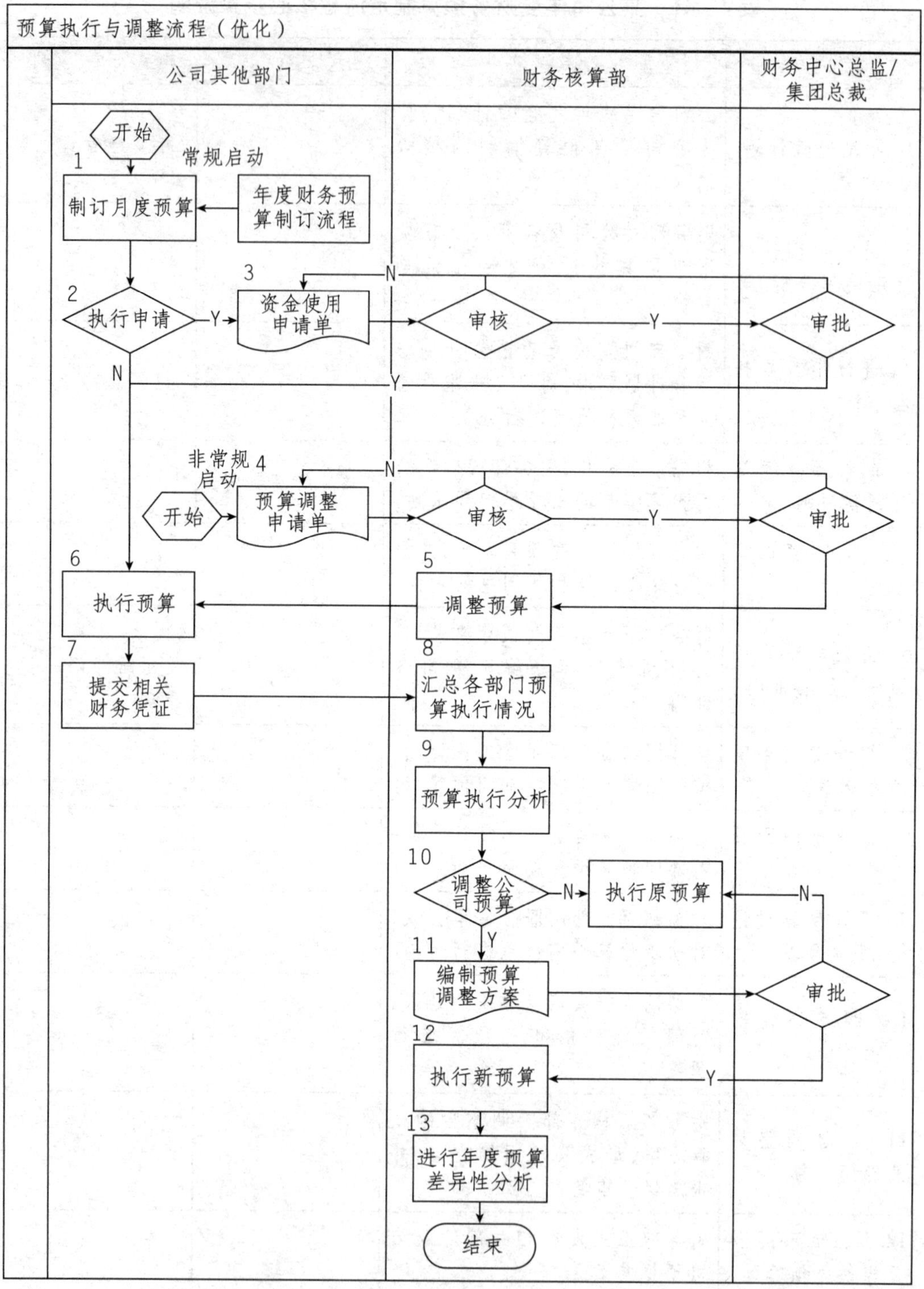

图 4－48　某公司预算执行与调整流程（优化）

表4-42　某公司预算执行与调整流程核心步骤说明

流程步骤	核心步骤说明	相关流程/制度	相关表单/文件
1. 制订月度预算	各相关部门根据季度预算编制要求，分解制订部门季度预算要求	《预算管理制度》	
2. 执行申请	预算执行部门根据预算项目判断该预算项目执行是否需要申请		
3. 资金使用申请单	对需要申请的预算项目，预算执行部门需填写《资金使用申请表》		《资金使用申请表》
4. 预算调整申请单	经理对预算执行申请进行审批，属于一般预算审批项目可由经理直接决定，对超预算、非预算项或超经理审批权限的项目则由部门填写《预算调整申请单》，交上级部门审批		《预算调整申请单》
5. 预算调整	财务部根据领导审批调整相关预算		
6. 预算执行	各相关部门执行经领导审批同意后的部门预算		
7. 提交相关财务凭证	根据实际业务发生状况，相关部门提交财务凭证		
8. 汇总各部门预算执行情况	财务部门收集相关财务凭证，定期汇总部门预算执行情况		
9. 预算执行分析	财务部门定期对部门及公司预算执行情况开展分析		
10. 调整公司预算	财务部根据公司预算执行情况及公司业务状况，对公司整体预算是否调整做出判断		
11. 编制预算调整方案	如需要对公司预算进行调整，则由财务部编制预算调整方案		
12. 执行新预算	财务部执行经领导同意后的公司整体新预算		
13. 进行年度预算差异性分析	财务部定期对预算执行状况进行分析		

与本流程相关的绩效指标：
1. 公司预算执行状况（财务部）
2. 部门预算执行状况（各部门）

表4－43　某公司预算管理制度

1 总则

1.1 目的

为加强公司财务管理，构建有效的财务管理体系，增强对公司财务的预测、控制作用，根据企业财务通则及国家有关财会法规，特制定本制度。

1.2 适用范围

本制度适用于本公司下属所有业务单位。

1.3 含义

预算管理是指在预测与决策的基础上，将公司未来的销售、成本、现金流入与流出等以计划的形式具体、系统地反映出来，以便有效地组织与协调企业全部的经营活动，完成企业既定的目标。

1.4 作用及结果运用

公司通过预算管理实现对企业战略目标的实施监控，同时也是公司绩效管理的基础和依据。企业战略、预算管理与经营管理是一个完整不可分割的整体，相关预算执行结果将作为公司对部门业绩及其负责人考核的重要依据。

2 组织与职能

2.1 组织设立目的

预算组织是基于企业的组织结构而设立的推进企业预算执行的非常设机构，也是完成预算目标制定、预算编制与修改、预算考核和控制的主体机构。

预算组织的设立将使预算工作处于一个有机动态的管理系统当中，为企业预算目标的贯彻和实现提供根本保证。

2.2 预算组织要素

预算组织体系的要素包括：预算决策机构、预算组织机构、预算编制执行机构、预算监控机构、预算考评机构。

2.2.1 预算决策机构　公司经营班子为公司预算决策机构，具体处理预算管理事宜，确保公司预算管理实施的权威性、科学性和规范性。经营班子成员由公司高层领导构成，其主要职责为：

(1) 根据企业年度经营目标确定预算指导原则；

(2) 制定及修改预算管理政策和程序；

(3) 审核由财务部上报的部门预算及公司整体预算草案；

(4) 审批与预算相关的控制政策和考核标准；

(5) 仲裁有关预算冲突。

2.2.2 预算组织机构　财务部为公司预算组织机构。预算组织机构由财务部负责人、相关预算岗位人员、下属业务单位财务人员构成，其主要职责为：

(1) 负责下达公司的相关预算编制要求并组织开展预算管理活动；

(2) 为下属业务单位预算编制提供技术支持和协助；

(3) 组织召开相关会议，讨论、平衡、调整部门预算，形成部门预算草案；

(4) 组织编制公司整体预算草案；

(5) 汇总预算执行情况，编制预算差异性分析报告，形成预算执行情况的相关数据，向公司高层汇报；

续表

(6)对超出预算的相关项目进行初步审核。

2.2.3 预算编制执行机构 公司各职能部门及下属业务单位为预算编制执行机构。预算编制执行机构主要由部门相关负责人及领导班子成员构成,其主要职责为:

(1)根据公司的预算编制要求,将其与本部门实际情况和工作计划相结合,制订本部门的年度预算计划;

(2)对预算依据、测算基础和计划措施进行详细说明;

(3)在日常经营中执行平衡后的预算,促进生产经营,完成预算任务,加强预算自律,严格控制预算外行为;

(4)定期提供预算执行的相关数据;

(5)预算冲突上报。

2.2.4 预算监控机构 预算监控机构包括财务部和审计委员会。

财务部主要职责为:

(1)预算执行过程中的常规审查,履行预算执行监督职能;

(2)汇总预算执行数据,进行预算执行差异分析,形成预算执行情况的相关数据和报告,向公司高层反馈;

(3)定期形成预算执行情况汇总数据,并进行整理分析,为预算执行考评提供数据基础。

审计委员会主要职责为:

(1)负责对公司整体预算执行与监控情况进行审查;

(2)对重大预算调整事项提供技术支持;

(3)对预算监控体系的有效性和质量进行评估。

2.2.5 预算考评机构 薪酬与考核委员会和战略发展部为公司预算考评机构,其主要职责为:

(1)根据预算实际执行情况,及已经批准的绩效考核标准,提出考核的具体意见;

(2)执行对公司高层人员的考核措施。

3 预算目标制定与分解

3.1 预算目标制定与分解目的

3.1.1 保证公司整体战略目标的实现;

3.1.2 确保公司各部门的所有业务活动能够在量化的预算体系下开展实施,增强企业整体控制与考核可操作性;

3.1.3 为各部门制定预算编制提供前提和基础,使预算成为企业管理的导向。

3.2 预算目标指导原则要求

3.2.1 公司进行年度预算编制,应结合企业的战略发展要求和经营需求,提出相关的预算目标指导原则。预算目标的确定需考虑行业特征、企业生命周期、公司发展速度、公司市场规划与导向等因素。

3.2.2 预算目标的确定应遵循先进性与现实性相结合的原则。预算的先进性是指预算是要经过企业员工的努力才能够完成的。先进的预算有利于调动企业员工的生产经营的积极性和实现企业生产经营活动的短期目标。预算的现实性是指人们经过努力确实具有完成预算的可能性。预算只有同时具备先进性和现实性,才可能具有科学性。

续表

3.3 预算内容说明

预算编制内容主要包括经营预算、资本性预算和财务预算。

3.3.1 经营预算是指与公司日常业务直接相关、具有实质性的基本活动的预算，与公司损益表的计算有关。主要包括：销售数量预算表、销售金额预算表、营业费用预算表、管理费用预算表、财务费用预算表、制造费用预算表、人力预算表等。这些预算以实物量指标和价值量指标分别反映公司收入与费用的构成情况。

3.3.2 资本支出预算是指公司不经常发生的一次性业务的预算，如公司固定资产的购置、扩建、改建、更新等都必须在投资项目可行性研究的基础上编制预算，具体反映投资的时间、规模、收益以及资金的筹措方式等。公司目前主要指固定资产投资预算表。

3.3.3 财务预算是指与公司现金收支、经营成果和财务状况有关的预算，主要包括：现金预算、预计损益表、预计资产负债表、预计现金流量表。这些预算以价值量指标总括反映经营预算和资本支出预算的结果。

3.3.4 预算表单中涉及的预估和预测概念指：根据预算编制期以前的实际数据，结合预算编制期至年末的预测数据，估计得出的全年数据称之为预估；在预算编制期对来年数据完全依靠推算或理想预期称之为预测。

3.3.5 公司各部门所需预算表格参见《年度预算表单一览表》。

4 预算编制

4.1 预算编制期与执行期

年度预算的编制期为预算执行期前一年的10月初。预算的执行期为每年的1月1日至12月31日。

4.2 预算编制程序

4.2.1 每年10月上旬——财务部汇总各部门预算执行情况，并根据公司的来年经营计划初步要求，提出预算的指导修改原则和公司初步年度预算草案；

4.2.2 每年10月中旬——财务部应将制定好的相关预算指导原则、编制办法、公司年度预算草案交公司财务中心总监、集团总监等经营班子成员审核；

4.2.3 每年10月下旬——财务部将公司预算目标初步分解至各业务单位，下发预算编制通知，并提供相关预算编制表格给各相关部门；

4.2.4 每年11月上旬——各相关部门根据公司所确定的预算目标草案，根据部门年度工作计划及上年预算执行情况，编制本部门预算目标草案及相关工作说明，并提交给财务部；

4.2.5 每年11月中旬——财务部根据公司预算方案及目标对部门提交的预算方案进行初步平衡；

4.2.6 每年11月下旬——财务部组织召开部门联合评审会议，对初步平衡后的各部门预算草案共同讨论，并根据各部门提出的意见，对初步部门预算方案进行调整、平衡；

4.2.7 每年12月上旬——各相关部门根据调整平衡后的结果，重新对本部门预算目标进行制订，并报财务部汇总；

4.2.8 每年12月中旬——财务部将汇总后的各部门预算草案交财务中心总监和集团总裁审批；

续表

4.2.9 每年12月下旬——经公司批准后，财务部正式公布公司各相关部门年度财务预算。

4.3 预算编制方法

4.3.1 公司各职能部门应在确保本部门年度工作计划确定的前提下，根据年度工作计划来确定年度的费用预算，确保年度费用预算既能保证本部门工作计划的完成，又能够做到经济、节约。

4.3.2 各业务单位费用控制可按照变动与固定两大类进行分别管理。变动部分如业务招待费、广告费等，按照收入的一定比例确定费用总额，比例的确定可以根据历史的发生额，参考行业的比例来确定。固定部分如办公费、折旧费、维修费、水电费等，采取总额控制的办法，参考历史的发生额核定费用总额，遇特殊情况（如水电费价格上涨等）需调整固定费用的，需做出说明。

5 预算执行、调整与评价

5.1 预算执行

每季度次月中旬之前，财务部应对公司各相关部门本季度的整体预算执行情况、预算目标完成情况进行分析，并提交相关报告给财务中心总监和集团总裁。同时将相关信息反馈给战略发展部，作为进行季度考核的依据之一。

5.2 预算调整

5.2.1 部门预算调整

公司各相关部门预算原则上不做调整。如确系未见市场因素或环境因素导致业务发生重大变化，可由部门内部提出，经部门负责人审核后向财务部提出申请，财务部审批后，交财务中心总监和集团总裁进行最终裁决。

5.2.2 公司预算调整

财务部定期进行预算执行差异性分析。财务部经理根据公司业务实际状况，如因市场重大变化、公司重大调整等相关因素认为有必要调整预算，可制订公司预算整体调整方案，并报总经理审批。财务中心总监和集团总裁对相关方案审批同意后，由财务部具体执行调整后的公司新方案。

5.2.3 部门及公司预算具体调整程序参见《预算执行与调整流程》。

5.3 预算评价

财务部应出具预算执行年度差异性分析报告，相关预算执行评价每年进行一次，可由财务部在每年10月上旬开展。相关评价结果经公司薪酬与考核委员会认定后，可作为对公司中高层领导人员的考核依据。

6 附则

6.1 本制度详细流程说明参见流程图《年度预算制定流程》与《预算执行与调整流程》。

6.2 本制度由财务部负责起草修订，经集团总裁批准后公布实施。

6.3 本制度由财务管理负责组织实施，并对相关问题进行解释。

表 4－44 财务预算项目及责任部门一览表

中心	部门	销售数量预算表	销售金额预算表	营业费用预算表	管理费用预算表	制造费用预算表	财务费用预算表	人工费用预算表	研发预算表	采购资金预算表	固定资产投资预算表	资产负债预算表	损益预算表	现金流量预算表
公司	V	V	V	V	V	V	V	V	V	V	V	V	V	
管理中心	战略发展部				V									
管理中心	人力资源部				V			V						
管理中心	IT 部				V									
财务中心	财务核算部				V		V				V			
财务中心	资金管理部				V		V							
营销中心	市场部			V	V									
营销中心	销售管理部			V	V									
营销中心	销售部	V	V	V	V									
研发中心	应用技术部				V									
研发中心	研发部				V				V					
研发中心	工艺部				V									
产品中心	生产部				V	V								
产品中心	PMC				V	V								
产品中心	仓储部				V	V								
产品中心	技术工程部				V	V					V			
产品中心	品管部				V	V								

第五章 孤掌难鸣

—— 流程配套设计

流程设计工作仅仅是流程管理中的一个环节。在将新的运行流程设计出来后，我们还需要根据流程运行的需要，进行相关配套体系的设计，搭建流程的基础运行平台。

一个完整的流程应该包括：流程名称、流程编号、流程版本、流程归口部门、流程相关部门、流程决策部门、流程制定目的、流程适用范围、流程核心步骤、新设计流程图、流程核心步骤解释、与本流程相关的制度或文件、与本流程相关的表单。

流程配套设计体系根据需要，我们将其分为九大部分，它们分别是：

1. 基于流程的组织职位设计：根据流程执行的需要，对组织职能、岗位设置进行调整和优化；

2. 基于流程的制度设计：将流程运行过程中的接口、节点活动、配套机制予以细化和规范；

3. 基于流程的表单设计：将流程输入、过程和输出信息进行及时、准确、有效的呈现，便于流程监控；

4. 基于流程的绩效指标设计：建立相应的绩效指标，以衡量流程运行质量的好坏；

5. 基于流程的职权与分权设计：根据流程审核、审批节点，优化公司职权和分权体系，真正实现“授权中层”，“让听得到炮声的人决策”；

6. 基于流程的 IT 体系设计：将流程的相关数据操作进行信息化处理，提高流程运行的工作效率和质量；

7. 基于流程的知识管理体系设计：将流程相关数据进行分析，变成公司知识，并加以传播和培训，让知识在公司内部进行沉淀；

8. 流程管理流程：为了保证公司流程体系健康稳定发展和提升，建立公司流程、制度、表单管理流程（简称流程管理流程）是非常必要的；

9. 流程管理团队建设：企业流程的设计与执行离不开富有流程管理思想的员工队伍，所以说，流程管理的成败在于流程管理团队的培养与建设。

第一节　流程图有何用

很多企业会认为,做流程管理就是画几张流程图就可以了,但在实际操作过程中,流程图的实施还需要制定一系列的配套内容,否则,流程图就只是一张"图画"而已。

一、为什么需要流程配套设计

我们将流程设计完成后,仅仅是完成了流程管理的初始工作。要想使设计后的流程能够顺利、正常的运作,我们还需要进行相关的配套设计。打一个比方,就好比一个厨师,他虽然知道怎么做一道美味的菜肴,但如果没有新鲜的材料、适当的设备、合适的场地和充裕的人手,还是无法一展身手。

在流程设计的过程中,根据需要我们会进行组织结构、岗位职能、运作方式、信息采集、经营目标等方面的调整。这些方面的调整变化,要求企业建立相应的配套体系,以协助和配合流程的实施。流程在这些综合配套体系的支撑下,就可以顺利运作。

同时,我们在进行配套体系的设计过程中,还可以根据配套体系的设计与实施难度,评估企业流程的落实执行情况,并以此为基础,重新对设计的流程进行审视和调整。由此可见,流程与流程配套体系之间是相互协作、相互支持的关系。通过两者的协同配合,共同实现企业整体经营运作效率的提高。

根据我们的经验,一个完整的流程,需要进行 8 个方面的配套设计。它们分别是组织职位配套设计、制度配套设计、表单配套设计、绩效指标配套设计、职权与分权配套设计、IT 配套设计、知识管理配套设计。

在不同的运作流程背后,通过以上 8 方面的配套设计,基本可以有效保证流程的有效运作。同时,将这 8 方面的有关知识与信息通过建立共享的信息平台(ERP、CRM、OA 等),可以大大缩短有关的信息收集时间,降低信息收集成本,提高信息的使用效率,更好地促进流程运作。

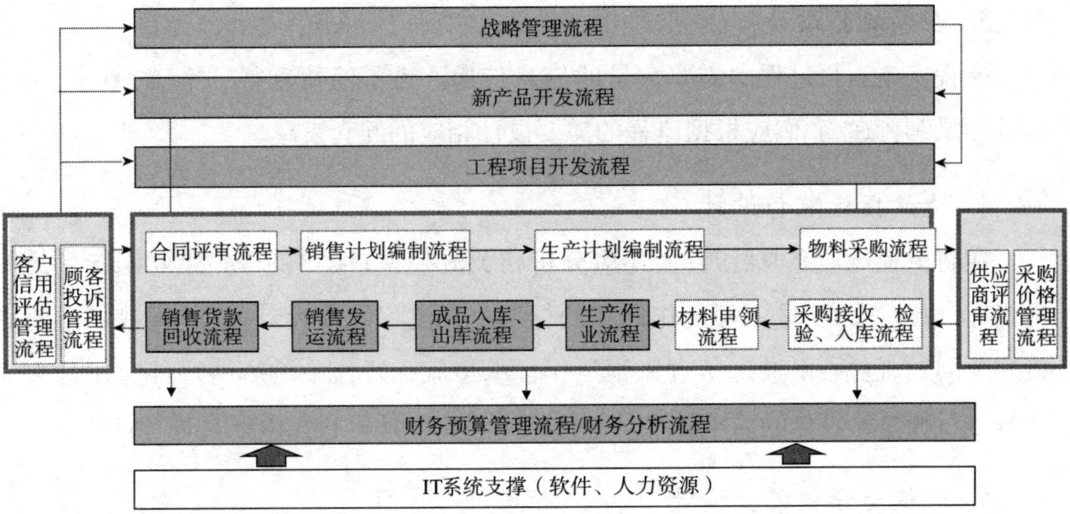

组织配套设计	职位配套设计	制度配套设计	表单配套设计	绩效配套设计	分权配套设计	IT配套设计	KM配套设计
组织体系	职位体系	制度体系	表单体系	绩效指标体系	职权/分权体系	IT体系	KM体系

图 5－1　流程配套设计

二、流程配套设计核心内容

1. 组织职位设计

在设计流程的过程中，为了流程更为有效地运作，我们可能会对一些岗位、部门的职能进行调整，有的岗位/部门职能可能会新增，有的岗位/部门职能可能会减少，还有的岗位/部门甚至会取消。在这种情况下，我们需要对岗位/部门与流程之间的配合进行梳理，找出相互之间的对应关系，并进行重新界定。

2. 制度配套设计

通过流程图的方式，我们可以非常清晰地了解和认识不同部门在流程中所承担的职能，它是一种动态的描述方式。这种描述方式简单、直接，易于让人理解，但也存在一些不足之处，比如流程步骤描述过于简洁、流程接口介绍不清晰、流程监控方式不详细、流程绩效管理未充分体现，等等。要解决这些问题，我们可以建立相配套的流程管理制度。通过管理制度的建立，将上述问题进行详细的说明、解释、介绍和补充，便可以解决流程执行与落实的问题。

3. 表单配套设计

流程实施运行过程中需要大量的信息传递。为了使信息得到准确、真实、全面的记录和传递，我们应根据流程的需要设计相应的配套表单。

4. 绩效指标配套设计

在将流程设计完成后，我们还应分析相关流程客户的需求，并建立明确的绩效指标，以此作为衡量流程运作好坏的标准。在流程绩效设计过程中，我们应明确相关问题，包括：由谁来负责流程运作？承担流程运作中的哪些职能？用什么指标进行衡量？具体的需求标准是怎样的？怎么去评价它？由谁来进行评价？

5. 职权与分权配套设计

华为的任正非说过，华为倡导“授权中层”，那么如何进行授权呢？哪些权力需要下放，哪些权力需要集中，每个职位有哪些权力，同一问题，权力究竟如何划分？是一级审批，还是二级审批、多级审批？关于这些问题，在企业流程设计的时候需要一并考虑。

6. IT 配套设计

在流程设计的过程中，我们面对大量新产生和发生变化的数据，可能需要对原有的数据采集方式进行调整。因此应深入分析现有的 IT 系统是否可以支持新的流程运作，需要进行哪些方面的调整，是否需要开发新的功能模块或信息系统，如何根据不同流程之间的接口实现相关信息系统的数据兼容，需要投入多少人力、物力和财力，是否值得投入。

通过对上述问题的回答，我们可以为新设计的流程搭建良好的运作平台，提高相关数据采集的有效性，同时也可以回过头对流程进行调整与修改，以便于更好地适应企业的运行情况和承受能力。比如有些信息系统如果按照新的流程运作，需要进行大量的财务资金投入，而这种投入是企业所不能承受的，在这种情况下，我们就有必要对相关流程的输出数据、数据采集方式进行调整和优化。

7. 知识管理配套设计

知识管理（KM）是目前企业管理中的一个热点，同样也是一个难点。通过有效的企业知识管理体系，可以将员工的个人技能进行转换，沉淀成为企业的内部组织技能，同时减少企业对员工技能的依赖，并有效提高内部员工的技能水平。

将知识管理与流程管理相结合,我们可以非常清楚地发现进行流程运作所涉及的有关知识和技能。通过将涉及流程运作的知识进行提炼,并予以总结、归纳和分类,并对涉及流程运作的有关员工进行针对性的培训,可以有效提高员工对流程的认识,减少流程运作中的失误,提高人员对流程执行的有效性和执行热情,最终为流程绩效的提升打下一个良好的人员素质基础。

三、流程配套设计验证

实践是检验真理的唯一标准。相关配套体系设计出来之后,由于仅仅是设计人员在设计过程中的一种理想化思维的产物,因此还需要投入实际运行中,与现实情况进行结合,才能发现设计中存在的种种问题,并予以改正。

对配套体系进行验证,我们可以根据上面所讲的方式,对配套体系的实施过程进行跟踪,以进行改善和修正,常见的有以下几种方法:

1. 部门研讨与沟通

相关计划、表单、数据等配套材料在投入运行之前,应与流程的归口部门和负责人员进行沟通讨论,征询他们的修改意见和建议,并根据流程操作人员的实际操作经验判断配套体系的合理性和可行性。

2. 运行过程跟踪

相关配套体系在投入运行的过程中,应及时对其运行状况进行指导与监督,以使配套体系能够在预定的轨道上运行,避免执行过程中的走样和偏差。

3. 运行改进调整

针对配套体系实际运行过程中存在的相关问题和矛盾,流程设计人员应及时对其进行记录、调整和修改,以确保配套体系能够满足流程运行的需要。

4. 定期执行沟通讨论

流程配套体系在运行一段时间后,针对流程运作过程中的实际变化情况,流程设计人员与流程执行部门可通过定期沟通,对流程配套体系进行相互探讨,以便进行不断改善和完善。

第二节　流程配套设计

流程配套是保证流程能够落地实施的关键，企业在进行流程配套设计的过程中一定要紧紧围绕流程的顺利实施和流程目标的最大化实现这一大宗旨，同时，要尽可能简化非流程性文件的数量，为公司文件体系“瘦身”。

一、流程中心型组织变革

前面我们已经提到，企业组织管理经历了3个阶段：第一阶段，强调职能管理为核心；第二阶段，流程管理得以承认，但职能管理仍处于主导地位；第三阶段：关键流程驱动企业运营。如图所示：

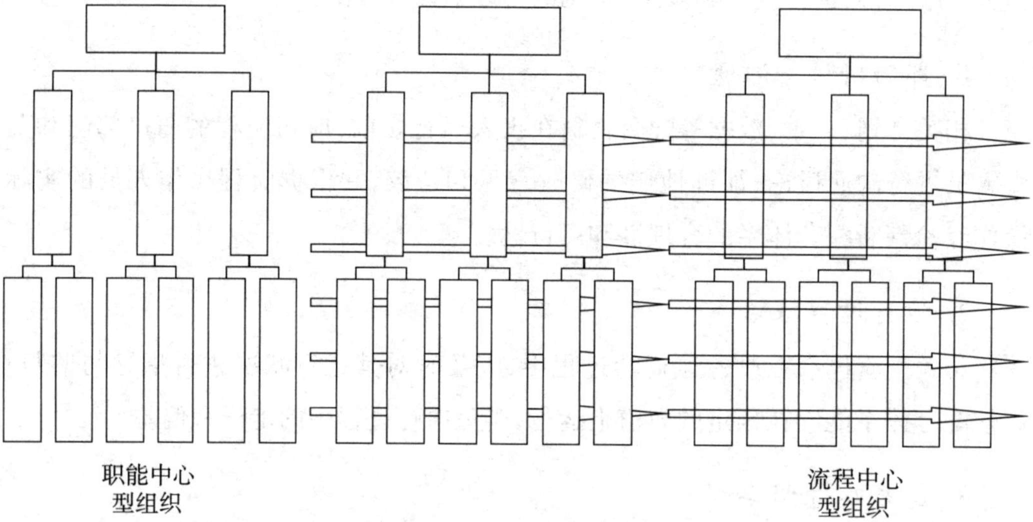

图5-2　企业组织模式的变迁

我们可以看到，在流程中心型组织当中，企业运营的核心不再是职能部门，而是横跨多个部门的业务流程，因为在企业内部创造价值的不再是职能部门，而是业务流程。

其实，这种流程中心型组织在国内诸如华为、中兴、万科等这些企业，通过近几年的实践，已经又向前发展了一步。（图5-3）

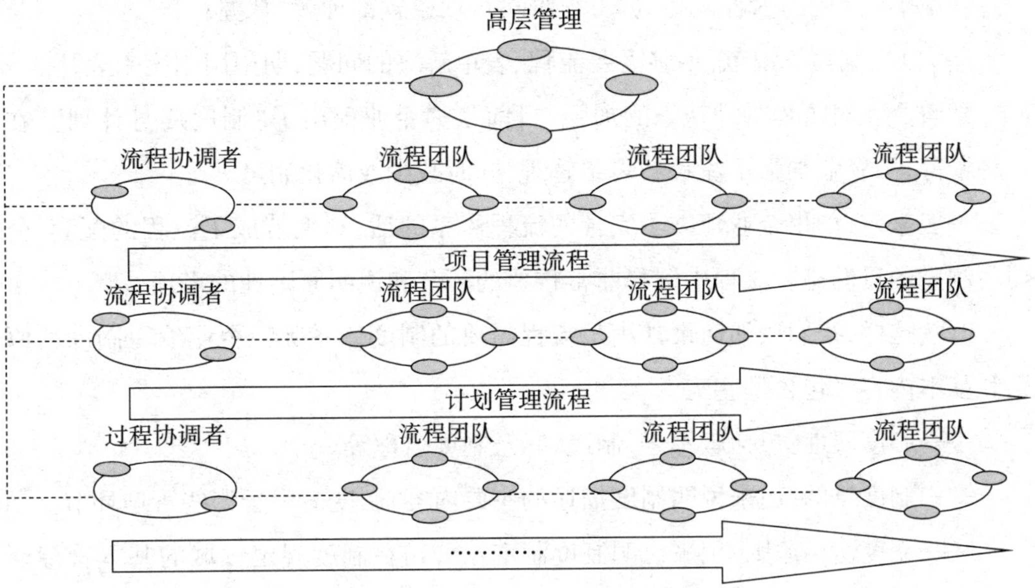

图 5－3　流程中心型组织

图 5－3 所示的这种组织结构已经完全脱离了大家熟悉的那种金字塔式的组织模式，在这种组织模式中，淡化了职能部门的作用，它完全强调以业务流程为导向，每个业务流程都会有一个“流程协调者”的角色，由他来总体把握每个业务流程的进度，并对结果负责。而在流程实现的过程中会有很多小的“流程团队”为业务流程的某个环节负责，而这些小“流程团队”的负责人可能是职能部门的负责人，也可能是某职能部门内部的一个专职岗位，由他统筹协调相关人员和资源，保证流程效率最大化。

二、基于流程的制度设计

传统企业内部管理以制度为主，对流程和表单的管理非常弱。在这种管理思路的驱动下，我们看到，每家公司都有很多的制度，有些公司内部的管理制度有几十个，甚至几百个。制度很多，但执行状况如何呢？根据笔者的经验，很多公司的制度执行状况都不好。

认真分析一下，原因不外乎以下几个：

(1)制度太多，员工不可能花太多时间去学习每个制度；

(2)制度的体系性不强，制度之间的衔接不好，导致没办法执行；

(3)每项制度的内容太多,员工很难对每项条款都理解、掌握;

(4)制度编写不规范,很多需要流程、表单解决的问题,期望用制度来表达。

随着企业对流程管理认识的加强,目前很多企业提出了"制度瘦身计划",在这种情况下,企业加强了流程和表单管理,同时减少或简化制度。

一般来讲,如果企业建立了完善的流程体系的话,制度就成了流程的配套,公司写制度的目的是在流程中解释非常重要的环节和说明原则性的事项。

既然这样,我们该如何设计满足流程需要的制度体系呢?企业编写制度的原则和基本内容又包含哪些呢?

——制度属性:包括版本号、制度编号、制度名称等。

——制度目的:用来说明制度描述的主要内容、制度适用于哪些管理环节。

——制度适用原则:用来说明制度制定及公司在制度规定领域的基本管理要求和原则。

——制度正文:用来描述制度相关规定和说明。

——制度附加说明:用来说明制度的归口部门、解释与修正部门、制度执行时间等。

三、基于流程的表单设计

像前面的描述一样,表单也是为了帮助企业流程的顺利运作的,因为流程告诉员工某件事情该如何做,制度是对流程重要环节的说明和解释,而表单则由员工在具体执行流程中实际操作。一般来讲,一张完整的管理表单,应该包括:

——表单属性:包括归口部门、编号、版本号、表单名称等。

——表单输入:用来说明表单填写人的基本信息和核心意图。

——表单输出:用来说明表单审核人的基本意见。

——填表说明:用来说明表单的填写要求和填写规范,当然,对于有些比较简单的表格,填表说明可以忽略,同时填表说明可以放在表格当中,也可以单独说明。

四、基于流程的绩效体系建设

传统企业的绩效指标主要有两个来源,即基于战略的 KPIs 和基于职能的

KPIo，传统企业过于强调部门职能的有效运行，最终导致部门之间的壁垒越来越强；流程企业的绩效指标也主要有两个来源，即基于战略的 KPIs 和基于流程的 KPIp，流程企业强调流程的实现，透过基于流程的 KPIp 考核，使部门之间的协调更畅顺、效率更高。

那么如何进行基于流程的 KPIp 设计呢？

首先，我们要根据流程的目的，也就是流程的“增值”，搞清楚该流程的“增值”方式是什么，是效率提升，还是成本降低，抑或销量增减？

其次，确定该流程的 KPIp 以及 KPIp 的承接部门。

【案例 5-1】 基于流程的 KPIp 识别

1. 生产计划管理流程

流程目的（增值模式）：提升计划达成率。

流程 KPIp：生产计划达成率。

流程承接部门：物控部、制造部。

2. 生产成本管理流程

流程目的（增值模式）：降低/控制生产成本。

流程 KPIp：生产成本（制造费用、不合格品、设备维护费用、原料成本等）降低率。

流程承接部门：制造部、设备部、工程部、品质部。

3. 销售货款管理流程

流程目的（增值模式）：及时回款，降低货款风险。

流程 KPIp：货款回笼率、呆坏账率。

流程承接部门：销售部。

五、基于流程的分权体系设计

在流程描述的过程中，我们会经常用到“◇”符号，这是一个决策符号，表示流程在这个环节需要进行一个决策，是行还是不行，是通过还是不能通过。其实，企业就在这个环节完成了职权和分权的分配工作。在跨部门的流程图当中，流程的上端是流程相关部门，流程正文是流程流转环节和顺序，“◇”符号对应的部门就是相应权力的拥有者。因此，通过流程体系进行企业的分权体系设计是非常科学合理的。

目前在企业中，分权的模式通常有两种，一种是按照职能进行分权，另外一种是按照流程进行分权。

【案例5-2】 某保险公司基于职能体系的授权书(省级公司，财务权限部分)

(1)中国××保险股份有限公司财务制度、会计制度的制定、修改和解释的审批权。

(2)中国××保险股份有限公司经营绩效考核办法及其他有关财务政策的制定、修改和解释的审批权。

(3)年度财务预算草案申报的审批权。

(4)分公司年度绩效考核指标制定、调整的审批权。

(5)会计软件(包括会计核算软件、收付费软件、会计报表系统等)和预算、财务管理软件开发和修改的审批权。

(6)年度固定资产投资计划草案申报的审批权。

(7)房屋及附属建筑立项申报的审批权。

(8)在国有或国有控股商业银行以外的银行新开设或变更银行账户的审批权。

(9)定期存款的审批权。

(10)现金及银行存款溢缺单笔金额在人民币1万元以上的审批权。

(11)土地使用权购置的审批权。

(12)自行开发或购置不含土地使用权在内的无形资产，单项资产金额在人民币20万元以上的审批权。

(13)列支单笔金额在人民币10万元以上的营业外支出(不含固定资产处置损失)的审批权。

(14)列支单笔金额在人民币50万元以上的其他应收款的审批权。

(15)在董事会审议批准的年度固定资产投资计划内，非总公司统购电子化设备、小额零星基建、零星机器设备和交通运输工具年度投资计划的审批权。

(16)在董事会审议批准的年度固定资产投资计划内，营业办公用房、交通运输设备和电子化设备年度投资计划执行的审批权。

(17)处置建筑面积1000平方米以上，或单位营业办公用房账面原值在人民币500万元以上，或单笔处置损失在人民币100万元以上的营业办公用房及其所属土地使用权的审批权。

(18)营业办公用房置换的审批权。

(19)处置非营业办公用房及其所属土地使用权的审批权。

(20)单项资产净损失金额人民币5万元以上的交通运输设备、电子化设备及其他零星固定资产处置的审批权。

(21)无地上建筑物的土地使用权转让的审批权。

(22)不需要进行资本化的单项房屋装修开支在人民币200万元以上,或每平方米建筑面积装修价格在人民币1000元以上的房屋装修开支的审批权;必须进行资本化的固定资产改良支出(含装修、改造)视同新建固定资产,适用新建固定资产相关条款。

(23)经营性租赁与保险业务有关的营业办公用房、单项资产年租金在人民币100万元以上,或租赁建筑面积在2000平方米以上的审批权;经营性租赁与保险业务有关的其他固定资产(除营业办公用房以外),单项资产年租金在人民币2万元以上的审批权;经营性租赁与保险业务无关的房屋及其他固定资产的租赁审批权。

(24)融资性租赁固定资产的审批权。

(25)符合固定资产确认标准的抵债物资或追偿收回物资(如房屋、土地、车辆等),转为自用或出售的审批权。

(26)单次金额在人民币100万元以上的补缴企业所得税的审批权。

(27)单笔金额在人民币50万元以上的坏账损失核销的审批权。

(28)进行以前年度损益调整的审批权。

(29)总裁奖励基金列支项目的审批权。

【案例5－3】 重庆某化工集团基于流程的授权书(财务权限)

表5－1 重庆某化工集团基于流程的授权表

序号	事项	范围	拟订/申请	审核	二级审核	审批	执行	跟踪	监督
1	兼并、收购等对外投资	分子公司重大兼并、收购等对外投资	分子公司	经济运行部、科技中心、财务管理部、人力资源部	投资委员会	集团总裁	分子公司	发展规划部、财务管理部	审计监察部
2	固定资产购置、转让、处置	分子公司固定资产购置、转让、处置	分子公司	生产管理部、财务管理部	投资委员会	集团总裁	分子公司	发展规划部、财务管理部	审计监察部
3	担保、抵押	分子公司担保抵押	分子公司	财务管理部		集团总裁	财务管理部		审计监察部
4	企业借款、银行贷款	分子公司借款、借款	分子公司	财务管理部	全面预算委员会	集团总裁	分子公司	财务管理部	审计监察部
5	预算	年度预算	分子公司	财务管理部		集团总裁	分子公司	财务管理部	审计监察部
6	决算	年度决算	分子公司	财务管理部		集团总裁	分子公司	财务管理部	审计监察部
7	利润分配	分子公司利润分配	分子公司	财务管理部		集团总裁	分子公司	财务管理部	审计监察部
8	资金计划	分子公司资金使用计划	分子公司	财务管理部		分子公司总经理	分子公司	财务管理部	审计监察部
9	会计核算方法	会计核算方法	财务管理部			集团总裁	分子公司	财务管理部	审计监察部
10	会计报表	会计报表	分子公司			分子公司总经理	分子公司	财务管理部	审计监察部
11	日常经营性现金支出	预算内	分子公司			分子公司总经理	分子公司	财务管理部	审计监察部
12		预算外	分子公司	财务管理部		集团总裁	分子公司	财务管理部	审计监察部
13	呆账、问题账款处理	额度≥10万	分子公司	财务管理部		集团总裁	分子公司	财务管理部	审计监察部
14		额度<10万	分子公司			分子公司总经理	分子公司	财务管理部	审计监察部

通过上面两个例子,我们可以看到,同样是财务管理权限的分权,两种不同的分权模式,第二种基于流程的分权模式会更加直观和容易操作。

六、基于流程的知识管理

知识管理(KM)是目前企业管理中的一个热点。通过有效的企业知识管理体系,可以将员工的个人技能进行转换,沉淀成为企业的内部组织技能,同时减少企业对员工技能的依赖,并有效提高内部员工的技能水平。

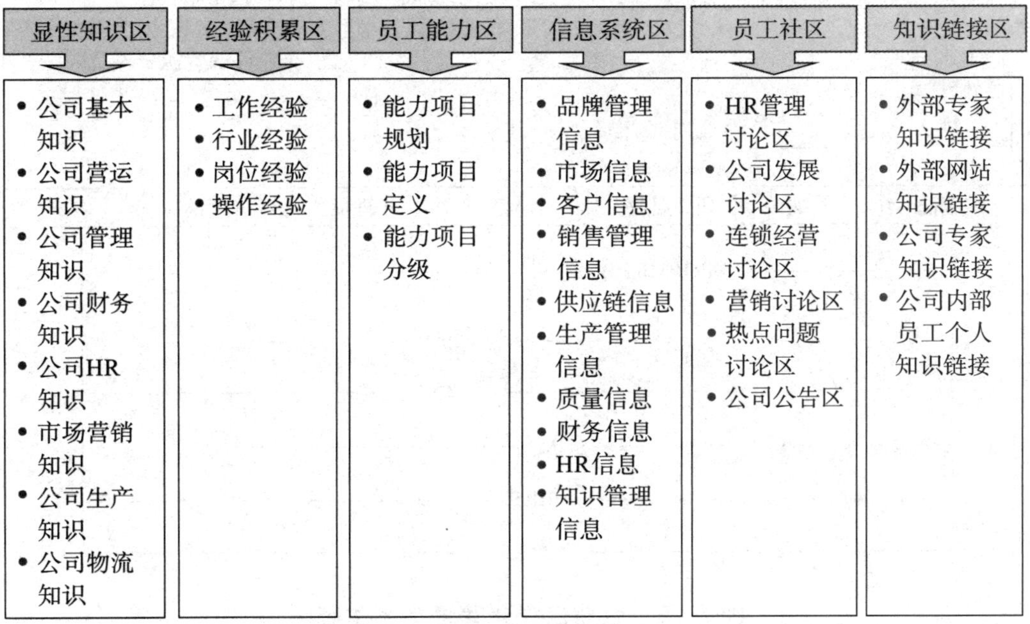

图 5-4 知识管理 KM 配套设计

上图为一个基于流程的知识管理图例。从图上我们看出,通过对有关流程的运作知识和技能进行归类、总结和界定,可以提高员工对相关流程运作的技能掌握。同时,如果将知识管理与企业内部的信息化建设相结合,通过建立共享信息化知识平台,可以增强知识管理的使用效率,确保知识管理的时效性,扩大知识管理的扩散范围,提高企业知识管理的水平。

七、基于流程的信息化规划

在流程设计的过程中,我们面对大量新产生和发生变化的数据,可能需要对原有的数据采集方式进行调整。因此应深入分析现有的 IT 系统是否可以支持新的流程运作，需要进行哪些方面的调整，是否需要开发新的功能模块或信息系统，如何根据不同流程之间的接口实现相关信息系统的数据兼容，需要投入多少人力、物力和财力，是否值得投入。

通过对上述问题的回答，我们可以为新设计的流程搭建良好的流程运作平台，提高相关数据采集的有效性，同时也可以回过头对流程进行调整与修改，以便于更好地适应企业的运行情况和承受能力。比如有些信息系统如果按照新的流程进行运作，需要进行大量的财务资金投入，而这种投入是企业所不能承受的，在这种情况下，我们就有必要对相关流程的输出数据、数据采集方式进行调整和优化。

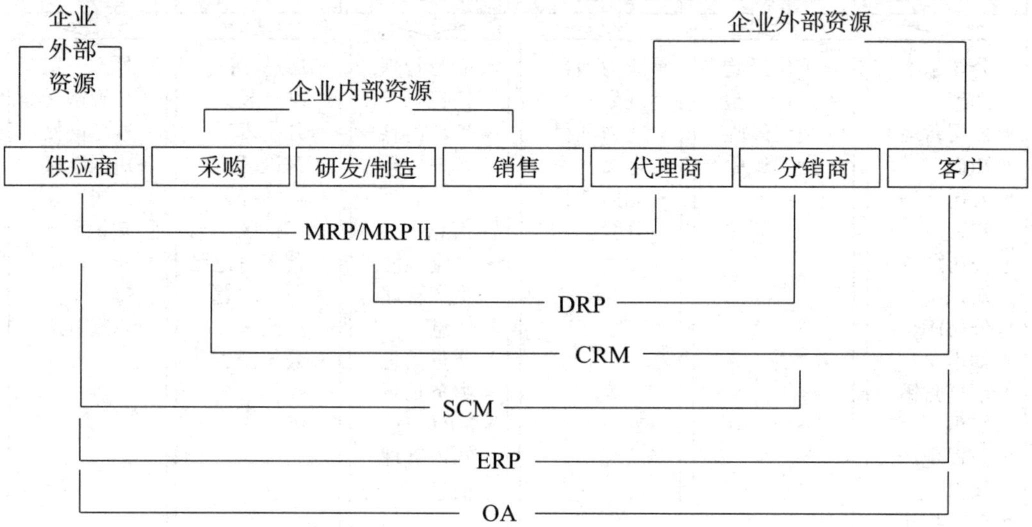

图 5－5　企业信息化管理体系生态图

我们可以通过上面这幅“企业信息化管理体系生态图”一目了然地看到企业信息化建设的基本过程，可以说 ERP 是企业信息化建设的最高境界，而从 MRP（Material Requirement Planning，物料需求计划）开始，再到 MRPⅡ（Manufacture Resource Planning，制造资源计划）、DRP（Distribution Resource Planning，分销资源计划）、CRM（Customer Relationship Management，客户关系管理）、SCM（Supply chain management，供应链管理），最后才是 ERP（Enterprise Resource Planning）。

八、流程管理流程

很多企业在导入流程管理的时候，经常会忽略一项非常核心的工作，那就是流程/制度/表单设计本身也是有流程的，比如公司流程/制度/表单体系建设由那个部门归口，流程/制度/表单该多长时间优化一次，具体程序该如何进行，等等，这些工作也需要按照相应的流程、制度和表单予以规范。

【案例5-4】 下面是企业流程管理流程，广大读者可参考：

第一部分:流程管理流程

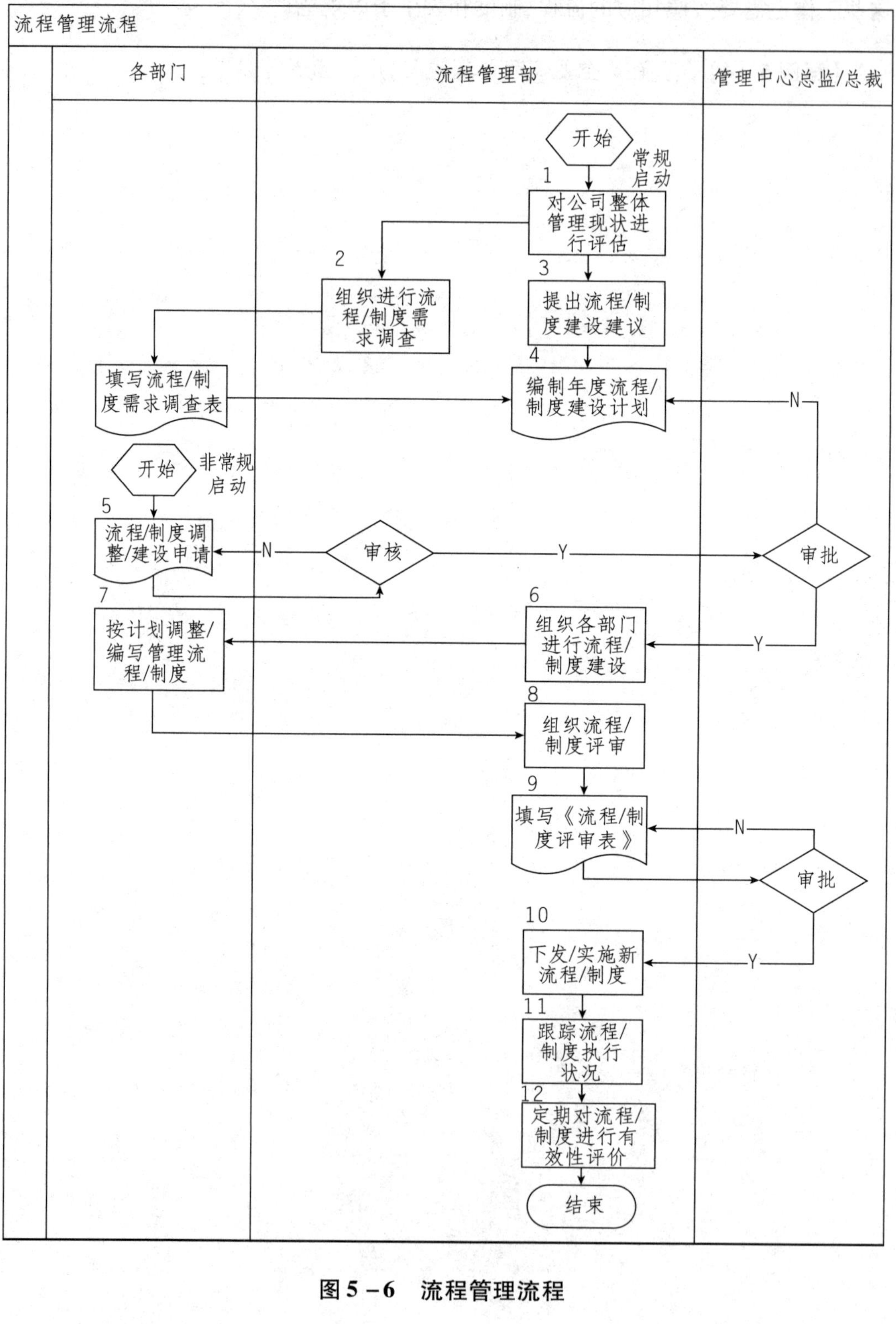

图5-6　流程管理流程

第二部分：流程管理流程核心步骤说明

表5－2　流程管理流程核心步骤说明

流程步骤	核心步骤说明	相关流程/制度	相关表单/文件
1. 对公司整体管理现状进行评估	流程管理部每年根据公司发展战略和管理需要，对公司整体管理现状进行评估		《管理成熟度模型》、《管理成熟度调查问卷》、《管理成熟度评价报告》
2. 组织进行流程/制度需求调查	流程管理部组织开展公司现有管理流程/制度的有效性评价，调查流程/制度/表单建设需求		《制度/流程/表单需求调查表》
3. 提出流程/制度建设建议	流程管理部根据年度管理现状评价结果，提出公司管理流程/制度/表单建设建议		
4. 编制年度流程/制度建设计划	流程管理部根据调查结果和提升建议，编制公司年度流程/制度/表单建设计划		《年度流程/制度/表单建设计划》
5. 流程/制度调整/建设申请	各部门根据管理需要可临时提出流程/制度/表单建设申请		《流程/制度/表单建设申请表》
6. 组织各部门进行流程/制度建设	流程管理部组织流程/制度/表单归口部门按计划进行流程/制度/表单建设		
7. 按计划调整/编写管理流程/制度	各部门根据计划，负责本部门归口流程/制度/表单的编写或调整		
8. 组织流程/制度评审	流程管理部组织流程相关部门进行流程/制度/表单的评审		
9. 填写《流程/制度评审表》	各部门填写《制度/流程/表单评审表》		《制度/流程/表单评审表》
10. 下发/实施新流程/制度	流程管理部将总裁批准的流程/制度/表单发文公布，并根据公司《规范化管理制度》编号	《规范化管理制度》	
11. 跟踪流程/制度执行状况	流程管理部就已经下发流程/制度/表单组织相关部门进行学习，并监督制度的执行情况		
12. 定期对流程/制度进行有效性评价	流程管理部定期对现有流程/制度/表单的有效性、适宜性和科学性进行评价		

续表

流程步骤	核心步骤说明	相关流程/制度	相关表单/文件
与本流程相关的绩效指标： 1. 规范化建设计划通过公司批准时间（流程管理部） 2. 制度/流程建设计划达成率（流程管理部、各部门） 3. 制度/流程有效执行率（流程管理部、各部门） 4. 员工违反公司一级制度/流程的次数（流程管理部、各部门） 5. 管理成熟度（流程管理部、各部门、总裁）			

第三部分：流程管理流程相关制度

规范化管理制度

1 总则

1.1 目的

确保公司流程/制度/表单的有效建立和实施，推进公司管理体系的顺利建立，不断提高企业管理水平。

1.2 职责

1.2.1 各部门职责

1.2.1.1 贯彻执行《流程管理流程》。

1.2.1.2 提出本部门的年度流程/制度建设需求，并负责归口管理流程/制度的起草、修订、实施和考核，负责提出归口管理流程/制度的增补、修订和作废申请。

1.2.1.3 负责相关流程/制度在本部门的贯彻落实。

1.2.2 流程管理部职责

1.2.2.1 负责全面推进、完善《流程/制度管理流程》。

1.2.2.2 明确各职能部门在流程/制度管理工作中的职责，并检查、督促实施情况。

1.2.2.3 根据各职能部门的年度流程/制度建设需求及公司的方针、目标，评估公司流程/制度的充分性、必要性和可行性，形成公司年度流程/制度体系的总目录，并制订《流程/制度建设年度计划》，计划内容包括流程/制度/表单的起草、评审、修订及发布时间等。

1.2.2.4 组织评审各归口管理部门提交的流程/制度/表单文本，并会同归口部门、相关部门进行修改、定稿、审核和送审。

1.2.2.5 建立完善流程/制度管理组织，负责流程/制度的分发、控制，建立流程/制度文件目录和制度实时查询系统。

1.2.2.6 提交《年度流程/制度/表单建设总结报告》，分析、评估年度流程/制度建设工作的得失利弊。

2 规范化建设要求

2.1 程序要求

2.1.1 各职能部门根据归口管理制度的运作状况及职责范围涉及的工作情况，在每年12月20日前提出年度流程/制度建设需求。

2.1.2 战略发展部根据公司管理变革的方针、目标，以及各职能部门提交的年度流程/制度建设需求，组织对流程/制度建设的充分性、必要性进行识别、评审，结合往年制度运作的得失利弊，在每年1月31日前制定并发布《公司流程/制度/表单建设年度计划》。

2.1.3 战略发展部负责组织部门提交的制度初稿内容所涉及部门的负责人及分管领导对制度文本进行会签，并会同制度归口部门进行修订、定稿，报管理中心总监审阅后报总裁签发。

2.1.4 战略发展部根据制度涉及范围，制订制度发放清单，将新制度以受控方式分发到各部门。

2.1.5 各部门在流程/制度运作过程中根据实际运行情况，对一些过时或已不适用的流程/制度提出作废申请，经战略发展部和管理中心总监审核，总经理批准后，由文控中心负责销毁。

2.2 时间要求

制度归口管理部门在计划建立时间之前将流程/制度初稿提交战略发展部，战略发展部在制度计划评审、修订时间之前组织有关部门进行评审、修订，并提交给总裁批准发布。

3 制度的编写规范

3.1 制度编写按企业标准形式予以规范，参照GB/T1.1－2000《标准化工作导则》第1部分“标准的结构和编写规则”。

3.2 企业标准号码由以下几项内容组成：

3.2.1 企业标准代号：用字母Q代表。

3.2.2 企业标准门类标准代号:字母 Z 表示制度,字母 L 表示流程,字母 B 表示表单。

4 附则

4.1 本制度由公司流程管理部负责起草修订,经公司总裁批准后公布实施。

4.2 本制度流程管理部负责组织实施,并对相关问题进行解释。

第四部分:流程管理流程相关表单

表 5-3　制度/流程/表单需求调查表

部门名称:　　　　　　　　填表日期:　　　　　版本号:

现有制度数		有效执行数	
无效制度原因说明			
本年度计划新增制度			
本年度计划修改制度			
现有流程数		有效执行数	
无效流程原因说明			
本年度计划新增流程			
本年度计划修改流程			
现有表单数		有效执行数	
无效表单原因说明			
本年度计划新增表单			
本年度计划修改表单			

表 5-4　制度/流程/表单评审表

部门名称:　　　　　　　　填表日期:　　　　　版本号:

评审项目		评审时间	
流程/制度/表单类型	□新增 □修订 □其他	流程/制度/表单覆盖区域	□部门内部使用 □公司范围内使用 □几个部门使用(　　　　)
评审意见			
相关部门意见	评审人:　　　　日期:　　年　　月　　日		
人力资源部意见	评审人:　　　　日期:　　年　　月　　日		
评审内容	(附后)		

第六章 "削足适履"
—— 流程实施技巧

华为的任正非先生曾经说过，在管理改进和学习西方先进管理方面，华为的方针是"削足适履"，对系统先僵化，后优化，再固化。

这可以说是国内企业对于流程实施的最佳总结和实践，企业内部进行流程实施，首先需要对员工面对管理变革的态度有所了解，才能做到心中有数，从容不迫地去推行和实施流程变革。

从员工对管理态度上看，会经历五个阶段，分别是：

阶段一：没有察觉或反应，没有感受到进行管理变革的紧迫性和必要性；

阶段二：震动或者吃惊，难以对挖掘出的管理弊端进行完整的认可或者接受；

阶段三：不予承认或质疑，反抗推行流程变革所带来的变化；

阶段四：接受认可，逐渐融入流程管理变革的氛围中；

阶段五：实施流程变革行动。

进行流程变革，应提前做好相关的准备工作，为流程实施搭建好各类平台建设，以确保流程能够有条不紊、严谨有序地推进和开展。

在流程实施的过程中，由于推行流程变革将打破企业内部利益团体的平衡格局，因此有必要掌握一些流程推行的方法和技巧，更为有效地确保流程实施达到预期目标。

流程实施的过程中，应注意对流程的实际运作情况进行监督和控制，及时根据流程的实际业绩完成情况并进行纠偏处理，使新的流程运作能够在预设的轨道上顺利执行和开展。

第一节　客观认识流程变革

任何变革都会有流血，有牺牲。我们也经常讲，在企业内部的变革，最难的就是人力资源变革和流程变革，人力资源变革的难点在于改变内部的分配机制，打破既有的利益平衡，而流程变革的难点在于要改变员工的工作习惯，这两点都是很难的。

在中国历史上，曾经有几次非常有名的变革，包括秦始皇变革、商鞅变法、王安石变法、戊戌变法，等等。我们经常讲：以史为鉴，可以兴邦，那么我们先看看这些变革有哪些值得借鉴的地方。

表6－1　著名变革对比分析

变革推动者	变革内容	变革手段	变革结果	经验总结
商鞅	1. 废除奴隶主贵族的世卿世禄制度； 2. 废除奴隶制的井田制度； 3. 实行重农抑商政策； 4. 加强中央集权，普遍推行郡县制； 5. 由中央制定和颁发统一的度量衡	1. 励军功，实行二十等爵制； 2. 除世卿世禄制，鼓励宗室贵族建立军功； 3. 改革户籍制度，实行连坐法； 4. 推行县制； 5. 定秦律，“燔诗书而明法令”	成功	1. 秦孝公的支持； 2. 迎合了以制度治国的法家思想； 3. 取信于民，建立广泛的群众基础
秦始皇	1. 统一文字； 2. 统一货币； 3. 统一度量衡	1. 以法治国（“尊卑贵贱，不逾行次”的等级秩序，“职臣遵分，各知所行”的官僚秩序，“六亲相保，终无寇贼”的社会秩序，“禁止淫佚，男女絜诚”的家庭秩序）； 2. 政治施行（废除分封制，代以郡县制）；	成功	1.“一把手”工程； 2. 制度（规则）先行； 3. 氛围营造（焚书坑儒）

续表

变革推动者	变革内容	变革手段	变革结果	经验总结
秦始皇	1. 统一文字； 2. 统一货币； 3. 统一度量衡。	3. 经济大略（推行重农抑商政策，扶植封建土地私有制）； 4. 焚书坑儒（除了《秦史》、农业、卜筮和医药的书籍外，下令将所有史书一律烧毁，将460多名儒生全部坑杀）	成功	1.“一把手”工程； 2. 制度（规则）先行； 3. 氛围营造（焚书坑儒）
王安石	方田均税法、均输法、青苗法、农田水利法、市易法、募役法、保甲法、裁兵法、将兵法、保马法、军器监法、太学三舍法、贡举法	置制三司条例司	失败	1. 急于求成，推行过急，利弊互见； 2. 事前缺乏充分宣传； 3. 无法吸引优秀的人才一并参与变法，并遭到许多守旧官员反对； 4. 执行的过程中又用人不当； 5. 自视过高，不愿接纳别人的意见

当然，除了上面提到的这些变革外，还有戊戌变法也是一个典型的变革失败的案例，原因在于：

（1）推动变革的实力过于弱小，而顽固势力（利益既得者）太强大；

（2）缺乏坚定的组织组织领导（光绪）；

（3）脱离广大人民群众（只代表少数维新派的利益）。

还有一个最最重要的原因就是戊戌变法其实想进行政治体系改革，希望中国走上君主立宪的现代化道路，这完全违背了权力核心（慈禧太后）的意愿。

通过上面的分析，我们可以得到以下几个结论：

（1）“一把手”工程的变革容易成功，如果不是“一把手”直接参与，至少也要保证“一把手”的鼎力支持。

（2）变革需要迎合绝大多数人的意愿，需要建立广泛的群众基础。

（3）建立必要的变革机构。

（4）充分的宣传和强势的舆论导向是必不可少的。

前面的经验告诉我们，大到国家的变革，小到企业的变革，都需要建立完善的变革管理机制，流程管理变革也不例外，在企业进行流程变革的时候，我们首先需要搞清楚一下3个问题：

（1）为什么要变革？是战略需要，还是商业模式调整，还是业务需要……

（2）变革什么？搞清楚既得利益者是谁，同时框定流程变革的范围。

（3）如何变革？可以参考本书第四章关于流程优化和流程再造的步骤及技巧进行。

一、流程变革曲线

变革曲线告诉我们，任何变革，在刚开始的时候，限于种种原因，其效果可能会很差，甚至出现负面的效果。如果这时候企业没有充分认识，放弃变革的话，变革肯定要以失败而告终，但如果企业再坚持，变革效果会随着努力程度和坚持时间的增加逐渐向好的方向发展，取得最终的胜利。

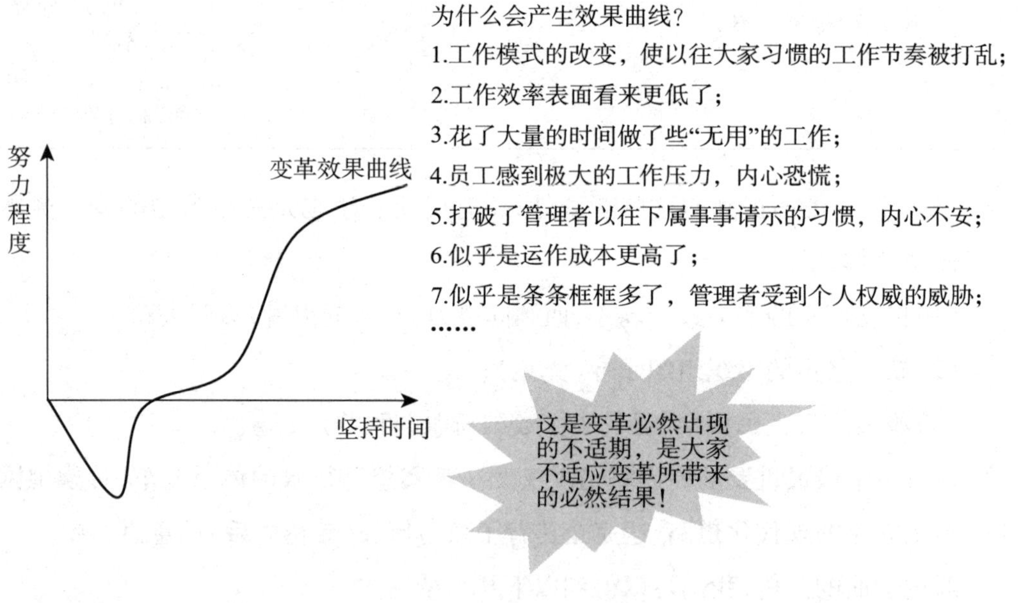

图6－1　流程变革曲线

那么企业如何才能保证流程变革的成功呢？我们认为企业需要建立完善的流程变革管理框架：

1. 流程变革风险控制

识别流程变革的风险点，这些风险点可能是人员的流失，也可能是组织的混乱和不稳定，还有可能是组织效率的下降和绩效的短期衰减，等等。

2. 流程变革对人的影响

流程变革后可能会造成原来任职者不能胜任新流程的需要或岗位任职者不能适应新流程的风险。

3. 流程变革对组织的影响

流程决定组织，流程的变革势必会导致组织的调整和变革。

4. 流程变革对绩效的影响

根据变革曲线，流程变革也存在短期绩效下降的风险，但如何应对这些风险，同时尽可能缩短绩效下降的时间，需要流程变革推动者慎重思考。

二、流程变革众生相

因为流程的变革势必会对现有的工作习惯带来冲击和影响，难免会有很多人不赞同，甚至抵制，最终造成企业流程变革收效甚微或流于形式。客观认识流程变革过程中的众生相，并对症下药采取措施，才能保证企业流程变革取得预期的效果。

通过上图可以看得出来，在企业流程变革的过程中，经常会面临 3 种人：

1. 既得利益受到伤害者

不管是经济利益还是权力被削弱、职位发生变化，都有可能使相关人员的利益受到伤害，对于这类人，我们的解决办法是“动之以情，晓之以理”，讲清楚公司流程变革的必要性和意义，从维护企业大局的角度进行说明。

2. 不能胜任新流程需要的任职者

流程的变革很有可能会对原来的操作习惯、岗位任职能力提出更高、更新的要求，在这个过程中势必会对现有人员的技能提出挑战，由此造成有些人的能力达不到新流程的需求，对于这类人，我们的解决办法是“扶上马，送一程”，给予适当的培训，同时辅导他按照新流程执行。

图 6－2　流程变革众生相

3. 不能适应新流程变革的任职者

企业在进行流程变革的时候，往往还有一类人，他们往往是老资格、老前辈，他们总是抱着“不管流程怎么变，老子就是不变”的态度，对于这类人，我们的经验就是套用毛主席的一句话：天要下雨，娘要嫁人，由他去吧。在合适的时候安排他们选择其他的职位是一种比较好的选择。

三、流程变革对员工的影响

大家都听说过温水煮青蛙的故事。将一只青蛙放在沸腾的热水中，它会立刻跳出来，但如果将水温慢慢提升，青蛙在没有察觉的情况下，将会被煮熟。对于企业内部的组织来讲，也是同样如此。如果某一企业处于经营非常困难的艰难境地，进行内部的管理变革会比较容易。但如果企业的经营状况尚好，组织内部往往看不到潜在的危机，进行现状改变的动力往往不足，管理变革的推动就十分困难。流程设计完成后，进行相应的推动与实施时，也会碰上上述问题。

当企业内部员工安于现状时，进行变革调整往往存在比较大的困难，因为这不可避免地会涉及管理习惯、个人利益、行为方式的调整。因此在我们明白如何对流程进行实施前，应首先明白人们对于变革的态度和反应。在企业内部，往往会存在一些消极变革态度。

虽然每个人对于企业内部变革的态度各有不同,但从总的变革程序来看,一般会经历以下几个阶段。

阶段1:没有察觉或反应

在现有运作流程的弊端被深刻挖掘出来或者必要的改进被企业认可之前,企业内部往往意识不到需要调整他们的管理方式和习惯,尤其是在企业经营运作相对较好的阶段,有时往往需要通过标杆管理去提醒企业认识业绩改进的必要性。

阶段2:震动、吃惊

当内部员工认识到必须进行改进的现实时,由于长期处于自我感觉良好的境界,往往会表现出震动或者吃惊,特别是如果他们长期以来就采取同样的工作习惯或方式,尤其如此。与此同时,即使人们意识到了危机或者弊端,但要让他们在短时期内快速接受还是存在困难。

阶段3:不予承认或质疑

当人们对以往的经营运作方式习以为常时,对于新的设计方案会不予认可或质疑。几种常见的反应或想法有:

——如果我们忽视这些问题,对企业也不会造成什么影响,毕竟以前并没有看出有什么伤害;

——企业以往的经营运作非常好,看不出调整或改革的必要性;

——我们已经习惯于以往那种方式,对新的经营运作方式掌握存有困难;

员工以上这些否定的反应往往来自信心的缺失。当然,这样指责别人非常容易,但如果我们每个人碰上同样情形时,也难以确保没有这样的想法。由此可见,改变人们的习惯和惰性是多么不容易。

阶段4:接受认可

随着时间的推移或者经营趋势的不断演变,当企业组织内部意识到流程运作弊端越来越明白地显示出来时(也就是随着温水效应的不断提升),员工会逐渐开始接受现实、认可变革的必要性。但往往同时,企业内部也有一些人愿意当鸵鸟,坚持将头插在沙堆里,长期陷入第三阶段,甚至更糟糕——企图阻挡企业内部变革的进程。

阶段5:行动实施

接受或认可了现有企业运作变革的必要性之后,员工会开始主动按照相关变革方案的要求进行操作。但与此同时应该注意,由于流程变革是一项巨大的配套工程,一定要细心准备,仔细考虑,认真实施。仓促实施的后果只会打击员工的热情,加大流程实施变革的难度,往往得不到所期望的效果。同时,在实施的过程中,应注意掌握流程变革的节奏,不要让长期的无行动状态消耗和磨灭员工的行动能量与动力。

四、流程变革对组织的影响

流程变革对组织的影响主要有两个方面:第一就是对组织自身的影响,造成组织混乱;第二是对组织的外部影响,如供应商、客户对组织的评价等,造成外部对组织的评价和满意度降低。

关于对组织自身的影响,我们的经验是一定要遵循流程决定组织的原则,严格按照流程进行组织调整,包括组织结构、组织使命、部门职能、岗位职责、岗位编制及岗位任职标准的重新确定。

关于对组织外部的影响,流程变革应该遵循以下原则:

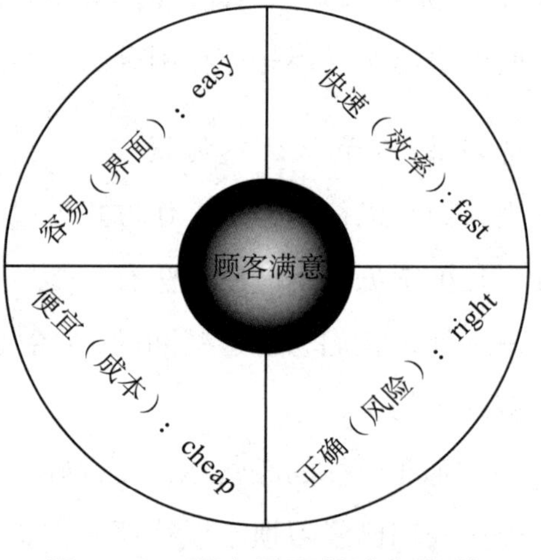

图6-3　顾客界面的流程评价

1. 快速

顾客希望在最短的时间内获得所需要的产品或服务,这就要求企业在允许的范围内,提高流程运行效率,以合理的速度将产品或服务尽快地提交,减少顾客的等待时间和因等待所造成的其他成本。

2. 正确

企业所提交的东西应是顾客所希望的东西,而且所承诺的时间、地点、质量、运送状态、相关配套支持等都应是正确的,减少顾客在得到流程产出时的相关风险和麻烦。

3. 便宜

顾客总是希望花最少的钱买到最多的产品或服务。流程运作的过程中,不但应减少流程本身的非增值环节,同时还应减少支持流程运作的配套设施的成本,比如相关的管理活动、后勤服务成本等。这些活动成本最终都是要由顾客来埋单的,也是顾客需求的一部分。

4. 容易

容易是指顾客与企业打交道比较简单。顾客在与企业进行接触时,所花费的精力、时间、金钱越多,求购商品的成本就越高。如果企业能够简化与顾客的相关界面活动,比如订单流程的处理,那么即使企业的产品不变、价格不变,只要顾客的求购成本下降,企业还是有其竞争优势的。

以上四个方面的流程目标管理实施成果来源于顾客的评价,是以顾客的观点来审视内部流程运作情况,是构成企业经营状况分析的重要组成部分。

五、流程变革对绩效的影响

流程变革对绩效的影响就是可能造成短期内的绩效下降,也可能造成组织绩效长时间不能回升。

对于短期内的绩效下降问题,我们的经验是:正确认识,不能放松警惕。虽然变革曲线告诉我们,短期内绩效下降是任何变革都存在的问题,但流程变革推动者也不能掉以轻心,需要时刻关注,必要时果断采取措施。

对于绩效长时间不能回升的问题,我们的经验是:建立必要的责任机制。对于长时间绩效不能回升的流程负责人(责任部门),公司要根据流程绩效进行考核,同时进行必要的处罚,因为任何流程的调整都存在对原来操作习惯的挑战,所以在流程变革和实施的初期需要流程责任部门全身心投入。

六、流程实施平台建设

流程的平台建设可分为软件部分和硬件部分两个方面。硬件方面主要指涉及流程运作的相关组织调整、岗位设置、权利划分、控制系统,等等。这些管理要素与流程运作共同构成了企业的基础运作框架,它们之间存在着相互关联和相互制约的关系,必须要求协调一致、接口良好。

与此同时，美国的德尔菲咨询公司在1993年的一项关于BPR的研究发现，2/3的被调查对象显示企业文化是阻碍BPR项目的主要挑战。文化对于组织和个人的行为与观念有着巨大的影响力。因此可以讲企业内部实施环境的建设对于流程实施也具有非常大的影响力，它是属于流程平台建设的软件部分。

讲完了影响流程平台建设的主要因素后，对于企业来讲，最重要的就是结合企业的自身实际情况，将软件部分和硬件部分进行有效组合，形成实际中可以操作的程序和步骤。不同的企业有着不同的组织方式，但是一些常见的方法还是可以参考。同时，随着成效的不断显现、企业内部变革信心的不断增强，还可以对其不断进行调整和修正。

1. 设立流程变革实施计划，明确变革目标与愿景

企业内部的高层管理人员对于企业实施流程变革必须要有非常清晰的路线图计划，并清楚所要达到的目标。通过明确相关的行动计划和阶段性工作目标，可以在组织内部达成共识，明确各自责任和要求，并有效形成合力，促进变革的实施。

设立变革的目标和愿景，更能从根本上使员工明白变革的意义，更好地推动变革进程。相关变革愿景包括组织将来为谁服务、提供哪些产品和服务、顾客如何看待这些产品和服务、组织内部的员工和供应商将如何提供这些产品和服务，等等。

2. 获得高层领导的支持

流程项目在实施的过程中，不可避免会碰上各种阻力，必要时必须依靠企业高层领导的力量进行推动和解决，以减少行动的障碍。因此可以讲，所有成功的项目在一开始就必须得到高层管理者的认可和支持。需要取得哪一层高级管理者的支持取决于流程实施项目的范围和规模。如果流程运作项目是对整个企业的运营体系进行优化，那么必须要有公司最高层管理者的参与。如果相关实施流程仅仅涉及企业内部的个别经营单位，那么需要参与的就是这个单位的最高负责人或者经营单位的直接上级领导。总之，高层管理者的参与和支持对于流程项目团队获得底层管理人员的支持和配合至关重要。

3. 建立相关的项目实施团队

公司管理层必须确定相关项目实施团队的领导，并给予他一定的授权，负责抽调各部门的精兵强将来参与其中的工作。由于流程优化与再造涉及的范围往往比较广泛，因此常会出现超出项目团队的管理能力和范围的情形。在许多企业

的实际运作中,常常采取三层级的推进模式来解决上述问题。项目最高层是公司的高层管理人员,他负责专门协调和解决项目实施过程中出现的各种问题和困难,监督项目的实施进展情况,提出各种改进指导建议和意见。中层是项目实施团队,他主要负责推动流程项目的具体落实,提供项目实施过程中所需的技术支持,监督各部门的流程实施情况。最底层是实际发生变革的地方,也就是进行流程优化与变革的具体部门。他们的主要职责是按照项目实施团队的要求进行流程操作和计划推进,及时反馈流程执行过程中存在的困难和问题,对新流程进行及时评价,等等。

在流程实施过程中,影响其成功与否最为关键的因素还是项目实施团队的工作质量。因此对项目团队成员往往有着较高的要求。

4. 开展必要的宣传与培训

实施流程优化与再造是一个艰难的过程,因此有必要进行宣传与培训。通过实施宣传与培训,一方面可以使员工了解与掌握流程管理的工具、方法和技术,使其更为有效地协助和配合项目实施团队的工作,提高项目的工作质量和效率,另一方面还可以减少因不了解流程管理而导致的猜疑和偏见,增强员工对流程变革的信心。同时,进行适当的宣传于培训还有助于改变执行人员的流程操作习惯,起到一定的监督作用。

5. 实施沟通与交流

流程项目实施不能在企业内部静悄悄地开展与实施,而应通过定期的沟通和交流,保持企业内部良好的项目实施氛围,使每位员工都感受到变革所带来的变化和调整。项目如果没有及时沟通、显现出相应的效果,并传递公司对项目实施的要求,将会削减人们的信心,使员工更加怀疑项目实施的前景,不利于项目的顺利推进和实施。

沟通除了内部沟通之外,还包括外部沟通。通过外部沟通以获得外界的承认和肯定,增强企业内部实施流程变革的信心,更好地使项目实施团队获得支持和配合。

所有的沟通都是为了减少组织内部的疑虑,增强员工的信心。流程优化大师迈克尔·哈默认为以下两条关键信息必须有效传递到企业内部的每位员工:

——我们公司的目前状况以及为什么不能停留在目前的状况中?

——未来公司将会变成为什么样子?

6. 必要的奖励兑现措施

在管理变革的过程中，奖励体系与新的进步联系越紧密，管理的变革就越容易实施。因此，为了更好地对流程进行推进，在实施过程中，可以根据流程变革的情况对相关部门进行及时的奖励，以鼓励部门和员工摆脱旧有的运作模式，使其及时感受到变革的成功与进步，激励其不断推进项目发展。具体的方式包括：

——进行适当的物资奖励，并与进步行为相联系；

——进行适当的榜样确立，保证非物资奖励的正确性和可感知程度；

——将个人技能与奖励有机结合。

第二节　运用信息化手段固化流程

在很多企业，流程管理工作最头疼的就是流程的固化很难，一般情况下，为了保证流程能够固化和严格执行，企业可以采取以下几种措施：

1. 明确流程的相关绩效指标

如果要纠正流程实施过程中的偏差，首先就应明确公司对流程运作的要求和标准。如果缺乏必要的标准和要求，就无法有效衡量流程的实际运行情况。在对流程设置相关绩效指标时，要注意绩效指标的合理性和科学性，应能通过绩效指标反映出流程的真实运行情况。

2. 定期反馈与监督

流程变革启动后，项目实施小组应实时地对流程实施过程进行监督与控制。我们可以通过数据/报表收集与反馈、专题会议召开等手段来达到上述目的。根据各流程实施部门执行流程的不同情况，通过设置专门的表单，定期收集相关绩效指标，来反映各部门的流程执行效果。如果认为有必要，可以召开定期/不定期专题会议进行研讨，反映流程中存在的实际问题，并由项目实施团队提出相关的解决措施和意见。相关问题项目实施团队解决不了时，可交由公司高层领导进行决策。

3. 现场指导与答疑

流程在试运行期间,由流程项目团队成员指导流程执行部门进行实际操作与实施,并对其现场流程运行情况进行观察、访谈和监督。在实施的过程中,针对流程执行人员所提出的各种疑问,进行及时、合理的解答,以确保流程能够在预定的轨道上顺利运行。

4. 记录与反馈相关问题

新流程运行过程中,各流程执行部门除了定期的数据反馈以外,还可以指派专人记录流程运行过程中存在的问题,并反馈给流程项目团队。项目团队可通过网上论坛、黑板报、宣传栏等方式进行公开答疑。

5. 流程实施沟通

当流程由上一阶段转入下一阶段时(如从试用阶段转入正式实施阶段),流程执行单位应及时与流程项目团队进行沟通交流,就流程实施准备达成一致意见,并相互做好协调配合措施。

6. 利用信息化手段对流程进行固化

随着信息化在企业管理工作中发挥的作用越来越明显,利用信息化手段对流程进行固化也就显得越来越重要。换句话来讲,信息化已经成为企业进行流程固化的重要手段和工具,企业可以利用 ERP 系统固化供应链、营销相关流程,可以利用 CRM 系统固化营销管理及客户关系管理相关流程,可以利用 SCM 对供应商及供应商相关管理流程进行固化,还可以通过协同平台对公司的其他管理流程。诸如财务流程、人力资源流程、行政流程、战略管理流程进行固化。

一、ERP 与流程固化

ERP 的应用,不仅仅是引入一套现代化的管理软件,使企业的日常经营管理活动自动化,更重要的是它对企业传统的管理模式将进行根本性的变革,使其更加合理化、科学化。可以毫不夸张地说,企业应用 ERP 后效益的提高,一方面来自 ERP 软件本身,另一方面得益于业务流程重组。实际上,ERP 软件的功能实现要求企业必须进行一定的业务流程重组。ERP 软件的应用改变了我们传统的管理模式,它将企业的管理活动按照其功能分为财务、人力资源管理、绩效管理、计划、采购、生产等模块，这种模块化要求企业对原有的管理方法进行重新组织和安排，以保证 ERP 模块的正常运作。

事实上，有人认为，企业实行 BPR 是应用 ERP 和推进信息化建设的基础，对推动企业管理现代化将起到积极的作用。有证据表明，在 ERP 导入之前进行业务重组或优化，将大大提高 ERP 系统的实施效果。

根据我们的经验，企业在导入 ERP 系统的时候应该按照以下思路进行：

——先规划，后导入。企业在正式导入 ERP 之前，需要对自己的流程体系进行全面细致的规划和分析，同时根据企业自己的战略定位和业务发展需要，明晰企业相关流程。

——先 BPR，后 ERP。同时，为了保证企业 ERP 系统的适应性，企业还需要对目前流程运作状况进行分析，并进行适当的优化和再造，保证流程体系的科学性。

【案例 6－1】 贵州某企业基于 BPR 的 ERP 系统实施(以营销系统为例)

贵州某企业是国内最大的硫基复合肥生产基地，为了提升该企业整体运营效率，2010 年受该企业的委托，我们对该企业的流程体系进行了全面的优化与再造。在此基础上，为了保证流程体系的落地和固化，该公司又委托国内一家知名的 ERP 企业在我们优化之后的流程基础上实施 ERP 系统，下面是该 ERP 企业做的实施方案。

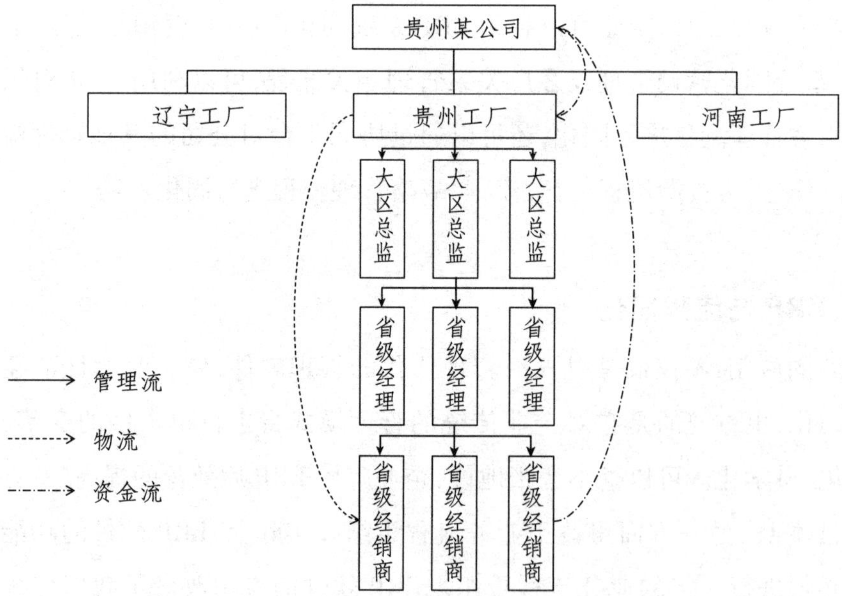

图 6－4 贵州某公司销售业务模式

图6－4是该公司的销售模式：

1. 通过发展省级经销商的方式建立自己在全国各地的销售网络。

2. 销售方式主要分为现款销售、信用销售两种。其中，现款销售是指经销商先交钱，公司后发货的销售方式；滚动销售是指公司按照每家经销商的信用额度先发货，经销商货售出后再回款的销售方式。

基于以上的销售模式，该公司期望ERP系统在二次开发时能够实现经销商网上下单、订单审批、订单跟踪、发货管理、经销商信用管理、销售价格管理、调价管理、返利结算、退货管理、缺货管理、成品库存管理、销售货款管理、销售数据管理、竞争对手及竞品管理、销售人员管理、销售预测、滚动销售计划管理、销售合同管理、销售费用管理、市场物料管理、市场活动管理、客户满意度管理、客诉受理等功能。

为了实现以上功能，打通信息流、物流、资金流之间的关系，我们为该企业规划了如下流程体系：

1. 销售政策制定和实施流程。

2. 市场调研流程，相关表单有市场信息调查表、竞争对手基本信息表、竞争对手市场信息调查表、竞争对手竞品信息调查表。

3. 销售渠道管理流程，相关表单有业务拜访记录表。

4. 经销商管理流程，相关表单有合格经销商名录、经销商业绩评价表。

5. 经销商信用管理流程，相关表单有经销商信用评价表、经销商信用汇总表。

6. 销售产品价格管理流程，相关表单有产品价格建议表、产品定价评估反馈表、产品价格调整表。

7. 销售合同评审流程，相关表单有常规合同评审表、特殊合同评审表。

8. 促销管理流程，相关表单有促销品申请表、促销效果评审表。

9. 销售计划管理流程，相关表单有销售订单、订单分解表、区域销售预测表、区域销售计划表、公司销售滚动计划、销售计划变更表。

10. 订单处理及跟踪流程，相关表单有订单变更申请表。

11. 销售产品发货管理流程，相关表单有出库单、发货单、提货单、领料单。

12. 应收账款管理流程，相关表单有对账单、呆坏账处理申请表。

13. 客户满意度管理流程，相关表单有客户满意度调查问卷。

14. 客户投诉处理流程，相关表单有客户投诉记录表、客户投诉处理表。

15. 销售费用管理流程，相关表单有销售费用报销单、销售费用预支申请表。

16. 成品仓储管理流程，相关表单有仓库盘点表、在仓成品等级表。

同时，通过 ERP 系统企业要实现以下报表，包括考核报表（包括销售计划达成率、物流运输计划完成率、订单处理周期、销售部订单发货率等）、统计报表（包括订货量统计报表、市场剩余产品统计报表、销售费用统计报表、销售回款统计报表、各区域销售数据统计报表、不同产品销售统计报表等）、管理报表（包括业务执行跟踪分析、成本收入分析、销售汇总分析、应收分析、销售缺补货分析、销售专用报表等）。

通过【案例 6－1】可以看到，贵州某公司在 ERP 当中实现了对该公司市场营销绝大多数流程的固化。

二、CRM 与流程固化

CRM（Customer Relationship Management）即客户关系管理，CRM 既是一个管理术语，也是一种客户经营策略，同时也是一个管理信息系统，主要是利用计算机自动化分析销售、市场营销、客户服务以及应用支持等流程的软件系统。

在本书中我们所谈的就是企业客户关系管理信息系统，我们主要来谈企业如何利用 CRM 系统进行相关流程固化。一般而言，企业实施 CRM 系统会有以下几个目的：

1. 沉淀客户资源

在很多企业，客户资源都是掌握在业务员手中的，业务人员一旦发生变化，客户资源也就随之而流失。这一现象在很多制药企业，咨询机构或其他以项目制运作、大客户运作为主的企业尤为普遍。企业可以通过 CRM 系统将客户资源沉淀下来。

2. 管控销售过程

企业实施 CRM 系统，还有一个重要目的就是对销售过程进行管理，从销售商机挖掘、销售阶段管理（意向阶段、合作内容确认阶段、合同谈判阶段、合同签订阶段、合同履行阶段）进行全过程管理。

3. 传递优秀经验，规范企业流程

通过 CRM 系统，可以把企业的优秀销售人员管理客户的流程整理出来，通过系统来优化到流程中，从而使得每个人员都能够掌握最好的销售流程。

4. 提升销售项目管理能力和结案率

通过 CRM 系统，可以给企业销售管理流程设定关键管理点，促使销售管理者能够及时提供相关支持，帮助销售人员更好地管理销售流程，提高客户满意度和销售结案率。

5. 固化销售流程，压缩新人上岗培训周期

CRM 系统规范了企业销售管理所有相关流程，新的员工或者岗位调动的员工只要按照系统的流程来做就可以很快熟悉岗位，从而减少企业培训工作，提高员工上岗的速度。

6. 提升销售管理效率

由于 CRM 系统详细规定了符合企业特色的流程，并对关键点进行了控制，因此可以有效防止企业人员犯错。比如：很多销售人员常犯的错误就是内部成本还没有核算就给客户报价，通过 CRM 系统可以设定内部成本没有核算就无法进行报价的流程，从而防止出错。

7. 总结优秀经验，做好知识传承

通过 CRM 系统的使用，可以记录公司所有人员与客户的接触及所有交易往来，从而系统地把客户相关信息记录到系统中来。企业可以通过对相关数据的分析，总结出优秀的经验，做好知识传承。

8. 提升二次销售比率

通过以上措施，只要公司授权的人员进入系统，就可以全面了解客户的喜好和客户的过去成交记录，筛选并重点挖掘重点及潜力客户，实现二次或多次销售。

常见的 CRM 系统主要可以实现以下功能：客户档案管理、客户联系信息管理、市场活动信息管理、销售机会管理、销售漏斗管理、销售过程管理、销售人员日常管理、销售数据分析等功能，同时，企业与 CRM 相关的流程主要有：销售机会管理流程、销售过程管理流程、客户拜访流程、客户满意度管理流程、客户投诉处理流程等。企业可以通过 CRM 系统的实施对以上流程进行有效固化。

三、SCM 与流程固化

供应链管理（SCM：Supply Chain Management）是一种集成的管理思想和方法，

它执行供应链中从供应商到最终用户的物流的计划和控制等职能。从单一的企业角度来看，是指企业通过改善上、下游供应链关系，整合和优化供应链中的信息流、物流、资金流，以获得企业的竞争优势。

根据ERP原理，SCM是围绕核心企业，主要通过信息手段，对供应的各个环节中的各种物料、资金、信息等资源进行计划、调度、调配、控制与利用，形成用户、零售商、分销商、制造商、采购供应商的全部供应过程的功能整体。

企业实施SCM系统有助于：

（1）提升预测的准确性。

（2）提高供货能力。

（3）降低库存。

（4）缩短生产周期，加快市场响应速度。

（5）减少工作流程周期，提高生产率，降低供应链成本。

企业在实施SCM系统的时候，与其密切相关的流程有供应商开发流程、合格供应商管理流程、供应商评价流程、物料需求计划管理流程、采购计划流程、采购下单流程、采购过程管理流程、生产过程管理流程、生产入库流程、发货管理流程。

第三节　基于协同平台的流程管理

前面讲到，企业可以通过ERP、SCM、CRM，甚至DRP、HRM、MPM等系统对相关流程进行固化，但这些系统绝大多数都是以业务流程的固化为主，而且基本上也都是围绕物流、信息流和资金流展开的。那么有什么办法可以使企业的管理流程全面固化？同时，有没有系统是以岗位和人为基础的呢？

这就是我们要提到的协同管理平台。协同管理平台就是基于企业管理流程的固化，同时以岗位和人为核心的企业管理系统，通常称之为OA系统。

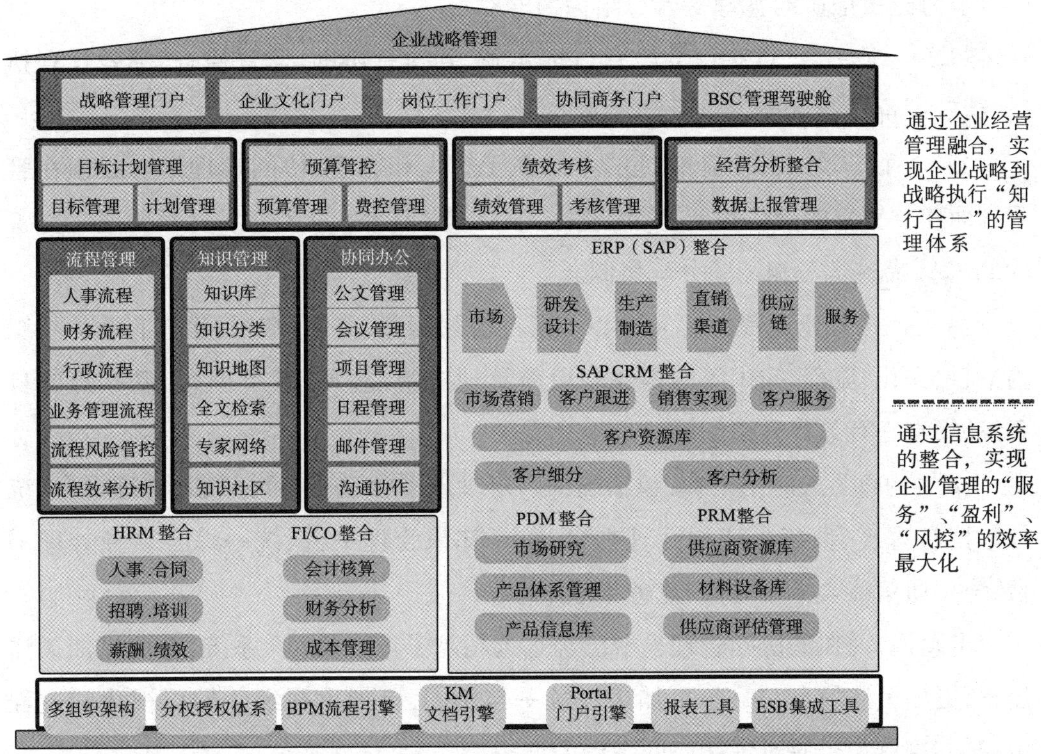

图 6－5　协同管理平台与其他信息系统的融合

一、协同管理平台概述

随着协同市场的发展以及企业对协同管理需求的不断提升，企业对管理平台的需求和理解，已经不仅仅停留在传统 OA 办公自动化、无纸化的概念上了，转而向企业管理纵深和全面的协同管理平台上进行延伸。传统 OA 仅仅是传统办公自动化侧重公文、行政事务的无纸化办公系统，并没有深入企业全面管理及核心业务流程的管理中去，而真正适合企业全面管理应用的就应该是集办公、人力资源、市场及销售、客户服务、项目管理、财务及费用管理、库存和订单、BSC、目标与计划管理、工作协同、知识管理等核心管理流程于一体的，综合统一的，解决企业全方位管理问题的 CMP 协同管理平台。

上海泛微把协同管理平台总结为“1248”①：

“1”：一条主线，贯穿年度经营目标实施，到执行协助、监督检查、绩效计划执行、绩效评价与衡量这一企业经营的主线。

“2”：两个基本点，企业管理的本质在于管人和管事，协同管理平台必须在管人方面建立完善的岗位执行、文化融合、学习成长体系，而在管事方面要建立完善的 PDCA、借鉴学习和经验分享机制。

“4”：抓住企业运营的 4 大核心要素：流程、信息、文化、知识，建立有效的组织内信息、文化、流程、知识等的构建和更新管理机制，落实“管事理人”基本点的自我发展，真正有效提升组织的管理生命力。

“8”：构建 8 大应用平台，包括统一门户管理平台、统一目标绩效管理平台、统一数据管理平台、统一流程管理平台、统一知识管理平台、统一综合事务处理平台、统一通信整合平台、统一业务集成平台。

可以说，现在的协同管理平台已经远远超越了传统的 OA 系统，企业更加关注流程，更加关注信息、知识，更加关注统一与协同，更加重视经营的可视化和过程可控化，这就是企业对现在协同平台的期望。

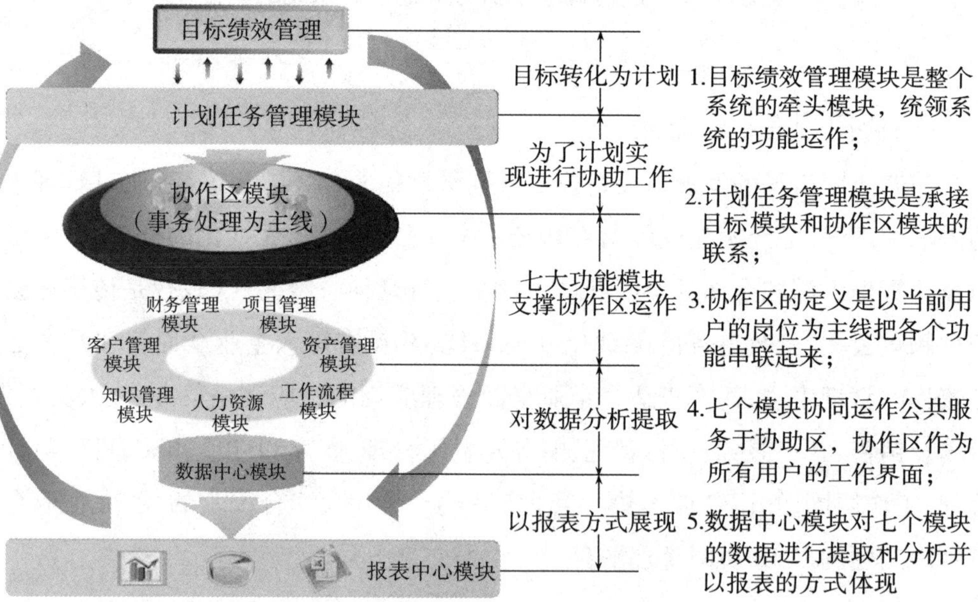

图 6－6　协同管理平台的“1 条主线”

① 资料来源：www.weaver.com.cn.

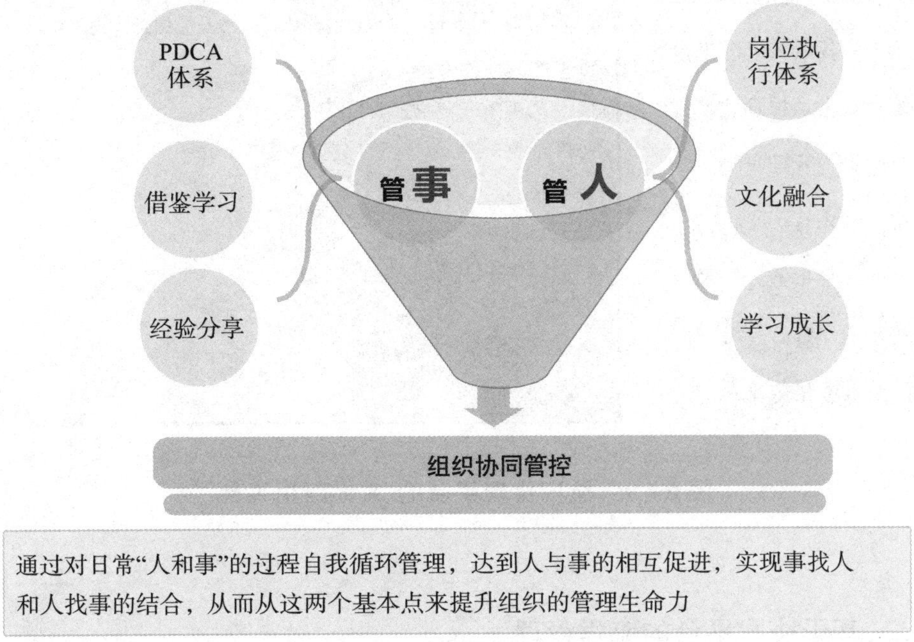

图6-7　协同管理平台的“2个基本点”

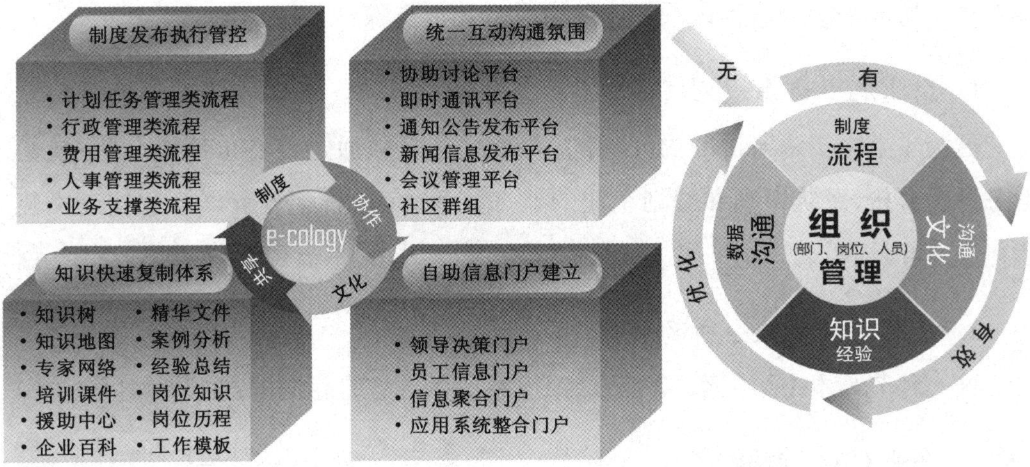

图6-8　协同管理平台的“4个核心因素”

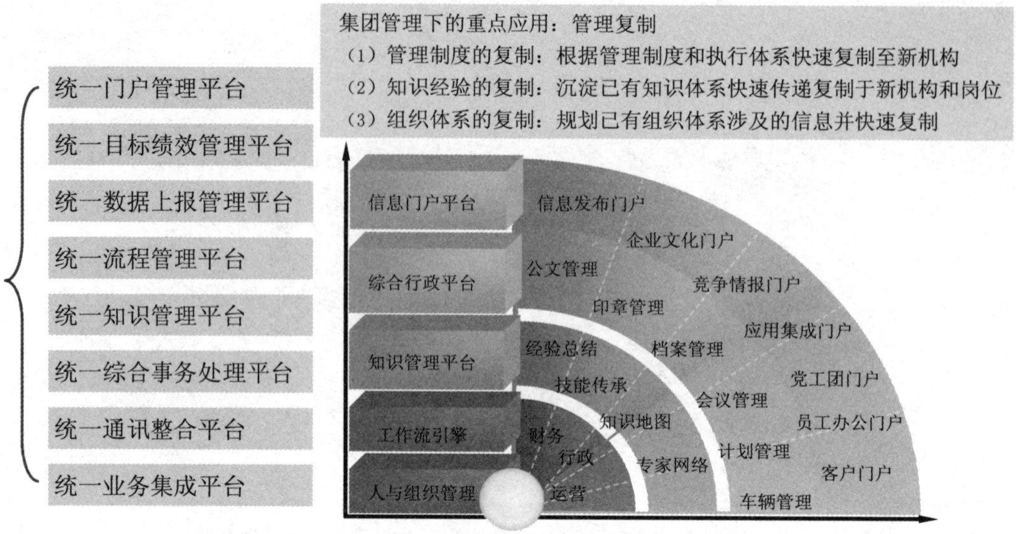

图6－9　协同管理平台的“8大应用平台”

二、基于协同平台的流程管理

前面我们对协同管理平台进行了简单的介绍，当然，我们不可能对企业如何实施协同管理平台进行详细阐述，在这里，我们需要重点阐述的是企业如何利用协同平台进行管理流程的规划、优化和固化。

基于协同平台的流程体系管理分为以下几个步骤：

1. 企业流程体系规划

这与本书第二章所讲的内容相同，要求企业必须通过核心价值链分析、核心业务逻辑分析，系统识别和规划企业的业务流程体系、管理流程体系和辅助类流程体系，同时还需要识别一级、二级、三级流程。

2. 企业流程现状分析及优化

这一环节与本书第三章、第四章、第五章所讲内容是相同的，在此不再赘述。

3. 企业OA流程识别

因为企业在协同平台中落地流程的时候，不像ERP、CRM或SCM业务系统那样，可以将一个完整的业务流程进行落地，而是需要识别一个完整的管理流程，哪些环节需要在协同平台上去实现，在这里就有一个识别和规划的规程。

通常而言,企业流程的OA化需要把握以下几个原则:

(1)风险控制。在企业内部,可能会存在很多的风险控制点,诸如授权不当、滥用职权、评审点设置不合理、人员变动等,那么在这种状况下,企业就需要思考将这些关键控制点在协同平台上进行固化,避免人为地造成失控。

(2)知识传承。在企业内部还会经常面临这样的一些问题,诸如员工的离职或职位变动造成之前该岗位沉淀的一些知识和经验的“失忆”;深藏在员工大脑当中的优秀经验无法复制;分散于员工办公电脑当中的数据、文档无法进行汇总分析和传递;等等。企业要想解决类似的问题,可以思考将与这些知识相关的流程在协同平台上进行固化,然后通过协同平台协助企业实现知识传承的目的。

(3)效率提升。大家还会记得在本书第三章分享的【案例3-7】,造成该企业采购流程效率低下的主要原因是各个审批环节不及时,导致大量的时间处于等待和待审批的状态。其实只要我们稍加关注就会发现,类似的问题随时随地都可能发生。如何解决?比较可行的办法就是将这些环节统统纳入协同管理平台,让需要审批的领导随时都能进行流程的审批。

(4)系统集成。在很多企业,最难协同和解决的就是不同系统之间的集成问题,系统之间数据不兼容、数据不能共享,造成大量的人力浪费,同时也增加了数据分析的差错风险,在这种情况下,企业可以思考通过协同平台将这些数据进行统一整合,由协同平台统一到不同的系统中抓取数据,然后在协同平台中统一生成报表系统和管理驾驶舱,方便领导查询和决策。

围绕以上原则,企业可参考表6-2进行OA流程识别:

表6-2　OA流程识别表

流程主要步骤	流程类别			流程OA化目的				
	业务流程	管理流程	辅助流程	风险控制	知识传承	效率提升	系统集成	其他

【案例6-2】 深圳某企业OA流程规划一览

表6-3 深圳某企业OA流程规划表

一级流程名称	OA流程清单
1. 战略及年度经营计划管理流程	
1.1 企业发展战略规划流程	1.1.1 企业发展战略规划发布流程
1.2 年度经营计划管理流程	1.2.1 年度经营计划编制流程
	1.2.2 年度经营计划分解流程
	1.2.3 年度经营计划检讨流程
	1.2.4 年度经营计划调整流程
1.3 目标绩效管理流程	1.3.1 公司年度KPI目标计划/检讨流程
	1.3.2 部门(高管)年/季度KPI目标卡及检讨流程
	1.3.3 KPI变更流程
	1.3.4 KCI评价流程
	1.3.5 部门绩效指标变更流程
	1.3.6 岗位指标词典变更流程
	1.3.7 岗位考核流程
	1.3.8 部门月/季度KPI收集流程
1.4 工作计划管理流程	1.4.1 部门季度绩效行动计划编制流程
	1.4.2 部门月度绩效计划检讨流程
2. 综合管理流程	
2.1 IT管理流程	2.1.1 IT设备申请流程
	2.1.2 IT设备报废流程
	2.1.3 IT权限变更申请流程
2.2 流程管理流程	2.2.1 公司制度及一、二级流程审批流程
	2.2.2 部门制度及三级流程审批流程
	2.2.3 流程/制度/表单发布流程
	2.2.4 流程/制度/表单执行评审流程
2.3 保密管理流程	2.3.1 非常规文件发放申请流程
	2.3.2 常规文件发放申请流程
	2.3.3 脱机使用申请流程
	2.3.4 文件使用申请流程
	2.3.5 保密策略变更申请流程

续表

一级流程名称	OA 流程清单
3. 人力资源管理流程	
3.1 组织管理流程	3.1.1 组织结构调整申请流程
	3.1.2 岗位编制调整申请流程
3.2 招聘管理流程	3.2.1 招聘需求申请流程
	3.2.2 招聘面试流程
	3.2.3 招聘评价流程
	3.2.4 试用期考核流程
	3.2.5 试用转正评价流程
3.3 培训管理流程	3.3.1 培训申请流程
	3.3.2 培训效果评价流程
	3.3.3 培训课件审批流程
3.4 异动管理流程	3.4.1 异动申请流程
	3.4.2 异动工作交接流程
3.5 企业文化管理流程	3.5.1 文化活动费用申请流程
3.6 薪酬管理流程	3.6.1 薪酬层级异动申请流程
	3.6.2 年度调薪审批流程
3.7 人事事务管理流程	3.7.1 特殊考勤申请流程
	3.7.2 请假申请流程
	3.7.3 加班申请流程
4. 行政管理流程	
4.1 公共关系管理流程	4.1.1 公关活动审批流程
	4.1.2 公关费用申请流程
4.2 办公用品管理流程	4.2.1 办公用品申请流程
	4.2.2 快递申请流程
	4.2.3 名片申请流程
	4.2.4 礼品申请流程
	4.2.5 用车申请流程
4.3 公章管理流程	4.3.1 公章用印申请流程
	4.3.2 业务类订单合同盖章申请流程
	4.3.3 非业务类订单合同盖章申请流程
4.4 会议管理流程	4.4.1 会议发起流程
	4.4.2 会议议程执行监督流程

续表

一级流程名称	OA 流程清单
5. 财务管理流程	
5.1 财务核算流程	5.1.1 财务核算单据审核流程
5.2 财务预算管理流程	5.2.1 预算编制审批流程
	5.2.2 预算调整申请流程
	5.2.3 超预算及预算外项目报销申请流程
5.3 财务分析管理流程	5.3.1 财务分析会议决议执行监督流程
5.4 财务费用管理流程	5.4.1 出差申请流程
	5.4.2 借款审批流程
	5.4.3 差旅费报销审批流程
	5.4.4 招待费报销审批流程
	5.4.5 其他费用报销审批流程
5.5 资金管理流程	5.5.1 非材料付款流程
	5.5.2 材料付款流程
6. 研发管理流程	
6.1 产品规划流程	6.1.1 产品规划书审批流程
	6.1.2 产品规划发布流程
6.2 研发项目管理流程	6.2.1 研发项目计划管理流程
	6.2.2 产品重大变更申请评审流程
	6.2.3 风险备料申请流程
	6.2.4 试产通知流程
	6.2.5 转量产通知流程
	6.2.6 项目奖金申请流程
	6.2.7 技术文件审批流程
7. 供应商及采购流程	
7.1 供应商开发流程	7.1.1 供应商资料确认流程
	7.1.2 供应商考核认证流程
7.2 合格供应商管理流程	7.2.1 合格供应商名录更新流程
	7.2.2 供应商档案更新流程
7.3 采购计划管理流程	7.3.1 采购计划审批流程
	7.3.2 采购计划调整流程
7.4 采购执行流程	7.4.1 供应商订单审批流程
	7.4.2 采购异常审批流程
7.5 采购货款管理流程	7.5.1 采购货款支付审批流程

续表

一级流程名称	OA 流程清单
7.6 采购检验、入库流程	7.6.1 采购检验申请流程
	7.6.2 采购检验结果审批流程
8. 生产及工程管理流程	
8.1 试产管理流程	8.1.1 物料试产通知流程
	8.1.2 料号申请流程
	8.1.3 BOM 申请流程
	8.1.4 夹具申请流程
8.2 ECN/ECR 管理流程	8.2.1 ECR 工程变更申请流程
	8.2.2 ECN 工程变更通知流程
8.3 生产计划管理流程	8.3.1 生产计划审批流程
	8.3.2 生产计划变更审批流程
	8.3.3 物料需求申请审批流程
	8.3.4 物料报废申请审批
8.4 生产过程管理流程	8.4.1 生产异常处理流程
	8.4.2 停线申请流程
8.5 生产检验及入库流程	8.5.1 生产检验申请流程
	8.5.2 生产检验结果审批流程
	8.5.3 不合格品处理审批流程
	8.5.4 仓库盘点异常处理申请流程
9. 营销管理流程	
9.1 市场管理流程	9.1.1 市场物料设计评审流程
	9.1.2 市场物料制作计划审批流程
	9.1.3 市场物料发放需求审批流程
9.2 促销管理流程	9.2.1 促销方案审批流程
	9.2.2 促销费用申请流程
	9.2.3 促销效果调查流程
9.3 销售计划管理流程	9.3.1 销售计划评审流程
	9.3.2 销售计划变更流程
9.4 销售订单管理流程	9.4.1 常规销售订单评审流程
	9.4.2 特殊订单评审流程
	9.4.3 订单变更审批流程
	9.4.4 销售发货处理流程

续表

一级流程名称	OA 流程清单
9.5 销售账款管理流程	9.5.1 销售对账流程
	9.5.2 逾期账款收缴流程
	9.5.3 呆坏账处理流程
9.6 客户满意度管理流程	9.6.1 客户满意度调查流程
	9.6.2 客户满意度调查报告发布流程
	9.6.3 客户满意度管理弱项改进流程

4. 企业 OA 流程绘制与固化

企业 OA 流程的描述一般是按照职位和权限大小进行绘制的,并实现在协同平台当中进行流程管理。

【案例 6-3】 深圳某装饰企业补充协议审批流程 OA 化过程分析

第一部分:深圳某装饰企业补充协议审批流程图

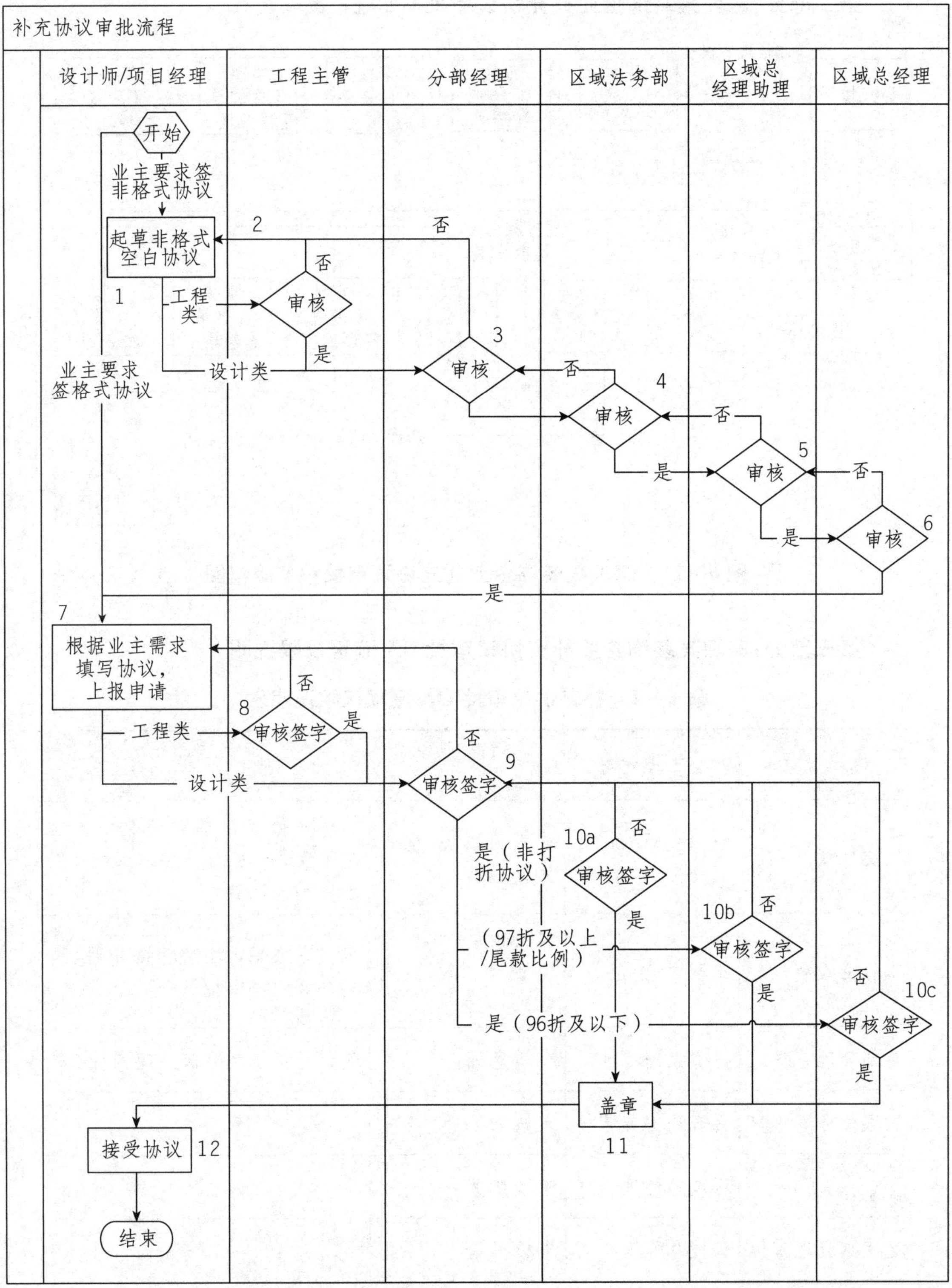

图 6－10　深圳某装饰企业补充协议审批流程图

第二部分：深圳某装饰企业补充协议审批 OA 流程图

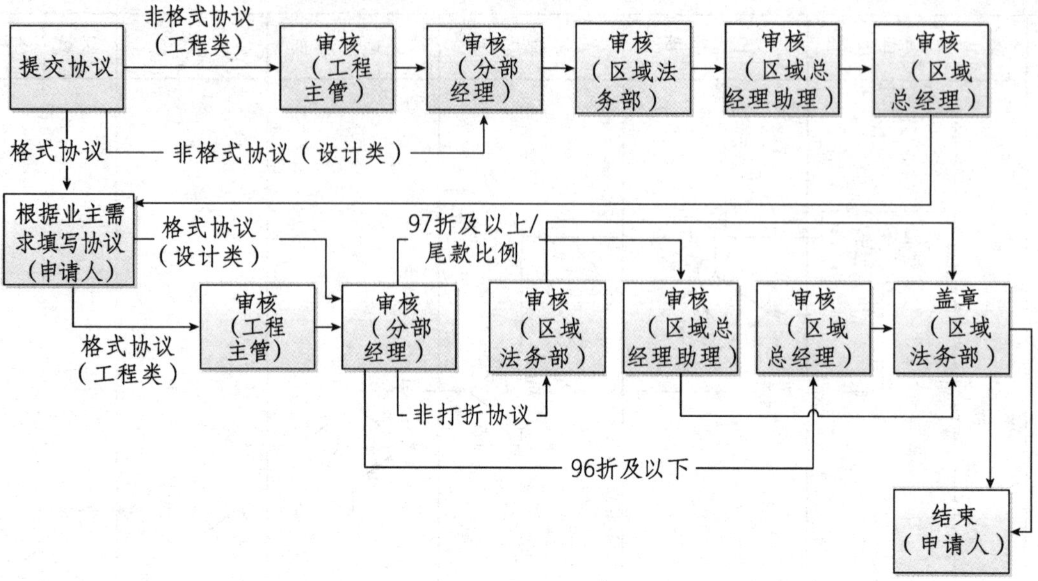

图 6－11　深圳某装饰企业补充协议审批 OA 流程图

第三部分：深圳某装饰企业补充协议审批 OA 流程权限说明

表 6－4　补充协议审批 OA 流程权限说明表

流程节点	节点操作者	需填写或编辑的内容	备注
提交协议	设计师/项目经理	格式协议/非格式协议需求	非格式协议此节点涉及的内容是不定的，可线下整理之后，以附件形式流转
工程主管审核	工程主管	审核意见（非格式协议需求（工程类））	工程类需先由工程主管审批，再到分部经理审批
分部经理审核	分部经理	审核意见	设计类直接到分部经理审批
区域法务部审核	区域法务部审核	审核意见	
区域总经理助理审核	区域总经理助理	审核意见	
区域总经理审核	区域总经理	审核意见	

续表

流程节点	节点操作者	需填写或编辑的内容	备注
根据业主需求填写协议,上报申请	设计师/项目经理	《补充协议会签表》(工程)、《补充协议会签表》(设计)	工程、设计在一张会签表上区分出来,需加表单类型选择(工程类、设计类),以自动判断流程审批走向
工程主管审核	工程主管	审核意见	工程类首先需工程主管审核
分部经理审核	分部经理	审核意见	
审核签字	A. 区域法务部; B. 区域总经理助理; C. 区域总经理	审核意见	非打折协议由A审核;97折及以上尾款由B审核;96折及以下由C审核(折扣判断需加是否打折字段来处理:非打折、打折),选择打折类型,需填写具体的打折金额,来做流程的审批自动跳转处理
盖章	区域法务部	确定完成盖章	区域法务部确定完成盖章动作
结束	申请人		

第七章 “广深高速”

—— 流程管理的最高境界

书写到这里，我们再对企业流程优化与再造的关键点做一个简单的总结和提炼。大家都知道，在广州和深圳之间有一条高速公路叫做广深高速，我想用“广”、“深”、“高”、“速”来总结我们对企业流程管理实践的理解。

——广度:企业进行流程管理是需要全员参与、全系统打通的,所以企业进行流程管理和优化如果只是局部环节的改善是没有任何效果的,就像蜈蚣有很多只脚,如果只是让某几只脚很强壮,而其他的脚很瘦弱的话,这只蜈蚣是跑不快的。所以说企业进行流程管理需要“广度”。

——深度:既然流程管理需要全员参与,那么流程的优化就必须高管、中层、基层甚至一线的员工都参与;同时企业不但需要对一级流程进行优化,同时还要对二级流程、三级流程进行系统优化,这就是我要说的“深度”。

——高度:我们在前面分析过,流程的变革是一项“一把手”工程,离开高层的亲身参与和鼎力支持,流程优化和变革就只是一句空话,所以说流程的变革必须要有“高度”。

——速度:我们知道,企业做流程管理的核心目的就是要高效地满足客户需求,从而保证企业能够赚到更多的钱,所以说流程管理必须要保证“速度”第一。

广度： 全员参与、全系统打通

深度： 高管、中层、基层甚至一线的员工参与；
一级流程、二级流程、三级流程系统优化

高度： 高层的亲身参与和鼎力支持

速度： 流程管理必须要保证“速度”第一

图7－1 流程管理的“广”、“深”、“高”、“速”

一、流程管理的广度

对于流程管理的广度可以从两个层面进行理解,一方面“广度”是指企业的流程是承接战略实现和价值链价值最大化的,企业实施流程管理断然不能顾此失彼,或者厚此薄彼,是需要全系统打通的,这就要求企业必须从业务流程开始,对管理流程、辅助流程进行全部优化和再造,才能保证实现最终目标;另外一方面,“广度”是指流程需要全员参与,如果只有局部的人参与或者只有管理层参与,流程是没办法执行的。

1. 流程管理需要全系统打通

企业的业务流程包括产品规划流程、研发项目管理流程、生产计划管理流程、采购计划管理流程、采购检验/入库流程、生产领料流程、生产过程控制流程、新品上市管理流程、销售订单管理流程、销售货款管理流程等,同时,为了保证各业务流程的顺利实施,企业还需要确定诸如年度经营计划管理流程、财务预算管理流程、财务分析流程、目标绩效管理流程、原料检验流程、采购货款管理流程、供应商开发与管理流程、生产成本控制流程、市场物料管理流程、产品定价及价格管理流程等一系列管理流程,企业流程管理广度的第一步就是要将这些流程系统打通,并且做好流程之间的接口管理,保证流程之间首尾相连、信息互通,不存在管理重叠和管理空白。

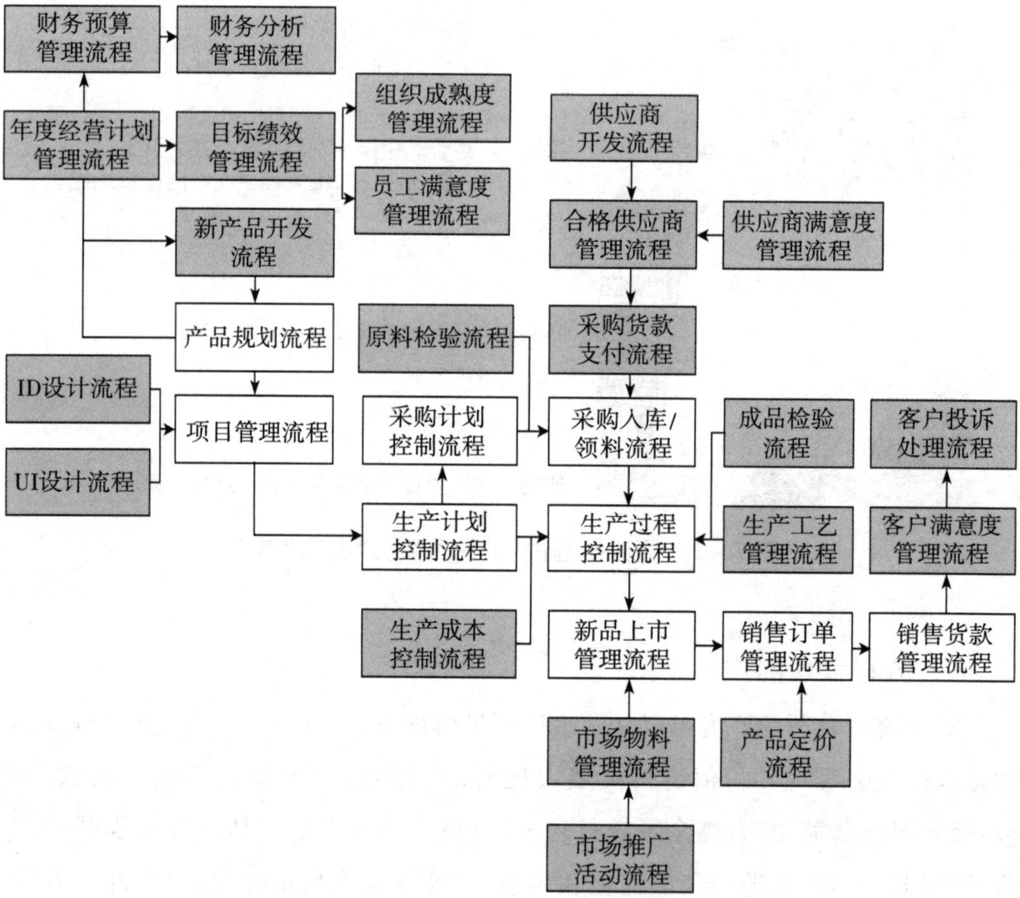

图 7-2 企业流程全图(示意)

2. 流程管理需要全员参与

不同的流程，其归口部门不同，与其相关的部门也存在差异，如果把公司的全部流程都规划出来就可以看到，几乎每个部门、每个岗位都在主导或直接参与数个流程，这就需要企业在推进流程管理的过程中，首先培养员工的流程管理意识，其次要建立流程节点自检和互检机制，保证每个节点、每个部门、每个岗位、每个人的流程输入都是清晰的，流程输出都是合格的。

二、流程管理的深度

对于流程管理的深度也可以从两个层面理解：一方面，流程管理不仅仅需要企业高层鼎力支持和全程参与，还需要企业中层管理者、基层管理者、执行层面的员工参与；另外一方面，流程管理还需要对一级流程、二级流程、三级流程纵向打通。

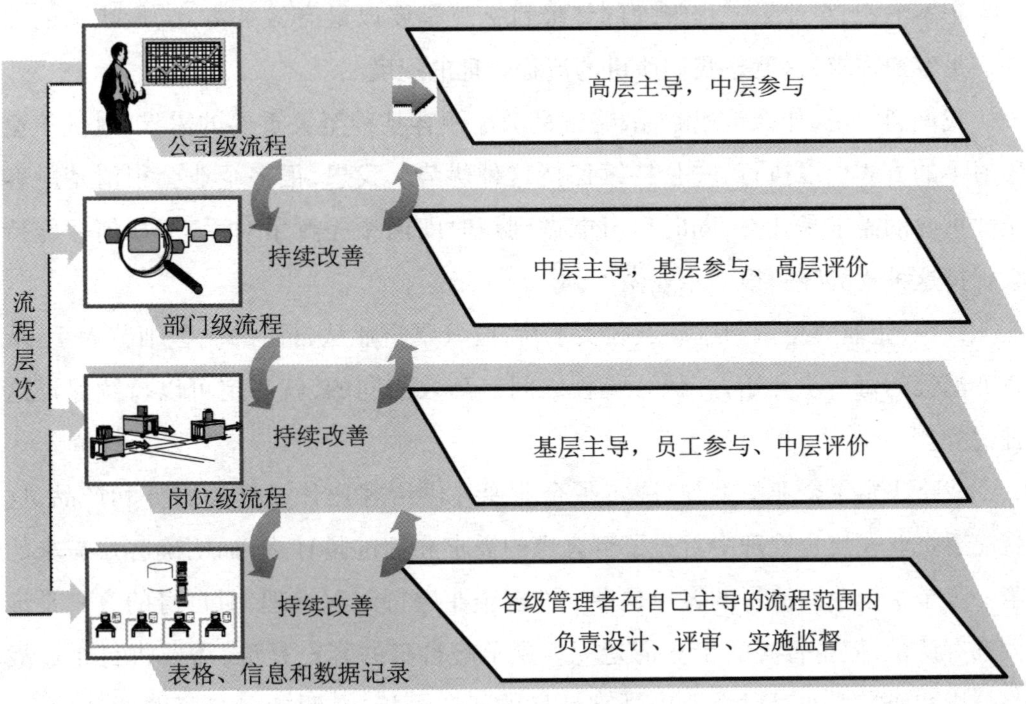

图 7－3　流程管理的深度

从图 7－3 可以看得出来，企业的流程从上至下是一个不断细化的过程，流程级别越低，其涉及的工作会越具体，也就越需要承接岗位做好具体的执行。由此可见，流程管理的深度更加强调流程的落地与执行，这在企业推进流程管理的过程中至关重要！

三、流程管理的高度

很多人都会认同企业流程管理是一项“一把手”工程，企业高层要从思想意识、实际行动上起带头作用。但在这里，我们需要思考的是，“一把手”难道只是企业的高层吗？肯定不是的！对于企业一级流程而言，“一把手”就是企业的高级管理者，但对于二级流程、三级流程而言，“一把手”就不再只是公司的高层，而是部门总监、部门主管，他们就成了这些流程的“一把手”。

流程管理的高度还有另外一层含义，流程管理不再只是传统意义上流程部门或各职能部门的事情，对于企业而言，战略管理、运营管理其实也是一个完整的流程，所以说，流程管理可以上升到战略管理和企业经营的高度。

四、流程管理的速度

正本清源，企业做流程管理的终极目标就是要以最有效的方式、最快速的反应满足客户需求，这就是我们所讲的流程管理的速度。

我们通常说，什么是战略，战略就是满足顾客某种至关重要的需求，以优于竞争对手的方式加以执行，并且持续保持这种优势。我想，很多企业会很清楚顾客至关重要的需求是什么，同时也可能做到短时间内领先竞争对手，但如何才能持续保持这种优势呢？很多企业做不到。

我想，企业要想做到这一点确实不易，但只要企业从自己的流程细节入手，从改变流程的每一步开始，并保证流程之间是高效协同的，就一定可以持续保证这种优势。

战略决定了企业的客户，决定了企业要提供给客户什么样的服务和产品，这就需要企业在流程管理中首先了解客户的需求和标准是什么，而明确客户需求的第一步是了解我们流程的客户是谁。许多企业进行流程管理，对自身的客户是谁大都有认识，但是否真的十分清楚呢？要了解自身的客户是谁，需要进行企业战略分析和研究。通过对企业内外部环境的研究分析，在明确自身资源的基础上，了解企业未来到底能为哪些客户提供产品/服务，提供哪些方面的产品/服务，未来服务达到什么样的目标和要求，这些无疑是十分重要的。也就是说，通过战略的分析研究，明确企业自身发展目标，进而明确企业的流程运作目标——客户需求，才能了解流程管理的重点和方向。

战略同时也决定了流程的期望输出效果，现代企业之间的竞争已经不是我有你无的问题,而是各自应对变化的反应速度和能力的问题,因为流程高效与否,直接决定企业战略能否实现。

看来,企业进行流程管理的终极目的就是要通过自身的努力,持续不断地提升流程运营速度,这才是流程管理的核心!

参考文献 >>> references

[1]〔美〕迈克尔·波特. 竞争优势[M]. 北京:华夏出版社,2009.

[2]〔美〕迈克尔·波特. 竞争战略[M]. 北京:华夏出版社,2009.

[3]〔加〕罗伯特·G. 库珀. 新产品开发流程管理(第3版)[M]. 青铜器软件公司,译. 北京:电子工业出版社,2012.

[4]〔美〕罗伯特·S. 卡普兰,〔美〕戴维·P. 诺顿. 战略中心型组织[M]. 博意门咨询公司,译. 北京:中国人民大学出版社,2008.

[5]〔美〕阿什利·布拉干扎. 全面流程再造[M]. 北京:中华工商联合出版社,2004.

[6]〔美〕佩凰帕,德罗兰. 新版业务流程再造精要[M]. 高俊山,译. 北京:中信出版社,2002.

[7]〔美〕唐·舒尔茨,〔美〕海蒂·舒尔茨. 整合营销传播[M]. 何西军,黄鹂,等,译. 北京:中国财政经济出版社,2005.

[8]黄迎新. 整合营销传播理论批评与构建[M]. 北京:人民出版社,2012.

[9]王璞,曹叠峰. 流程再造[M]. 北京:中信出版社,2005.

[10]水藏玺,昝鹏. 企业流程优化与再造实例解读[M]. 北京:中国经济出版社,2008.

[11]水藏玺. 流程优化与再造 实践·实务·实例(第二版)[M]. 北京:中国经济出版社,2011.

[12]水藏玺,许艳红. 企业管理成熟度评价理论与方法[M]. 北京:中国经济出版社,2012.

[13]梅绍祖. 流程再造:理论、方法和技术[M]. 北京:清华大学出版社,2004.

[14]周妮,等. 企业业务流程设计与再造[M]. 北京:中国纺织出版社,2005.

[15]杨建华,张群,杨新泉. 企业资源规划与流程再造[M]. 北京:清华大学出版社,2007.

[16]修文群,张蓬,等. ERP/CRM/SCM/BI 协同商务建设指南[M]. 北京:科学出

版社,2004.

[17]熊励,李瑜瑾,等．企业信息化融合:基于 SCM、ERP、CRM 集成[M]．北京:清华大学出版社,2012.

[18]张利华．华为研发(第二版)[M]．北京:机械工业出版社,2012.

[19]王伟立,李慧群．华为管理模式[M]．深圳:海天出版社,2010.

[20]中国企业成功之道联想案例研究组．联想成功之道[M]．北京:机械工业出版社,2012.

[21]周坤．突破发展瓶颈:企业规范化管理实务[M]．北京:北京大学出版社,2005.

[22]胡泳．张瑞敏谈管理[M]．杭州:浙江人民出版社,2007.

[23]孙伟挺．快速反应[M]．北京:中信出版社,2009.

致 谢 >>> postscript

俗话说,十年磨一剑,过去10年,信睿咨询一直致力于帮助客户提升经营管理,提出了企业经营系统升级理论体系。10年来,信睿咨询在很多客户和朋友的帮助下努力前行。我们一起奋斗,结伴前行。在本书出版之际,再次感谢这么多年一直给予支持和帮助的人们,他们是:

苏州新机电总经理张建伟先生、副总经理游黎萍小姐;

泛亚人力总经理靳站兵先生、副总经理高晓勇先生、副总经理潘向华先生;

汉丹机电总经理葛懿先生、副总经理舒远鹏先生;

南京远洋总经理刘传良先生、副总经理封卫东先生、HR经理周卓平先生;

3ZU足装秀董事长董其良先生、总经理金培娟小姐、副总经理汪军先生;

华孚色纺董事长孙伟挺先生、IT与流程管理总监许伟宜先生、IT与流程管理部经理邵敏小姐;

华美集团董事长张崇弟先生、HR总监朱玉梅小姐;

朵唯女性手机董事长何明寿先生、财务总监张梅小姐、客服总监廖文平先生;

北京大学汇丰商学院品牌中心刘定坚先生;

鸿福泰总经理樊文劲先生;

泰坦科技副总经理陈向军先生、HR经理孙阳光小姐;

玉溪矿业大红山铜矿经营副矿长李沛丰先生、HR主任姬祥云先生;

名雕装饰总经理林金成先生;

中核华兴国内事业部总经理陈涛先生、综合管理部主任王善民先生、工程管理部经理郭云涛先生;

西洋肥业总经理周超先生、HR部长孙宏斌先生;

建峰化工总裁曾中全先生、HR部长潘伟雷先生;

三和管桩总裁韦泽林先生、副总何先军先生；

益康集团董事长郭建忠先生；

富安娜总裁林国芳先生；

创信鞋业董事长吴振山先生、执行长吴振水先生；

彩生活副总经理马焰先生；

芬尼克兹HR经理刘敏小姐；

欢乐谷HR经理刘凡慧小姐；

……

同时，我们还要感谢这些年来的很多良师益友，他们都是国内顶级的管理专家和前辈，在此谢谢你们：付鸿虎先生、周坤先生、冉斌先生、蔡巍先生。

还有《企业流程优化与再造实例解读》、《流程优化与再造：实践·实务·实例》（第二版）的广大读者，在过去5年我累计接到过不下500个读者的来信、来电，你们的建议是对我最大的帮助，在此书再版之际，我要再次谢谢大家。

另外，还要感谢中国经济出版社的李煜萍小姐，从2007年开始，我们之间的合作已有6年之久，在此期间，我们合作出版了包括《激励创造双赢：员工满意度管理8讲》、《人力资源管理体系设计全程辅导》、《企业流程优化与再造实例解读》、《流程优化与再造：实践·实务·实例》（第二版）、《管理成熟度评价理论与方法》、《学管理、用管理、会管理》在内的6本书籍，在6年的合作期间，她的认真、踏实和对读者的负责，始终是我学习的榜样！

水藏玺

2013年4月于深圳

水藏玺作品集

序号	书　名	出版社	出版年份
1	吹口哨的黄牛:以薪酬留住人才	京华出版社	2003
2	金色降落伞:基于战略的组织设计	中国经济出版社	2004
3	睁开眼睛摸大象:岗位价值评估六步法	中国经济出版社	2004
4	管理咨询35种经典工具	中国经济出版社	2005
5	看好自己的文件夹:企业知识管理的精髓	中国经济出版社	2005
6	绩效指标词典	中国经济出版社	2005
7	培训促进成长	中国经济出版社	2005
8	拿多少,业绩说了算	京华出版社	2005
9	成功向左、失败向右:在企业的十字路口如何正确决策	中国经济出版社	2006
10	激励创造双赢:员工满意度管理8讲	中国经济出版社	2007
11	人力资源管理最重要的5个工具	广东经济出版社	2008
12	人力资源管理体系设计全程辅导	中国经济出版社	2008
13	企业流程优化与再造实例解读	中国经济出版社	2008
14	金牌班组长团队管理	广东经济出版社	2009
15	薪酬的真相	中华工商联合出版社	2011
16	流程优化与再造:实践·实务·实例	中国经济出版社	2011
17	管理成熟度评价理论与方法	中国经济出版社	2012
18	学管理、用管理、会管理	中国经济出版社	2013
19	流程优化与再造	中国经济出版社	2013